Innovation Management at Luxury Goods Companies
a Perspective from Business Ecosystem

奢侈品公司创新管理
商业生态视角

李杰 著

图书在版编目（CIP）数据

奢侈品公司创新管理：商业生态视角 / 李杰著 . —北京：机械工业出版社，2019.12（2024.9重印）

（华章精品教材）

ISBN 978-7-111-64409-5

I. 奢… II. 李… III. 消费品 – 工业企业管理 – 创新管理 – 世界 – 高等学校 – 教材　IV. F416

中国版本图书馆 CIP 数据核字（2019）第 276257 号

品位源自哪里？创新源自何方？

品位来自一家企业对人类各个领域优秀成果的领悟，并把它们应用到产品中去。品位根植于"去伪存真、去粗取精"的能力。这种能力的获得需要一个过程，即"冷静地取舍"。

创新并非无的放矢，源于品位的创新将始终追随"格局、格调和情怀"。两者之结合意味着致力于整合那些来自世界各地的最优秀设计师、产品、创意和灵感。通过跨领域、跨学科融合的集思广益，创造出远胜于个体之和的整体价值。

本书通过全球奢侈品的纵横两个维度——历史发展与横向比较，使读者从中获得品位和创新思维的跃升。

本书适于工商管理专业的本科生、研究生和 MBA、EMBA、总裁班学员，也可供奢侈品、世界经济与艺术行业的从业人员参考。

出版发行：机械工业出版社（北京市西城区百万庄大街 22 号　邮政编码：100037）	
责任编辑：程天祥	责任校对：殷　虹
印　　刷：北京瑞禾彩色印刷有限公司	版　　次：2024 年 9 月第 1 版第 2 次印刷
开　　本：185mm×260mm　1/16	印　　张：33
书　　号：ISBN 978-7-111-64409-5	定　　价：210.00 元

客服电话：(010) 88361066　68326294

版权所有·侵权必究
封底无防伪标均为盗版

新序 | 雷荣发

作为一个从事奢侈品行业30多年的亲历者，我目睹了全球奢侈品行业的风云变幻，尤其是中国20年来奢侈品市场的急剧变化。在爱马仕工作的10年中，我看到了中国经济的蓬勃发展，看到了中国的奢侈品消费者从盲目的崇拜者演变成理性的消费者，文化素养不断提高，艺术审美不断上升，我为此感到由衷的欣喜，亦为中国的发展而感到自豪和骄傲。

中国在取得了改革开放40年的巨大成就之后，进入了一个历史性发展的新阶段。作为中国人，我很希望我们的国家、我们的民族在新一轮竞争中，能够在审美原则的指导下，在艺术氛围的熏陶下，走向一个新的高度。

我从这几十年来中国经济的变化，看到了中国人的勤奋、善良、淳朴和由此引发的对美的更高境界的追求。在这个过程中，我也感到有一些可以引起我们关注、重视和改进的方面。

我愿意和中国广大的高雅奢侈品消费者一样，不断追寻人类的美好幸福。

李杰教授10年之后深潜奢侈品领域的又一力作《奢侈品公司创新管理：商业生态视角》，更多地探索了奢侈品世界创新的重要性。创新是企业的源动力，不断地创新能够让企业始终获得超越自我、超越竞争对手的核心竞争力，不断地向前发展。在客户服务方面，企业更需要通过不断创新来引领人们追寻"真、善、美"的健康生活方式。如果说企业发展之源在于创新，那么把握审美水准和艺术品位的能力应该是更高的境界。所以我非常赞同李教授的观点："企业发展之源，源于创新，胜在品位！"

前爱马仕中国区总裁
2019年12月于上海

旧序 | 雷荣发

当第一次听到李杰教授为奢侈品品牌著书立说的计划时,我察觉到这是一个绝妙的主意,因为当下的中国市面上这一类型的书籍尚未问世。我相信,李杰教授的著作一旦出版,必定会引导中国消费者奢侈品消费的新潮流。

在西方,奢侈品消费者大多是社会名流和富豪阶层。他们对奢侈品品牌了如指掌,购买品牌是为了享受生活。保罗·福塞尔(Paul Fussell)在其《阶层》一书中说,欧洲的皇室贵族血统成员是"看得见的顶级阶层",而各个企业主是"高级阶层"。一般传统奢侈品牌,向来由皇室贵族首先进行引导消费,高级阶层随之效仿。以爱马仕为例,1956年,*Life* 杂志封面是摩纳哥新皇妃格蕾丝·凯莉(Grace Kelly)拎着最大尺码、以鳄鱼皮制的爱马仕 KELLY 包,半掩着她已怀孕的身躯,流露闪亮妩媚的女性美。同样地,温莎公爵伉俪、小森美·戴维斯、英格丽·褒曼、罗兰·巴高、亨弗列鲍嘉、肯尼迪夫妇均对爱马仕青睐有加。

在中国,奢侈品消费总额虽然水涨船高了,但消费者对奢侈品品牌是否真正地了解并出于喜爱才购买呢?还是仅仅因为"炫耀和盲从"呢? 1997 年的 6 月,爱马仕首次在北京王府饭店开设中国第一家专卖店时,知道者寥寥无几。十多年后的今天,无数时尚名媛与影视明星变成了 BIRKIN 和 KELLY 的拥趸。英国《经济学人》最近说,"日本人曾经被认为是最盲信的消费群体,而现在中国人大有取而代之的趋势。"由此可见,中国的奢侈品消费依然存在"盲信"的特征。消费者需要更深入地了解奢侈品品牌的历史渊源和品牌形象;同样,奢侈品品牌也需要加强向消费者传播其核心价值。

我希望爱马仕能和更多的中国消费者分享其文化和价值观,包括:精湛的手工匠技艺、持续的创新意识和不懈追求完美品质的精神。恰逢此时,李杰教授为我们奉上这部力作,不啻于春风化雨。故为序,以为贺。

爱马仕中国区总裁
2010 年 4 月于上海

贺信 | 陈方若

嘿，李杰：

　　首先让我祝贺你的新作《奢侈品品牌管理——从方法到实践》的出版！

　　很遗憾，我（在纽约）未能出席你隆重的新书发布仪式。

　　众所周知，如今的中国市场是全球唯一阳光明媚的奢侈品消费市场。此刻应该是再好不过的时机，应运出版一本聚焦如何在中国市场管理并发展好奢侈品品牌的书籍了。我希望这本书在加深人们对管理工作的认知，尤其是对奢侈品如何管理方面做出贡献，特别希望这本书对中国的奢侈品品牌发展做出应有的贡献。

　　著书立说是一件非常烦琐、劳累的事，所以我能想象你为了带给我们这本著述，花费了多少个"枯燥"的白天和挑灯苦干的夜晚，感谢你为此付出的巨大努力。正如培根所言"创作才使你成为一个严谨的人"——对著述的最高奖赏便是将自己在特定领域的认知厘清并系统化地奉献给读者。我乐见于此，也确信读者们将会从你的新作中受益良多。我能（从大洋彼岸）感受到你的喜悦，那种多年辛苦积累、沉淀而终于付梓的欢欣。

　　现在"孩子"已经降临，"父子"平安——我们都看到了今天的美好局面。我确信，从今往后，你会一如既往，不断地供给这"孩子"营养，用心培育他茁壮成长——他一定会为教育事业以及学以致用的行业实践带来有价值的贡献！

　　最后，让我再一次祝贺你和大著的出版！

陈方若

教席教授

美国哥伦比亚大学商学院

2010 年 6 月 20 日

注：这是陈方若教授 10 年前致作者新作发布时的电子邮件贺信。陈方若博士旅美 25 年后的 2018 年夏天，手持中国护照，从哥大全职回到母校，出任上海交通大学安泰经济与管理学院院长，同年 12 月成立上海交通大学行业研究院，兼任首任院长。"纵横交错，知行合一"成为中国商学院在新时代背景下发展的风向标。

Congratulations | Fangruo Chen

Dear Li Jie,

First of all, please accept my apologies for not attending this wonderful celebration event.

I would like to congratulate you on the publication of your book on luxury brands management. As we all know, China now seems to be the only bright spot in the world's markets for luxury goods. So it is timely to have a book that focuses on the management and development of luxury brands in China. I hope the book will contribute to our deeper understanding of management, in particular that pertains to luxury goods, and to the development of China's own luxury brands. Writing a book is a laborious process, and so I can imagine a countless number of tiring days and sleepless nights for you and many others in order to bring this book to us. Thank you for making this enormous effort. But, as indicated by an old saying, "writing makes an exact man." The biggest reward for writing a book is to help clarify your own thinking on the subject matter as well as that of the reader. I am happy for you and for the undoubtedly many readers that will benefit from your writing. I can feel your joy, the joy of bringing years of hard work to a fruitful conclusion.

Now the baby is born, and we all are very happy to know that both the baby and the father are safe. I am sure from now on, you will continue to nurture the baby into maturity, bringing valuable contributions to both education and practice.

Once again, congratulations! I wish all the best to you and the book.

Sincerely,

Fangruo Chen
MUTB Professor of International Business
Columbia Business School
Columbia University, New York
June 20, 2010

前言 | 内外之源,源于创新,胜在品位

"创新"一词用在奢侈品行业可能有些出乎常人预料,因为人们经常把高科技与创新紧密相连。然而一份麦肯锡统计分析报告在总结金融危机之后12年全球10大行业的盈利情况后指出:最稳定盈利的行业不在高科技行业而在奢侈品行业,其中成衣大类稳居第一。由此看来"创新和品位"需要精妙配合。

马丁·路德·金(Martin Luther King)在那场著名的、激动人心的演讲中曾经引述了一首无名诗:

> 假如你命该扫街,
> 就扫得有模有样,
> 一如米开朗基罗在画画,
> 一如莎士比亚在写诗,
> 一如贝多芬在作曲。

伯特兰·罗素(Bertrand Russell)说:"生活中并不缺少美,而是缺少发现"……当史蒂夫·乔布斯(Steve Jobs)1995年在一个访谈中被问及"苹果与微软之间的不同,以及如何判断正确的方向"时,乔布斯沉思片刻,抬起头说:"归根结底,这些都取决于品位。"彼时的乔布斯尚未回到苹果,也尚未带领这个濒临破产的企业成长为世界上最有价值的公司。

乔布斯关于品位的理念似乎得到了爱马仕公司的响应,否则就不会有苹果手表与Hermès表带的连理之合——品位与创新的结合意味着致力于整合那些来自世界各地的最优秀设计师、产品、创意和灵感。通过跨领域、跨学科融合的集思广益,创造出远胜于个体之和的整体价值。

Blancpain、Chanel、Ferrari、Gaggenau、Hermès……这些奢侈品品牌不断创新之本乃是根植于"去伪存真、去粗取精"的品位——引领新生活美好未来的品位,而

---

* 基金项目:国家自然科学基金面上项目(71572107)

这种基于品位的创新能力获得则不仅需要构建一个科技创新突破的生态系统，还需要额外的一个约束条件——不单要对万千纷扰说"不"，还要有"源于生活，高于生活"的艺术提纯——基于高端品牌价值观指引，长远利益考量，可持续发展的"冷静取舍"及其"慢而又有节奏"的提升过程。

"民族的，才能是世界的"回答了"品位来自哪里"这个貌似简单实则复杂的提问——品位来自于对人类各个民族、众多领域优秀成果的领悟，并把它们应用到奢侈品行业中去，运用到为表现新产品的全球奢侈品年度展示中去——世界"四大时装周"年度展示的不仅是纽约浓郁的商业气氛、伦敦的鲜明胆色、米兰的精湛工艺，更重要的是展示在巴黎可以实现梦想的内心渴望——只要稍微留意Chanel品牌在巴黎大皇宫每年度的压轴大秀，人们就可以发现原来老佛爷过去20年来每年度的春夏季和秋冬季，季季都有创意迭出的美轮美奂：不仅有传承，更有与现代科技、与航天的亲密接触——"格局、格调和情怀"指引Chanel走向光明的彼岸。人类得以延续和发展的原因是遵循了优胜劣汰的自然法则并使之在"品位"的指引下发扬光大。

当下生活的互联网世界，似乎充斥着更多信息、更多产品、更多促销，但同时也充斥着更多迷茫和混乱。这些"更多"导致了对应层面的"更少"——诚信、品质、自信和时间，以及我们所要探讨的"品位"——这些难以触摸却异常珍贵的东西，不应离我们越来越远。新时代，我们要在新的视界重新找回、复位、提升——唯有如此，人们才能伴随着更加美好的事物成长，直至能够理解其中的美妙——奢侈品公司发展之源，源于创新，更胜在品位！

感谢国内外学术圈的诸多教授朋友和奢侈品公司高管们给予我的讨论式启迪。

感谢上海交通大学行业研究院的支持。

感谢机械工业出版社张敬柱先生、陈子平先生、吴亚军先生、程天祥先生三年多来的不辞辛劳。

特别感谢北京大学出版社前艺术总监林胜利老先生。我们结缘于北京大学出版社《奢侈品品牌管理——方法与实践》的封面设计，十年来，我们不断加深的友谊一直延伸到这本奢侈品新作的出版，他艺术家般的奉献情怀本身就是奢侈品世界不断追求卓越的最佳写照。

感谢上海交通大学安泰经管学院自2010级起至今的17个"奢侈品品牌管理——从设计到营销"课程班在职MBA以及"奢侈品公司商业模式与创新管理"课程班EMBA学员们，他们的持续参与使本书增添了不少光彩。

感谢上海交通大学密歇根学院和上海纽约大学的优秀本科生们，他们年少时期的勤奋好学和不断闪现的审美灵感让我无比幸福。

感谢上海交通大学奢侈品品牌研究中心的工作团队成员。尤其是研究助理孙立本先生，他秉承了上海交通大学"求实、创新"的优良传统，陪伴我在奢侈品领域长期耕耘。后起之秀张家铭的加入，也让我更加坚定了继续为母校培养21世纪"起点高、基础厚、要求严、重实践，求创新……好品位"的全球化市场人才的信念。

李杰

2019年5月9日初稿于曼哈顿
2019年10月19日二稿于北京
2019年12月24日定稿于上海

目 录

新序 | 雷荣发 | 旧序
贺信 | 陈方若 | Congratulations
前言 | 内外之源，源于创新，胜在品位

第一篇　斑斓多彩的奢侈品世界

第1章　关于奢侈品　　3
开篇　卡尔·拉格斐与 Chanel 的优雅格局　　5
1.1　奢侈品与人类审美演进　　11
1.2　哲学道德旧说 vs. 科学诉求　　29
1.3　审美：经典、时尚与四大时装周　　35
1.4　奢侈品、创造力与社会阶层　　60
结尾案例　繁华盛景的伊甸园：
　　　　　Chanel、Dior、Dolce & Gabbana　　78

第2章　奢侈品及其品牌溢价　　81
开篇　Blancpain：汝山谷典范之作　　83
2.1　奢侈品品牌 vs. 强势品牌　　86
2.2　奢侈品品牌的价格杠杆与"蝴蝶效应"　　92
2.3　奢侈品品牌定位：等级、架构与层级　　100
2.4　奢侈品品牌 VIP 活动　　107
结尾案例　Gaggenau：迥然有异，不同凡响　　112

第二篇　奢侈品公司的商业模式

第3章　奢侈品品牌资产　　119

开篇　Graff 的力量　　121
3.1　品牌资产 vs. 品牌价值　　123
3.2　奢侈品品牌资产构建与测量　　130
3.3　奢侈品品牌价值评估　　141
结尾案例　Burberry 的品牌价值　　149

第4章　奢侈品公司商业模式　　153

开篇　F1 赛事：卓越——速度与激情　　155
4.1　商业模式与奢侈品公司的独特性　　158
4.2　奢侈品公司运营的独特规律　　188
4.3　奢侈品公司独特的品牌体验　　208
4.4　奢侈品公司客户关系管理　　216
结尾案例　Giorgio Armani 的品牌模型　　223

第三篇　奢侈品公司与创新

第5章　奢侈品及其品牌创新　　229

开篇　Brunello Cucinelli：古典与创新　　231
5.1　创新的必要性及其范畴　　235
5.2　产品创新：设计、材料与工艺　　244
5.3　品牌命名、译名、标识创新与重新定位　　274
结尾案例　Dior 的传承与创新　　289

第6章　奢侈品公司运营创新　　295

开篇　Louis Vuitton：门店还是电商　　297
6.1　奢侈品公司的可持续发展　　299
6.2　奢侈品门店选址及布局创新　　309
6.3　互联网在奢侈品公司中的角色　　330
结尾案例　爱马仕之家：ATM　　341

第 7 章　奢侈品品牌形象构建与传播　347

开篇　Loro Piana：诺悠翩雅　349
7.1　奢侈品品牌形象　352
7.2　奢侈品品牌传播及其创新　366
7.3　奢侈品公司危机管理　388
结尾案例　Dolce & Gabbana：可否再续辉煌　397

第 8 章　全球奢侈品公司透视　401

开篇　Bulgari 的奢华联姻　403
8.1　四大奢侈品集团　407
8.2　独立奢侈品公司　427
8.3　轻奢与时尚公司　460
结尾案例　竞合时代：Hermès、开云和路威酩轩集团　468

附录 A　世界著名拍卖行　473

索引　496

参考文献　502

后记　510

PART ONE 第一篇

斑斓多彩的奢侈品世界

第 1 章　关于奢侈品
第 2 章　奢侈品及其品牌溢价

"奢侈品品牌"涉及对两个层面的理解。"奢侈品"三个字组成的这个词强调的是物质层面的精美,而"奢侈品品牌"五个字构成的组合词则上升到精神层面。品牌之所以称为品牌,因其最简单本质的含义:"品质"+"牌子"。奢侈品品牌在这两方面更为突出,既是基于物质层面,满足消费者功能性使用之上的情感、时间融合,也是精神层面、生命境界的自由流淌和陶醉……

第1章

关于奢侈品

奢侈的对立面并非贫穷,而是庸俗。
Some people think luxury is the opposite of poverty. It is not. It is the opposite of vulgarity.

——嘉柏丽尔·香奈儿(Gabrielle Chanel)

| 开篇 |

卡尔·拉格斐
与 Chanel 的优雅格局

我的自传？我不用去写它，因为我正把它活出来。
——卡尔·拉格斐

图 1-1　卡尔·拉格斐（左）
和他最喜爱的秀场——巴黎大皇宫（右）

2019年2月19日，时尚圈被称为"时装界的凯撒大帝""老佛爷"的德国设计师卡尔·拉格斐（Karl Lagerfeld）在巴黎去世，享年85岁。Chanel（香奈儿）失去了它前进的巨大推手，巴黎向这位时尚圈教父级人物挥别。时至今日，白衬衫配一身西装，纯黑色墨镜，扎一条马尾，手摇一柄折扇，风度翩翩地出席各种场合，每年都在巴黎大皇宫（Grand Palais）展示Chanel的优雅（如图1-1所示），他这身经典的装束和Chanel无与伦比的时装秀已经成为时尚圈的制高点。

在Chanel的创始人嘉柏丽尔·香奈儿（Gabrielle Chanel）去世后，是拉格斐让Chanel重新复活；也是他在Fendi工作的50年中，给时尚圈带来了一种别具风格的设计。人们称他为"时装界的凯撒大帝"或是"老佛爷"。他和名为舒佩（Choupette）的宠物猫永载时尚史册。

1933年9月，卡尔·拉格斐出生在德国汉堡的一个富裕之家。他的父亲是位企业家，因此自幼生活富足，无忧无虑。母亲则启蒙了他的时尚嗅觉，童年的拉格斐经常随母亲出入各类高级时装店，耳濡目染地感受着时尚的气息与魅力。这也让拉格斐自小就热爱各种艺术，尤其喜欢绘画，还曾萌生过成为插画家的想法，因此没有一天手不持笔，这也成了他日后的习惯。

他颇具语言天赋，5岁开始学习法语，14岁时全家移居巴黎。两年后，一次幸运的机会让他踏出日后事业的第一步。1954年，拉格斐在国际羊毛局组织举办的服装设计大赛中脱颖而出，以冠军的身份踏入巴黎时装界，成为时装大师皮埃尔·巴尔曼（Pierre Balmain）的助手，在1964年出任Chloé的艺术总监，又于1965年起担任Fendi的设计师达54年之久，这在时尚圈绝对是一个不可思议的时长。

克里斯汀·迪奥（Christian Dior）工作了10年，马克·雅各布斯（Marc Jacobs）在Louis Vuitton工作了13年，就连香奈儿女士本人也没有在自己的工作室工作如此之久，但拉格斐做到了。因为时尚已经成为他生命的一部分，上升为一种精神，就连死亡也不能将其淡去。

在他看来，服务于品牌总归会有一条边界，只有拥有了自己的品牌，才能真正实践自己所喜爱的风格。Chanel、Fendi、Karl Lagerfeld三个截然不同的品牌，在他手里发扬光大，其艺高人胆大的作风成为传奇。拉格斐每年要为这三个品牌设计十多个系列，还会参与广告大片的拍摄工作。除了先天的设计才华，这也与他异于常人的勤奋努力有关。他每天会工作16个小时，乐此不疲。

他有自己的时尚杂志，有自己的书店和30万本藏书，热衷于各种活动和营销自己。他成功的减肥法都可以写成一本畅销书。他更是一位摄影师，甚至会去拍微电影。他还是一个猫奴，不仅花大量的时间与他的宠物猫舒佩做伴，带着它乘私人飞机，还把舒佩的形象融入自己的设计当中，将其捧成了Instagram粉丝多达上万人的网红猫，并在2014年出版了

《舒佩：时尚地位超然宠物猫的私生活》。每年舒佩拍广告就能轻松入账300万欧元。

天才似乎与生俱来就是孤独的，据说几乎没有外人得以进入老佛爷的家里，所有来访的宾客只被允许进入一个专门的访客室。工作之外的老佛爷经常和自己的猫生活在一起。谈起对葬礼的想象，拉格斐曾说过这样一句话："不想被土葬，而是希望被火化，让一部分骨灰和母亲的骨灰一同挥撒，另一部分骨灰和爱猫舒佩撒在一起。"而这正是他一生奉行的理念，简单美好。如今逝者如斯，时间带走了老佛爷，留下了85年足供后人景仰的印记。

回顾拉格斐的一生，他真正开始让全世界认识他的优雅格局是从接手Chanel开始的。

1983年，香奈儿女士已去世12年，Chanel失去了活力，集团主席阿兰·韦斯海默（Alain Wertheimer）急切寻找一位能让品牌重焕光彩的设计师。初到Chanel，49岁的拉格斐并不被外界看好，Chanel的员工也不太喜欢他。时尚记者克里斯托弗·佩塔卡纳斯（Christopher Petkanas）在《女装日报》1983年的一篇文章中写道，拉格斐刚加入Chanel就和员工们陷入了冷战，或者说是一场"表面微笑却内藏硝烟的战争"。拉格斐认为需要把Chanel拉回20世纪20～30年代的设计风格，忽略品牌在50年代的辉煌，抛弃四四方方的套装，这在当时是非常冒险的决定。事实证明拉格斐的决定非常正确。

在他的带领下，一个低迷的品牌成功转型为优雅的代名词。拉格斐将Chanel的时装推向另一个高峰。他对香奈儿女士所创建的品牌进行了继承和发扬，如小黑裙、斜纹软呢、双色鞋、菱格纹手袋、珍珠以及服饰珠宝等依旧是Chanel最具标志性的元素及单品。以至于现在看到的Chanel，似乎从来没有远离香奈儿女士，基本每一种设计都能在过往的经典中寻觅到踪影。

若说香奈儿女士负责"革命"，负责树立整个品牌的理念，给予了女性更为舒适、自在的服装，丢掉了依附于男性眼光的束缚，那么拉格斐则在36年的不断提炼中，将曾经的"大胆创新"塑造成了经典，奠定了品牌无可复制的基调。对此，拉格斐曾谈道："我的工作并不是做香奈儿女士曾做过的事，而是接替她创造她将要创造的。Chanel的优越之处在于，它是一种创意理念，可以呈现很多可能性。"拉格斐拥有源源不断的创意，同时，他还将探索力渗透到诸多艺术领域，包括摄影和短片制作。自1987年以来，他便亲自掌镜拍摄Chanel所有广告大片。同样令人难忘的，还有他与生俱来的机敏睿智和幽默自嘲。

对于高级成衣（prêt-à-porter）与高级定制（haute couture），他曾说："高级定制跟夺人眼球的红毯不一样，这些是真正实穿的衣服。"同时，高级定制的精髓不在于外形是否夸张，而在于"工艺与比例"，即使普通的日装，也要彰显工艺与细节之美。因此，Chanel历年的高级定制秀场布置得如繁华盛景的伊甸园，舞台背后走出的模特仿佛都代表着"时尚界第一夫人"香奈儿女士本人，大气而优雅。秀场作为拉格斐挥洒时尚灵感的舞台，在过去的几十年里，每一季都以一个新颖的创意主题来呼应该季的时装，并以独具特色的会场布置引领着女性的生活态度……Chanel秀场布景中的航站楼、超市、博物馆、书店、餐馆，彻底参透了女性心理，每一季的发布秀都让人充满期待。

Chanel全球精品部总裁布鲁诺·帕夫洛夫斯基（Bruno Pavlovsky）表示："一场又一场发布会，一个又一个时装系列，都使得拉格斐在香奈儿女士的传奇故事和Chanel品牌历史上留下了属于他的印记。他坚定地发扬Chanel工坊和高级手工坊的才华和技艺，令这些无与伦比的精湛工艺闪耀全球。今天，我们对他最好的致敬，就是沿着他开辟的道路继续前进，用拉格斐的话来说，即'继续拥抱现在，不断创造未来'。"

"奢侈"一词无论在中国，还是在西方中世纪及更早之前，都饱受争议。如《国语·晋语》中的"及桓子，骄泰奢侈，贪欲无艺，略则行志"，是批评春秋时期晋国卿大夫栾书之子生活放荡、挥霍无度。

再一览西方文明发展史，对奢侈的批评与限制同样传统悠久。从拉丁文"luxus"演化而来的英文"luxury"就具有批判意味的"浪费、无节制"的内涵。古罗马时期，限制奢侈行为的专门法令开始出现，如公元前 215 年颁布的《奥皮亚法》，凯撒统治时期颁布的有关轿子、华服、珍珠使用的法令等。

进入中世纪，奢侈品成为贵族（aristocracy）的专属物，用以展示他们继承得到的社会等级，是社会阶层差距的标记。但是，当时绝大多数哲学家和政治家对"奢侈品"一词持有保留意见，不少人甚至强烈反对。如罗马查理曼大帝（9 世纪）、法国菲利普四世（13 世纪）、查理八世（15 世纪）都颁布过禁奢敕令，针对贵族以外的阶层，尤其是富裕的城市有产者，以此抑制资产阶级地位的上升。不过与此同时，反对禁奢令的声音也逐渐出现。荷兰哲学家伯纳德·曼德维尔（Bernard Mandeville）、法国哲学家让-弗朗索瓦·梅隆（Jean-François Mellon），以及法国启蒙家孟德斯鸠（Montesquieu）和伏尔泰（Voltaire）对奢侈品的肯定在哲学层面和经济层面产生了深刻的影响。

18 世纪，随着时间的推移和社会的进步，英国经济学家亚当·斯密（Adam

Smith)的自然主义和哲学家大卫·休谟（David Hume）的《论奢侈》逐渐使"奢侈品"一词得以正名；同时，奢侈品消费者也逐渐从贵族转向精英阶层（meritocracy），人们不再像昔日一样如此重视爵位或臂章带来的社会荣耀。

正如亚当·斯密的商品消费等级理论和美国社会心理学家亚伯拉罕·马斯洛（Abraham Maslow）提出的需求层次理论所表述的，随着社会进步、经济发展和新科技的出现，人类生活水准在马斯洛需求层次金字塔（Maslow Hierarchy of Needs）上从"必需品"（necessary goods）和"基本品"（basic goods）不断攀升至"富足品"（affluence）和"奢侈品"（luxury）（如图 1-2 所示），并且"奢侈品"一词俨然成为全球的热词之一。

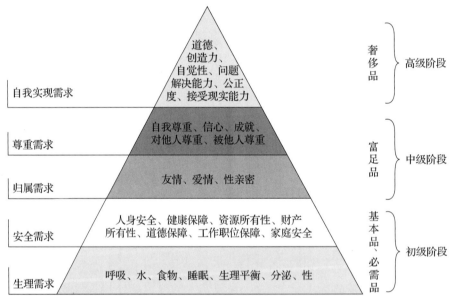

图 1-2　马斯洛需求层次金字塔和亚当·斯密的商品消费等级

英文语境中的"luxury"也终于被重新定义为中性含义。卡尔·拉格斐将奢侈品作为一种生活态度，把"奢侈"作为价值与艺术的表达。经济学中将"奢侈品"描述为"在各种商品的生产和使用过程中超出必要程度的费用支出及生活方式的某些方面"。然而在汉语译文语境中，"luxury（goods）"的传统翻译"奢侈（品）"还是有"贪欲、挥霍和浪费"之嫌。因此，不少人为了回避可能存在的贬义，采用"奢华品""超级高端品""顶级品""精品"等词汇代替"奢侈品"这个说法。

事实上，"奢侈品"与"非奢侈品"是用产品形式区分品牌的方法之一，人们对奢侈品的定义和概念至今在商业和学术领域仍存在争议。很多学者或研究机构从不同角度定义奢侈品：

- 奢侈品是一种超出人们生存与发展需要范围的，具有独特、稀缺、珍奇等特点的消费品，是一种非生活必需品。
- 奢侈品实质是一种高档消费行为的产物，本身无褒贬之分。
- 奢侈品是能激发消费者独特偏好的物品，从类型上可以分为个人奢侈品（personal luxury goods）、豪车（luxury cars）、私人飞机（private jets）、游艇（private yachts）、食品珍馐（fine food）、顶级红酒与烈酒（fine wines and spirits）、艺术藏品（fine art）、装修与家具（ornament and furniture）、顶级酒店与服务（luxury hotels and hospitality）等，其中，个人奢侈品包括服装、皮具、鞋履、珠宝、腕表、配饰、护肤品与彩妆。
- 奢侈品是很少被展示、被极少人使用、能给拥有人极大荣誉感的东西。
- 奢侈品是能带给顾客极高心理利益的商品，这就是区分一般商品、奢侈品赝品和奢侈品的主要因素。
- 奢侈品和非奢侈品是产品世界的构成部分，两者的分界线是由消费者来判断决定的。
- 奢侈品完全不同于大众（mass）品、低端（low-end）商品，也有别于高端（high-end）品和选择性高端（semi-selective）品。
- 奢侈品可以进一步细分为入门级（entry）奢侈品、主流级（mainstream）奢侈品、威望级（prestigious）奢侈品和顶级（top）奢侈品。
- 从奢侈品获得的难易程度也可以将其细分为容易获得的（accessible）奢侈品、不容易获得的（inaccessible）奢侈品和介于两者之间（intermediate）的奢侈品。

实际上，奢侈品代表了人类一定历史时期的最高生产水平，而生产水平又随着人类文明的发展而产生变化。因此，在探索奢侈品发展历程时，我们有必要回顾与奢侈品紧密关联的人类文明进化史。

1.1　奢侈品与人类审美演进

东西方历史发展迥然不同，历史学上将西方历史划分为古代（—公元476年）、中世纪（公元 476 年—公元 1453 年）、近代（公元 1453 年—公元 1917 年）、现代（公元 1917 年—）；将中国历史划分为古代（—1840 年）、近代（1840—1949 年）、现代（1949 年—）：对西方与中国的历史划分并不统一。每个时代都有各自不同的审美风尚、代表物品、独特的历史事件和建筑风格，这些都影响着奢侈品发展的轨迹。本书将西方历史演进的过程与同时代的中国历史置于同一时间轴来对比分析，以此探索奢侈品演绎的古往今来。

1.1.1 古代（—公元 476 年）

奢侈品起源于古代，我们从古代文明中可窥一斑。众所周知，古代四大文明分别指古巴比伦文明、古埃及文明、古印度文明和中华文明。

古巴比伦是如今的伊拉克。被西方学者称为"两河"（幼发拉底河[一]和底格里斯河[二]）的地区是人类最早发现文明的地方，也是文明最早成熟的地方。它的文明高度成熟时，中华文明仅初露曙光。然而，由于这里几千年来始终是战场，文明没有任何存档，在伊拉克很少再能见证古巴比伦文明的遗留。

同样的情况也发生在古埃及文明，如今的埃及人已经完全不懂象形文字，找不到法老的后裔。由于欧洲的侵略，大部分埃及人变成白种人，即使在首都开罗能遇到零星的阿拉伯人，那也多是战争后混血的结果。在尼罗河南部的西岸有一个法老村，但是由于几千年的近亲结婚，他们在体力和智力上已经特别羸弱。

古印度文明表面上有历史遗留，但文明屡次被中断，国家数次被灭亡，而且这个过程也没有记录在印度历史中，只能勉强从玄奘所著的《大唐西域记》里找到一些古印度文明的踪迹。令人感慨的是，13 世纪时最纯正的佛教已在印度消亡，作为佛教的发源地，现在印度的佛教却是后世重新从国外引入的。

在古代，人类是追求仪式感的，无论是西方的祭祀活动还是中华上古文明，这些仪文典礼都充满了仪式感。审美有三个层次，分别是悦耳悦目、悦心悦意、悦志悦神。悦志悦神的最高境界演化出古代的奢侈品，需要辅以强大的仪式感。中国著名美

[一] 幼发拉底河（Euphrates）发源于土耳其安纳托利亚高原和亚美尼亚高原山区，依赖雨雪补给，流经叙利亚和伊拉克，最后与底格里斯河合流成为阿拉伯河，注入波斯湾。
[二] 底格里斯河（Tigris）发源于土耳其安纳托利亚山区，流经伊拉克，最后与幼发拉底河合流成为阿拉伯河注入波斯湾。

学家李泽厚说过:"……以可感知的'物态化'形式在当时凝聚和呈现了那神圣不可违抗的行为规范、思想观念、情感体验和群体秩序。人们通过这些仪文形式的不断实践和反复巩固,以获得理性的内化(认识)和理性的凝聚(道德)。其后,这仪文形式本身便成了审美的对象。"

建筑形式成为仪式感的一种体现。古代时期的西方建筑以古希腊和古罗马建筑为代表。经典的古希腊建筑如帕特农神庙和海菲斯塔斯神殿(如图1-3所示)。古希腊建筑平面构成一般是黄金比例的矩形(即长宽比约1.618),中央是厅堂、大殿,周围是柱子,可统称为"围柱式建筑"。这样的造型结构使古希腊建筑更具艺术感。古希腊建筑共有三种柱式,包括多立克柱式、爱奥尼柱式、科林斯柱式,此外,还有一种女像柱。建筑的双面披坡屋顶形成了建筑前后的山花墙装饰的特定手法。古希腊建筑与古希腊雕刻紧紧结合在一起,有圆雕、高浮雕、浅浮雕等装饰手法,创造了独特的装饰艺术,这种艺术趣味产生了崇尚人体美与数字的和谐。

a)黄金比例的矩形

b)帕特农神庙

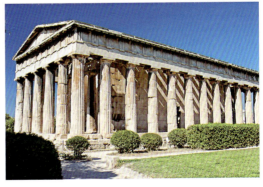

c)海菲斯塔斯神殿

图1-3 典型的古希腊建筑

古罗马建筑是古罗马人吸收亚平宁半岛上伊特鲁里亚人的建筑技术，继承古希腊建筑成就，在建筑形制、技术和艺术方面广泛创新的一种建筑风格。古罗马建筑在公元1～3世纪为极盛时期，达到西方古代建筑的高峰。罗马建筑师把多立克式、爱奥尼式和科林斯式合而为一，创造了"合成式"，也称罗马样式，集中体现在拱门、圆顶、拱券结构上。简单的几何造型、巨大的规模体量、厚重的石头材料给人心灵以强大震撼。如罗马斗兽场（Colosseum Amphitheatre，如图1-4所示）便是古罗马建筑的经典代表。意大利奢侈品公司托德斯（即Tod's的母公司）不惜花费五年共计2 500万欧元在2016年7月将其初步修缮完毕，可见其重要的历史意义。

图1-4　罗马斗兽场

最后看中国。中国是唯一一个历史被比较完整地记载的古文明国家，因此，奢侈品与中国文明的演进历程也就比较完整地保留了下来。中国先秦时期（五帝时代、夏、商、周）的良马、玉器和礼服，我们从中都能看到些许奢侈品早期的影子。而中华文明作为一个从几千年前进入文明以后几乎没有中断的伟大文明，奢侈品更是全面渗透于政治、经济、社会和文化的各个领域，古代中国社会一直堪称世界文明的中流。

周之后的秦帝国（公元前221～公元前206年）与两汉（公元前206～公元220年）在承继和发展了前代奢侈品形态和范围的基础上，大造超豪华、大规模的宫殿建筑、王府宅院，这一时期的奢侈品已开始了从等级特权产品向交换商品形态的转变，尤其在汉武帝时期，围绕"衣、食、住、行"核心的中国传统奢侈品的品类体系有了雏形。到了魏晋南北朝时代，士大夫阶层用香熏炉在室内熏香除秽，净化空气，或熏衣被而保持香气，以示高雅。香熏炉可谓社会上层人士家中配备的居家奢侈品。

1.1.2 中世纪（公元 476 年—公元 1453 年）

很多教科书把中世纪描述成"没有言论自由、思想自由，思想文化缺乏生机活力的黑暗时期"。事实上，中世纪是西方文明的一个生意盎然的时代[○]，奢侈品的发展就是其表征之一。

在欧洲，奢侈品、时尚与皇宫贵族联系在一起，御用设计师为他们打造与众不同的奢华时装作为贵族阶层的时尚。中世纪还创建了许多大学，不但教授神学课程，而且教授自然科学、美学、修辞、法学、逻辑学等，各种类型的测量和绘图工具、罗盘、星盘以及水手指路用的海图先后出现，为今后机械腕表、机械挂钟等奢侈品的出现奠定了技术基础。

中世纪的欧洲产生了社会阶级制度，上流贵族阶层经济富裕，他们想方设法雇用著名的设计师为其打造与众不同的奢华时装，在当时是贵族阶层的时尚。也是在这个特殊时期，"奢侈"的概念逐渐成为人们持续争论的热门话题，支持者认为奢侈品是社会进步的推动力和有高追求的标志，而反对者则将其视作美德的天敌。

中世纪的西方代表建筑是拜占庭建筑，如东正教教堂、瓦西里大教堂。拜占庭建筑的屋顶造型普遍使用"穹顶"，整体造型中心突出，体量既高又大的圆穹顶往往成为整座建筑的构图中心，围绕这一中心部件，周围又常常有序地设置一些与之协调的小部件。它创造了把穹顶支承在独立方柱上的结构方法和与之相应的集中式建筑形制。其典型做法是在方形平面的四边发券，在四个券之间砌筑以对角线为直径的穹顶，仿佛一个完整的穹顶在四边被发券切割而成，它的重量完全由四个券承担，从而使内部空间获得了极大的自由。在色彩的使用上既注意变化，又注意统一，使建筑内部空间与外部立面显得灿烂夺目（见图 1-5）。

○ 徐滨. 中世纪真的黑暗吗 [J]. 历史教学，2007（2）：55-61.

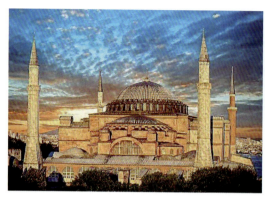 

图 1-5　代表性拜占庭建筑：东正教教堂、瓦西里大教堂

同时期的中国正处于鼎盛的唐朝（618—907）和两宋（960—1279），强盛的中国开启了新一轮东方奢侈品发展的时代。唐朝时期，中国丝绸、瓷器被运到境外，境外的各种特产（如动植物、香料、珠宝、乐器、药材和珍宝）不断被运进长安作为奢侈品，出现在贵族和士人的生活中。在这个时期的奢华物品中，最具盛名的是唐三彩，它是达官贵人陪葬的必需品之一。北宋的建立结束了乱世纷争，平和开放的社会风气与繁荣的经济为社会的奢侈享乐之风盛行提供了物质条件，高端服务业"倡优"与餐饮行业"酒肆"成为宋朝独特的奢侈品。

1.1.3　近代（公元1453年—公元1917年）

近代初期，奢侈品消费的代表是意大利。意大利从十字军东征中积累了巨大的财富，成为奢侈品消费在意大利兴起的物质保证。随着文艺复兴的开启，服装渐渐变得华丽高雅、舒适美观、极具个性化。人们不再满足于中世纪以来由于禁奢令造成的教条式穿着打扮，而更希望按照自己的审美观念用服装塑造人体，彰显品位与身份。意大利人带动了奢侈品消费的热潮，这股潮流从意大利发端并流传到法国，由法国掀起了新的时尚涌向整个欧洲，又从欧洲席卷了世界。但此时的法国处于禁奢令出台数量最多的时期，国家法令针对的就是从意大利流传而来的服饰奢侈化现象，具有明显固化社会等级的用意。

文艺复兴带来了从15世纪开始的文艺复兴风格建筑，起源于意大利佛罗伦萨。在建筑造型上，文艺复兴风格建筑排斥象征神权至上的哥特建筑风格，提倡复兴古罗马时期的建筑形式，特别是古典柱式比例、半圆形拱券、以穹顶为中心的建筑形体等，如佛罗伦萨美第奇府邸、维琴察圆厅别墅（如图1-6所示）等。

图1-6 佛罗伦萨美第奇府邸（左）和维琴察圆厅别墅（右）

进入17世纪启蒙时代后的法国，随着等级秩序的松动与早期消费社会的出现，禁奢令淡出了历史舞台，思想家们有了充分的空间争辩奢侈的利弊，并在思想史上留下了浓墨重彩的一笔。这个阶段的法国人衣、食、住、行的消费随着社会发展越来越体现个性特色，如建筑布局和家庭陈设的自然美成为人们追求的艺术风格；在编织、家具镂刻和精美艺术品上，对自然景物的把握和反映已经表现出来。这充分说明人们的审美观念伴随时代风尚的演变，已经同资本主义文明联系起来。

此后，工业革命使欧洲主要国家的生产力与经济实力迅速崛起，手工艺、科学技术也随之发展，生活方式发生巨大改变，一些钟表、珠宝、酒类奢侈品品牌应运而生，如：

1681年[一]，JeanRichard[二]（尚维沙）创立，瑞士钟表品牌

1683年，Gaggenau（嘉格纳）创立，德国家电[三]品牌

1729年，Ruinart创立，法国香槟酒品牌

1735年，Blancpain（宝珀）创立，瑞士钟表品牌

　　　　Garrard创立，英国珠宝品牌

[一] 1735年创立的Blancpain是第一个注册的钟表品牌，它被公认为最古老的钟表品牌。尚·维沙（Jean Richard）在1681年制作了第一只腕表，以自己的名字JeanRichard命名品牌，但品牌注册时间较Blancpain晚。

[二] 本书在引用国外奢侈品品牌时，将统一使用英文名，用对应中文译名表示人名和公司名，以示区分。引用中国品牌（如「上下」、上海滩）时，使用中文名。

[三] 不少奢侈品品牌涵盖业务较广或延伸产品很多，此处仅列举其初创时或如今主营的品类。

1738 年,Jaquet Droz(雅克德罗)创立,瑞士钟表品牌

1743 年,Moët & Chandon(酩悦香槟)创立,法国香槟酒品牌

1755 年,Vacheron Constantin(江诗丹顿)创立,瑞士钟表品牌

1765 年,Hennessy(轩尼诗)创立,爱尔兰白兰地酒品牌

1772 年,Veuve Clicquot(凯歌香槟)创立,法国香槟酒品牌

1775 年,Breguet(宝玑)创立,瑞士钟表品牌

1777 年,InterContinental(洲际酒店)创立,英国酒店品牌

1780 年,Chaumet(尚美)创立,法国珠宝品牌

1781 年,Asprey 创立,英国珠宝品牌

1789 年,Evian(依云)创立,法国饮用水品牌

1791 年,Girard-Perregaux(芝柏)创立,瑞士钟表品牌

这个阶段的西方建筑先后以巴洛克式(17~18 世纪)、洛可可式(18 世纪 20 年代)、新古典主义和浪漫主义(18 世纪中叶)为主。巴洛克式建筑是在意大利文艺复兴建筑的基础上发展起来的一种建筑和装饰风格。它的特点是外形自由,追求动态,造型繁复,富于变化,喜好富丽的装饰、雕刻和对比强烈的色彩,常用穿插的曲面和椭圆形空间。这种风格在反对僵化的古典形式、追求自由奔放的格调和表达世俗审美情趣时起到了重要作用。法国凡尔赛宫、西班牙圣地亚哥大教堂是最著名的巴洛克式建筑的代表(如图 1-7 所示)。

图 1-7 凡尔赛宫(左)和圣地亚哥大教堂(右)

自 18 世纪中叶起,西方新古典主义、浪漫主义建筑先后兴起。当时人们受启蒙运动的思想影响,崇尚古希腊罗马文化。在建筑方面,古希腊罗马的柱廊、庙宇、凯旋

门和纪功柱成为效法的榜样。采用新古典主义建筑风格的主要是博物馆、剧院等公共建筑和一些纪念性建筑，如柏林勃兰登堡门便以雅典卫城的山门为蓝本（见图1-8）。

图1-8　勃兰登堡门

但是浪漫主义建筑在艺术上强调个性，提倡自然主义，主张用中世纪的艺术风格与学院派的古典主义艺术相抗衡。这种思潮在建筑上表现为追求超凡脱俗的趣味和异国情调。典型的代表性建筑有英国议会大厦、伦敦圣吉尔斯教堂（如图1-9所示）。

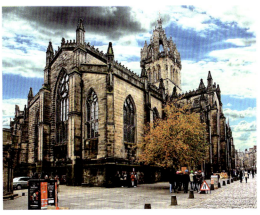

图1-9　英国议会大厦、伦敦圣吉尔斯教堂

18世纪末，欧洲人的生活水平有了大幅提高，手工艺开始发展，越来越多的人开始消费奢侈品，奢侈品全民化逐渐被世人接受。19世纪至20世纪初的欧洲经历了奢侈品品牌创立的第一次井喷时代，见证了极其丰富的酒类、珠宝、钟表、皮具等品牌的诞生：

1801年，Chivas（芝华士）创立，苏格兰威士忌品牌

1815年，Ardbeg创立，苏格兰威士忌品牌

1820年，Puiforcat创立，法国银器品牌

1828年，Guerlain（娇兰）创立，法国香水品牌

1829年，Delvaux创立，比利时皮具品牌

1830年，Baume & Mercier（名士）创立，瑞士钟表品牌

1833年，Jaeger-LeCoultre（积家）创立，瑞士钟表品牌

1836年，Villeroy & Boch（维宝）创立，德国卫浴品牌

1837年，Hermès（爱马仕）创立，法国皮具品牌

　　　　Tiffany（蒂芙尼）创立，美国珠宝品牌

1838年，Patek Philippe（百达翡丽）创立，瑞士钟表品牌

1843年，Krug（库克香槟）创立，法国香槟品牌

1845年，A. Lange & Söhne（朗格）创立，德国钟表品牌

　　　　Glashütte Original（格拉苏蒂）创立，德国钟表品牌

1846年，Loewe（罗意威）创立，西班牙皮具品牌

　　　　Ulysse Nardin（雅典）创立，瑞士钟表品牌

1847年，Cartier（卡地亚）创立，法国珠宝、钟表品牌

1848年，Omega（欧米茄）创立，瑞士钟表品牌

1849年，John Lobb创立，英国鞋履品牌

1849年，Moynat创立，法国皮具品牌

1850年，Moussaieff创立，英国珠宝品牌

1851年，Bally（巴利）创立，瑞士鞋履品牌

1852年，Château Cheval Blanc（白马庄葡萄酒）创立，法国葡萄酒品牌

　　　　Hästens（海丝腾）创立，瑞典睡床品牌

1853 年，Goyard 创立，法国箱包品牌

1854 年，Louis Vuitton（路易威登）创立，法国服装、皮具品牌

1856 年，Burberry（博柏利）创立，英国服装、皮具品牌

1858 年，Mercier 创立，法国香槟品牌

　　　　Boucheron（宝诗龙）创立，法国珠宝品牌

1860 年，TAG Heuer（豪雅）创立，瑞士钟表品牌

　　　　Officine Panerai（沛纳海）创立，意大利钟表品牌

　　　　Chopard（萧邦）创立，瑞士钟表、珠宝品牌

1863 年，Perrier（巴黎水）创立，法国饮用水品牌

1865 年，Zenith（真力时）创立，瑞士钟表品牌

1868 年，IWC（万国）创立，瑞士钟表品牌

1874 年，Piaget（伯爵）创立，瑞士珠宝、钟表品牌

1875 年，Audemars Piguet（爱彼）创立，瑞士钟表品牌

1876 年，Lancel（兰姿）创立，法国皮具品牌

1884 年，Bulgari⊖（宝格丽）创立，意大利珠宝、钟表品牌

1888 年，De Beers（戴比尔斯）创立，英国珠宝品牌

1893 年，Alfred Dunhill（登喜路）创立，英国服装、皮具品牌

　　　　Glenmorangie（格兰杰）创立，苏格兰威士忌品牌

　　　　Mikimoto（御木本）创立，日本珠宝品牌

　　　　Hemmerle 创立，德国珠宝品牌

　　　　Kutchinsky 创立，英国珠宝品牌

1894 年，Barbour 创立，英国服装品牌

1895 年，Berluti（伯尔鲁帝）创立，法国皮鞋品牌

1898 年，Rimowa（日默瓦）创立，德国旅行箱品牌

　　　　Spyker（世爵）创立，荷兰汽车品牌

1899 年，Longines（浪琴）创立，瑞士钟表品牌

　　　　Miele（美诺）创立，德国家电品牌

⊖ 这个由索帝里欧·宝格丽（Sotirio Bulgari）先生创立的珠宝品牌有三种常见的官方品牌名写法，分别为首字母大写的 Bulgari 及其变体 Bvlgari 和全大写的 BVLGARI，本书统一为最常用的 Bulgari。

San Pellegrino(圣培露)创立,意大利饮用水品牌

1901年,Vispring创立,英国睡床品牌

1903年,Harley Davidson(哈雷·戴维森)创立,美国摩托车品牌

1904年,Land Rover(路虎)创立,英国汽车品牌

1905年,Rolex(劳力士)创立,瑞士钟表品牌

Léon Hatot(黎欧夏朵)创立,法国珠宝、腕表品牌

1906年,Van Cleef & Arpels(梵克雅宝)创立,法国珠宝、钟表品牌

Montblanc(万宝龙)创立,德国文具、钟表品牌

Rolls-Royce(劳斯莱斯)创立,英国汽车品牌

1908年,Mouawad创立,黎巴嫩珠宝品牌

1909年,Bugatti(布加迪)创立,意大利汽车品牌

1910年,Ermenegildo Zegna(杰尼亚)创立,意大利服装品牌

1913年,Chanel(香奈儿)创立,法国服装、皮具、香水品牌

Prada(普拉达)创立,意大利服装、皮具品牌

Aston Martin(阿斯顿·马丁)创立,英国汽车品牌

Leica Camera(莱卡相机)创立,德国相机品牌

1914年,Maserati(玛莎拉蒂)创立,意大利汽车品牌

1916年,Acqua di Parma(帕尔马之水)创立,意大利香水品牌

步入19世纪,折中主义建筑和功能主义建筑又拔地而起,包括巴黎圣母院、罗马伊曼纽尔二世纪念堂(如图1-10所示)。折中主义建筑师任意模仿历史上的各种建筑风格,或自由组合各种建筑形式,他们不讲求固定的法式,只讲求比例均衡,注重纯形式美。功能主义理论认为建筑的形式应该服从它的功能。自古以来许多建筑都是注重功能的,但到了19世纪后期,欧美有些建筑师为了反对学院派追求形式、不讲功能的设计思想,探求新建筑的道路,又突出强调建筑的功能作用。随着现代主义建筑运动的发展,功能主义思潮在20世纪20~30年代风行一时。本来讲求建筑的功能是现代主义建筑运动的重要观点之一,但是后来有人把它当作绝对信条,这些人便被称为"功能主义者"。他们认为不仅建筑形式必须反映功能,表现功能,建筑平面布局和空间组合必须以功能为依据,而且所有不同功能的构件也应该分别表现出来。

图1-10 巴黎圣母院（左）和罗马伊曼纽尔二世纪念堂（右）

而中国经历南宋抗元、明朝（1368—1644）一统之后，经济得以复苏，虽然洪武海禁和反腐导致奢侈品消费的现象大为减少，但永乐时期中国放开海禁，七次下西洋的壮举开拓了海外贸易，为此后的中国资本主义萌芽奠定了基础。经过了洪武之治、永乐盛世、仁宣之治后，明朝中后期的中国人更注重家居装潢，许多高端红木家具出现在市场，并且形成了独特的明代家具风格，成为富裕人家必购的物品之一。高官、贵族出行使用的超豪华轿子，也成为当时最顶级的出行工具。最有名的当属"万历中兴"时期内阁首辅张居正的轿子。这顶坐轿至少有1吨自重，分卧室、客室、卫生间与观光平台，配备烧水的炉具，需要32个轿夫扛抬，轿内有小童两名伺候。随从侍卫配有总兵戚继光委派的鸟铳手队，鸟铳在当日甚称最时髦的火器。1604年，意大利传教士利玛窦（Matteo Ricci）和庞迪我（Diego de Pantoja）来到北京，将两座自鸣钟、几枚威尼斯棱镜、一张西洋琴作为礼物献给了万历皇帝，中国对西方奢侈品的情缘就此展开。

此后由于数十年的宫廷斗争与战争，尤其清朝（1644—1911）建立以来，汉族以及欧洲传教士被迫害，导致中国与西方的交流步入低谷。直到康熙中期（17世纪90年代），清廷才重新接受部分西方技术，成立了清宫造办处，为王室制作各类奢侈用品。但许多机械技术被视为"奇技淫巧"，德国传教士汤若望（Johann Adam Schall von Bell）与比利时天文学家南怀仁（Ferdinand Verbiest）饱受牢狱之苦，传教之行的影响力也由此被削弱。加之文化专制、闭关锁国、重农抑商等因素，中国最终让出了世界第一经济强国的宝座，科学技术发展也逐年衰退。此后的近代中国始终处于战争状态，高端消费市场的发展遭遇停滞。

1.1.4 现代（1917年至今）

现代也是变化时代。奢侈品品牌创立的第二次大发展时期出现在两次世界大战期间的欧洲，包括现在耳熟能详的 Gucci、Hugo Boss 和 Fendi，汽车品牌也开始跻身奢侈品之列：

1919 年，Bentley（宾利）创立，英国汽车品牌

　　　　Buccellati（布契拉提）创立，意大利珠宝品牌

　　　　Balenciaga（巴黎世家）创立，法国服装、皮具品牌

1921 年，Gucci（古驰）创立，意大利服装、皮具品牌

1922 年，Jaguar（捷豹）创立，英国汽车品牌

1923 年，Hugo Boss（雨果博斯）创立，德国服装、皮具品牌

1924 年，Damiani 创立，意大利珠宝品牌

1925 年，Fendi（芬迪）创立，意大利服装、皮具品牌

　　　　Bang & Olufsen 创立，丹麦音响品牌

1927 年，Salvatore Ferragamo（菲拉格慕）创立，意大利服装、皮具品牌

　　　　Ritz-Carlton（丽思-卡尔顿）创立，美国酒店品牌

1928 年，半岛酒店（Peninsula）创立，中国香港酒店品牌

1931 年，Porsche（保时捷）创立，德国汽车品牌

1932 年，Harry Winston（海瑞·温斯顿）创立，美国珠宝品牌

　　　　Audi（奥迪）创立，德国汽车品牌

1936 年，Fred 创立，法国珠宝品牌

从 20 世纪初至中叶，现代主义建筑开始流行，如著名的约翰迪尔总部大楼和包豪斯校舍（如图 1-11 所示）。现代主义建筑师要求摆脱传统建筑形式的束缚，大胆创造适应于工业化社会的条件和要求的崭新建筑。他们强调建筑要随时代而发展，现代建筑应同工业化社会相适应；强调建筑师要研究和解决建筑的实用功能及经济问题，主张积极采用新材料、新结构，在建筑设计中发挥新材料、新结构的特性，也主张坚决摆脱过时的建筑样式的束缚，放手创造新的建筑风格。他们还主张发展新的建筑美

学，创造建筑新风格，其中包括表现手法和建造手段的统一，建筑形体和内部功能的配合，建筑形象的逻辑性，灵活均衡的非对称构图，简洁的处理手法和纯净的体型，在建筑艺术中吸取视觉艺术的新成果等。

图 1-11　约翰迪尔总部大楼（左）和包豪斯校舍（右）

"二战"结束后，世界经历了一段相对和平的时期，奢侈品也真正成为一个独立的行业，并且取得持续性的重大进展，如20世纪40～60年代的先锋——香水，70～90年代年轻、时尚、个性的代表——时装，Mulberry、Vivienne Westwood、Versace、Alexander McQueen等时尚、服装品牌成为年轻人追捧的对象。这个时期工业文明的发展为奢侈品应运而生提供了前所未有的温床，很多豪车品牌和一些珠宝品牌即出现在这一时代。

1945年，Celine（思琳）创立，法国服装、皮具品牌

　　　　Brioni 创立，意大利服装品牌

1946年，Dior（迪奥）创立，法国服装、皮具品牌

1947年，Ferrari（法拉利）创立，意大利汽车品牌

1948年，Emilio Pucci（璞琪）创立，意大利服装品牌

1951年，MaxMara 创立，意大利服装品牌

　　　　Missoni（米索尼）创立，意大利服装品牌

1952年，Chloé（蔻依）创立，法国服装、皮具品牌

　　　　Lotus（路特斯）创立，英国跑车品牌

Givenchy（纪梵希）创立，法国服装品牌

1960 年，Valentino（华伦天奴）创立，意大利服装品牌

Graff（格拉夫）创立，英国珠宝品牌

1961 年，Four Seasons（四季酒店）创立，加拿大酒店品牌

1962 年，Saint Laurent/Yves Saint Laurent[①]（伊夫圣罗兰）创立，法国服装品牌

1963 年，Lamborghini（兰博基尼）创立，意大利跑车品牌

1966 年，Bottega Veneta（葆蝶家）创立，意大利皮具品牌

Sergio Rossi 创立，意大利鞋履品牌

McLaren（迈凯伦）创立，英国跑车品牌

1967 年，Pomellato（宝曼兰朵）创立，意大利珠宝品牌

1968 年，Ralph Lauren（拉尔夫·劳伦）创立，美国服装品牌

1970 年，Tod's（托德斯）创立，意大利服装品牌

Mulberry（玛珀利）创立，英国服装品牌

Roberto Cavalli 创立，意大利服装品牌

1971 年，Vivienne Westwood 创立，英国服装品牌

1973 年，Comme des Garçons 创立，日本服装品牌

1974 年，Mugler 创立，法国香水、服装品牌

1975 年，Giorgio Armani（乔治·阿玛尼）创立，意大利服装品牌

Jean Paul Gaultier 创立，法国服装品牌

1978 年，Versace（范思哲）创立，意大利服装品牌

Brunello Cucinelli 创立，意大利服装品牌

1982 年，Elie Saab 创立，黎巴嫩婚纱品牌

Pagani（帕加尼）创立，意大利跑车品牌

1983 年，Azzedine Alaïa 创立，法国服装品牌

Moschino（莫斯奇诺）创立，意大利服装品牌

Franck Muller（法穆兰）创立，瑞士钟表品牌

[①] 2013 年，Saint Laurent 成为原 Yves Saint Laurent 除高级定制和彩妆外所有系列的品牌名，高级定制和彩妆分别保留 Yves Saint Laurent 和 YSL 不变。

1984年，Marc Jacobs（莫杰）创立，美国服装品牌

　　　　Donna Karan（唐纳·卡兰）创立，美国服装品牌

1985年，Dolce & Gabbana（杜嘉班纳）创立，意大利服装、皮具品牌

1987年，Christian Lacroix创立，法国服装品牌

1992年，Alexander McQueen创立，英国服装品牌

1993年，Miu Miu创立，意大利服装、皮具品牌

1994年，上海滩（Shanghai Tang）创立，中国香港服装品牌

　　　　Koenigsegg（科尼赛克）创立，瑞典跑车品牌

1995年，Roger Dubuis（罗杰杜彼）创立，瑞士钟表品牌

1996年，Jimmy Choo创立，英国鞋履品牌

1999年，Neil Barrett创立，意大利服装品牌

　　　　Shelby创立，美国跑车品牌

站在21世纪的开端，我们看到奢侈品已风靡世界，以至于每个人（或者说几乎每个人）都想参与其中，奢侈品变得非常流行。这个时期也出现不少时尚服装品牌和顶级珠宝品牌。

2001年，Stella McCartney创立，英国时装品牌

　　　　Voss（芙丝）创立，挪威饮用水品牌

　　　　Richard Mille（里查德米尔）创立，瑞士钟表品牌

2004年，Giambattista Valli创立，意大利服装品牌

2005年，Nicholas Kirkwood创立，英国鞋履品牌

2006年，Leviev创立，英国珠宝品牌

　　　　Thom Browne创立，美国服装品牌

　　　　Christopher Kane创立，英国服装品牌

2008年，「上下」(Shang Xia)创立，中国服装品牌

建筑业从20世纪中叶发展至今，已经进入后现代主义建筑时代。建筑设计师利用传统部件和适当引进的新部件组成独特的总体，通过非传统的方法组合传统部件，也借鉴民间建筑的手法，创造出的代表性建筑如美国电话电报大楼、波特兰市政厅等（如图1-12所示）。

图 1-12　美国电话电报大楼（左）和波特兰市政厅（右）

这个时代还涌现出很多顶尖建筑设计师（如图 1-13 所示）和很难超越的作品，如西班牙传奇人物圣地亚哥·卡拉特拉瓦（Santiago Calatrava）和雅典奥运会主场馆，美籍华人贝聿铭和卢浮宫玻璃金字塔，伊拉克裔英国解构大师扎哈·哈迪德（Zaha Hadid）和广州大剧院，日本建筑师安藤忠雄（Tadao Ando）和六甲集合住宅，丹麦人约翰·伍重（Jorn Utzon）和悉尼歌剧院等。普利兹克建筑奖（The Pritzker Architecture Prize）是对他们最高的认可。

图 1-13　（从左至右）圣地亚哥·卡拉特拉瓦、贝聿铭、扎哈·哈迪德、安藤忠雄和约翰·伍重

纵观历史不难发现，奢侈品经历了三个创立的黄金时期：19 世纪至 20 世纪初、两次世界大战间、"二战"结束后 40 年间。第一个黄金时期涌现的是酒、珠宝、钟表和皮具，第二个是皮具、服装和汽车，而从第三个开始，服装与香水成为奢侈品的主流。

奢侈品在不断发展，奢侈品消费人群也经历了诸多变革。在世界奢侈品发展的历史脉络中，绝大多数奢侈品的原产地欧洲无疑是奢侈品消费的第一台阶。第二次世界大战结束后，美国成为头号经济强国，以半个世纪的繁荣踏上了奢侈品消费的第二台阶。20世纪末，美国人已很少对奢侈品产生兴趣，相比之下，日本近30年的经济腾飞让日本女性迷恋上了Louis Vuitton和Burberry。这种现象反映出日本走向了奢侈品消费的第三台阶，因此，许多奢侈品公司的财务报表或咨询公司的报告将"日本"单列于"亚洲"之外也就不足为奇。此后，欧洲市场面临衰退，"金砖五国"等新兴经济体逐渐成为奢侈品市场的消费主力军。

1.2 哲学道德旧说 vs. 科学诉求

奢侈品带来了社会的等第之别，在某些历史背景下造成了拜金主义、奢靡之风的兴起，因此在世界历史上，禁奢法令屡见不鲜，甚至在启蒙时代引发了影响思想界的重要事件——奢侈之争。后世的人们需要从哲学道德旧说与科学诉求两种哲学层面来理解禁奢与追求奢侈品并存的历史。

1.2.1 哲学道德旧说与禁奢令

在西方文明发展史上，对奢侈的批评与限制可谓历史悠久，伴随哲学道德旧说的往往是严苛的禁奢法令，其中又以奢侈品起源国之一的法国为甚。

古罗马时期，限制奢侈行为的专门法令便开始出现，如公元前215年颁布的《奥皮亚法》，凯撒统治时颁布的有关轿子、华服、珍珠使用的法令等。加冕为"罗马人的皇帝"的查理曼大帝承继了限制奢侈的罗马传统，于808年颁布法令，禁止所有人买卖价格超过20苏⊖的加衬外套和超过10苏的不加衬外套。

12~13世纪，欧洲国家商业逐步发展，城市中的有产者积累了财富，社会中的奢侈现象逐渐增多，限制奢侈的王室法令也随之出台。1294年，针对服装、饮食等领域的奢侈现象，法王菲利普四世颁布法令，加以明确限制。例如，在服装领域，该法令具体规定了大小贵族、教士每年可以拥有的长袍数量：公爵、伯爵、男爵可以有四

⊖ 苏是法国原辅助货币，1法郎=20苏。

件,骑士三件,高级教士两件,骑士侍从两件;有产者,无论男女都不得戴灰皮帽或是貂皮帽,金银或是钻石装饰的帽子同样不被允许。1485年,查理八世颁布敕令,禁止贵族以外的人穿着金丝锦缎,违者没收服装并处以罚金。该敕令指出,王国中的一些人身着与其等级不符的金丝锦缎之类极其奢华的服装,对国家的公共生活造成了损害,此后只有贵族可以穿着金丝锦缎。

从以上两条禁奢令可以看出,尽管中世纪的法国贵族在服饰、饮食等方面也受到法令的制约,但这一时期禁奢令更多的是针对贵族以外的阶层,尤其是富裕的城市有产者。在中世纪及近代早期的法国,不同等级的身份差异可通过服装、餐具等日用品体现出来,日渐富裕的有产者试图在象征领域打破阶层限制,彰显自己的财富。为了维护等级制,王室以颁行禁奢令来抑制资产阶级地位的上升。

同时期,基于类似的原因,西班牙、意大利和英格兰也相继出台了禁奢令,如西班牙国王颁布了主要针对男性的禁奢令,严格控制奢华服饰与颜色;意大利各个城镇相继出台针对女性的禁奢令,规定女子服饰装扮与剪裁;英格兰议会也通过了禁奢法案,主要针对男性,限制男装制作及其成本等。

16、17世纪是禁奢法令出台数量最多的时期。本期禁奢法令针对的依旧是服饰领域的奢侈现象,具有固化社会等级的用意,如1576年7月亨利三世颁布法令禁止平民女子穿着贵族小姐的服装,但更多的法令针对包括贵族在内的所有人。1543年12月3日,弗朗索瓦一世颁布敕令,禁止所有人穿着金银丝锦缎、刺绣和丝绒,并指出穿着这些来自国外的服装是对王国毫无益处的挥霍,只会有助于法国的敌人,因此必须加以禁止,违者没收其服装,并处以1 000埃居㊀的罚款。这一敕令在1547年5月19日亨利二世的诏书中被重申。

16世纪还出现了禁止在服饰、马车、餐具中使用金银贵金属,禁止进口、使用国外奢侈品的法令。如亨利四世于1594年5月10日发布公告,禁止在服装中使用金银;1599年1月,亨利四世又禁止从国外进口金银商品和丝织品。这两项法令的内容在路易十四统治时期仍不断以禁令的形式加以重申:1663年6月18日,路易十四下令禁止所有臣民佩戴金银饰物;1667年11月21日又明令"禁止穿着来自外国的织物、丝质花边等"。

㊀ 埃居是法国古货币的一种,1埃居(银)=3里弗尔。

16、17世纪法国禁奢法令中出现的这些变化，与此时兴起的绝对主义和重商主义密切相关。随着绝对君主制的发展，不断强化的王权开始利用禁奢令来限制贵族的力量，且更多地着眼于创造全体法国臣民的认同并强化其义务。绝对主义在经济领域的举措体现为重商主义。当时盛行的重商主义理论认为，金银等贵金属的拥有量是衡量一个国家财富的标准，由贵金属构成的世界财富是一个常量，各国应力图使本国保有更大份额的贵金属。然而，16、17世纪欧洲流行的奢侈品中很多并非本国生产。如法国本土流行的大多是产自意大利的奢侈品，占据了法国市场很大的份额，使得法国金银流向国外。因此，以路易十四的财政大臣、法国重商主义之父让-巴蒂斯特·科尔伯特（Jean-Baptiste Colbert）为代表的重商主义者，不断通过颁布禁奢令来禁止外国奢侈品的进口、销售和使用。同时，法国政府还资助创办一些专门生产奢侈品的工场，如戈贝兰（Gobelin）、博韦（Beauvais）的挂毯工场，圣-戈班（Saint-Gobain）的玻璃工场，兰斯（Reims）和阿朗松（Alençon）的花边工场，圣-莫尔-德-福塞（Saint-Maur-des-Fossés）的丝绸工场等，生产能和外国奢侈品竞争的产品，以此扭转法国的对外贸易逆差尤其是对意大利的贸易逆差，促进法国经济增长。

科尔伯特等法国重商主义者认为奢侈能使穷人依靠富人的开销过活，并能培养良好的品位，促进艺术的发展。这种观点受到了法国启蒙运动先驱之一弗朗索瓦·费奈隆（François Fénelon）的猛烈抨击。他在1699年出版的《忒勒马科斯历险记》中把奢侈描写为一种全民的腐败，认为在奢侈的支配下，"整个国家将走向毁灭；所有人都过着超出他们等级和收入的生活，一些人出于虚荣炫耀他们的财富，另一些人则出于不应有的羞耻感而掩饰自己的贫穷"。费奈隆对奢侈观念全面、深入的批评，在18世纪法国社会中引发了一场激烈、持久的争论，即著名的"奢侈之争"，其核心问题为奢侈对社会是否有益。

首先反驳费奈隆的是定居英格兰的荷兰哲学家伯纳德·曼德维尔（Bernard Mandeville）。曼德维尔在《蜜蜂的寓言》中对"奢侈能毁损整个国家的财富"的观点提出异议，认为追求奢侈可以刺激消费，从而促进特定产业和商业的发展。《蜜蜂的寓言》一书传入法国后，对主张奢侈有益社会的法国哲学家让-弗朗索瓦·梅隆（Jean-François Mellon）和伏尔泰（Voltaire）产生了很大影响。梅隆把奢侈作为促进经济增长的动力，认为它是经济发展中一个自然和必要的阶段，源于政府的富裕和稳定，普通人只有通过极其努力的工作才能享受奢侈，需要从法律上予以制止的，是懒惰而不是奢侈；伏尔泰则主张"奢侈会毁灭穷国，却使伟大的国家变得富有"，认为奢侈对法国经济而言是至关重要的，它将富人的荒唐转换为穷人急需的工作机会。

18世纪中叶，以弗朗索瓦·魁奈（François Quesnay）为首的重农学派思想家则承继了费奈隆的观点，对奢侈加以谴责，认为奢侈对生产投资是一种阻碍，对不从事生产的阶级是一种鼓励。法国启蒙思想家让－雅克·卢梭（Jean-Jacques Rousseau）在《论科学与艺术》中，明确指出奢侈必然会造成风尚的解体和趣味的腐化，并对支持奢侈的哲学家们进行了犀利的批评："我知道我们那些富于独特原则的哲学家们，会不顾各世纪的经验，硬说是奢侈造成了国家的昌盛；然而即便把禁止奢侈的法律的必要性置诸脑后，难道他们能否认善良的风尚对于帝国的存续乃是最根本的事，而奢侈则是与善良的风尚背道而驰的吗？"18世纪的这场奢侈之争延续几十年之久，吸引了众多文人、学者参与讨论，使得奢侈问题一直是欧洲（尤其是法国波旁王朝后期）公共领域的热门话题。

随着启蒙运动兴起，等级秩序开始松动，出现了早期消费社会，禁奢令渐渐淡出了历史舞台，思想家们有了充分的空间争辩奢侈的利弊，并在思想史上留下了浓墨重彩的一笔。然而，旧制度下的奢侈绝不仅仅是书斋里的论辩题目，同时也是现实中存在的严重问题。凡尔赛的宫廷贵族生活奢靡、互相攀比，仅服饰一项便开支巨万。贵族们为了穿上华服，不惜债台高筑。宫廷的奢侈之风在王朝末年引起了广泛的抨击，王室与廷臣都给人以腐化堕落的印象。反奢侈、反贵族的话语相互结合，不断传播，在某种程度上动摇了旧制度统治的根基。可以说，现实政治的演进也为启蒙时代的"奢侈之争"提供了一种答案。

1.2.2 奢侈品的科学诉求

奢侈品发展至今早已成为合法的商品，极少有国家将之列为禁品。本章开篇对奢侈品的定义可以说明，奢侈品在功能使用上是可以被代替的，并不是人们生活的必需品，如绿色环保袋也可以携带物品，塑料挂件也可以成为装饰，石英玩具手表也可以计时。有些人一生都没有用过奢侈品拎包、珠宝、腕表，并不妨碍他们愉快地生活。那么，为什么还有那么多人热衷于奢侈品呢？

奢侈品有一般商品不可替代的诉求。

如前文所述，奢侈品可视为社会阶层及其价值观的一种标签。奢侈品的出现给了人们一个识别的标签，使人们更容易圈出与自己同类、可以融入彼此的人群，而这些圈子所代表的就是一个社会阶层，奢侈品则成为上流阶层显而易见的代表。奢侈品也代表了自信、满足感与成就感：能使用奢侈品的人展示了相对高的社会地位，相对更优秀的综合素质和能力。奢侈品更代表了精致、优雅、气质，如同名言"你即你所穿"（You are what you wear）表述的那样，穿着的成衣、手拎的皮包、脚踏的鞋履往往展示了一个人的内心是高雅、平静还是粗鄙，这都会显现在气质中。更重要的是，奢侈品带来了真、善、美与艺术，美学作为现代科学一个不可忽视的分支，它的发展与演进彻底改变了旧时期的人们对奢侈品的偏见。

艺术和奢侈品有很多共通之处。它们都价值不菲，追求永恒和不朽，成为文化精华。爱尔兰作家王尔德（Oscar Wilde）说："时光短暂，艺术长存。"奢侈品与艺术的结合是一种现代审美现象，它与现代民主（普遍有效的公民身份、自由审美的权利）、市场经济（自由市场与全球化）和文化密不可分。奢侈品的艺术之美展现了奢侈品及其品牌的感性力量和审美价值。传统美学强调的是一种艺术或美学的自律，强调审美的纯粹性，为功用性而设计的商品无法具备审美价值或艺术性。然而，不容置疑的是，消费社会下的奢侈品存在着摄人心魄的感性冲击力量，这正是艺术的力量。

Chanel、Hermès、Louis Vuitton、Prada、Cartier、Loewe 这些知名的奢侈品品牌作为非纯粹的艺术品出现在美术馆中，并且每年在全球举办艺术展，这是商业世界与艺术世界的界限不断模糊的重要体现，也反映了审美从自律演进到"日常生活审美化"。

当然，作为设计物的奢侈品要具有艺术性和审美价值，除了物品本身的感性力量，还取决于社会的审美"惯例"。"正如20世纪著名的美国哲学家与美学家乔治·迪基（George Dicky）所言，艺术惯例中最重要的是审美态度的习俗——只要有了为业界认同的审美态度，就会有社会普遍的审美期待；只要物是人造物，它就可以被称为'艺术'"。㊀

当奢侈品在美术馆或艺术展中展示，人们与奢侈品之间功能性的使用关系便转化为一种欣赏与被欣赏的情感性关系。由于这种关系的转化，导致了物的外观形式与人

㊀ Dickie, George (1997). *Art Cirde: A Theory of Art.* Chicago Spectrum Press.

的感觉直接发生作用，这是人的本能感觉与物的形式之间的一种碰撞，是物品本身的外观形式所具有的感性力量或感性力对人的冲击。爱马仕公司甚至认为，"我们不是做奢侈品，而是艺术品"。

消费时代的奢侈品，除了完善的功能性、极高的符号象征性价值外，其摄人心魄的形式美感也是构成奢侈品品牌感知价值的重要元素，这种元素同时也是奢侈品艺术之美的根本来源。在设计物的价值坐标中，所谓打动人心的美感，实际上就是奢侈品在设计、选材、工艺方面的创新与开启，创造代表了人类感觉的新锐度与敏感度。例如，当人们看到一辆超级跑车，映入眼帘的是车身整体设计的现代品质感：大面积、单质化、一体式的流线造型，锐化光洁的表面，简约至极的车身线条，散发着金属光泽的色彩，低伏、蓄势待发的前冲感，这些都是汽车自身美感对人类感性的直接冲击。此外，轻量的车身、大排量发动机、极低的风阻系数所带来的极速驾驶体验，以人体工程学为核心的真皮驾驶座椅，富有力量感的排气声浪，昂贵稀有的碳纤维、陶瓷等功能化材质，独一无二的手工痕迹等，这些视觉性、听觉性、触觉性的品质以及与人身体、氛围的互动，都具有奢侈品的审美与艺术价值。奢侈品由此受到人们的追捧，自然也就不足为奇。又例如，当人们看到瑞士机械腕表、意大利高级皮具、英国顶级珠宝、法国高定服装时，这些奢侈品的质感直接击中的是我们的感性主体。腕表玻璃下裸露且散发出金属光泽的机械零件，鳄鱼、蜥蜴、驼鸟等皮具散发着光闪闪的颗粒质感，晶莹通透的珠宝在灯光下的耀眼亮泽，羊绒、羊驼等服饰质料的单质洁净和柔性触感等，它们瞬间触及人们的感性主体，从而引起愉悦、诧异、惊喜和满足等感情。

那些陈设的奢侈品除了自身艺术性的呈现外，灯光、橱窗、周边布景以及其他辅助性陈列构成了奢侈品的"剧场性"，在这种环境下，奢侈品的艺术之美进一步被凸显。

奢侈品产业一直助力艺术行业的发展。艺术可以赋予奢侈品道德和审美的背书、非商业化的内涵以及高昂价格的合法解释。艺术化淡化了消费者需求中的阶层分类动机，赋予更多人文情怀，如在天才艺术家的作品中加入传统与文化、艺术、创造力以及永恒等元素。这些动机赋予人们追求奢侈品的合理性，因为人人都渴望追求美和内涵，这正是奢侈品公司希望看到的。艺术代表了人类活动的顶峰。把艺术融入奢侈品中，有利于顶级奢侈品与其他品牌拉开距离。艺术强化了奢侈品的象征意义。艺术让人类进步，使人类成为独一无二的生物，这是毋庸置疑的。艺术是为了打造人类的精华特质，无关财富和社会阶层。最后，艺术把人类文明带入更高的阶梯。

酩悦轩尼诗前首席执行官克里斯托弗·纳瓦尔（Christophe Navarre）说："（Hennessy 的限量款干邑白兰地）更像是一件艺术品，而非消费品。"当 Louis Vuitton 推出 100 万欧元的项链，这些极具收藏价值的顶级珠宝系列产品就超越珠宝本身了，更多的是背后蕴藏的设计理念、文化传承、工匠艺术等，这也是 Louis Vuitton 高级珠宝艺术总监劳伦兹·鲍默（Lorenz Bäumer）设计推出这一系列珠宝的原因。Louis Vuitton 还一直与日本艺术家村上隆（Murakami Takashi）和美国艺术家理查德·普林斯（Richard Prince）合作，共同创作具有艺术特色和艺术家个人风格的手袋。Chanel 在世界各地举办文化与艺术展，已逝的著名女建筑设计师扎哈·哈迪德通过创造超出所有人想象的宏伟建筑，展出 Chanel 壮观、可移动的展品，用建筑艺术引领了设计潮流。艺术赋予这些物品永恒的魅力、物质财富、文化和时间的厚重感。这些都是普通产品无法替代的。

回归到奢侈品的起源，欧洲王室及贵族阶层对奢华生活的追逐，使奢侈品成为他们奢华和享乐生活方式及品位的象征，也代表了他们所在的阶层。不少奢侈品品牌的创始人曾是服务过王室贵族的工匠（如路易·威登），这些品牌都延续了其历史传统、优良品质的特征，只是消费群体从王室贵族、资产阶级变成了今天的富裕阶层、中产阶层。奢侈品的这些标签——高品质、高价格、高艺术性、财富精英、高品位生活方式——就是奢侈品科学诉求的真相和意义。

1.3 审美：经典、时尚与四大时装周

审美（aesthetics）即是欣赏美的过程。审美包含了经典审美和时尚审美。

经典审美就是经过时间长河的洗礼，时至今日仍然让人倾心的美，如黄金分割比例之美、希腊圆润之美、埃及数学之美。"经典"是永不过时的，就如今天经典美学的回归、建筑廓形的再利用，以及科技在时尚中扮演着越来越重要的角色。

时尚审美则是契合了当代人审美特点的美，如现代的超长宽比例之美、硬朗的线条之美。"时尚"已成为这个世界潮流的代言词，是出现在报刊媒体上频度最高的热

词之一。对时尚的理解因人而异，见解不尽相同，有人认为时尚即是简单，与其奢华浪费，不如朴素节俭；有人认为时尚只是为了标新立异，给人焕然一新的、拥有时尚风范的感觉，现实中很多与时尚不同步的人被指为老土、落伍。有很多英语单词含有"时尚"的意思，如 fashion、modern、trends、fad、vogue、mode 等。"fashion"是最常用的词语，表示"当下的时尚与流行的事物"，伊夫·圣罗兰和香奈儿女士都提及的名言"时尚易逝，风格永存"（Fashions fade, style is eternal.）表达的就是这个意思。"modern"表示穿着打扮跟得上流行趋势，是"老土"的反义词。"trends"是一种广义的概念，突出了"时尚的文化"。"fad"指一种流行的现象。被时尚达人熟知的"vogue"，字面含义是指"服装带来的潮流趋势"。"mode"只是表明"时尚的款式，因个人喜好或传统习俗而产生的模式"。从汉语语境来理解，"时尚"是"时"与"尚"的结合体。所谓时，是时间与时下，即在一个时间段内；尚，则有崇尚、高尚、高品位和领先之意。

奢侈品的科学诉求（即高品质、高价格、高艺术性、高品位生活方式）都与经典和时尚之美紧密结合在一起。欧莱雅集团（L'Oréal SA）首席执行官让-保罗·阿贡（Jean-Paul Agon）说："美是一种艺术，它有别于一般的、理性的内容，如欧莱雅集团所做的就是把智慧、情感、推理和知觉、严格和灵敏、细节和想象融入其中。就像中国人常说的'阴'和'阳'，非常迷人，（欣赏这种美）让人疲惫不堪，但却让人着魔。"

1.3.1 奢侈品的经典之美

嘉柏丽尔·香奈儿女士说过："人不可能永远创造。我想做的是制作经典。"Tod's的创始人迪亚哥·德拉·瓦莱（Diego Della Valle）也曾坦言："如果追求一款顶级的品牌是一种虚荣，那么对于Tod's的虚荣是值得的，它完美而深沉，低调的优雅让它能够躲过媚俗的仿冒者的跟踪，在时尚中创造了一个个经典。"时尚潮流瞬息万变，可能这一年流行的大热元素到了次年就被时尚爱好者永远压在了箱底。但奢侈品往往不是，这些内含悠久历史的经典奢侈品，本身就是一本历史书、故事集，经过了时间的洗礼，却依旧活跃在人们的视野里。奢侈品的经典之美代表了荣耀的传承，如Hermès Kelly 包、Louis Vuitton 行李箱、Salvatore Ferragamo 梦露鞋等都是经典的奢侈品代表作（见图1-14）。

图 1-14　Hermès Kelly 包（左）、Louis Vuitton 行李箱（中）、
Salvatore Ferragamo 梦露鞋（右）

1. Hermès Kelly 包

1837 年以马具起家的 Hermès，曾以其精湛的手工技术被认定为"马鞍专家"。进入 20 世纪，爱马仕预见到接下来将是汽车取代马匹的时代，于是积极酝酿转型，将制作马鞍的技术用来制作皮具。

Kelly 包的原型其实是那时用来装马鞍的皮包，名字叫作 Haut à Courroies。1956 年的《生活》（Life）杂志封面上刊登了一张当时摩纳哥王妃格蕾丝·凯莉（Grace Kelly）躲避记者镜头的照片，她用 Haut à Courroies 包半掩着她已怀孕而微微鼓起的腹部，这么不经意的一个动作却显得特别优雅大气。这张令人难忘的照片迷倒了很多女性，导致了这款包空前热销。1977 年，爱马仕集团官方正式以王妃的姓命名了这款包。

至今，这个款式已沿用了数十年，有十多种尺寸，皮质材料有二十多种，超过 50 种颜色可供选择。这款经典拎包目前依然是纯手工制作，想购买定制包的顾客必须预约等待至少一年以上。

2. Louis Vuitton 行李箱

Louis Vuitton 是中国人奢侈品的启蒙——对 20 世纪末、21 世纪初的中国消费者而言，奢侈品的代名词就是 Louis Vuitton 的皮具，而 Louis Vuitton 行李箱是最经典的奢侈品之一。

这款行李箱的故事需要从创始人路易·威登（Louis Vuitton）说起。1835 年，年仅 14 岁的路易·威登离开了小村子，去了他梦想已久的欧洲时尚之都——巴黎。经过几年的学徒生涯，路易·威登终于得到了一次升职加薪的机会：从打杂小工晋身为给贵族收拾行李的佣人。正是这次机会让路易·威登改变了命运。改变命运的方法非常朴实：帮皇后叠衣服。

当时，拿破仑二世刚刚登基，皇后每天只想在欧洲旅游。但皇后的衣服太多，不仅没法全部装进行李箱，而且装进箱子也会变得皱皱巴巴，这非常影响皇后的心情。而路易·威登所做的事，就是将皇后的衣装巧妙地塞进行李箱，拿出来后还不会变形。凭着这一招，他得到皇后的重视，成为专门为皇室服务的一名装箱工。

但路易·威登并不满足于当劳工，他敏锐地发现行李箱设计不佳，不仅容量小，而且不稳定，在蒸汽火车的颠簸下会把衣服全都弄皱。为此，路易·威登辞去工作，在巴黎创办了首间皮具店，发明了革命性的平盖行李箱——这种稳定的行李箱，不仅在当时大大解决了贵族出行的麻烦，更改变了人类出行的历史。刚开店，Louis Vuitton 行李箱就受到热烈追捧，皇室贵族都成了这个产品的主顾。

经典的产品始终流行于世。当年泰坦尼克号沉没后，打捞出来的行李中，只有 Louis Vuitton 行李箱内的行李保存得最完整。在 Louis Vuitton 行李箱存世 160 年后的 2014 年巴西世界杯上，为了展示最高程度的安全可靠，大力神杯被要求装在一个 Louis Vuitton 行李箱中。

3. Salvatore Ferragamo 梦露鞋

一代鞋王萨尔瓦多·菲拉格慕（Salvatore Ferragamo）自小梦想成为一名鞋匠，他 9 岁的时候就可以无师自通地给没有鞋子去教堂做礼拜的妹妹做一双鞋，而这样的天分也让他在 14 岁时就已经在那不勒斯开设了拥有 6 个师傅的鞋店。

其后他到洛杉矶大学修读人体解剖学，务求制作出完美的鞋子。他对人类解剖学、数学及工程学十分着迷，他在日记中写道："人体的重量像铅垂线一样落于足弓上。"

婚后的菲拉格慕决定到美国发展，寻求更多的机会。当时他的店在好莱坞附近，而他坚持用手工制鞋的功夫，得到了很多明星客人的支持，其中就包括影视巨星玛丽莲·梦露（Marilyn Monroe）和奥黛丽·赫本（Audrey Hepburn）。

菲拉格慕单为玛莉莲·梦露就设计了 40 双形式各异的高跟鞋，鞋跟高度精确为 10.16 厘米，他认为"女神"穿这一高度的高跟鞋时最性感。这也就是后来梦露鞋的原型。说起玛丽莲·梦露最为经典的形象，莫过于《七年之痒》中在地铁通风口抚裙的妩媚瞬间，当时她所穿的那款鞋子正是菲拉格慕战后的得意之作——一双镶金属的

18K 金细高跟凉鞋,即后世所称的经典的梦露鞋。

有着 F 形的鞋跟并以尼龙线穿成隐形的鞋带,非常的雍容妖娆,代表了 Salvatore Ferragamo 品牌女鞋性感风格的设计方向。很多想要让自己变得更性感的女性,大都会选择梦露鞋,因为她们都觉得穿这双鞋出来的姿态最性感。借助于梦露的爆棚人气,订单雪片般向菲拉格慕飞来,甚至在当时的美国上流社会,Salvatore Ferragamo 女鞋成为社交名媛出席宴会的标准配置。

几乎每位名人都在 Salvatore Ferragamo 留下了用其"脚印"制作出来的立体鞋楦,而依照鞋楦制作鞋子的功夫,恰恰是 Salvatore Ferragamo 鞋始终能十分合脚的关键。即使不是定制鞋,许多 Salvatore Ferragamo 的鞋款也会分不同脚宽的 A、B 楦,来满足不同脚型的需要。这也是为什么 Salvatore Ferragamo 的高跟鞋会被称为史上最舒服、最经典的高跟鞋。

1.3.2 奢侈品的时尚之美

嘉柏丽尔·香奈儿还说过:"我不做时尚,我就是时尚。"Hermès 前中国区总裁雷荣发先生说过:"奢侈品不仅要有经典的艺术之美,现代生活时尚的功能也要隐含在内。"奢侈品与时尚不可分割。Dior 现任创意总监玛丽亚·格拉齐亚·基乌里(Maria Grazia Chiuri)说:"Dior 的时尚旨在引领女性日新月异的需求,摆脱千篇一律的刻板印象——非阳刚即柔美、非新潮即保守、非理性即感性,时尚是让这些对立的理念合二为一、兼收并蓄。"事实也确实如此,发明了时尚的法国国王路易十四塑造了法国人时尚的 DNA,今天大众所认识的时尚概念、巴黎高级定制时装和其他奢侈品都渊源于此。Dior 面纱、夹克与蕾丝充盈了基乌里上任后的风格,在秉持精湛工艺的同时,Dior 在新系列中将多种材质、剪裁与细节元素混合运用。基乌里对女装廓形进行"去语境化"的同时,又注入了时尚动感,创造出一种设计元素与姿态之间全新的时尚对话(见图 1-15)。

无论是高级定制还是普通皮具和配饰,奢侈品是时尚的,它代表的是创意的流变,表达了一种对设计的全新解释,也是文化的翻新更迭。奢侈品标价高昂的原因之一是奢侈品包含的时尚元素独具创意的设计和原创性的概念突破。但是,奢侈品与时尚品不能画等号。时尚元素永远是新奇、特别的,但不是经典的,它年年变幻无常,只要一种新文化的意义或生活方式内涵被挖掘出来，时尚流行就会随之而变；而奢侈品是经典，永恒不变。

图 1-15　*Dior* 的时尚元素体现得淋漓尽致

很多热爱奢侈品的人们喜欢时尚，很多时尚达人跟随潮流甚至引领潮流。如不少年轻人有帆布情结，喜欢帆布生活，崇尚简约、自由和随性的生活态度，这也解释了为何 Chanel、Balenciaga、Prada、Saint Laurent 的帆布包如此受欢迎（见图 1-16）。随着城市白领阶层的压力越来越大，奢侈品象征挣脱束缚、享受自由的时尚理念（如帆布生活）得到更多人的喜欢。时尚就是在特定时段内率先由少数人尝试、预认为后来将为社会大众所崇尚和仿效的生活样式。简单地说，顾名思义，时尚就是"时间"与"崇尚"的相加。在这个极简化的意义上，时尚是短时间内一些人所崇尚的生活。这种时尚涉及生活的各个方面，如衣着打扮、饮食、行为、居住、消费、情感表达与思考方式等。

图 1-16　大受欢迎的 Chanel、Balenciaga、Prada、Saint Laurent 时尚帆布包

奢侈品的时尚之美是一种永远不会过时而又充满活力的艺术，是一种可望而不可即的灵感，它能令人充满激情、充满幻想。有人说，时尚与快乐是一对恋人，快乐来自时尚，而时尚又注定了人的快乐。时尚是一种健康的代表，无论是高级成衣、皮具

配饰、鞋履香氛、优雅造型等都可以说是时尚的象征。

奢侈品的时尚元素要用艺术的手法去塑造：艺术提高品位，艺术是脱俗的、出类拔萃的；时尚是高尚的，时尚离不开艺术，艺术可以创造时尚。很多人常把时尚与流行相提并论，其实并非如此。时尚可以流行，但范围十分有限，如果广为流行，则很难产生时尚的感受——创造奢侈品的时尚之美也是一门"艺术"。模仿、从众只是"初级阶段"，它的至高境界应该是从一波一波的时尚潮流中抽丝剥茧，萃取出它的本质和真义，来丰富自己的审美与品位，打造专属自己的美丽"模板"。追求时尚不在于被动地追随，而在于理智而熟练地驾驭时尚。

同样，越来越多的高端装潢与空间表现也采用了时尚元素，尤其用灰色高级色进行演绎，但凡颜色增添一点灰调，气质都会得到提升。灰色是介于黑色与白色之间的一系列色彩，大致可分为深灰色、浅灰色，属于无彩色、无色度、无纯度，只有明度。因此，任何色彩在灰色空间中，它的特性和魅力都会被无限放大。如现代流行的牛油果绿，或2018年的莫兰迪色，都是在原本的色调上添了灰调。灰色也是提升空间格调的利器（如图1-17所示）。

图1-17 添加灰色元素的时尚空间

总之，时尚是个包罗万象的概念，它的触角深入奢侈品的方方面面。奢侈品的时尚之美带给人的是一种愉悦的心情和优雅、纯粹与不凡的感受，赋予人们不同的气质和神韵，体现不凡的生活品位，精致并展露个性。同时我们也意识到，人类对时尚的追求，使奢侈品更能吸引人们的眼球和心智，无论是精神的还是物质的。

1.3.3 四大时装周

奢侈品的经典和时尚之美与时装紧密联系在一起，而全球四大时装周则把奢侈品体现得淋漓尽致。

时装周是以服装设计师以及时尚品牌最新产品发布会为核心的动态展示活动，它是聚合了时尚文化产业的展示盛会。时装周起源于法国，早在19世纪50年代，法国高级时装屋就会为其最珍贵的客户举办私人"时装秀"。拿破仑三世的皇后欧仁妮·德·蒙蒂若（Eugénie de Montijo）就是最早的珍贵客户之一。随着这一新行业的诞生，顶级设计师在他们的工作室举办小型时装秀，不过当时只针对名流贵族。1868年，被尊为"高级定制时装之父"的英国裁缝查尔斯·弗雷德里克·沃斯（Charles Frederick Worth）与他儿子一起成立了巴黎服装工会（Chambre Syndicale de la Couture Parisienne），开始推出系列服装式样（如图1-18所示），请来模特在自己的裁缝店试穿，首创了模特在沙龙里走秀的形式。

图1-18 "高级定制时装之父"查尔斯·弗雷德里克·沃斯与他的代表作品

到了19世纪末，法国时装设计师保罗·波烈（Paul Poiret）不经意间看到赛马场上女性优雅的身段后，极富商业头脑的他便在1910年雇用了一些女性穿着他的设计作品在赛马场走动，将戏剧元素融入时装界（见图 1-19）。他还发邀请函给他的朋友与客户，并通知媒体把这些内容刊登到报纸上。因此，后人就将 1910 年作为巴黎时装周元年，以此来纪念保罗·波烈。

图 1-19　在花园内观看赛马的模特们（左）与设计师保罗·波烈（右）

此后，时装业的影响力急剧扩大，逐渐以展示梦想的巴黎、展示技艺的米兰、展示胆色的伦敦和展示商业的纽约四大城市为时尚代表，并称为四大时装周举办城市（如表 1-1 所示），真正揭示和决定了当年及次年世界范围服装的流行趋势。四大时装周每年两届，分为秋冬时装周（2～3 月）和春夏时装周（9～10 月上旬）[⊖]。米兰、伦敦和纽约的顺序每年都会进行调整，但巴黎时装周在四大时装周中压轴出场。此外，其他规模较小的时装周也会选择在合适的时间段，在时尚文化与设计产业较发达的城市举办，如柏林、东京、香港、上海、北京、广州等都是时装周的主办地城市。

表 1-1　四大时装周举办城市

城市	所在国家	首届年份	每年举办时间		最新官方秀场	其他秀场举例
			秋冬	春夏		
巴黎	法国	1910 年	2～3 月	9～10 月	卢浮宫	杜乐丽花园
米兰	意大利	1967 年			米兰中心大教堂	皮蒂宫
伦敦	英国	1971 年			布鲁尔街车场公园	萨莫塞特宫
纽约	美国	1943 年			Spring Studios	美国自然历史博物馆　Milk Studios

⊖ 对于大多数顶级设计师，至少要花费半年到八个月的时间才能把设计变成成品，因此，提前约六个多月在四大时装周进行次年的时装发布成了不成文的规定。通常，秋冬时装周用缩写 "FW"（Fall-Winter）表示，春夏时装周用 "SS"（Spring-Summer）表示。

时装周的意义不仅仅是短短一周超过 300 场秀、数以千计的模特以及坐在秀场前排的耀眼明星而已。短时间内,世界各地的设计师、买手、媒体以及对时尚圈感兴趣的人,千里迢迢赶来参与时装周的盛会,不仅短时间内提供了大量的就业机会,连周边城市、旅馆酒店、娱乐行业、餐饮、航空业,每一个直接或间接关注它的产业或人都会因这一年两次的饕餮盛宴而受益。图 1-20 展示了从时装周走出的部分著名设计师。

a)布内罗·古奇拉利(Brunello Cucinelli)、卡尔文·克莱恩(Calvin Klein)、克里斯汀·迪奥(Christian Dior)、克里斯汀·拉克鲁瓦(Christian Lacroix)、唐纳·卡兰(Donna Karan)、嘉柏丽尔·香奈儿(Gabrielle Chanel)、詹尼·范思哲(Gianni Versace)、乔治·阿玛尼(Giorgio Armani)

b)卡尔·拉格斐(Karl Lagerfeld)、马克·雅各布斯(Marc Jacobs)、尼奥·贝奈特(Neil Barrett)、拉尔夫·劳伦(Ralph Lauren)、汤姆·布朗(Thom Browne)、托马斯·迈耶(Tomas Maier)、华伦天奴·格拉瓦尼(Valentino Garavani)和于贝尔·德·纪梵希(Hubert de Givenchy)

图 1-20 从时装周走出的著名设计师(从左至右)

四大时装周的重大影响力决定了奢侈品品牌一定会选择这四个城市作为时装秀的秀场。四大时装周秀场邀请函的派发也有非常严格的限制。一般地，40%的邀请函用于邀请全球顶级时尚媒体，30%用于邀请知名时尚买手，10%用来邀请明星和嘉宾，10%给顶级VIP客户，最后10%的邀请函作为备用。

下文将一一叙述四大时装周的起源、历史、特征和全球影响力。

1. 巴黎时装周

巴黎时装周是最古老的时装周。法国巴黎一直被业界誉为"时装中心的中心"，国际上公认的顶尖时装品牌的总部大部分设在这里。从这里发出的信息是国际流行趋势的风向标，引领着国际时装风潮。加之巴黎时装周"兼收并蓄"，许多年轻设计师将它看作是展示梦想的舞台。

法国时尚的优势可追溯到17世纪路易十四的凡尔赛宫廷艺术。当时的欧洲人赞叹凡尔赛建筑的辉煌，欣赏路易十四时期（1638—1715）的音乐和时尚。后来随着轮船和蒸汽火车的出现，欧洲上层社会的贵妇人前来巴黎购买服装和帽子等饰物。法国的裁缝制作的女装非常受欢迎。

在查尔斯·沃斯第三代的带领下，法国高级成衣发布会制度建立了，至今始终将巴黎作为世界时装之都的地位打造得坚如磐石。他们帮助新晋设计师入行，组织并协调巴黎时装周的日程表，务求让买手和时尚记者尽量看全每一场秀。凭借法国时装协会的影响，卢浮宫（如图1-21所示）被开放为官方秀场，如杜乐丽花园、巴黎大皇宫、东京宫和罗丹美术馆也成为顶级时装品牌发布会的可选之地（如图1-22所示）。

图1-21　卢浮宫外景（左）和卢浮宫马利中庭（右）

图 1-22 （从左至右分别为）杜乐丽花园、巴黎大皇宫、东京宫和罗丹美术馆

法国时装协会的官员们向全球的媒体与买手推荐时装周上将会露面的每一位设计师，并且全力为"法国制造"保驾护航。同时，卡洛姐妹（Les sœurs Callot）、保罗·波烈、让娜·朗雯（Jeanne Lanvin）、嘉柏丽尔·香奈儿、克里斯汀·迪奥等延续了查尔斯·沃斯的精神。

到了"二战"期间，虽然法国时装协会努力不让巴黎时装周进程产生停滞，但是由于纳粹的占领，关注时尚的人们几乎都跑去远离"二战"硝烟的纽约。尽管如此，战争结束后，克里斯汀·迪奥的"New Look"甫一亮相，就立刻为巴黎收回了失地。之后，在伊夫·圣罗兰和皮尔·卡丹（Pierre Cardin）等人的努力下，巴黎时装逐渐走向国际化。

事实上，只有巴黎时装周才真正吸引时装界的精英。来自英国、日本和中国的天才设计师们几乎每一个都是通过巴黎走进世界的视野。如约翰·加利亚诺（John Galliano）、亚历山大·麦昆（Alexsander McQueen）、维维恩·韦斯特伍德（Vivienne Westwood）、侯赛因·卡拉扬（Hussein Chalayan）、三宅一生（Issey Miyake）、川久保玲（Rei Kawakubo）、山本耀司（Yohji Yamamoto）、谢峰和马可等。

对法国而言，时装是服装产业的文化遗产。巴黎时装周上所展示的服装是高级成衣和高级定制时装。

高级成衣（英：ready to wear，RTW；法：prêt-à-porter）除春夏系列和秋冬系列外，一般还有早春和早秋，如 Chanel 有著名的早春度假系列（cruise）。相比一般成衣，高级成衣除了大小、尺码外，还考虑到女性的三围，面料也比一般成衣讲究得多，可以在很多旗舰店或精品店购买到。

高级定制时装（haute couture）是时装类中最顶尖的一类，并且仅指代女装[一]。其中，"couture"指缝制、刺绣等手工艺，haute 代表顶级，意味着奢华的制高点，简称"高定"。法国高定设计师称号受该国法律保护，由法国工业部掌管的法国高定和时尚联合会（The Fédération de la Haute Couture et de la Mode）执行委员会审核入选资格，由法国工业部负责颁发证照。品牌要想获得高级定制的称号，必须满足六大条件：① 拥有自己的工作室，称为"Atelier"；② 以手工制作为主；③ 设计师和品牌经过法国巴黎时装协会的认证；④ 该品牌至少雇用 20 名全职员工，服装须量身制作，并于每年 1 月和 7 月在巴黎召开两次发布会[二]；⑤ 每次发布会的新款数量不能少于 35 套，包括日装与晚礼服；⑥ 每年至少对顾客做 45 次不公开的新装展示。

如今 15 个在册的法国高级定制时装工会高定会员品牌依次为：Chanel、Dior、Givenchy、Jean Paul Gaultier、Maison Margiela、Giambattista Valli、Franck Sorbier、Adeline André、Alexandre Vauthier、Alexis Mabille、Maurizio Galante、Stephane Rolland、Yiqing Yin、Schiaparelli 和 Julien Fournié。法国高级定制时装工会还拥有 6 个特约会员品牌，分别是 Giorgio Armani、Azzedine Alaïa、Versace、Elie Saab、Valentino 和 Viktor & Rolf。另有 15 个客座会员品牌，分别是 Aouadi、Dice Kayek、Georges Hobeika、Pei Guo、Ilja、Ralph & Russo、Ulyana Sergeenko、Zuhair Murad、J. Mendel、Antonio Grimaldi、Galia Lahav、Georges Hobeika、Hyun Mi Nielsen、Maison Rabih Kayrouz 和 Xuan Prive。

[一] 定制男装为 bespoke。
[二] 和时装周稍有不同，法国高定品牌的秋冬系列发布会往往用法语缩写"AH"（Automne-Hiver）代替"FW"。

2. 米兰时装周

米兰是一座历史悠久的文化名城，有着追寻时尚的传统。意大利更是老牌纺织品和服装的设计、生产大国，以完美的设计、精巧的工艺和高超的后期处理享誉世界。意大利男女时装顶级品牌、丝巾领带、皮鞋拎包等在全球服装产业中有着举足轻重的地位，因此时尚和经典常年在这里共同上演。米兰时装周虽然起步较晚，但如今已凭借独有的特色与巴黎时装周并驾齐驱，被业内人士誉为引领世界时装设计和消费潮流的"晴雨表"。Dolce & Gabbana、Gucci、Prada、Versace、Giorgio Armani 等数十个奢侈品品牌轮番登场，每一场 T 台秀足以让全世界观众惊叹。

米兰成为时装之都源于第二次世界大战后走出战争梦魇的人们对惬意生活的渴望，时装成了迎合他们强烈需求的最好工具。人们需要大量设计精良又价格合理的优质服饰产品，再加上"二战"中意大利的城市建设和工业设施并未受到多大毁坏，因此，意大利迅速兴起了突出个性的设计风潮。

1951 年 2 月 12 日，意大利风格在佛罗伦萨诞生。贵族商人乔凡尼·乔奇尼（Giovanni Giorgini）为了推广意大利时尚而举办了一场时装发布会，当时到会的只有美国百货公司的买手和包括《女装日刊》（*Women's Wear Daily*）记者在内的 8 人。五个月后，乔凡尼·乔奇尼再次举办发布会，到会者骤增至 300 余人，不但来自美国，还有意大利及欧洲其他国家。这不仅要感谢《女装日刊》在头版发表的名为 *Italian Styles Gain Approval of U.S. Buyers*（意大利风格获得美国买手认同）的文章，更要归功于乔凡尼·乔奇尼独特的眼光，是他为意大利时尚找到了市场。更显平易近人的意大利时尚，它的休闲式优雅一举击中美国人渴望时尚却又不愿为时尚所累的内心。

1952 年，乔凡尼·乔奇尼发布会移师至豪华的皮蒂宫（Palazzo Pitti）举办，在巨大的展示空间中，设计师们充分展示了他们的创作，在获得赞赏和肯定的同时将这些"意大利制造"（Made in Italy）推向全世界。在接下来的十几年中，意大利设计师如里纳托·巴尔斯特拉（Renato Balestra）、罗科·巴洛克（Rocco Barocco）、泰·米索尼（Ottavio Missoni）、华伦天奴·格拉瓦尼等逐渐在世界舞台成为主角，皮蒂宫上演了一场又一场的时尚传奇，吸引了世界的目光。此时的意大利已经成为新的时装潮流中心。1962年，意大利的设计师们效仿巴黎成立了自己的时装协会，时装业呈现出全面崛起之势。

1967年成为"意大利成衣诞生"的重要年份，也是米兰作为世界性的时装之都开始崛起的一年。这一年，米兰时装周正式创立，一批冠以设计师之名的意大利成衣品牌应运而生。被称为"芙蓉天使之父"的设计师埃洛·菲奥鲁西（Elio Fiorucci）瞄准机会在米兰市中心的帕萨雷拉街区（Galleria Passarella）开设了1 700平方米的门店，推广女性牛仔裤。很快，这里成为流行风潮中心，意大利时装进入了一个新的时期。

20世纪70年代，大量商务男士服饰，如T恤衫、衬衫、长裤、夹克，通过流水线作业被生产出来，价格也更平易近人。设计师们不再仅仅是奢侈品的裁缝，更是引领大众的时尚创造者。1975年，米兰取代了佛罗伦萨成为新的时尚中心，将时装周的官方秀场确定为米兰中心大教堂（Piazza Di Duomo，如图1-23所示），乔治·阿玛尼也第一次站上时装秀的舞台。不同于巴黎时装周追求奢华夸张，米兰的优质面料、高超技艺、实用性成为创举，让时装变身为大众可即之物，并赋予其生命力。这次时装发布会使米兰时装迅猛发展。

图1-23　米兰中心大教堂

1978年，米兰在6天时间内举办了51场发布会，许多意大利本国奢侈品品牌如Missoni、Fendi、Valentino、Enrico Coveri、Mila Schon、Roberta di Camerino、Laura Biagiotti等都进行了展示。

进入20世纪80年代，这些奢侈品品牌甚至抢走了巴黎时装的风头，使米兰成为彼时真正的时装之都，所有人都愿意到米兰观赏T台秀，寻求创新和灵感。不仅如此，意大利人还策略性地凭借时装周创造出"超级名模"的概念，维持了时装界光环的炫耀闪烁。

进入 21 世纪后，全球范围爆发了金融危机，时装和奢侈品世界遭遇了巨大冲击，尤其意大利深受其害。米兰时装界时有不满的声音，称因为时装周体制僵化、按资排辈现象严重，有创意、有趣味的年轻设计人才都流失去了伦敦和巴黎。意大利时装协会着手解决这一问题，如与米兰商会共同成立基金，扶持小型时装企业和设计师品牌的成长。Prada 的首席执行官帕吉欧·伯特利（Patrizio Bertilli）、Tod's 的创始人兼首席执行官迪亚哥·德拉·瓦莱（Diego Della Valle）、Ermenegildo Zegna 的掌门人吉尔多·杰尼亚（Gildo Zegna）等人也组成了新一届意大利时装协会董事会（见图 1-24），希望借助各大品牌的力量使意大利时装设计更具有凝聚力。2013 年，乔治·阿玛尼也在董事会的多番游说下加入了这个协会。

图 1-24　（从左至右依次为）帕吉欧·伯特利、迪亚哥·德拉·瓦莱、吉尔多·杰尼亚和乔治·阿玛尼

2014 年秋冬时装周，米兰时装周终于有了起色。同时 Giorgio Armani 的专用秀场 Teatro Armani 成为它的发布会场所，米兰普拉达文化艺术基金会、Metropol、Dolce & Gabbana 也都打造自己品牌的发布会专场。一些经典奢侈品品牌在经历了设计师更迭后焕发出新的生机，一些年轻品牌点燃了有别于传统意大利设计的新火花。虽然比起另外三大时装周，米兰时装周稍显保守，但它滋生了一些新的设计思维，向着当代流行文化逐渐靠拢。

3. 纽约时装周

纽约时装周的历史颇为波折。20 世纪 40 年代，欧洲深陷战火，德军跨过莱茵河侵占法国，一时间，法国与外界的联络被阻断了，巴黎时装展被迫取消，时装业内人士无法到巴黎观看法国时装秀。美国时装公关埃莉诺·兰伯特（Eleanor Lambert，见图 1-25）试图改变这一切，她选中了美国最国际化的大城市——纽约，决定在这里建起一个新的时尚基地。当时，美国缺少优秀的设计师，但纽约有密集的人口、庞大的市场和出色的兼容性，很有潜力成为一个展示的舞台，不仅给外人打开一个窗口，对本土的设计师也是一个激励。兰伯特一直在劝说美国国内的服装生产商不要忙于模仿巴黎、迎合大众，而是尽可能发掘本土的设计师。她的忠告是：光靠见风使舵"赚快钱"，品牌难以长久，并且，"拿来主义"式的生产无助于培养顾客的审美，没有审美、时尚观念与生活方式的支撑，人们便不懂得欣赏创意，不会用脑配搭服饰。

图 1-25　被誉为美国时尚教母的埃莉诺·兰伯特

1943 年，兰伯特开办了第一届美国时装展，并以"周"为期。她希望把人们对时尚界的关注从巴黎转入美国。举办初期，纽约时装周以展示美国本土设计师的设计为主，时装买家最初不被允许观看时装秀，只能到设计师的展示间去参观。纽约时装周逐渐取得成功，原本充斥着法国时装报道的《时尚服饰与美容》（*Vogue*）杂志也开始加大对美国时装业的报道。

20 世纪 60 年代中期，杰奎琳·肯尼迪用她与众不同的风格和对时尚的热爱赢得了大众的关注，她的穿着打扮影响着 T 台上下的流行趋势。

1973 年，埃莉诺·兰伯特带领五位美籍设计师去了巴黎，向欧洲顶级设计大师展示了他们的设计，以新鲜的服饰在时装界掀起了轩然大波。20 世纪 80 年代，美国的时尚与奢侈品变得更加炫目。奥斯卡·德·拉·伦塔（Oscar de la Renta）和比尔·布拉斯（Bill Blass）跻身影响全球时尚的重要设计师，而里根总统的妻子南希·里根（Nancy Reagan）的出现，无疑为美国时装业锦上添花。新星设计师拉尔夫·劳伦凭借领带翻开了男装设计崭新的一页；卡尔文·克莱恩推出了把他的名字绣在腰部的标志性内衣；唐纳·卡兰推出了"seven easy pieces"——7件高度互相搭配并适应各类场合需要的单品（见图1-26）。由此见证了革新国际风格的美国时装三巨头的出现：拉尔夫·劳伦、卡尔文·克莱恩和唐纳·卡兰。

图1-26 （从左至右依次为）奥斯卡·德·拉·伦塔、比尔·布拉斯、拉尔夫·劳伦、卡尔文·克莱恩和唐纳·卡兰

1993年的纽约时装周，原来分散在城市公寓和仓库中的T台搬到了现址纽约曼哈顿布莱恩特公园著名的白色帐篷下，只有受邀的买家、业内人士、媒体和各界名人方能入场。

2001年，纽约时装周遭到致命冲击，开展的第一天就是9月11日，双子塔遭受了恐怖袭击后，时装周被迫取消。第二年，纽约和伦敦时装周交换了日期，以避开纽约时装周在"9·11"一周年纪念日开幕。

2003年，99岁高龄的埃莉诺·兰伯特作为纽约时装周的创始人出席了时装周，一个月后，度过百岁生日的兰伯特病逝，这年的时装周成了她的落幕演出。2010年，纽约时装周迁址林肯中心的梅赛德斯-奔驰中心（如图1-27所示）。因此，纽约时装周又被称为"梅赛德斯-奔驰纽约时装周"。

图1-27 林肯中心时装秀场

此后,纽约时装周的常客已经习惯变来变去的场地。过去几年中,由于各种各样的原因,纽约时装周的主场地从林肯中心改为莫伊尼汉车站(Skylight at Moynihan Station),再迁至与哈德逊河咫尺相望的克拉克森云天广场(Skylight at Clarkson Square),最后落脚于 Spring Studios(如图 1-28 所示)。同时,美国自然历史博物馆、Milk Studios 也成为新生代品牌举办时装秀的常用之地(如图 1-29 所示)。

图 1-28　Spring Studios 成为最新的纽约时装周官方秀场

图 1-29　美国自然历史博物馆(左)和 Milk Studios(右)时装秀场

4. 伦敦时装周

英国从来就不乏创新人才,在时装秀发展历史上,很多有杰出贡献的人才大都来自英国,很多重大事件也发生在英国。伦敦时装界受到查尔斯·沃斯的启发,于 1896 年举行了一次玩偶时装表演。演出圆满成功,引来各路媒体争相报道,在时装界引起轰动,为伦敦时装秀的发展奠定了良好的基础。

1908 年,达夫·戈登商店在伦敦的汉诺佛广场举行了一场别开生面的女式套装展示,展示的空间进一步扩大,并且有音乐伴奏,这种在特定场地进行的表演形式诞生了。此次表演中音乐的加入，推动了时装表演向着艺术化的道路前进。

20世纪60年代，英国设计师、"迷你裙之母"玛丽·匡特（Mary Quant）首次使用摄影模特进行时装表演，消除了摄影模特与时装模特的界限，使模特这一职业在多领域发展成为可能。另外，她还把戏剧性场景应用到了时装表演中，使时装表演的舞台更加绚丽多姿。这个时代造就了一位超级模特莱斯利·霍恩比（Lesley Hornby），她与后起的纳奥米·坎贝尔（Naomi Campell）、凯特·摩丝（Kate Moss）并称为英国三大超模。

早期在英国举办的时装表演为日后英国本土时装表演的发展提供了借鉴，然而本土风格时装表演的产生和发展的根本原因还在于英国社会文化的发展。70年代起，伦敦兴起了先锋派反传统的艺术潮流，出现了街头青年流行文化运动等，掀起了社会生活改革的浪潮。在此背景下，朋克文化（Punk）产生了，他们用特立独行的装束彰显自我，表明其与主流文化以及其他青年亚文化的不同。英国青年将头发染成各种颜色，做成各种头型，如"莫希干"头、烟熏妆、文身、穿耳洞或在舌头、鼻子等部位穿金属小环、戴金属手镯和项圈等，因此得名"动荡的年代"，在当时引起了全球性轰动，时至今日仍然流行。伦敦作为先锋派运动的发源地，成为新生代的文化中心，时装在其中扮演着重要的角色。不同于巴黎，伦敦的时尚没有来自高级时装的权威压力，而是由二战后的"新生代"自发创造、标新立异的"街头时尚"。

一位名为托尼·波特（Tony Porter）的时尚公关认为，是时候成立一个专门的集会为英国时装品牌进行推广宣传了。他说服了英国服装出口委员会（Clothing Export Council of Great Britain），并从当时最知名的设计师手中募集到一定数额的资金。在前后仅花费了1 000英镑的情况下，他在1971年正式创办了首届时装周，命名为"英国时装周"。

此后五年间，托尼·波特努力将参展品牌从最初的5个提升到了25个。由于当时没有品牌会举办秀后派对或晚宴之类的庆祝活动，托尼·波特只能决定在一天的活动结束后，在自己位于西伦敦的家中为海外媒体举办晚宴。

1983年，伦敦正式成立了英国时尚协会（British Fashion Council，BFC），它是由业内赞助商出资的非营利性机构，成为时装周的主办方，将举办地确定为新古典主义风格的萨莫塞特宫（Somerset House）区域（如图1-30所示）。1984年，为了更好地推广城市形象,"英国时装周"正式更名为"伦敦时装周"。

图 1-30　萨莫塞特宫秀场

然而,在 20 世纪 90 年代初期,随着巴黎和米兰对时尚的影响力越来越大,越来越多的英国设计师远赴巴黎和米兰展出设计,使得起步本就较晚的伦敦时装周陷入了低潮,此时的英国时装表演也一度落入低谷。直到 90 年代末期,出自巴黎时装周的约翰·加利亚诺、亚历山大·麦昆、侯赛因·卡拉扬等新锐设计师崛起回到伦敦,伦敦时装周才得以复兴,时装表演中再次出现了创新性的时装和设计。尤为重要的是,1998 年,英国政府实施了创意产业政策,政府加大投资力度,这对于集音乐、设计、表演等多种艺术形式于一体的时装秀而言无疑是大步发展的最好机遇,这也一举让伦敦时装周跻身于四大时装周。

不过,在 21 世纪初,维维恩·韦斯特伍德、约翰·加利亚诺、亚历山大·麦昆、侯赛因·卡拉扬等英国代表性设计师(如图 1-31 所示)再次东渡前往巴黎,伦敦时装周又一次陷入低谷。

图 1-31　(从左至右)维维恩·韦斯特伍德、约翰·加利亚诺、
　　　　　亚历山大·麦昆和侯赛因·卡拉扬

经过多次坎坷沉浮，伦敦时装周却打造了一个新形象，它凸显新锐设计师的力量，为那些名不见经传却极有天赋的设计师提供了一个展示自身才华的最佳舞台。伦敦时装周的官方秀场也因此在 2015 年从萨莫塞特宫搬到了布鲁尔街车场公园（Brewer Street Car Park，如图 1-32 所示），保留萨莫塞特宫的时装秀场地。这个车场公园因年代久远已经成为伦敦的著名文化遗产，其装饰艺术有"16 个色彩"之称，同时经营画廊等艺术空间。这次搬迁见证了伦敦时装周新址成为伦敦最活跃、最多样化和创新的时尚中心。

图 1-32　布鲁尔街车场公园秀场

伦敦时装周虽然在名气上可能不及其他三大时装周，却以另类的设计概念和奇异的展出形式而闻名。一些"奇装异服"以别出心裁的方式亮相，给世人带去无限惊喜。伦敦时装周上永远充斥着前卫、怪异甚至有点雷人的元素。从模特们的造型到服装再到妆容，设计师们总在追求、探索、尝试那些能刺激到人类灵魂的造型。

5. 四大时装周的对比

比较四大时装周（如表 1-2 所示），可以很明显地发现四者的相同与不同之处。

表 1-2　四大时装周对比

举办地	风格	性质	规模	不同特征
巴黎	奢华	高级工艺定制	顶级人士才受邀	高贵之巅，严肃看待时尚——展示梦想
米兰	新奇	强烈设计风格	与巴黎规模相近	真正体会时尚的乐趣——展示技艺
纽约	自然	美式简约	参与人数最多	像是"产品订货会"——展示商业
伦敦	前卫	前卫独特风格	规模、媒体数皆为最小	现代嬉皮大本营——展示胆色

20 世纪初的意大利有这样一句流行语："意大利女人若要达到高贵的巅峰，就必

须翻过阿尔卑斯山（即进入法国）或越过大西洋（即进入美国）。"意大利人频频向巴黎的时装公司购买设计版权，删减繁复奢华的细节后，再降价出售。意大利设计师更是以注明"此款服装的灵感取自巴黎时装"为豪。尽管早在 1950 年，米兰便已将埃米利奥·璞琪（Emilio Pucci）打造成意大利第一位拥有全球影响力的时装大师，但直到乔治·阿玛尼、詹尼·范思哲（Gianni Versace）、马里奥·普拉达（Mario Prada）、杜梅尼科·多尔奇（Domenico Dolce）和斯蒂芬诺·嘉班纳（Stefano Gabbana）这一批设计师在全球范围内创立出"意大利风潮"后，米兰才真正获得了能与巴黎相提并论的时尚地位。为达到这一目标，米兰足足耗费了 30 年的时光。

至今掌控米兰时装周的意大利时尚协会（Camera Sindacale Della Moda Italiana）仍以"在意大利和国外保护、协作、强化意大利时装形象"为宗旨，希望参与其中的国外设计师也能与之一同推广"意大利风格"，却不免给外界一个顽固保守的印象。

纽约时装周则向来不是媒体最关注的重点。在专业人士眼里，它更像是"产品订货会"——它所发布的服装实在太适合穿着了。前不久，美国时装界曾公开要求将伦敦、米兰和巴黎时装周推迟一周举行，否则纽约将一直"生活在意大利和法国时尚的阴影下"。

伦敦像是走向另一个极端的纽约。伦敦时装周习惯于把时装当成充满实验与冒险的游乐场，自得其乐，仿佛伦敦时尚与外界无涉。尽管圣马丁学院每年的毕业秀都汇聚了全世界的"星探"，伦敦本土设计师却仍旧很难步入主流。

唯有巴黎展示梦想。胸襟宽广且一呼百应的法国时装协会并没有要求三宅一生、川久保玲和山本耀司这些风格独特的日本设计师为推广"法国风格"而努力，也没有把他们变得高度商业化，甚至帮助川久保玲创立的小众奢侈品品牌 Comme des Garçons 达成了 1 亿美元的年销售额。

相反，非意大利人和英国人在米兰和伦敦的接受度并不高，客居的感觉依旧强烈，而纽约的商业氛围又显得比较浓重，直到今日，只有巴黎在真正吸纳全世界的时装精英。那些来自日本、英国和比利时的殿堂级时装设计师们，几乎每一个都是通过巴黎走进了世界的视野。同样也因为这种背景，维维恩·韦斯特伍德、约翰·加利亚诺、亚历山大·麦昆、侯赛因·卡拉扬等英国天才设计师纷纷东渡，比利时安特卫普六君子——安·德穆鲁梅斯特（Ann Demeulemeester）、朵利斯·范·诺登（Dries Van Noten）、玛丽娜·易（Marina Yee）、德克·范瑟恩（Dirk Vansaene）、华特·范·贝伦东克（Walter Van Beirendonck）和德克·毕肯伯格斯（Dirk Bikkembergs）也在此地获得成功（见图1-33）。比较典型的反例当属海尔姆特·朗（Helmut Lang），这个奥地利极简主义教父在巴黎发迹，当他创立的成衣品牌Helmut Lang被普拉达集团收购后，他就告别巴黎，在米兰与纽约也四处碰壁，最后消失在人们的视野中。

图1-33 （从左至右依次为）安·德穆鲁梅斯特、朵利斯·范·诺登、玛丽娜·易、德克·范瑟恩、华特·范·贝伦东克和德克·毕肯伯格斯

从世界时装周的发展史中可以看到，保罗·波烈堪称第一位真正的时装设计师，作为一位幻想主义者，他的设计开创了一个五彩缤纷的服装新世纪，奠定了欧洲现代服装的基调，持续影响迄今。此后，克里斯汀·迪奥、伊夫·圣罗兰、卡尔·拉格斐、约翰·加利亚诺和汤姆·福特（Tom Ford）等人纷纷站上了时尚界、奢侈品世界的舞台，成为最具代表性的设计师。其中，汤姆·福特是非常特殊的一个。1994年，汤姆·福特成为Gucci的设计总监，开启了新的创意总监时代：设计师不再仅仅负责产品设计，还要负责形象的沟通，包括控制品牌形象，保持形象的连贯性，决定播放什么类型的广告，如何设计店面，以及怎样使包装更吸引消费者。

自2006年起，中国设计师谢锋（Frankie Xie）以及他的品牌吉芬（Jefen）也参与到了巴黎时装周中。2007年，在巴黎时装周上亮相并且广获好评的中国设计师，则换成了马可和她的品牌无用（Useless）。中国新一代设计师刘凌、孙大为、王陈彩霞、玛莎和刘芳也在巴黎时装周上展现自己的品牌。此后10年间，许多华裔设计师先后站上了四大时装周的舞台，他们展现的同名品牌包括Alexander Wang、Anna Sui、Brandon Sun、Derek Lam、Edeline Lee、Jason Wu、Jeffrey Chow、Jen Kao、Mary

Ping、Masha Ma、Peter Som、Phillip Lim、Richard Chai、Ryan Lo、Steven Tai、Uma Wang、Yang Li、Yiqing Yin、Vera Wang、Vivienne Tam、Pei Guo 和 Huishan Zhang 等。每年都有二十多个华裔设计师及其产品出现在众人的视线中（如图1-34所示）。

图1-34 有代表性的华裔服装设计师

左起：谢锋、王陈彩霞、王大仁（Alexander Wang）、安娜·苏（Anna Sui）、吴季刚（Jason Wu）、殷亦晴（Yiqing Yin）、王薇薇（Vera Wang）、郭培（Pei Guo）

历时109年的巴黎时装周大概从未想过，原本的"小型时装商品推介会"竟会演变成今天的模样。一场时装秀，早就远远脱离了商品交易的范畴，而成为一场融合了娱乐、戏剧和行为表演艺术的舞台作品。很多人此前无法想象约翰·加利亚诺推出的满场用名贵蟒蛇皮、鸵鸟羽翼和狐狸皮做成的外套会有几件出现在精品店中热销；侯赛因·卡拉扬那些由所谓"奇技淫巧"所构成的"明日之衣"会受到热捧；亚历山大·麦昆那如埃及艳后般的新装，也会有时尚达人穿在身上。

一场完美的秀，更多的是坚定、准确地传递出品牌形象。能接到多少服装订单无足轻重，能为公司带来真金白银的香水、化妆品、配饰销售额，以及价格相对便宜的基本款销量才是这场短短20分钟秀的真正任务。它正为崇拜者营造一个时尚梦。纽约展示商业，米兰展示技艺，伦敦展示胆色——只有巴黎，展示梦想。

一些政要与设计师这样形容时装周的意义："时装周的意义重大，但并不容易驾驭。临界质量才能让一个城市办好时装周。"所谓临界质量是指知识技术积累到一定的临界点,新技术就会像裂变反应一样爆发,并剧烈扩展。如果它仅限于一个小团队,那么时装周很难发展成功,它需要更多人参与,包括各个产业的领导者。

1.4 奢侈品、创造力与社会阶层

无论在当下的中国、美国还是欧洲老牌国家,时尚与时装周都受到越来越多的关注。年龄、教育、收入、房价、消费观念、消费者信心、城市代际、地域差等因素,再加上数十种细分维度,产生了成千上万种不同的消费者。尤其在以中国为代表的发展中国家,这些消费者已经走向了碎片化、理性化和圈层化,并且随着经济的发展,消费升级成为未来五年的最大趋势。从图1-35～图1-37[⊖]中可以发现近十余年中国富裕人群的变化:2018年,中国的高净值人群(high net worth individuals,HNWI)数量达到197万,2008～2018年的年均复合增长率(CAGR)达21%,其中,广东、上海、北京、江苏和浙江五个省市占据了全国近半数的高净值人群(约43%)和高净值财富(约59%),不过各区域之间的差异正在不断缩小。从高净值人群的职业角度来看,企业高级管理层、中层及专业人士群体规模不断上升,从2017年的29%迅速增长至36%,成为中国消费升级的重要推动力量。

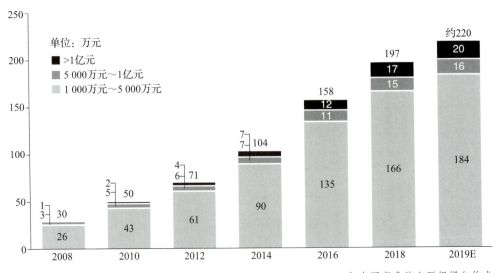

图1-35 2008～2018年中国高净值人群规模与构成

⊖ 资料来源:招商银行,贝恩公司. 2019中国私人财富报告[R]. 2019.

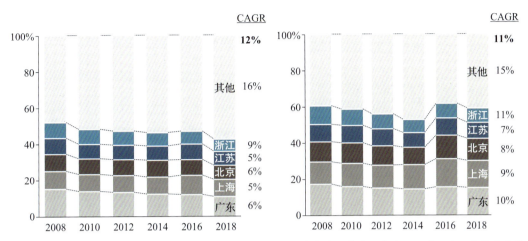

图 1-36 2008～2018年广东、上海、北京、江苏、浙江和其他地区高净值人群（左）和高净值财富（右）的全国占比情况

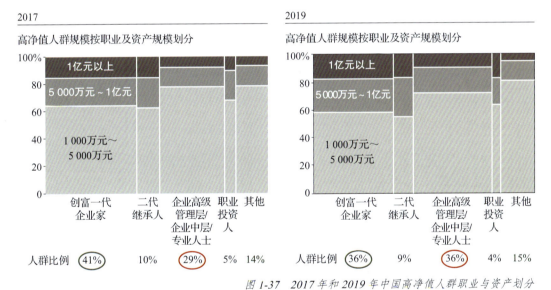

图 1-37 2017年和2019年中国高净值人群职业与资产划分

奢侈品消费作为消费升级的重要现象之一，正在中国如火如荼地蔓延开来。

1.4.1 奢侈品与创造力

创造力是产生新颖且有用想法的能力，是企业创新的重要且首要的基础，而奢侈品与创造力有着密切联系。

从消费者个人创造力的角度而言，一方面，奢侈品作为一种产品或服务，其作用之一在于能表现消费者的身份与他人的不同，因此，无论是时装、鞋履、皮具、腕表，还是珠宝、家具、汽车、酒店，它们的设计、工艺和体验往往非常强调创新性，以强化这一消费符号的辨识度，充分体现了人类的创造力。另一方面，创造力强的人往往自我比较独立，与奢侈品所能提供的价值契合。奢侈品消费者往往对自我的独特性有强烈的需求，他们也往往有更高的创造力。换言之，消费者会购买与自我个性契合的品牌，而品牌本身的风格（如品牌人格）又可能反过来影响消费者的思维方式。与之类似，奢侈品在认知概念上与独特性和创新性的联系可能会"启动"消费者对自我独特性的认知，诱发消费者创新型的思维模式，激活消费者潜在的创造力。

从群体创造力的角度而言，奢侈品与个人的创造力和人际间的合作都有紧密的联系。更有趣的是，奢侈品对两者的影响似乎截然相反。前文已述，奢侈品体现了人类的创造力。奢侈品之所以珍贵，其价值不仅在于其高品质，更在于其产品设计中所蕴藏的有别于大众产品的创意，如 Hermès Birkin 包、Louis Vuitton Cruise 系列拎袋、Armani Dolci 巧克力甜点、Ferrari LaFerarri 跑车（如图 1-38 所示），都因其匠心独具的设计而成为享誉世界的奢侈品。因此，创造力是奢侈品及其品牌的生命力。另一方面，奢侈品消费又暗含了一种不合作的态度。奢侈品独树一帜的设计往往不只是为了实现特殊的产品功能，更多的是为了彰显消费者特殊的身份和地位。作为一种社会比较（social comparison）的符号，奢侈品消费体现了人的竞争本能。即，创造力促成了奢侈品的产生，竞争意识刺激了奢侈品的消费。

图 1-38　匠心独具的奢侈品设计

对于奢侈品行业而言，通过合作方式促进创新是其独特的基因。如全球最大奢侈品集团路威酩轩先后在 2016、2018 年成立了奢侈品实验室和创意零售实验室，吸纳了数十家公司共同合作完成产品设计和电子商务业务，这些创新创业公司的合作型创新成功地设计出了美轮美奂的成衣与皮具产品，也让旗下品牌（如 Louis Vuitton、

Dior、Givenchy、Bulgari等）能够用数字化手段为消费者提供个性化服务。

除了路威酩轩集团外，Chanel、Ferrari、Bugatti、Lamborghini、Gaggenau等奢侈品品牌也不断通过合作型创新的方式为消费者带来强烈的品牌体验：Chanel每年春夏或秋冬高级定制、高级成衣时装秀，设计团队间的紧密合作和前创意总监卡尔·拉格斐的非凡创造力让Chanel品牌始终是业界的聚焦点（如图1-39所示）。

图1-39　卡尔·拉格斐生前打造的最后一场秀
Chanel 2019秋冬高级成衣秀

Bugatti、Ferrari、Lamborghini为代表的顶级跑车品牌一直与奢侈腕表品牌（如Parmigiani、Hublot、Girard Perregaux、Blancpain等）进行合作，不断涌现如空气动力学创新、智能引擎等创新之举；德国奢侈品家电品牌Gaggenau不仅在设计中融合了现代科技创新成果，还在不同城市建造了极具创新精神的嘉格纳之家，并与艺术家、文化鉴赏家以及米其林餐厅合作，在全球各地举办了独具匠心的系列体验活动（如图1-40所示）。

同样，奢侈品公司也会与手机品牌进行创新性合作，如华为联合Leica和Porsche Design设计了P和Mate系列，Oppo联合Lamborghini共同发布了Oppo Find X系列等。

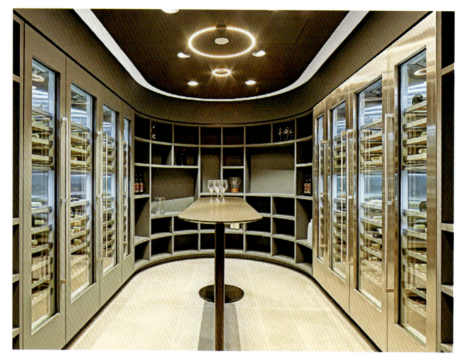

图 1-40　嘉格纳之家

1.4.2　社会阶层与划分

除了个体或群体的创造力，奢侈品还影响着社会阶层的分化。

在古代中国，权贵之士的府邸门口摆有一雌一雄头上布满卷鬃的蹲坐石狮，不仅起到了驱鬼辟邪的作用，更反映了拥有者的奢侈品和财富之多，与其社会阶层（social class）密切相关。

财富被马克思主义定义为划分阶层的唯一标准。从不同社会下个体对财富不同程度的占有，以及个体之间结成的生产关系出发，马克思将社会阶层划分为经典的"资产阶级—无产阶级"二元对立体。占有生产资料，利用财富迫使工人为其劳动，并对工人生产出的剩余价值进行剥削的阶级，称为资产阶级；而不占有生产资料，完全靠出卖自身劳动力维持生存的阶级就是无产阶级。

进入 20 世纪，尤其是 20 世纪中后叶以来，社会分工的高度分化、物质生产力的进一步提高、"福利国家政策"等新概念和新现象的出现，使得决定阶层的因素变得极为多元化，单一的经济因素无法有效地划分社会阶层。为了重新建构社会阶层，法国社会学家皮埃尔·布尔迪厄（Pierre Bourdieu）提出了独特的资本概念。

皮埃尔·布尔迪厄所称的资本包括经济资本、文化资本和社会资本，其中又以经济资本和文化资本为主要的阶层划分标准，他着重讨论的则是文化资本的概念。

文化资本来自于个体所接受的教育，而个体能够接受什么样的教育，则取决于个体所处的阶层。这就产生了经济资本与文化资本的一个内在联系：经济资本可以转化为文化资本。出身中产家庭者能够占有更为优质的教育资源，即使个体学习能力欠缺，中产家庭依然可以通过自身的财力将子女送往国外留学，积累相应的文化资本；而出身底层者由于缺乏经济资本，很难接受到很好的教育，而教育水平的相对落后又导致底层个体难以进一步接受更高水平的教育，由此导致了底层民众文化资本的欠缺。

基于经济资本与文化资本的双重标准，社会阶层就可以有如下的划分：

- 统治阶级（即上层阶级）处于支配地位，社会规则与审美秩序由他们制定，他们可以说是天然符合规则的人。
- 中产阶级是社会分层中刚刚越过区隔的最低阶层，为了与底层阶级进行区分并努力向上流阶级靠拢，他们小心翼翼地遵守着统治阶级制定的社会规则，但由于不具备充分的经济资本和文化资本，他们很难完全符合规则和遵循规则的各项规定。因此，他们的消费习性体现出紧张、矫饰的特点。
- 底层阶级是纯粹的被统治阶级，由普通工人、农业劳动者等组成。他们没有经济资本和文化资本，多数是消费社会的"新穷人"，即那些由于教育的缺乏而不太具备审美能力，趣味相对庸俗，同时物质生活也相对匮乏的人。他们的消费仅仅为了生存，在符号消费上极为匮乏，远离主流消费文化和消费市场，乃至于被排斥在外。

1. 美国的社会阶层

美国是个多元的国家，社会分层现象非常具有代表性。美国当代小说家约翰·布鲁克斯（John Brooks）就说过："一个人的言谈永远是他家庭背景和社会地位的告示牌。"美国著名作家保罗·福塞尔（Paul Fussell）用犀利的口吻，以"金钱、风范、审美品位和认知水平"划分，把20世纪80年代的美国社会划分为三个阶级、九个阶层：上层阶级（看不见的顶层、上层、中上层阶级）、中层阶级（中产阶级、上层贫民、中层贫民、下层贫民）和下层阶级（赤贫阶层和看不见的底层），如表1-3所示。

表1-3 保罗·福塞尔的社会阶级与阶层分类

阶级	阶层	阶层描述
上层阶级	看不见的顶层	一个看不见的阶层。他们的钱来源于继承遗产。他们曾经喜欢炫耀和挥霍。后来，他们在媒体和大众的嫉恨、慈善机构募捐者的追逐下销声匿迹了
	上层	一个既富有又看得见的阶层。可能是大银行的主管，还喜欢参与国会某委员会的事务。他们贪图安逸，有时还很有趣，家中宾客川流不息。但有一点：他们对思想和精神生活毫不关心
	中上层阶级	一个有钱、有趣味、喜欢游戏人生的阶层。所有比这个阶级层次低的阶级，都渴望成为中上层阶级
中层阶级	中产阶级	一个最谨小慎微、了无生气的阶层。他们是企业的螺丝钉，"可替换的零件"。他们最惧怕"他人的批评"，因此是为他人而存在的。他们是全社会最势利的一群人
	上层贫民	一个被称为"蓝领贵族"的阶层。他们靠手艺吃饭，认为自己和律师、医生一样也算"专业人士"。他们的钱夹总是鼓鼓囊囊的，外边还会勒一根皮筋
	中层贫民	一个在工作中失去自由的阶层。由于经常受到老板的斥责而对生活心存怨恨。他们生活中唯一的乐趣也许就是串亲戚
	下层贫民	一个没有明天的阶层、非法移民的大军。过一天算一天是他们的常态。正是这一阶层承担了美国社会中最低下的工作
下层阶级	赤贫阶层	一个无家可归、流落街头的阶层。懒惰、失望和怨恨压倒了他们的自尊。这是人们看得见的最贫穷的一群人
	看不见的底层	一个在慈善机构和管教所里度过一生的阶层。就像看不见的顶层一样，我们也看不见这群悲惨可怜的人

资料来源：Fussell, P (1983). *Class: A Guide Through The American Status System*. Simon & Schuster.

2. 欧洲的社会阶层

以英国为例，共分为7个阶层：精英阶层（elite）、固有中产阶层（established middle class）、技术型中产阶层（technical middle class）、新兴富有工薪阶层（new affluent workers）、新兴服务业工作者（emergent service workers）、传统工人阶层（traditional working class）和无产阶层（precariat）。[一]

[一] 英国广播公司2017年"英国阶层调查统计"。

（1）精英阶层。占英国人口6%，平均年龄57岁，英国最富有和最具权势的阶层。他们拥有的经济资本、文化资本和社会资本均在其他阶层之上。这些人大都含着金汤匙出生，往往祖上已经有了爵位。他们从私立学校（如哈罗公学等）读到牛津大学或者剑桥大学，然后成为各行各业的精英。他们的社交圈很难进入，喜欢聚在一起讨论马术、剑术、哲学、拉丁文等高雅话题。

（2）固有中产阶层。占英国人口的25%，平均年龄46岁。经济、社会和文化资本很雄厚，仅次于精英阶层。这也是各阶层中社交层面最广泛的阶层。他们大都是中产阶层出身，住在市区以外的地区，常常是大公司的管理层或者是各领域的顶尖级专业人才。

（3）技术型中产阶层。占英国人口的6%，平均年龄52岁。这是一个规模不大却特色鲜明的新兴阶层类型，经济资本相对富有，但同时社会和文化资本略有不足。这一阶层的社交层面相对有局限，对文化生活的追求也有限。他们的社交对象大多是和自己出身背景相似的人，爱好Facebook、Twitter、Instagram之类的社交媒体，有时也喜欢欣赏古典音乐。

（4）新兴富有工薪阶层。占英国人口的15%，平均年龄44岁，是一个年轻而相对活跃的族群，拥有中等的经济资本，但却有较高的文化和社会资本。他们爱好时尚，常活跃于各种社交媒体，爱看各项体育赛事、爵士或摇滚演奏会等。

（5）新兴服务业工作者。占英国总人口的20%左右，平均年龄34岁。虽然拥有较低的经济资本，但却有着高级别的新兴文化和社会资本。这类人超级喜欢爵士或摇滚演奏会，热爱运动，也活跃于社交媒体。他们从事的职业包括厨师、护士、产品助理等。

（6）传统工人阶层。占英国总人口的14%，平均年龄66岁，是当下平均年龄最高的阶层。在各项资本中得分均不高，但他们却不是最贫穷的那部分人，大多数人拥有自己的房产。他们喜欢与自己出身相似的人群交往，较为老派，不热衷于新兴的文化，不喜欢去健身房，也不爱社交媒体。

（7）无产阶层。这是英国最贫穷的阶层，在各类资本中均属于最低级别，日常生活相对不稳定。绝大多数无产阶层的人没有自己的房产。他们没有太广泛的文化爱好，主要从事的工作包括清洁工人、卡车司机等。

3. 中国的社会阶层

中国地大物博，历史悠久，相比立国仅有短短200多年历史的美国，中国社会发展源远流长，社会阶层及其变化也更加复杂。

秦汉时期前，国家规模较小，社会被主要划分成四个阶层：诸侯、大夫、士和庶民。良马坐骑、玉器礼服被用以表明主人的高贵身份。此后，随着国家领土扩张、人口增加，社会等级结构开始变得复杂，皇帝与宗室、官僚、士族、平民（如农、工、商）、半奴隶和奴隶成为社会阶层的主要划分方式。人们学会营造超豪华、大规模的宫殿建筑、王府宅院（如图1-41所示），通过"衣、食、住、行"各个方面展现自己属于哪一类人。

图1-41　经还原后的秦汉皇城

当东汉西域安息国王向中国献上了第一头狮子，狮子便出现在了中华大地。从此，狮子开始被中国人认知，也由此被雕刻成威武的建筑装饰品，成为身份的标志物。东汉末至魏晋南北朝时期，玄学和清谈之风兴起，人们的审美情趣随之发生很大的改变，男子追求自己外貌的"盛世美颜"甚至超过了女性，女性化的精致、柔弱和香气成为美的鉴定标准，崇尚一种"病态之美"，镜子和香粉成为士大夫的随身必备之物。在家中，他们甚至用大量的香熏炉熏衣以示高雅。而这个时代九品中正制的创立固化了社会阶层，士族的社会地位进一步提高。

唐朝是一个胡汉融合的大王朝，少数民族的豪迈阳刚之气传入中原大地，人们开始转变对美的态度，从男性的以柔弱为美的主流变为女性的丰肥浓丽。唐朝也改良了科举制度，士族的社会地位被削弱，人分为"良"与"贱"两大类。受到胡风盛行的影响,此时的权贵喜爱胡乐、胡服和胡食,女性地位也变得较高,装扮艳丽且大胆,家中常备动植物、香料、珠宝、乐器和药材,珍贵的唐三彩则成为达官贵人的陪葬必需品。作为中华大地继秦汉后的又一个鼎盛时代,唐代的官邸建筑结构和装潢也反映了强大的经济水平,皇宫宫殿格外华丽,如图 1-42 所示的唐代明堂。

图 1-42 武则天时期建造的明堂

两宋经济十分发达,《清明上河图》便是最好的佐证(如图 1-43 所示)。宋朝的贫富差距相对较小,城市出现了以娱乐体育活动为主的体育组织,社会环境相对稳定,普通百姓阶层的人口急速壮大,城市文化生活高度发展。权贵之人光顾高雅的酒肆,与倡优相谈结交,出行工具也逐渐从牛车、骡子改为了乘轿。

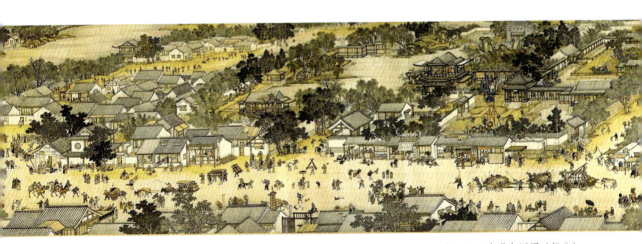

图 1-43 清明上河图(部分)

蒙古人入主中原后,之前固有的社会形态被颠覆,人被分为了四大等级:蒙古人、色目人、汉人和南人。其中，色目人是来自中西亚或西域地区的非黑色眼瞳的人，汉人指南宋灭亡前长江以北的汉人，而南人则指南宋遗民。元朝政府又将职业分为十等级：官（政府官员）、吏（不能擢升为官员的政府雇员）、僧（佛教僧侣）、道（道教道士）、医（医生）、工（高级工程技术人员）、匠（低级手工技术人员）、娼（妓女）、儒（知识分子）和丐（乞丐），极大贬低了读书人。

明朝恢复了汉族统治时期的社会划分制度，但对社会各阶层的制约变得极其森严，衣、食、住、行都有严格的条令，稍有不慎就可能面临牢狱之灾。如不同的衣服标志着不同的身份，王公贵族和职官有权穿锦绣绸缎，普通老百姓家只准穿素衣布衫。商人在封建朝代的地位始终极低，无论是否家缠万贯，只能穿绢和布。

清朝政府提倡满汉一家，并没有像元朝那样将人种作为社会阶层划分的依据。社会等级从高至低依次为皇亲贵族、缙绅地主、四民（民、军、商、灶）为良，奴仆及倡优隶卒为贱。鸦片战争后，传统社会结构发生巨大裂变，而这种变化在清朝的最后十年迅速加剧。"士农工商"的旧格局不复存在，每一个阶层都开始追求自己的利益和政治需要。新士绅希望参与政权，地方督抚希望保持甚至扩大已经获得的权力，商人阶层在政治上紧随新士绅，新知识分子和下层民众反对清政府，使得最后一个封建王朝终于落下了帷幕。

经过一段时期的探索，新中国成立后的社会被划分为"两大阶级和一个阶层"，即工人阶级、农民阶级和知识分子。此后，社会阶层发生了非常复杂的变化，政治经济体制的改革打破了原有的社会格局，单一的社会阶层划分方式已经无法满足多元的社会结构。正因如此，在改革开放翻天覆地的40年中，中国传统的社会阶层划分方式逐渐被新的多元划分方式所取代，不同的中国当代社会阶层划分结构被提出。以生产资料占有关系和社会基本分工作为划分依据，中国人可划分为农民—工人阶层、知识分子阶层、个体劳动者、干部阶层、企业家阶层、管理者阶层和私人企业主阶层。

千禧年时，中国社会学家陆学艺以职业分类为基础，以组织资源、经济资源和文化资源的占有状况为标准提出了"五大等级、十大阶层"的划分方法（如图1-44所示）。

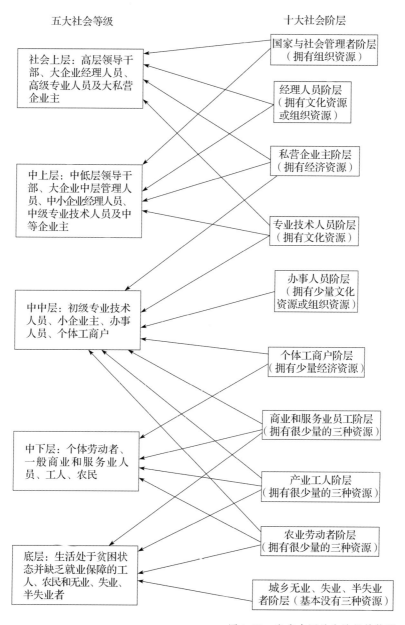

图 1-44 当代中国社会阶层结构图

资料来源：陆学艺. 当代中国社会阶层研究报告［M］. 北京：社会科学文献出版社，2000.

其中，社会上层（一些新兴的社会阶层）包括：国家与社会管理者阶层、经理人员阶层、私营企业主阶层、专业技术人员阶层；社会中下层包括：个体工商户阶层、商业和服务业员工阶层、产业工人阶层、农业劳动者阶层以及城乡无业、失业、半失业者阶层。上层阶层有权、有钱、有知识和技术，下层阶层则相反，只能从事技术要求不高、知识含量低的商业、农业和服务性行业。直到今日，陆学艺的"十大阶层"论仍是最具权威性的中国社会分层结构。

1.4.3 社会阶层、审美与奢侈品消费

当消费者进入文化商品流通领域时，是什么促使他们做出消费选择呢？这其中固然有经济资本的限制，但在文化消费成本由于文化产业对商品的大批量生产和复制而大大降低的现下，个体所拥有的审美趣味与阶级习性在很大程度上决定了个体的消费选择。个体包括审美趣味和阶级习性在内的文化资本的积累取决于个体由于所处阶层不同而接受的不同水平的教育。那么，表面上看来与社会地位、社会阶层毫无关系，似乎仅仅是"个人内在的自我反思"而形成的审美趣味就与阶级联系在了一起。

1. 社会阶层、审美与焦虑

在皮埃尔·布尔迪厄之前，德国哲学家康德就从纯粹美学的角度讨论了个体审美趣味与审美判断力的形成。康德认为，审美判断力是"无目的的合目的性"，是个体进行内省的"反思判断力"。他将审美判断力从具体的现实社会中抽离，将之放置在一个纯粹判断领域之中。这样，审美判断力的形成就与个体背景无关，纯粹取决于个人理性能力如何。即便是再贫穷的个体，也有可能通过反思形成对高雅艺术的审美判断力。这就是康德的审美判断力理论。

皮埃尔·布尔迪厄反对康德这种将审美判断力归结为人类"先验综合判断"，从而将审美趣味与个体所属阶层剥离的做法。布尔迪厄认为，审美判断力是后天形成的，与个体所处阶层密切相关。虽然审美判断力包括一个社会化个体的文化爱好、品位、情趣，但是，"审美趣味并非某种基于个人才能基础之上的独特内心感受和实践，而是根源于与阶级教养和教育密切相关的社会地位当中"。这样，审美趣味就拥有了一种新的功能：作为社会区隔的标志而存在。人们可以通过每个个体不同的审美趣味辨认他所处的阶层，并进行自我归类和寻求那些拥有相似趣味者的认同，以此完成社会区隔。

随着经济的不断发展，审美趣味的变化会引发对社会地位的焦虑。原先社会地位较高（即上层社会地位）、消费水平较高、审美趣味的主导者，对于较低阶层（即中、下层社会地位）逐渐拉近的差距感到焦虑，希望能够继续主导审美趣味。以美国为例，

近几十年来，美国社会两极分化和社会竞争迅速加剧，催生了担心社会经济地位下滑的普遍焦虑。这一演变强化了美国精英地位延续的老规律："富贵不足保，唯常春藤教育之泽可及于无穷。"越来越多的上层家庭感到压力和焦虑，上学必须要上常春藤顶级学校，接受最好的教育，拥有最好的艺术与审美能力。

相反地，两个阶层逐渐拉近的距离使较低阶层从中获得愉悦感。但与此同时，下层社会地位的人群在不断提升社会地位的同时，消费水平不断提高，迫切希望继续增强自身的影响力，由此产生了审美趣味主导的焦虑。进一步地，由于中层社会地位人群的数量不断扩大、消费能力日渐提升，原先中层社会地位的人群产生了被同化的焦虑。

在中国古代也产生过诸如此类的现象。晚明时期的社会产生了一个可以和士大夫阶层在消费水平上相提并论的群体，官府就曾经多次颁布禁令，试图利用行政力量去改变这种审美趣味，拉开普通百姓和官僚的差距，但是事实上没有达到想要的效果。继而士大夫阶层选择利用话语权来捍卫自己的社会地位，利用文化作为手中的武器，利用文化与品位来提高社会地位的象征意义，利用更深层次的文化来捍卫自己的社会地位。但是与此同时，普通百姓也开始不满足于消费层面的追逐，转而开始培养自身或是下一代对于文化和品位的能力，以此来提升自己的社会地位。

由于现代社会并不能像封建时代般简单地利用政治权力来分隔社会阶层，因此出现了两种相互作用的趋势。一方面，掌握审美话语权的人或是群体因为需要获取商业的利益，主动迎合新富阶层或者说是有消费能力的群体，营造这部分人喜爱的审美风潮。另一方面，掌握审美话语权的人将历史、文化、品位等人文元素附着在新的审美风潮之上，以此来提高"上流社会"的准入门槛，使得金钱、消费不能成为衡量社会地位的唯一准则。

2. 社会分层与奢侈品

审美趣味不仅仅代表着个体的生活方式，也代表着个体在社会空间中所处的位置。审美趣味也不仅仅是作为外化的标志而存在的，它同时具有反向维持社会阶层边界的作用。而奢侈品的存在，正是上层阶级审美趣味的具象化，并借由其定义的审美秩序不断彰显其所处的社会阶级。奢侈品通常都会传递其独特的文化内涵、价值主张与审美情趣，因而奢侈品的消费不仅仅代表了拥有更高的经济资本，也体现了消费者拥有更高雅的品位，从而拥有更高的文化资本。

奢侈品是社会分层的产物，同时也是社会阶层划分的推动者。在现代社会中，由于社会的开放，人们更多的是使用炫耀性消费来炫耀其经济资本，来追求其社会地位。在后现代社会中，由于物质的极度丰裕，炫耀经济资本的炫耀性消费已经不能达到成功追求社会地位的手段。取而代之，以文化资本为基础的品位消费成为人们地位争夺的新方式。

在中国，伴随着1978年以来的对外改革开放、国力增强，人们的经济生活发生了巨大变化，人均收入每十年经历一个几何级的提升，如表1-4所示。

表1-4　1978～2018年中国经济统计数据

	2018	2017	2016	2015	2014	2008	1998	1990	1985	1978
国内生产总值（亿元）	900 309	827 122	744 127	685 506	644 791	300 670	84 402	18 668	9 016	3 679
人均国内生产总值（元）	64 644	59 660	53 974	49 992	47 203	22 698	6 796	1 644	858	381
城镇居民人均可支配收入（元）	39 251	36 396	33 616	31 790	29 381	15 781	5 425	1 510	739	343
农村居民人均可支配收入（元）	14 617	13 432	12 363	10 072	9 892	4 761	2 162	686	398	134

资料来源：中华人民共和国国家统计局。

中国市场的奢侈品消费从2008年开始，几乎没有受到全球金融危机的影响，反而受益于中国政府的4万亿元人民币经济刺激计划，使"中国因素"在奢侈品消费市场的影响力不再局限国内市场。从2008年到2014年，购买奢侈品的中国家庭翻了一番，并从2015年起，中国奢侈品消费增长的主要推手已从首次消费转变为增量消费，消费者偏好也不断发生改变。根据波士顿咨询公司（BCG）联合腾讯集团，以及贝恩公司（Bain）联合意大利奢侈品协会（Altagamma）2018年的统计和预测（如图1-45和图1-46所示），中国个人时尚与奢侈品市场⊖零售额从2015年980亿欧元升至2017年1 050亿欧元，预计2024年可达1 620亿欧元，中国消费者的开销将占全球40%以上。对奢侈品市场，2017年中国大陆地区本地消费占全球消费的8%，中国消费群体消费额占据全球市场的32%，达813亿欧元左右。除了个人奢侈品消费，奢侈品生活方式体验类消费（如顶级酒店等）也在中国市场出现了增长趋势。

⊖ 个人时尚与奢侈品市场包含了奢侈品市场与时尚轻奢市场，涵盖皮具与配饰、服装、手表、珠宝、香水和化妆品，但跑车、游艇、豪宅等家用或大宗商品不包括在内。

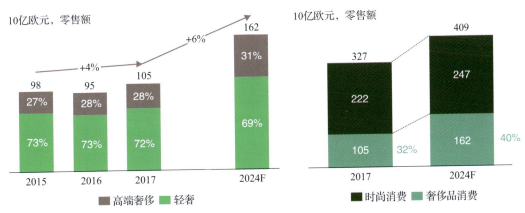

图1-45 2015~2017年中国个人时尚与奢侈品市场零售额及预测（左）
与2017年中国消费者时尚与奢侈品开销及预测（右）

资料来源：BCG，腾讯.中国奢侈品市场消费者数字行为洞察报告［R/OL］，2018.

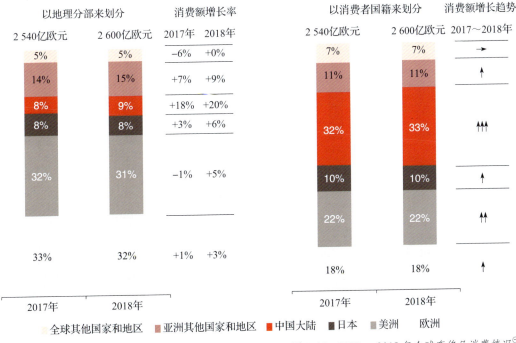

图1-46 2017~2018年全球奢侈品消费情况[一]

资料来源：Bain, Altagamma. 2018年全球奢侈品行业研究报告［R/OL］，2018；Bain. 2019年中国奢侈品市场研究［R/OL］，2019.

奢侈品消费的扩大，促进了人类审美意识的进步。奢侈品在质的规定性上是精美的，不仅具有直接的社会功利性质，而且能给消费者增加一定程度的愉悦感。一种奢

[一] 消费额增长率和增长趋势均按不变汇率计算。

侈品的流行和工艺水平的不断提高，不仅受社会物质进步的推动，而且受人们审美趣味的指导。

反过来，奢侈品的发展也会影响人们的审美观念。从 16 至 18 世纪的法国奢侈品发展或从 2010 年起中国奢侈品市场爆炸式的增长和回落都能够看出，社会分层、审美趣味风潮对于消费方式起到了反作用。

近 10 年的中国，在消费水平刚开始呈爆炸式增长时，中国消费者境内外奢侈品消费额增长迅速（如图 1-47 所示），新富阶层急于利用消费大量的顶级奢侈品的方式来证明自己的社会地位，暴露了新富阶层的不自信。在审美的角度上，那时的新富阶层也更偏好大品牌商标等能够充分展示身份的商品，忽略了其所蕴含的文化意义。

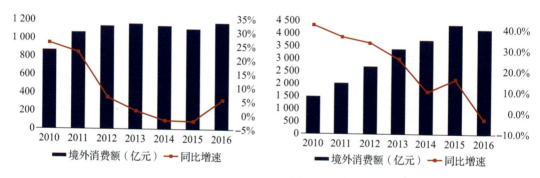

图 1-47　中国奢侈品消费者境内与境外消费情况
资料来源：Bain, Altagamma, 2017；兴业证券研究所, 2017.

奢侈品消费 4P 模型清晰地阐明了不同个人财富和社会阶层的人群对奢侈品消费的偏好（如图 1-48 所示）。通过"财富拥有程度"和"地位需求强度"这两个特征，可将奢侈品消费者分为四类，即贵族（patrician）、新贵（parvenu）、虚荣者（poseur）和普罗大众（proletarian）。他们的财富、社会地位不同，产生的消费动机也不同，不同类别的消费者对于是否希望利用奢侈品区分自身和其他消费者的态度也不相同。

第一类群体被称为"贵族"。他们掌握大量财富，偏爱小众奢侈品品牌和安静低调的标志物，以得到其他贵族的认可。贵族几乎仅关注和其他贵族的交往，而不是自己与其他阶层的区别。因此，他们会使用一些精巧的身份标识，而且是只有贵族才能读懂的标识,这种做法避免了他们被误解为像一般人那样使用奢侈品来区分自己与大众的风险。

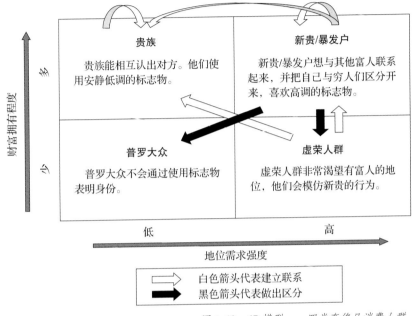

图 1-48　4P 模型——四类奢侈品消费人群

资料来源:Han, Y J, Nunes, J C, & Drèze, X (2010). Signaling Status with Luxury Goods: the Role of Brand Prominence. *Journal of Marketing*, 74(4), 15-30.

第二类群体被称为"新贵"或"暴发户",他们在短时间内拥有大量财富,但不能读懂那些贵族精巧的身份标识。他们不是不能负担低调的奢侈品,只是为了凸显富裕并渴望身份和地位的认同,他们最关心如何把自己与穷人们区分开来,同时把自己与其他富人联系起来,即与贵族和其他暴发户相联系。比如新贵们更喜欢 Louis Vuitton、Saint Laurent、Gucci 等清晰的品牌标识或其他流行的奢侈品商标,而难以领会 Hermès 或 Vacheron Constantin 这些精巧的标识设计以及 Bottega Veneta 无标识背后所代表的内涵。

第三类群体"虚荣者"与新贵们一样,非常乐于为了彰显身份而消费,但虚荣者并不具备轻松承担奢侈品的财力。他们想把自己标榜成那些他们认为具有这种财力的人,同时将自己与其他不富有的人区隔开来。虚荣者可能会经常寻觅机会在社交平台上炫耀奢侈品,也会用低价、仿制的奢侈品来代替真品,甚至不惜通过盗图的方式设法获得其他人的认可。

第四类人群是"普罗大众"，这些不富有的消费者没有强烈的身份意识。他们不是为了显示身份才去消费的，当然也不愿或不能通过使用某些奢侈品来表明身份。他们既无意让人把自己与富有阶层联系起来，也不寻求把自己与其他穷人分隔开来，对于奢侈品的态度是既不热衷，也不摒弃。

4P模型表明了财富和地位间的差异会影响对奢侈品购买的偏好。但随着社会发展，如今中国等新兴奢侈品市场已经和之前爆炸式增长的阶段有了很大的区别，贵族和新贵的界限开始变得模糊，新富阶层的平均年龄不断降低，使得炫耀性消费中多了文化（品位）消费和关注个性（自我）两个方面。他们对于奢侈品的需求不再是急于证明自己，而是基于对生活质感品位的要求。另外，由于新的审美风潮的影响，新富阶层也不仅仅关注顶级奢侈品品牌本身，也开始更多地基于自己对文化或是艺术风格的偏好，来选择小众、更具有个性的设计师品牌，使得很多个性十足的设计师品牌备受追捧。而这些，就是由于审美风潮的影响，使得确证社会地位的方式不再是单纯的消费水平，而是披上了品位与文化的外衣。

| 结尾案例 |

繁华盛景的伊甸园：Chanel、Dior、Dolce & Gabbana

在服装界，有三个地位很特殊的品牌，分别是Chanel、Dior和Dolce & Gabbana。法国品牌Chanel和Dior是全球高级定制的翘楚，几十年的优雅始终绚丽绽放；意大利品牌Dolce & Gabbana作为后起之秀，虽然不在高级定制的名录中，但它的华丽和新潮依旧吸引了全球时尚人士的极大关注。

1. Chanel——简约高贵

"Chanel代表的是一种风格，一种历久弥新的独特风格"，香奈儿女士如此形容自己的设计。Chanel时尚简约、简单舒适、风范纯正。"时尚易逝，风格永存"依然是品牌背后的指导力量——"奢侈的对立面并非贫穷，而是庸俗"。Chanel品牌最特别之处在于实用的华丽，香奈儿女士和"老佛爷"拉格斐从生活中撷取灵感，尤其是爱情，不像其他设计师要求别人配合他们的设计。Chanel品牌提供了具有解放意义的自由和选择，将服装设计从男性观点为主的潮流转变成表现女性美感的自主舞台，将女性本质的需求转化为Chanel品牌的内涵（如图1-49所示）。

图 1-49　Chanel 的高级定制

幕后支持 Chanel 高定礼服的是七家最著名的手工作坊：Desrues 纽扣坊、Lemari 羽饰工坊、Michel 制帽坊、Lesage 刺绣坊、Massaro 鞋履坊、Goossens 珠宝坊、Guillet 花饰坊。它们提供了奢华的细节服务，把每一个细节都做到了极致，满足一件高定服装可传承的奢华荣耀。

2. Dior——优雅感性

Dior 的设计注重服装的女性造型线条而非色彩。创始人迪奥先生的时装具有鲜明风格：裙长不再曳地，强调女性隆胸丰臀、腰肢纤细、肩形柔美的曲线，打破了"二战"后女装保守古板的线条。这种风格轰动了巴黎乃至整个西方世界，给人留下深刻的印象。Dior 品牌的革命性还体现在致力于时尚的可理解性，选用高档的上乘面料如绸缎、传统大衣呢、精纺羊毛、塔夫绸、华丽的刺绣品等，做工更以精细见长（如图 1-50 所示）。在战后巴黎重建世界时装中心的过程中，Dior 做出了不可磨灭的贡献。

图 1-50　Dior 的高级定制

Dior制衣与其他品牌的做法不同,它几乎不会把"CD"或"Dior"等明显标志放在衣服上,最多用淡色的"Dior"字样,如部分服饰领下浅灰色底、深灰色字的"Dior"标志和部分提包的手提带上不明显但气派的"DIOR"字样。衣标上"Christian Dior Paris"是最好的辨识方法。Dior高级定制系列的衣标条码下会有很细的红线,这是Dior的独创。

3. Dolce & Gabbana——华丽新潮

Dolce & Gabbana的服装一直都以天主教女性身上的黑色作为最主要的用色,南欧宗教色彩也有所吸收。Dolce & Gabbana从巴洛克和洛可可时代及南意大利西西里岛汲取创作灵感。Dolce & Gabbana高级成衣的展示会中,经常播放古典音乐,而化妆、地中海发型及拥有一头黑发和南方女子身材的模特所营造出的南意大利西西里岛风情,几乎已成为Dolce & Gabbana独特的标志风格(见图1-51)。

图1-51 Dolce & Gabbana的高级成衣

Dolce & Gabbana从街道、音乐及一切当代的事物中汲取灵感,并演绎个人风格,超越各种既定框框的限制。Dolce & Gabbana时装是对自由的肯定,是前所未有的当代都市风格的最真实表达,设计新潮大胆,不拘形式。Dolce & Gabbana时装格外受新新人类、潮流制定者和追求自由、酷炫而反叛时装人士的极力追捧。

第 2 章

奢侈品及其品牌溢价

  奢侈品时尚空间需要始终保持顶级的质量、精湛的工匠手艺及丰厚的知识储备……奢侈品并不只是昂贵的衣服,还需要有价值和人情味。其奢华体现在当你能感受到其中的创造力的那一刻。

Luxury fashion houses need to maintain a code of quality, craftsmanship and knowledge…Luxury is not only clothes with price but also value and the human touch. Luxury is when you can feel the creativity.

——玛丽亚·格拉齐亚·基乌里

（Maria Grazia Chiuri）

| 开篇 |

Blancpain：
汝山谷典范之作

图 2-1　*Blancpain 的诞生地——汝山谷*

汝山谷（Vallée de Joux）也叫双子谷、钟表谷，位于瑞士西南、日内瓦以北。上千米的海拔高度造成汝山谷冬天极寒，因此又被称作西伯利亚沃州。山谷里有十个村庄，从日内瓦向汝山谷，延展到纳沙泰尔（Neuchatel），这条线路是瑞士钟表业的发祥地。Blancpain、Audemars Piguet、Jaeger-LeCoultre 等品牌的钟表厂肇基于此，Vacheron Constantin、Breguet、Zenith 等品牌钟表的高复杂部分也在汝山谷制作（见图2-1）。

不同于瑞士西北部的汝拉山脉（Jura Mountains，又作侏罗山脉）以工业化集中生产为特征，位于汝拉山脉西南方的汝山谷（参照图2-2所示的瑞士地图）代表了坚持手工的传统模式，与日内瓦阁楼工匠一起创造了无数个钟表史上的辉煌。特殊的地貌和气候造就了汝山谷人坚韧不拔的精神，也诞生了几乎所有复杂功能的钟表。可以说，日内瓦和汝山谷两地共同打造了瑞士最顶级的钟表作品。但要说到复杂功能，历史最悠久的还是汝山谷，即使是日内瓦的顶级品牌，也会在汝山谷设厂或者邀请汝山谷的大师制作复杂功能的腕表。而其中，Blancpain是汝山谷的典范之作。

图 2-2　瑞士地图

1735年，瑞士人贾汗-雅克·宝珀（Jehan-Jacques Blancpain）于汝山谷创立了一间制表工坊。它既是世界上第一个登记在册的腕表品牌，也标志着瑞士钟表业从"匠人时代"跨入了"品牌时代"。

1815年，贾汗-雅克的曾孙弗雷德里克-路易·宝珀（Frédéric-Louis Blancpain）执掌家族企业，促使生产方式现代化，令传统手工坊变为可量产的制表厂。弗雷德里克-路易用工字轮式的擒纵机构替代了冕状轮式的擒纵机构，为制表业带来重大革新。得益于深厚的工艺技术，在19世纪中叶，Blancpain已然成为汝山谷地区规模最大的品牌。

为应对美国产品的竞争,Blancpain 于 1865 年在苏士河(Suze)畔建造了一座两层楼高的厂房,并利用水力发电为生产活动提供动力。Blancpain 更新生产方式,并瞄准高级制表市场,成为少数突破困境的制表品牌。

在 20 世纪 70 年代,制表工业再次面临严峻挑战。石英机芯的问世令一些专家预测传统腕表或将日暮途穷,然而,Blancpain 仍致力于生产顶级腕表。制表厂一直坚持以最纯粹的传统方式制造腕表,遵循两世纪前由贾汗-雅克与其继承人秉持的腕表理念。与此同时,Blancpain 不遗余力地振兴机械制表,重新主张传统复杂功能,使世人再度认识手工业行会的历史,体现最高制表成就的重要表款的核心价值。通过回溯过去,重拾制表业当初在汝拉山脉的农场中发展时的理念。Blancpain 令传统制表文化与艺术得以绵延不绝、精进不止,并在 80 年代以月相表为代表全面复兴机械制表。

1932 年,Blancpain 第七代传人弗雷德里克-埃米尔·宝珀(Frédéric-Emile Blancpain)辞世,由于其独生女 Berthe-Nellie 无意投身于制表领域,因此与弗雷德里克-埃米尔生前关系最笃同时也来自宝珀公司的贝蒂·费希特(Betty Fiechter)于次年接手 Blancpain 制表厂,宝珀家族成员不再掌管企业。

1992 年,斯沃琪集团(Swatch Group)的前身 SMH 集团(Swiss Corporation for Microelectronics and Watchmaking Industries)收购了 Blancpain。它和 Breguet、Harry Winston、Glashütte Original、Jaquet Droz 等奢侈品品牌都是斯沃琪集团下的一员。Blancpain 始终挑战和突破复杂功能的极限,为消费者实际使用佩戴而精心设计,坚持只制作机械腕表。Blancpain 在开拓新领域的同时,始终秉持制表工艺,并将其发扬光大。从 18 世纪设计的首批腕表到制作的尊贵时计,Blancpain 奠定了实至名归的革新传统。

奢侈品总是与皇室、贵族有着千丝万缕的关系。在古代，奢侈品是欧洲皇室、贵族的专利，即使到了现代，时尚潮流也被欧洲的贵族左右，于是总和文化、高贵、品位等关键词结合在一起，象征着身份、地位、权力以及荣耀。无论是新兴市场暴富阶层的炫耀心理，或时尚狂热者的虚荣心理，还是中产阶级的享受性消费，或真正认同奢侈品文化的知性富豪，其本质都是在追求奢侈品品牌带来的精神价值。从经济学的角度而言，奢侈品品牌少而精，只需应对少数人的需求；需求少，则就有价高的必然性。一款普通的 Blancpain 腕表和一只 Hermès Birkin 包就超过了 10 万元，定价 4 000 万元的 Bugatti Veyron 跑车刚上市即宣告售罄，这已经远远超出了传统经济学中需求与定价的范畴。再看各个奢侈品集团的最新数据：2017 和 2018 财年，爱马仕集团营业利润率分别达 34.6% 和 35.2%，路威酩轩集团净利润增幅高达 29% 和 18%，开云集团净利润猛涨 120% 和 108%……为什么这些奢侈品公司的盈利能力如此强大？奢侈品为何可以高定价，还能让消费者趋之若鹜？

2.1 奢侈品品牌 vs. 强势品牌

全球四大时装周中处处可见顶级时装和潮流服饰，大都是奢侈品品牌。那么，什么是奢侈品品牌呢？奢侈品品牌和奢侈品的关系是什么？

从定义上看，奢侈品是指能够供给市场、被人们使用和消费，并能引领人们生活方式、审美情趣和消费理念的有形物品或顶级的无形服务；而奢侈品品牌是一种识别标志、一种精神象征、一种价值理念，用以识别奢侈品公司提供给某个或某群消费者的产品或服务，并使之区别于其他产品或服务。奢侈品品牌反映了一件奢侈品或一次顶级服务的原产国属性、核心价值、溢价能力、文化和消费者类型。顶级时装大牌和潮流服饰品牌，用更专业的话来表达，可以称为"强势品牌"，而屹立于世界时尚舞台中央的品牌大部分是奢侈品品牌。那么，什么是强势品牌？这些品牌是我们所称的"好品牌"吗？还有，奢侈品品牌与强势品牌有什么关系吗？

2.1.1 强势品牌

一个品牌会使企业的产品、符号、实力等信息在消费者心中留下一个投影，那么，这个投影就有可能被夸大或缩小，消费者对品牌的印象也有可能会很清晰或很模糊，于是就有了强势品牌和弱势品牌的区分。一般地，我们并不把成功、杰出、知名的品牌称为"好品牌"，品牌没有"好"与"坏"这样的称谓，只有强势品牌与弱势品牌之别。如 Dior 时装可以风靡欧洲并席卷全世界，又如 Louis Vuitton 受到亚洲消费者的欢迎，很多女孩的梦想是拥有一款 Louis Vuitton 的手提包，这就是强势品牌的力量。所有强势品牌总表现出如下五大特征。

（1）**品牌不可侵犯权**。品牌和商标往往是合一的。只有在法律保护下的品牌才能健康生存。就像 Prada、Gucci、Burberry 等品牌都进行了全球化商标注册，这就为其品牌享誉世界打下了法律基础。一个强势品牌，法律给它注入了排他性力量，别人是不可以随意侵犯的。如 Gucci 在 2018 年控诉一家名为"Lorenzo"的中国皮具制造商，后者生产的廉价皮具采用了与 Gucci 经典的"双 G"商标非常类似的反"双 C"商标，给消费者带来了混淆和误导，佛罗伦萨上诉法院因此判定 Gucci 胜诉。

（2）**一贯的好品质**。从使用价值角度而言，品牌与产品具有统一性。一个品牌往往代表了它所对应的产品，如 Piaget 代表了高级珠宝和腕表，Ferrari 是豪车，Gucci 是顶级皮具等。在这种情况下，产品的品质就与品牌发生了直接关联。强势品牌理所当然地拥有较强的品质力，并且被期待永远保持。对女性喜爱的珠宝品牌 Tiffany、

Van Cleef & Arpels、Cartier 或 Bulgari 而言,品牌必须保证消费者所购买的与明星佩戴的同款其质量一模一样。当然,全世界的 Teuscher 巧克力也应当一样好吃。

(3) **钟情感**。强势品牌必须是一个有吸引力的品牌。它给人以快乐、信任和满足,使人产生对品牌类似"爱情"的心理情绪,美国心理学家齐克·罗宾(Zick Robin)将之归纳为依恋(attachment)、关心(caring)和亲密(intimacy)。这样,打造品牌的亲和力就极为重要。人们对品牌的钟情感,往往是因为品牌本身所具有的丰富内涵。品牌形象、品牌文化、品牌个性与品牌象征性吸引了人们对它的爱好。知名度是强势品牌的一个特点,但高知名度不一定可以得到消费者的钟情。特色的产品与特色的服务总是强势品牌不断追求的目标。我们可以发现,强势品牌所提供的产品确是与众不同——它们一直在打造"就是不一样"的感觉,让消费者钟情。

(4) **获得再投资**。品牌只有不断获得再投资支持,才能保持住市场生命力。强势品牌应当争取强有力的资金投入,这些投入主要用于品牌形象策划、传播和维护。如微软公司(Microsoft)对品牌做过多次改动,Louis Vuitton 花费巨额资金邀请艺术家设计新产品,Hermès 每年在爱马仕之家开展贵宾 VIP 活动。如果没有巨额的投资保障,强势品牌的弱化迟早会发生。

(5) **专业的品牌管理**。一个品牌要取得强势,必须对其进行专业化的管理,在不断的培护、促进、规划下才能使之壮大发展。尤其是奢侈品公司,它们十分认真地对待品牌充当的角色,小心地传播品牌代表的信息,仔细琢磨品牌的形象,谨慎地使用品牌延伸策略。专业的品牌管理要在产品的质量和性能上充分体现出其优越性。要管理好价格,做好定位,理顺渠道。只有对品牌加以规范,培其根本,品牌的力量才会越来越大。

2.1.2 奢侈品品牌的独特效应

奢侈品品牌作为品牌等级中最高、最特殊的一类品牌,享有至高的市场地位。奢侈品品牌绝不容许一丝一毫的侵犯,产品的高质量始终如一。虽然奢侈品品牌对大多数人产生了可望而不可即的距离感,但少数富贵高雅的顾客一直钟情于它们。此外,奢侈品品牌可以受益于集团或公司本身强大的资金能力,不断获得再投资支持,维护形象,进行传播,并由专业的管理团队让品牌不断壮大发展。因此,奢侈品品牌一定是强势品牌，但除了具备一般强势品牌的特征外，它的独特效应也让奢侈品世界变得复杂而有趣。

1. 凡勃伦效应

凡勃伦效应（Veblen effect）是指，消费者对某一种商品的需求程度，会因为它的标价更高而增加，即商品定的价格越高，反而越能够畅销。这一理论是根据其提出者美国经济学家托斯丹·凡勃伦（Thorstein Veblen）命名的。凡勃伦现象背后的原因在于，消费者购买这类高价商品的目的并不仅仅是为了获得直接的物质满足和享受，更大程度上是为了获得心理上的满足。于是就出现了这种奇特的经济现象，即一些商品价格定得越高，就越受消费者的青睐。

凡勃伦在其著作《有闲阶级论》中提到：有钱人为了炫耀自己的财富和优越感，往往会去购买价格昂贵的商品。他以汤勺为例解释了"凡勃伦效应"理论的核心：在当时，一个普通的汤勺售价不过10～20美分，而一个银质的手工汤勺的售价却是10～20美元，价格高出了10倍。从功能上来说，银质汤勺和普通汤勺没什么区别，甚至还不如普通的汤勺，但银质汤勺的销量却非常好。

凡勃伦认为，手工银制汤勺之所以能卖得更贵，是因为它具有艺术上的价值，而不只是功能上的价值。正因为消费者这种对艺术价值的追求，加上商品数量又比较少，所以价格就算很高，大家还是疯狂地去购买，甚至因能买到银汤勺而洋洋得意，获得极大的满足感。

随着社会经济的发展，人们的消费会随着收入的增加，逐步由追求数量和质量过渡到追求品位格调。了解了"凡勃伦效应"，我们便可以利用它来探索新的经营策略。比如借助媒体的宣传，将自己的形象转化为商品或服务上的声誉，使商品附着一种高层次的形象，给人以"名贵"和"超凡脱俗"的印象，从而加强消费者对商品的好感。

2. 羊群效应

羊群效应（bandwagon effect）由美国经济学家哈维·莱宾斯坦（Harvey Leibenstein）提出。羊群效应是指当个体受到群体的影响（引导或施加的压力），会怀疑并改变自己的观点、判断和行为，朝着与群体大多数人一致的方向变化，即"从众效应"。通俗来讲，羊群效应是"随大流"。在消费行为中，从众行为表现为消费者的一种赶时髦的偏好，即想拥有一种其他消费者已拥有的商品。如果某种商品成为广为人知的人气商品，则人人都想购买。英文中"bandwagon"指游行队列中领头的乐队车辆，人们在大街上看到它，就认为会有有意思的事情发生而无条件地跟随。羊群效应就是指这种不细加考虑就跟着别人做的消费行为，是一个与虚荣效应恰恰相反的现象。

3. 虚荣效应

虚荣效应（snob effect）由哈维·莱宾斯坦与"羊群效应"一并提出，指拥有只有某些人才能享用的或独一无二的商品的欲望。拥有某种虚荣商品的人越少，该商品的需求量就越大。因为对于某些人来说，即便是自己原本打算长期使用的商品，一旦成了大众化商品，他们就会将其更换为并不广为人知的新商品，就好像一个地方的乌鸦大量涌进，白鹭就会离开一样。因此，虚荣效应也称为"白鹭效应"。

但是，虚荣效应并不限于不购买大众消费品，也可以解释为对非大众性商品的购买需求，简单地说虚荣效应就是对奢侈品的个性追求倾向。虚荣效应往往表现为奢侈品新款刚上市时就迅速购买，这是因为在这一瞬间并不是每个人都能享受到消费奢侈品的荣誉。此外，不论一件奢侈品之前被如何热情地赞美，一旦市场占有率达到一般大众都可以消费的水平，一些消费者则不愿意再购买。这是因为人人都能购买使用的商品既不会让人感到光荣，也不会拥有真正奢侈品的感觉。

不过，虚荣效应并不是在所有商品上都会出现。商品等级越高，越是以个人消费为主时，虚荣效应越是明显。如果购买奢侈品不是以个人消费为主，而是为了向外部展示时，即便价格极其高昂，也可能出现价格越高需求反而有所增加的凡勃伦效应。

4. 享乐效应

享乐效应（hedonic effect）是指无论生活中发生多么重大的好事或灾祸，人们都会回到相对稳定的幸福水平。享乐效应最早由美国心理学家菲利普·布雷克曼（Philip Brickman）和唐纳德·坎贝尔（Donald Campbell）在《享乐相对论和好社会规划》中提出。一个人挣钱越多，欲望就越多，也就越难得到满足和幸福。有钱不一定幸福，幸福不一定要有很多钱。人们为了追求更高的幸福指数，会进行更多的消费，追求更加高档的商品。然而，由于享乐效应，这种消费升级并不能够带来持久的幸福感，所以为了不断提升自身的幸福感，消费者们会对奢侈品趋之若鹜，并且不断地追求更高档的品牌或者是最新的潮流。奢侈品的购买在大多情况下，并不是"一步到位"的一次性消费，而是更多地形成了一种持续性的消费追求。

5. 棘轮效应

棘轮（ratchet）是一种外缘或内缘上具有刚性齿形表面或摩擦表面的齿轮，由棘爪推动作步进运动，当主动件摇杆来回摆动时，棘轮由于其特殊的构造只会作单向的间歇性运动。美国经济学家詹姆斯·杜森贝里（James Duesenberry）提出了棘轮效应（Ratchet Effect），他反对英国古典经济学家约翰·凯恩斯（John Keynes）"消费可逆"的观点，认为人的消费习惯形成之后易于向上调整，而难于向下调整，尤其在短期内是不可逆的，习惯效应非常大。这种习惯效应使得人的消费取决于相对收入，即相对于自己过去的高峰收入。消费者容易随收入的提高增加消费，但不易于因收入降低而减少消费。

尤其在奢侈品消费环境中，消费决策不是一种理想的计划，它还取决于消费习惯。这种消费习惯受许多因素影响，如生理和社会需要、个人经历、个人经历的后果等。特别是个人在收入最高期所达到的消费标准，对消费习惯的形成有很重要的作用。

简而言之，棘轮效应可以用北宋文学家司马光的家书《训俭示康》中的一句名言来概括："由俭入奢易，由奢入俭难。"棘轮效应的背后反映的是人性的本质，是人对自身欲望的不断追求。

6. 马太效应

奢侈品消费还会产生马太效应（Matthew effect）。马太效应来自《圣经·新约·马太福音》的一则寓言："凡有的，还要加倍给他叫他多余；没有的，连他所有的也要夺过来。"从积极的方面来说，一个人只要努力，让自己变强，就会在变强的过程中受到鼓舞，从而越来越强。从消极的方面来说，社会上大多数人并不具有足以使自己变强的毅力，马太效应于是成为逃避现实、拒绝努力的借口。经济学上的经典模型之一就是当一个国家为整治腐败、发展平衡社会而增加奢侈品消费税时，本已拥有奢侈品的消费者愈加自豪，奢侈品的存在足以激励人在事业上拼命奋斗；而很少购买奢侈品的普通平民更负担不起提价，拥有奢侈品的权力进一步被剥夺。

7. 蝴蝶效应

蝴蝶效应（butterfly effect）来源于美国气象学家爱德华·洛伦茨（Edward Lorenz）的空气系统理论，即初始条件发生十分微小的变化并不断放大后，对其未来状态会造成极其巨大的差别。该效应在奢侈品公司定价与推广中起到了极其重要的作用。

该部分内容将在下一节中详细阐述。

2.2 奢侈品品牌的价格杠杆与"蝴蝶效应"

对于一般商品而言，市场价值或生产成本决定价格，价格决定供给与需求；反之，供求决定价格，通过调节不同生产条件下的生产，影响市场价值的形成与决定；因而市场价值或生产成本、价格与市场供求关系形成一种辩证关系。用经济学中的需求曲线来解释，对于一般商品的消费者，需求与价格是成反比的，价格越高，需求越低；对于商品供应方，供给与价格是成正比的，价格越高，供给越多。由此，供给曲线与需求曲线会相交于一个均衡点，这个均衡点代表了均衡价格和均衡交易量。

奢侈品尽管是特殊的商品，但同样遵从"吉芬商品"（Giffin goods）的价格—需求曲线，能产生凡勃伦效应，即在一定范围内，奢侈品会因为它的标价更高而变得更受欢迎，价格越高反而更能够畅销（如图 2-3 所示）。

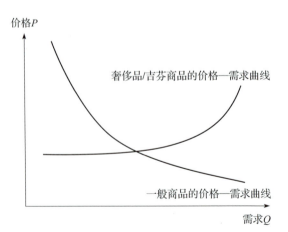

图 2-3　一般商品、吉芬商品、奢侈品的价格—需求曲线
资料来源：Mankiw, N G. *Principles of Economics (8th Edition)*. Boston: Cengage Learning, 2017.

2.2.1 奢侈品品牌的价格杠杆

品牌附加值给品牌提供溢价。一个品牌同样的产品能比竞争品牌卖出更高的价格，称为品牌的"溢价能力"。一个具有高溢价能力的品牌往往是那些非常知名的品牌，拥有很高的价格杠杆能力（price leverage）和品牌溢价能力。在美国著名营销学者瓦拉瑞尔·A.泽丝曼尔（Valarie A. Zeithaml）提出的顾客感知价值（customer perceived value，CPV）理论中，品牌溢价体现在感知质量的品牌知名度方面，同样是构成顾客感知价值的一个重要组成部分，也是消费者在考虑是否购买过程中的一个潜在因素。

从经济学理论上更容易理解品牌溢价产生的影响。产品本身并不是打动消费者的唯一因素，高品质服务以及产品背后的品牌往往能够创造更大的净值。如图 2-4 所示，奢侈品品牌与一般品牌的差距并不在于理性价值（如质量、功能性价值），而是在于消费者的感性价值（如象征性价值和体验性价值）。因此，尽管奢侈品品牌的售价比一般品牌价格高不少，但消费者愿意购买净值高得多的奢侈品品牌。这个净值就是消费者剩余（consumer's surplus）。

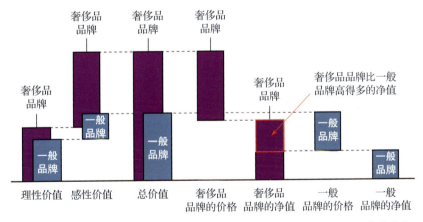

图 2-4　消费者更愿购买奢侈品品牌的原因——更高的净值

在经济学里，消费者剩余指的是一个消费者对某个产品的支付意愿（willingness to pay，WTP）与产品定价（即消费者最后支付的价格）的差额。消费者剩余并不是实际获利的增加，而是一种心理感觉的程度。2018 年国际进口博览会的首次举办让中国消费者的消费结构和消费理念变得更合理，消费需求也变得更加个性化、多元化和差异化，尤其当一个国家发展水平上升，人均 GDP 进入 3 000 美元这一中等收入水平时，消费者往往通过消费者剩余来选择购买什么品牌。

品牌定价的目标是让品牌在比竞争对手拥有更高消费者剩余的同时还能保持盈利。如一个消费者愿意以 7 000 美元的价格购买一款 Chanel 2.55 链条包⊖，这款包的定价为 5 900 美元，当这个消费者以这个价格购买后，消费者剩余就是 1 100 美元。如图 2-5 所示，所谓的品牌溢价就是消费者剩余与品牌利润之和。

奢侈品是根据品牌溢价能力进行定价的，这是一种以品牌为导向的销售策略。相对于常规定价，品牌溢价方式会更多地考虑品牌知名度对商品定价的影响，而不仅仅是商品本身。

消费者会因为某个商品具有高的品牌溢价，而支付比普通商品多得多的金钱去购买。同样是运动鞋，一双

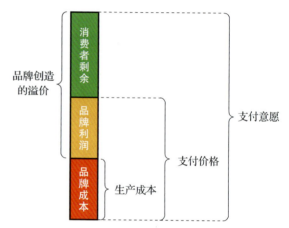

图 2-5　品牌创造的溢价是消费者剩余与品牌利润之和

是 500 元的李宁球鞋，一双是近 2 000 元的 Adidas Yeezy 鞋，某些消费者会倾向于多支付 1 500 元去买 Adidas 的球鞋。这是由于信息不对称，消费者往往会认为价格高的商品拥有更高的品质，也就是拥有更高的感知质量和感知价值。

在比较常规定价和品牌溢价的过程中，感知价值是一个主观的概念，消费者个体的不同，某个商品对个体的感知价值就会有比较大的变化。

常规定价的关注点主要是商品的货币价值和内在价值。品牌溢价会更多地考虑一个公司的品牌知名度、美誉度等因素（与此紧密相关的品牌资产内容将在第 3 章中详细阐述）。对于不同的消费者群体，品牌溢价的作用可谓天差地别。为了实现身份目标，人们使用产品和品牌来创建和表示自我形象，并将这些形象呈现给他人或自己。对于穷人来说，中低端产品有更高的价值，他们不会在品牌溢价上买单，产品的客观属性是他们更多考虑的因素。对于富人来说，他们不满足于产品的客观属性，趋向于追求更好的产品。富人们通过品牌去寻求认同感，和不富有的人进行区分，因此他们

⊖ Chanel 2.55 是一款配有金属链条的双层翻盖可闭合方形包，其命名源于它的诞生日 1955 年 2 月。

倾向于为那种高端的品牌溢价付费。故而在以产品溢价为定价策略的过程中，公司需要更多地对目标消费者群体进行细分，分析他们对产品溢价的承受能力，再结合公司的品牌知名度因素去拟订合理的产品定价。

消费者在购买奢侈品时，往往会考虑该品牌在市场中的地位和品牌的价值等因素，即品牌溢价。一个成功的奢侈品品牌能传达与众不同的品牌价值，在获得消费者认同的同时，也表达了消费者自身的价值。如一个人可能会购买 Louis Vuitton Alma 手袋，因为 Louis Vuitton 的品牌价值反映了他的个性（即自我表达），由此奢侈品便成为一个状态符号，消费者也就成了具有 Louis Vuitton 价值观的人（即自我呈现）。

因此，奢侈品的品牌溢价非常高。定价越高的奢侈品具有越高的审美间隔，使品牌溢价具有更大的效用（utility）。当产品是公共消费的奢侈品时，消费者特别容易受到参照群体的影响。在这种情况下，常规的定价策略便失去了效用。对于奢侈品公司来说，如何更好地通过广告等手段提高自身品牌溢价，更好地做出符合自身品牌溢价的定位，对能否俘获消费者的心将起到非常重要的作用。持久的溢价都源自神秘感，销售一件商品（尤其是奢侈品）最终都归结为价格。如 Hermès 便设计了一个比普通奢侈品更复杂的价格计算公式，通过一系列独特的品牌推广方式和 VIP 定制活动的推动，让品牌的高溢价成为现实。

有一个事实很能说明问题：奢侈品宣传手册或海报上只展示产品，很少有产品介绍，极少会显示价格。传统营销中则恰恰相反。雷诺公司（Renault S.A.）在推出 Logan 车型时，最初定价是 5 000 欧元，但是全套的设施加起来却要 7 500 欧元。每个商家都试图用较低的价格吸引顾客，然后努力说服顾客购买配套设备。但在奢侈品世界中，产品的预测价格高于实际价格的情况能够创造价值。如一个人佩戴 Audemars Piguet 千禧系列腕表，其他人看到这块名表都会预测价位，但又往往因为奢侈品的"魔力"而高估它的价格。因此，当奢侈品被当作礼物赠送时，由于它的价格被人高估，往往能收获更多的满意。

金钱不是划分物品类别或等级的好方法，因为金钱很难内含文化符号。奢侈品不以供应为基础，这就是传统营销与奢侈品领域背道而驰的原因。传统营销完全以需求为基础，营销人员还需要考虑什么价位能给新产品留出空间。但在奢侈品行业中，奢侈品公司创造出一个产品，再决定售价——顾客越将它看作奢侈品，它能卖的价格就越高。于是，奢侈品门店内的销售人员便与一般商品的销售员不同，他们会帮助人们理解和分享品牌内在的传奇、精神和投入其中的精力，以证明奢侈品高价格的合理性。当然，购买与否由顾客自己决定。

2.2.2 奢侈品品牌的"蝴蝶效应"

奢侈品的高价会引发"蝴蝶效应"与"羊群效应"，以下分别予以介绍。

1. "蝴蝶效应"与"羊群效应"

20世纪70年代，美国气象学家爱德华·洛伦茨在解释空气系统理论时说，一只生活在亚马逊雨林的蝴蝶，偶尔扇动几下翅膀，也许两周后就会引起美国得克萨斯州的一场龙卷风，这就是著名的蝴蝶效应。即初始条件十分微小的变化，经过不断放大之后，对其未来状态会造成极其巨大的差别。在奢侈品世界中，蝴蝶效应发挥着重要的作用。人类处于一个开放、竞争的大环境中，几乎所有人都会有意无意地进行社会比较，并效仿自己想归属的某个群体的行为，这种比较和效仿会影响自我评估，并导致行为的同化。这个群体可能具体到某个自己敬仰的名人或崇拜的作家，也可能是社会阶级较高、抽象的理想化人群。当这个群体使用或可能使用某个奢侈品品牌时，人们往往会关注甚至追随。同时，人们也会与较低的社会群体进行社会比较，导致了"审美间隔"和"符号排斥"的行为。于是，人们会自发地给某些奢侈品品牌打上标签，主观地认为这个奢侈品品牌具有某一类人的特点，从而影响了对这个品牌的购买意愿和自我—品牌联系（self-brand association/connection），进而提高或降低了品牌溢价。从一至十，从十到百，从百到万，不断进行的社会比较与效仿不仅对消费者的消费观，也对奢侈品的品牌形象产生了蝴蝶效应。

更值得一提的是，不少奢侈品消费者在很大程度上是为了迎合群体需要或者别人的期望而进行消费，而且亚洲消费者更加重视"外在自我"，即自己在别人眼中的形象。以中国为例，在中国传统文化中，礼尚往来是从事商业活动和人际交往的重要原则之一，"面子"是儒家文化氛围下人们消费行为的一个重要特征。一些消费者是为了从产品的消费过程中展现自己的财富、地位或权力，向周围人炫耀；另一些消费者观察到周围人都购买了奢侈品，为了与他们保持一致，迫于从众压力也会进行奢侈品消费。这些现象也推动了"蝴蝶效应"的出现。

羊群效应往往与蝴蝶效应相伴相生。羊群是一种很散乱的组织，平时在一起也是盲目地左冲右撞，但一旦有一只头羊动起来，其他的羊也会不假思索地一哄而上，全然不顾前面可能有狼或者不远处有更好的草。这种趋众心理是普罗大众普遍存在的一种社会心理，是不以个人意志为转移的心理现象。可以说，每一次的消费过程都离不开趋众心理，所以对趋众心理的掌握，是研究消费者心理与消费行为中不可缺少的重要环节。

再以日本这个非常独特的奢侈品消费大国为例。日本在各大奢侈品集团的年报或咨询公司的奢侈品消费报告中从"亚洲地区"单独列出，可见它的特殊性。日本国民对 Louis Vuitton 手提包、Burberry 风衣的偏好很好地印证了"蝴蝶效应"与"羊群效应"。

由于当时西方的五大经济强国（美国、日本、德国、英国和法国）于 1985 年达成《广场协议》（Plaza Accord），共同介入汇率市场，使日元急速升值，带来了日本民众大量的投机行为。日本的泡沫经济最终在 1990 年崩溃，这给经历了两次消费时代（1914～1945 年两次世界大战之间，以及二战后至 1974 年中东石油危机期间）的日本社会和日本人的生活与精神世界带来了极大的冲击，不少女性感受到很大的心理压抑，认为自己的努力需要得到一种自我肯定，觉得花一大笔钱去买一个喜爱的名包，也是对自己辛苦的一种奖励。于是从 20 世纪末，日本开始出现 Louis Vuitton 和 Burberry 的购买狂潮，蝴蝶效应、羊群效应不断出现，Louis Vuitton Monogram 和 Burberry 格子风衣成了东京街头最亮丽的时尚风景，几乎到了人人拥有的地步。这象征着日本进入了第三消费时代。这一时期的日本社会小说也深刻揭示了日本人极强的消费心理：高度消费，追求个性，对标准化的、重量不重质的消费观念嗤之以鼻——身在日本，享受西方一流国家的物质生活。强烈的物质欲望催生了诸多虚荣性消费，拥有比他人更贵重、更稀有的物品，以吸引人们羡慕的眼光与美丽的恭维，满足自己的虚荣感，成了这一消费时代的重要特征。

但 Louis Vuitton 和 Burberry 的热潮仅仅持续了数年，因为当奢侈品成为人人拥有的泛滥品的时候，它就变得不值钱。从 2005 年开始，人们很难再在日本街头寻觅到 Louis Vuitton 和 Burberry 的身影——日本进入了第四消费时代。这一时代的出现，有一个很重要的社会基础：没有经历过泡沫经济的"平成一代"（90 后）开始走入社会，他们不知道父辈们曾经大把花钱、彻夜沉醉于银座与新宿歌舞伎町的生活，总是感觉家里的开支处于一种"刚好平衡"的勉强状态。另一方面，过去几十年的经济高速发展，使得家里该有的物品都有了，那种"好想要"的欲望越来越弱。自此，日本人获得幸福感的思维方式发生了变化：把大量金钱花在与人攀比的消费上没有任何意义，而应该把金钱用于购买"美好的时光"。于是，东京银座、六本木、新宿等商业区涌现了大量的站立式餐厅，大家各自买上一杯生啤，围着一个红酒桶喝酒聊天。许多人认识到，比起物质，人与人之间的交谊会带来更大且持续的满足感。

担任"蝴蝶翅膀"角色的不仅是消费者，还有奢侈品公司和奢侈品行业的协会或机构。在世界四大时装周、新品发布会和小型时装秀（尤其是巴黎和米兰时装周）中，奢侈品公司一方面让设计师们并肩作战，帮助它们扩展业务，使其潜能得到充分发挥；另一方面吸引来自世界各地的专业媒体和风格潮流。这些精华元素所带来的世界性传播远非其他行业的商业模式可以比拟，起到了强大的"头羊"作用，引爆潮流速度极为迅速。这一点在亚洲市场，尤其在中国和日本市场，体现得尤为显著，"蝴蝶效应"和"羊群效应"随着社会化媒体的井喷式发展逐渐加剧，王室成员、超级明星、顶级模特和网络红人等在消费导向中的作用更加明显。如被烙上骨灰级时尚标签的英国戴安娜王妃让不少奢侈品品牌爆红并迅速崛起，包括 Lady Dior、Tod's D-Bag、Gucci Kelly、Chanel 2.55、Salvatore Ferragamo Lady D、Louis Vuitton Keepall、英国小众奢侈品品牌 Anya Hindemarch、Jimmy Choo 和德国轻奢品牌 MCM。更值得一提的是，Lady Dior、D-bag 和 Lady D 均与戴安娜王妃的名字紧密相关。

在中国市场，又有另一番风景。影星舒淇担任 Bulgari 品牌形象大使，巩俐在社交媒体上宣传其佩戴 Piaget 珠宝的照片，章子怡成为意大利顶级珠宝品牌 Buccellati 的品牌大使，陈坤、马特·波莫（Matt Bomer）与丹·史蒂文斯（Dan Stevens）倾情演绎的 Giorgio Armani 时尚影片等都让这些品牌迅速吸引了众多消费群体。由此可见，奢侈品公司在选择品牌大使展示形象时，也充分考虑了这些公众人物"挥动翅膀"、带领"羊群"的能力。

我们由此可以发现奢侈品高价的一个重要原因：某一个奢侈品品牌为了避免受到过多追捧和购买而稀释品牌的尊贵感，会有意识地提升产品价格，但在"蝴蝶效应"和"羊群效应"的影响下，非但没有拉远与消费者的距离，反而吸引了更多有购买力甚至没有购买力的消费者。奢侈品门店集聚在高端街区开设就暗含这个道理。

2. 奢侈品降价的"蝴蝶效应"

当一个品牌希望通过平民化的定价达成销售和利润增长时，它离奢侈品世界也越来越远了。但是，这绝不意味着在一些奢侈品定价过高的国家和地区不会发生降价的热潮。

这种热潮出现的代表性国家就是中国。由于中国内地受"蝴蝶效应"和"羊群效应"的影响以及关税的原因，奢侈品价格比海外市场、港澳地区高出不少。随着欧元大幅度贬值、关税调整，在2015年终于发生了一次大规模的奢侈品降价热潮。

事实上，奢侈品公司每年两度的打折季（6月和12月）已经在国内外持续多年，这种常态化的打折早已为时尚达人们所熟知。只是它们比较注重策略，不会像快时尚品牌那样，在店铺橱窗挂出大大的"SALE"招牌，而是悄悄地在店内遮遮掩掩地进行，因为奢侈品品牌十分重视形象，视优雅、格调、阶层为生命，但2015年打折季的力度和广度都是空前的。

这一切始于2012年，包括路威酩轩集团、历峰集团、开云集团、香奈儿集团、博柏利集团等的业绩均在中国遭遇增长放缓甚至大幅下滑。2015年，香奈儿集团率先宣布对中国内地部分商品价格调低20%，欧洲商品价格调高20%。紧接着，Dior、Patek Philippe（百达翡丽）、Cartier（卡地亚）等品牌先后在中国内地市场下调了产品价格；Gucci和Prada此后也加入降价大潮，甚至在专卖店大张旗鼓地进行对折的促销活动；腕表品牌Tag Heuer（泰格豪雅）、Zenith（真力时）祭出境内外同价策略。轻奢时尚品牌如Michael Kors（迈克·高仕）、Coach（蔻驰）也开始大面积打折降价。但与之截然不同的是，顶级奢侈品品牌如 Hermès，在 2015 年逆势提价 4%，在 2016 年的提价幅度更高。在 2015 年 6 月 1 日中国香港佳士得拍卖会上，一只 Hermès 紫红色亮面鳄鱼皮 Birkin 包拍出 22.29 万美元[⊖]的天价，刷新拍卖史上手提包的最高价成交纪录。Hermès 始终坚守在奢侈品世界"金字塔塔尖"的形象。

本书将在下文和第 3、4 章中阐述，对奢侈品而言，即使集团公司对未来战略有多种规划，如此高调地打折对品牌的伤害也非常大。尽管多数消费者都有图便宜的心态，但是真正的核心消费者并不希望他人以更低的价格拥有其喜爱的产品。奢侈品公司为了弥补打折造成的伤害，需要付出更多甚至几倍的心血。

2.3 奢侈品品牌定位：等级、架构与层级

第 1 章揭示了奢侈品的发展历程：奢侈品以往仅供特权阶级享用，大多数奢侈品品牌或多或少与皇家、贵族挂钩，如 Louis Vuitton、Dior、Hermès 等。但反过来，消费者并不会因为商家标榜自己是贵族而愿意为这个产品多花一分钱，只会为那些拥有后能感知贵族身份的商品买单，这就是奢侈品品牌定位的核心：消费者能够通过奢侈品构建自己理想的身份。这也是奢侈品品牌与一般大众品牌定位的最大区别：大众品牌的定位是能够比竞争对手更好地满足目标群体的需求，从而占领更大的市场份额。而奢侈品品牌的定位更看重产品和品牌自身的属性，极佳的品质、昂贵的价格、稀缺性、全球吸引力、文化背景、创意精神、传承历史（或故事）、美学价值、工匠艺术，以及特殊的品牌管理能力都成就了奢侈品品牌的与众不同（详见第 3 章）。

史蒂夫·乔布斯被广为称道的理念："不去调查客户想要什么，而是直接给他们梦寐以求的。"正契合了奢侈品品牌的定位与理念。

2.3.1 品牌等级与递进关系

廉价无名品牌、大众品牌、高端品牌、奢侈品品牌属于一种递进关系，也就是说，品牌世界与人类社会一样，也是有等级区分的，如俗称的"轻奢"事实上属于高

⊖ 约合人民币 138.12 万元。

端品牌一类。然而，不少人将奢侈品品牌与高端品牌搞混淆，认为高端的就是奢侈的，但奢侈品决非把大众商品再往高端商品发展就成了的。

从 2007 年至今，尽管全球经济经历着巨大波动，奢侈品行业却始终在增长，这样"不可思议"的现象只会发生在奢侈品品牌上。事实上，奢侈品行业是一个由众多不同公司和产品组成的宏观经济体，仅有极少数采用奢侈品的发展战略。如今，"奢侈品"这个词变得越来越时尚，即使许多从事时尚家居和高端品牌的公司也开始使用它。然而，"奢侈品""时尚品"和"高端品"并不能互相代替，三类公司有着不同的管理方法——奢侈品公司独特的商业模式将在后续章节中继续阐述。奢侈品不是更高级的商品，它的内涵比高端品广很多，从仅仅贴一个牌子作为商标的廉价无名品牌，到有一定质量保证的大众品牌，再到高端品牌，最后到奢侈品品牌，从价格和奢侈程度两个维度上，它们是一个很难跨越的递进关系（如图 2-6 所示）。尤其是从高端品牌到奢侈品品牌，从第 3 章中读者可以很容易理解不是简单地提升价格就可以实现品牌等级的提升。滥用"奢侈品"这个词容易模糊概念，给品牌经营管理带来混乱。

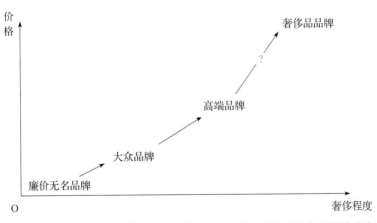

图 2-6　廉价无名品牌、大众品牌、高端品牌、奢侈品品牌的递进关系

星巴克（Starbucks）虽然开启了奢华的臻选烘焙工坊（Starbucks Reserve Roastery），自我定位为提供"浪漫、休闲放松和奢侈体验"（如图 2-7 所示），还有 iPhone Xs Max 强调产品的"科技感和奢华感"，但用奢侈品品牌来定义星巴克和 iPhone Xs Max 并不合适，因为面向大众的美食和手机用美味、时尚、设计漂亮、黑科技这样的描述更贴切。

图 2-7　上海星巴克臻选烘焙工坊

简而言之，时尚往往是瞬时、快速的，如 Zara、H&M 就是著名的快时尚品牌，款式效仿了很多奢侈品品牌或高端品牌，"诱惑"消费者模仿社会地位更高的人群的穿着与消费方式；高端品牌定位于较高的性价比，具有较大的消费与投资价值，对那些现实主义的消费者有很大的吸引力；奢侈品品牌展现的是梦想，代表着隽永价值、产品最高与卓越的质量，也反映了一种享乐主义和拥有者的社会地位（如图 2-8 所示）。

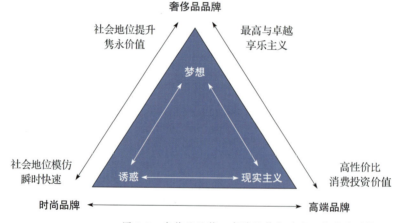

图 2-8　奢侈品品牌、高端品牌与时尚品牌的关系模型

资料来源：Kapferer, J N, & Bastien, V (2009). *The Luxury Strategy: Break the Rules of Marketing to Build Luxury Brands*. Kogan Page; 2 edition.

为了更好地区分高端品牌和奢侈品品牌，我们进一步将两者细分为快消高端品牌、轻奢/高端品牌、入门级奢侈品品牌、主流级奢侈品品牌、威望级奢侈品品牌和顶级奢侈品品牌，如图 2-9 所示。这个金字塔等级图囊括了星巴克、Coach 这类平民化的快消高端品牌，以及 Leviev 和 Graff 这样的顶级珠宝品牌。

图 2-9 揭示了星巴克、Swatch 等刚进入中国市场时还很"小资"的品牌如今已

经处在了金字塔的最底层；而像Louis Vuitton、Prada、Gucci这样一个皮具动辄上万元的奢侈品品牌也只是游离于金字塔的中上游位置；处于塔尖的其实并非某个特定品牌，而是更个性化的高级定制产品或服务。

对一个高端品牌甚至轻奢品牌而言，增长并不是难题，增速越快越好。如Ralph Lauren和Calvin Klein，它们的成衣产量很大，质量不错，在中国加工制造的成本较低，通过类似别墅宅邸式样的门店展示，传播美国人的梦想，从而创造了品牌资产。为了实现这样的目标，如Calvin Klein通常会展示一整套华丽的服饰、性感的内衣，描述了美国东海岸的绅士和淑女阶层的生活。对这些高端品牌或轻奢品牌而言，销量并不是个问题。

图2-9 高端品牌和奢侈品品牌等级细分

然而，如何保持业务增长是奢侈品品牌面临的最大挑战。它们不能一味地努力保持较小的规模，如何在维持奢侈品品牌地位的同时扩展业务是奢侈品品牌如今面临的真正两难。奢侈品需要一直处于供小于求的状态，销量增长固然是要追求的，但也要谨慎而为。如今，奢侈品品牌在发展中国家（如金砖国家巴西、俄罗斯、印度和中国）的需求急速飙升，业绩增长的目标变得更加突出。但是，迎合了这样的需求意味着奢侈品品牌变得平庸，品牌资产被慢慢稀释，失去了排他性，还会极大地削减奢侈品品牌的溢价能力。

为了降低这样的风险，一些奢侈品品牌决定减产。如 Rolls-Royce 自 2013 年起开始减产，聚焦于各种客户定制化服务的发展战略。爱马仕集团前首席执行官帕特里克·托马斯（Patrick Thomas）坚持认为，"一旦一个产品销量过快，就要断货。"不过，需要强调的是，这种做法会被应用于奢侈品成衣、皮具和珠宝，很多奢侈品品牌的配饰（如墨镜、腕表）、香水等延伸产品并不会减产，它们是通过多个经销渠道由多品牌零售商销售，如意大利眼镜零售集团陆逊梯卡（Luxottica）负责销售 Bulgari、Burberry、Chanel、Dolce & Gabbana、Donna Karan、Prada 和 Versace 等奢侈品品牌的墨镜；开云集团负责设计、生产并销售 Cartier、Montblanc、Alaïa、Gucci、Saint Laurent 等品牌的墨镜。

综上，与大众品牌或高端品牌不同，奢侈品品牌是构建了一个梦想的世界。在一个特定的文化背景下，奢侈品品牌的创始人通过对世界的观察与感知，制造了独特、高质量的产品，并且具有很强的审美特征。这些产品不仅需要契合人们功能性（functional）、象征性（symbolic）和体验性（experiential）的需求，更重要的是，它能够传承。瑞士顶级腕表 Patek Philippe 的广告语也宣扬了传承的精神："没人能拥有它，只不过为下一代保管而已。"（You never actually own a Patek Philippe; you merely look after it for the next generation.）

不难想象，消费者会非常愿意付出高昂的代价购买那些真正的奢侈品。与大众品牌或高端品牌相比，奢侈品的购买群体规模小很多，如此形成了一定的稀缺性。在那些社会地位高、消费能力较强、与奢侈品品牌内涵相契合的消费者购买奢侈品的同时，奢侈品品牌的形象也建立起来了，从而打造了强大的情感和感官体验。

2.3.2 品牌层级与架构

一般地，按照所覆盖产品的宽度，每个公司可由高到低分为四种品牌层级（brand hierarchy）：公司品牌（company brand）、分部品牌（house brand，即俗称的公司旗下独立品牌或某品牌的副牌）、产品线品牌（product line brand，即俗称的"产品系列"）以及子品牌（sub-brand，即俗称的"款式""型号"等）。公司品牌是企业的品牌，代表了企业的价值观、文化；分部品牌是涵盖多种产品类别的品牌；产品线品牌是针对公司特定产品的品牌；子品牌则是代表产品线品牌的具体款式。各个公司针对不同产品的品牌战略会有所差异，可能以某一层级的品牌名称为主，也可能对多个层级的品牌名称采取平均比重。所以，在为产品设计品牌战略时就可以将不同层级的品牌名称以特定方式集合在一起，形成一个完整的品牌结构。

在品牌层级的最上端是公司品牌，它定义了产品或服务背后的企业。例如古驰集团和托德斯集团，代表了生产及销售的组织，包括人员、规划、系统、价值及文化。

第二层级是分部品牌，也称为系列品牌（series brand）。它是涵盖几种产品类别的品牌，如古驰集团下的品牌 Gucci、Saint Laurent、Boucheron、Bottega Veneta、Alexander McQueen 和 Balenciaga 等，托德斯集团下的品牌 Tod's、Fay、Hogan 和 Roger Vivier。

一般地，分部品牌下还存在品牌，那就是第三层级——产品线品牌，英文有时也用"family brand"表述。这些品牌代表了特定系列产品，如（Gucci）Dionysus、（Gucci）Bee Star、（Tod's）Gommino、（Tod's）Signature 等。

最后，品牌还可以通过子品牌进一步细化，如（Gucci Dionysus）Small crystal、（Gucci Dionysus）GG small crystal、（Tod's Gommino）Driving shoes，这些子品牌也称为个别品牌（mono brand）。如果产品更多，可以通过分部品牌或产品线品牌的子品牌继续细化。

由此，公司品牌、分部品牌、产品线品牌和子品牌构成了一个公司的品牌架构。再以奔驰为例，公司品牌和分部品牌为 Mercedes-Benz；产品线品牌包括轿车系列 S、E、C、A、B、R，SUV 系列 GLS、GLE、G、GLC、GLA，轿跑车与敞篷跑车系列 S、E、C、CLS、CLA、SLS、SLC，以及 MPV 系列 V、Vito（如表 2-1 所示）；子品牌如（Mercedes-Benz S）350L、（Mercedes-Benz GLS）500 4MATIC、（Mercedes-Benz E）200、（Mercedes-Benz V）260。

一个公司不同产品品牌的组合，具体规定了品牌的作用、各品牌之间的关系，以及各自在品牌体系中扮演的不同角色。合理的品牌结构有助于寻找共性以产生协同作用，条理清晰地管理多个品牌，减少对品牌识别的损害，快速高效地做出调整，更加合理地在各品牌中分配资源，这与公司的商业模式息息相关，具体实例将在第 3 章中详细阐述。

表 2-1 Mercedes-Benz 产品线品牌

轿车系列		SUV 系列		轿跑车系列		敞篷跑车系列		MPV 系列	
S		GLS		S		SLS		V	
E		GLE		E		SLC		Vito	
C		G		C					
A		GLC		CLS					
B		GLA		CLA					
R									

2.4 奢侈品品牌 VIP 活动

任何一家公司都需要维护与客户的关系。奢侈品公司往往会以一种比较雅致的方式（如艺术展、品牌体验等）来巧妙地联结目标客户群以及回馈较忠诚的老客户，以此带动新客户的开发。奢侈品公司在提高销售额时遇到的挑战是，销量上升后奢侈品老客户对品牌稀有感和尊贵感的减弱。为了避免这些老客户的流失，奢侈品公司会为他们额外提供 VIP 尊享产品和参与 VIP 活动的机会。

2.4.1 VIP 尊享产品

为 VIP 用户提供特供的商品可以使客户感受到自己相较于普通消费者的特殊性与优越感，从而增进他们对品牌的尊贵感。

Louis Vuitton 手袋在日本十分畅销，几乎每位女士都有一个，高端消费者对此产生了不满。于是，Louis Vuitton 在日本及时发行了制作精致的 VIP 会员卡，提供 VIP 独有的特色服务、创新服务和增值服务。成为 VIP 的好处就在于可以优先订购限量单品，而且会随之收到品牌作为小礼物送出的 VIP 非卖品。这些小礼物绝非简单的小物件，而是如筷子、麻将牌、眼罩和颈枕等特色产品。

事实上，VIP 礼物既是一件艺术品，更像是路易威登集团寄给各 VIP 客户的"情书"，让大家继续迷恋她、爱上她。这样路易威登集团通过 VIP 俱乐部行动又一次成为时尚先锋，VIP 会员俱乐部的成功运作使高端消费者对 Louis Vuitton 的品牌忠诚度大大提高，又刺激了原本的消费人群继续购买以获取尊贵的 VIP 会员资格。

除提供 VIP 特供的小礼品之外，一些顶尖的奢侈品公司还会为旗下的部分商品设立会员准购门槛。这种门槛的最高水准是，只有在品牌购买历史中出现过的顶级高端顾客才能购买新的产品系列，近乎严苛的购买限制是彰显奢侈品品牌尊贵感的最有力信号。

Ferrari 作为世界顶尖的豪车之一，其标志性的跃马标识与"法拉利红"举世闻名，可以说是富豪名人们的标配。Ferrari Enzo 配有 12 缸中置引擎，部分采用了 F1 赛车的操控装置，限量发行 400 辆，其中包括罗马主教特别定制款。这款跑车只面向拥有 Ferrari F40 或 F50 的客户。法拉利公司认为只有这些 VIP 客户才真正值得拥有 Ferrari Enzo 这款跑车，才懂得如何正确地使用并欣赏它。2013 年，法拉利公司更是推出了 LaFerrari 这款跨时代旗舰公路跑车，用来取代 Ferrari Enzo 尊崇地位的新款车型（如图 2-10 所示）。

图 2-10　Ferrari Enzo（左）和 LaFerrari（右）

虽然世界富豪众多，可是这款车仅售 499 台，法拉利公司要求购买者必须是 Ferrari 的忠实用户，需要拥有至少五辆 Ferrari 跑车，购买的高门槛将不少持币的富豪挡在了门外。一些迫切希望拥有 LaFerrari 的富豪为了获得购买资格，一次性购买了五辆其他型号的 Ferrari 跑车，最终却依然没能通过法拉利公司的审核。

对于像法拉利这样的顶尖奢侈品公司而言，财富程度已经不再是衡量 VIP 的唯一标准，它希望将自己的产品卖给真正喜爱 Ferrari 的用户，同时也更偏爱拥有更高社会地位的成功人士而非暴发户，这样一方面可以降低客户的转手率，保证旗舰的市场价值，另一方面商品的高度稀缺性也能保证核心 VIP 用户的尊贵与地位感。为商品设立高门槛，看似是将潜在消费者拒之门外，降低了营业额，实则巩固了奢侈品品牌的品牌价值，而品牌价值是奢侈品公司永续发展的基础。

高级定制时装同样受到 VIP 客户的欢迎。在 18 世纪末、19 世纪初，高定客户主要是皇室成员，此后逐渐加入了社会名人和影视明星。1914 年前，50% 客源来自法国；一战后，多数来自北美、南美；20 世纪 70 年代以后，主要客户来自中东、南美和俄罗斯。但是，这个客户名单的人数一直在下滑：从 1943 年鼎盛时期的 2 万人直线下跌至 1970 年的 2 000 人，到 2000 年已经不足 1 500 人，实际购买者更少于 500 人。不同于普通奢侈品品牌的服装和高级成衣可以在精品店内直接购买，高级定制无法在精品店内直接购买。高级定制的 VIP 客户在发布秀结束后，可以直接与巴黎高定手工坊（Haute Couture Atelier）进行邀约。取得邀约后，高级裁缝会与客户沟通款式与工艺细节。随后，高定手工坊会根据客人身材，定制一个木质假人半身模型（即 stockman 模型）作为第一次试装。当时装完成到一半左右时，高级裁缝对顾客进行第二次试装，以调整时装的大小及合身度。

以婚礼礼服为例，高定品牌都会为 VIP 客户专门设计高定配饰，设计师将全方位打造个人形象，甚至把婚礼策划成一场与众不同的艺术活动，宴会大厅、桌布、壁纸的设计与布置十分精心。如 Givenchy 就可以为 VIP 客户提供婚礼当天的服务，派出一位造型师督导整体造型，让婚礼始终保持最完美的状态。

2.4.2 VIP 特别活动

奢侈品公司会不时为 VIP 客户准备特别的活动，这些活动能帮助奢侈品公司传播品牌形象和品牌价值主张。在中国，随着奢侈品公司不断扩张，它们愈加认识到 VIP 活动在中国的重要性，正在越来越多地瞄准"非常重要的客户"，培养友好的关系。事实上，这些奢侈品公司提供的 VIP 活动和服务也凸显了"给面子"的重要性——在亚洲地区，尤其在中国，人们认为面子是至关重要的。对于成长中的中国奢侈品消费者而言，不少群体眼下非常想受到重视，也想让别人知道他们非常受重视。

如 Ferrari 自己组织的 F430 杯汽车赛事，Harley Davidson 摩托的百年庆典车迷大游行都在客户心中建立了特殊的情感链接。许多钟表制造商会邀请一小部分 VIP 顾客赴欧洲，参观钟表制作过程，令顾客产生"我比行家懂得更多"的满足感。如总部在纽约的艾峰缇市场营销咨询公司（Affinity）邀请中国企业家参加位于纽约第五大道波道夫·古德曼（Bergdorf Goodman）百货公司的私人时装表演，并安排他们与著名设计师奥斯卡·德·拉·伦塔（Oscar de la Renta）举行了一场见面活动。

除了利用各种方式来吸引 VIP 客户外，奢侈品公司建立的分级 VIP 系统还可以考虑适当提高客户的转移成本。公司利用会员制对 VIP 客户提供差异化服务和积分系统，一旦客户想要更换品牌和卖主，就不得不承担冒险尝试新产品、失去原品牌购买积分或者奖励等风险。

1. 爱马仕俱乐部

爱马仕俱乐部在 2017 年 6 月为中国 VIP 客户举办了"女性世界"的活动。上海龙美术馆内打造的爱马仕俱乐部，向喜爱 Hermès 的女性致敬（如图 2-11 所示）。这次活动将沙龙、酒吧和游戏巧妙地融合在一起，只为 Hermès VIP 客户开放。此次派对中，法国摄影大师让-保罗·古德（Jean-Paul Goude）受邀进行大胆创作并执导全新演出，其灵感源于女装艺术总监纳德杰·范内 – 齐布尔斯基（Nadège Vanhée-Cybulski）所设计的2017年秋冬系列。

图 2-11　位于上海龙美术馆的爱马仕俱乐部

秉承"女性世界"创意总监巴里·巴瑞特（Bali Barret）的构想和法国布景艺术家安东尼·普雷托（Antoine Platteau）的倾力协作，活动彰显了当代喜爱 Hermès 品牌的女性的精神：智慧、神秘和愉悦，成衣、包袋、珠宝、鞋履、丝巾、腕表等配饰系列萦绕于爱马仕俱乐部活动中（如图 2-12 所示）。

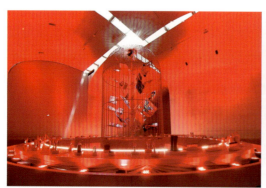 

图 2-12　爱马仕俱乐部的 VIP 活动

2. Cartier

Cartier 主要的传播形式是巡展和针对 VIP 客户举行各种新品发布等活动，经常在世界著名博物馆和艺术宫举办艺术展,如巴黎小皇宫博物馆、伦敦设计博物馆、丹佛艺术博物馆、澳大利亚国家美术馆、北京故宫博物院、上海博物馆等(见图2-13)。

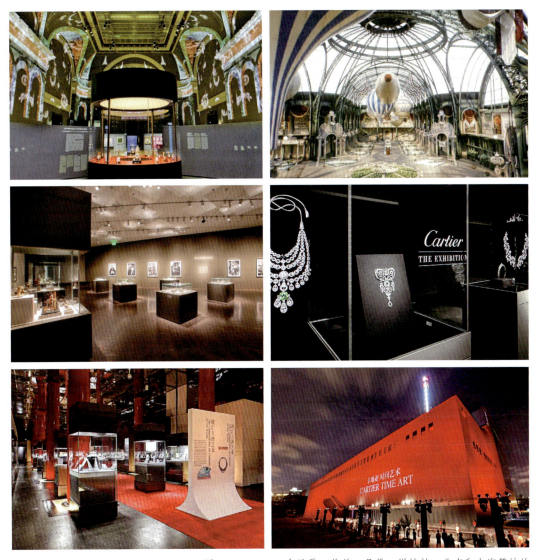

图2-13 Cartier在巴黎、伦敦、丹佛、堪培拉、北京和上海等地的博物馆(从左至右、从上至下)都举办了珠宝艺术展

展出的藏品包括20世纪30年代至60年代为传奇历史人物温莎公爵夫人设计的蓝宝石豹型胸针、1928年为印度邦主帕蒂亚拉(Patiala)所创制的全球珠宝史上最巨型的钻石项链、英国国王乔治五世订购的19顶皇冠等。

包括Louis Vuitton、Burberry和Bentley在内,很多奢侈品品牌为最重要的消费者铺开了红地毯。为赢得 VIP 的喜爱和忠诚,这些品牌为他们提供了定制产品或单独体验之类的专属服务。如 Louis Vuitton 曾邀请 10 位重要的中国客户到蒙古参加直升机旅游活动,让他们降落在豪华度假地,观看不对外开放的骆驼马球比赛;Bentley 借高尔夫球赛之际,邀请一些 VIP 车主亲赴位于英国克鲁郡(Crewe)的厂房,亲身体验每分钟只移动 6 英寸⊖、每辆车要花 16~20 周时间才能完成的流水线作业;Burberry 曾邀请一位重要的中国顾客从上海前往北京,提前参观秘鲁时尚摄影师马里奥·特斯蒂诺(Mario Testino)的影展"私视角"(Private View),为其支付所有费用,并让时任 Burberry 创意总监的克里斯托弗·贝利(Christopher Bailey)与之私下会面,让这位贵宾单独参观了 Burberry 的北京门店。

Louis Vuitton 一位公关发言人的话有力地说明了奢侈品公司对 VIP 客户的重视:"如今,奢侈品公司都会为 VIP 客户举办更多这类的活动,给他们带来想象不到的体验。"

| 结尾案例 |

Gaggenau:迥然有异,不同凡响

Gaggenau 成立于 1683 年,是全球顶级厨房家电品牌,被视为科技和设计的创新领袖。它的成功取决于简洁设计与完美功能并存。在 2018 年德国奢侈品品牌排行榜中,Gaggenau 位列第 6,是榜单中唯一的厨房家电品牌。历经 2007 年的第 14、2009 年的第 12、2011 年的第 9、2016 年的第 7,Gaggenau 的排名每年都在稳步前进(如表 2-2 所示)。

表 2-2 2018 年德国奢侈品品牌排行榜 12 强

排名	品牌名	品牌标识	类别
1	A. Lange & Söhne	A. LANGE & SÖHNE GLASHÜTTE I/SA	钟表
2	Glashütte Original	Glashütte ORIGINAL	钟表
3	Porsche	PORSCHE	汽车

⊖ 1 英寸 = 0.025 4 米。

（续）

排名	品牌名	品牌标识	类别
4	Burmester	Burmester	音响
5	Bulthaup	bulthaup	家具
6	Gaggenau	GAGGENAU	厨房家电
7	T+A	T+A	音响
8	Jan Kath	JAN KATH	地毯
9	Wellendorff	Wellendorff	珠宝
10	Leica	Leica	相机
11	SieMatic	SieMatic	家具
12	Poggenpohl	poggenpohl	橱柜

资料来源：Biesalski & Company, Dr. Wieselhuber & Partner GmbH, Top German Luxury Brand, 2018.

1956年，奥托·冯·布兰奎特（Otto von Blanquet）博士实现了一个带有精湛科技、易于使用、量身定制的整体厨房概念。带着"用时间造物"的理想，Gaggenau才能够发展成为拥有经典设计、符合功能美学的创新整体厨房中的领先品牌，"拒绝平庸、锐意进取、执着尽责、雅致格调"成为Gaggenau最核心的品牌精神。

Gaggenau现有的产品线包含烤箱、咖啡机、抽屉、灶具、吸油烟机、冰箱和酒柜、洗碗机、洗衣机和干衣机（如表2-3所示）。

作为金字塔顶端的奢侈品品牌，它只针对社交精英、文化鉴赏家和财富新贵这三类高净值人群——这些人群的特征是拥有超高收入，生活快节奏，对高科技敏感，追求个性化，希望不断提升高端生活品质，将家庭厨房作为极具个性的社交空间，专注材质与设计的精细之美，并享受厨房作为呈现食材和烹饪技巧创意的空间，在细节中展现品位。

这些极其考究的目标群体让创新精神渗透在"迥然有别嘉格纳"（The Difference is Gaggenau.）的品牌文化中。自1887年的珐琅广告牌、1891年的Badenia自行车、1948年的燃煤燃气烤箱、1956年的嵌入式烤箱、1986年的EB300烤箱、1999年的蒸汽炉、2011年的全区电磁灶、2015年的蒸汽烤箱自清洁系统到2016年的EB333产品系列，见证了Gaggenau始终坚持产品设计和技术创新的理念。

表 2-3　Gaggenau 厨房电器全品类

型号	产品分类	烤箱	咖啡机	抽屉	灶具	吸油烟机	冰箱和橱酒柜	洗碗机	洗衣机和干衣机
纪念型号									
400 系列	Vario 400								
	400								
200 系列	Vario 200								
	200								

最独特的是 Gaggenau 的烤箱、灶具、冰箱和洗碗机（如图 2-14 所示）。Gaggenau 先进的"冷门技术"（由五层结构组成的门体，通过空气循环流动散热，形成安全隔热）保证了烤箱内腔温度高达 485℃时外门仍然安全且隔热，并且精确到 1℃的控温系统，用"低温真空慢煮"在家庭厨房中实现了专业厨房的烹饪方式。为了让高净值人群定制属于自己的烹饪空间，一种被称为"Vario"、可以灵活组合的模块化灶具系统和蒸汽烤箱的自清洁功能带来了远胜于功能的烹饪体验。Gaggenau 的冰箱是极简的设计风格，采用了独特的医用不锈钢内腔。Gaggenau 洗碗机技术被称为"2.0 晶蕾烘干"，保证在极其高效的同时节能，致力于环保。

图 2-14　Gaggenau 控温系统（左一），手工打磨的灶具系统（右一），
医用不锈钢内胆冰箱（左二），致力于环保的"2.0 晶蕾烘干"技术的洗碗机（右二），
蒸汽烤箱的自清洁功能（左三）和全区电磁灶（右三）

对于 Gaggenau 而言，"帮助顾客出品可与专业厨师媲美的美味珍馐"是所有创新理念的源头，"手工造物、工匠精神"将品牌灵魂注入所有产品中。材料的完美、真实、可靠、层次感，颜色的金属表现、宁静低调、对比和单色影像，以及外形的几何结构、极简和雕塑元素都完美契合了顶级设计理念。不仅是所有厨具产品，Gaggenau 之家、体验空间和体现黑森林历史的 Gaggenau 成都展厅也用顶级的创新设计展现品牌文化（如图 2-15 和图 2-16 所示）。

图 2-15 Gaggenau 之家和 Gaggenau 体验空间

图 2-16 Gaggenau 成都展厅

同样，Gaggenau 也从未忽略提供给 VIP 客户的创新服务体验。Gaggenau 与设计师杨明洁先生的跨界合作，设立 Gaggenau 管家和 Gaggenau 工程师定制化上门服务，使这个拥有 335 年历史的品牌依旧展现出强大的生命力，它的品牌基因——历史传承、独一性、稀有材质、精湛手工艺，以及先进的设计与性能也一同绵延了三个多世纪。

PART TWO 第二篇
奢侈品公司的商业模式

第3章 奢侈品品牌资产
第4章 奢侈品公司商业模式

奢侈品品牌每季、每年都带给你我欢愉，每款每式都刮起全球旋风：不同国家、不同肤色、不同语言的不同人种似乎都会从意大利、法国的奢侈品品牌及其新品中读出许许多多无声的语言……把握全球高端人群与时尚个体的审美情趣，引领经典不朽中的青春风潮……商业气息的纽约、技艺出彩的米兰、胆色超群的伦敦、梦想成真的巴黎汇聚了数以千计的奢侈品公司，它们构建了自己独特的商业模式，在无边际的世界里开展创意无限的事业……

第 3 章

奢侈品品牌资产

  Graff 即意味着没有捷径,没有低劣的妥协。完美是它的目标,并一以贯之。
  The Graff way means no shortcuts, no inferior bypassing. Perfection is the goal, and it's achieved every time.

——劳伦斯·格拉夫(Laurence Graff)

| 开篇 |

Graff 的力量

图 3-1 *Graff 的珠宝*

Graff 是劳伦斯·格拉夫（Laurence Graff）于 1960 年在伦敦创立的顶级珠宝品牌，在珠宝行业内被视为绝美华丽之代名词，稀有、卓越之象征（如图 3-1 所示）。虽然 Graff 创立至今还不足 60 年，似乎很难称为"世家"，但论其业内的地位，冠以"世家"当之无愧。

1938 年，劳伦斯·格拉夫出生于伦敦东部一个贫困的东欧移民家庭，14 岁辍学，15 岁在一家珠宝工厂打杂清厕拖地，三个月后被开除。此后，劳伦斯一边在中央艺术学校学习，一边在伦敦赫顿公园区的珠宝工场做学徒，从此与珠宝结下不解之缘。

颠沛流离、磨难痛苦并未击垮格拉夫，反而成为其后来突飞猛进、日进斗金的基石。打工之路并不顺利，20 岁的劳伦斯·格拉夫便自行创立了同名公司制作并维修首饰。一次偶然的机会，格拉夫得到 33 颗小钻石，他别出心裁将 33 颗小钻石镶成一颗大钻，结果声名鹊起，机缘巧合地成为当今钻石围镶鼻祖。

24 岁的劳伦斯在伦敦开了两家珠宝店，29 岁便将业务拓展至新加坡和澳大利亚，文莱、菲律宾、沙特等权贵阶层和石油大亨迅速成为 Graff 的忠诚客户。1971 年，公司正式定名为格拉夫钻石，同时挂牌于伦敦交易所，成为首家上市的珠宝品牌。1998 年，格拉夫公司收购南非钻石集团 51% 的股份。

劳伦斯热衷于顶级宝石。独一无二之高品质是格拉夫钻石的主要特征，Graff 除白钻外，彩钻也闻名世界，拥有全世界 60% 的黄色钻石。劳伦斯非常喜爱收藏华贵大钻，金星（Golden Star，101.28 克拉）、沙皇皇后（Tsarina，90.14 克拉）、金玛阿哈加（Golden Maharaja，65.57 克拉）和 107.46 克拉黄色罗耶特曼钻石（Rojtman Diamond）等钻石赫赫有名，均在 Graff 的名下。

2008 年，70 岁的劳伦斯成立奢华腕表业务部门，推出腕表系列（如图 3-2 所示）。

劳伦斯对宝石品质、制作工艺均精益求精，从开采、切割、打磨以至镶嵌均由其亲自操刀，其出品之珠宝举世无匹，无论质量、风格抑或工艺均为世上顶尖，传世珍品。自创立以来，Graff 早已成为世界顶级珠宝定制商，曾经多次受到英国皇家的表彰，成为皇家御用珠宝商之一。Graff 出品的珍贵华美钻石远多于其他珠宝商，不断呈现出让世人惊艳的华丽瑰宝。

图 3-2　Graff 腕表系列

20世纪80年代的管理学理论的发展诞生了品牌资产理论。品牌资产（brand equity）和品牌价值（brand value）这两个术语成为人们谈论的热点。

"品牌资产鼻祖"戴维·阿克（David Aaker）将品牌资产定义为："与品牌名称和标志相联系、能够增加或减少公司所销售产品或服务价值的一系列资产和负债……品牌资产为顾客创造价值，提高了顾客理解和处理信息的能力，增强了顾客对购买决策的信心，并影响着用户体验的质量。""竞争战略之父"迈克尔·波特（Michael Porter）在其《品牌竞争优势》中这样定义品牌价值："品牌价值是品牌资产的具体表现形式，品牌价值和品牌资产是品牌精髓所在。"随后兴起了世界著名品牌的兼并狂潮，不少跨国公司期望借助品牌资源重新整合来扩大市场份额。

品牌资产和品牌价值作为联结过去与未来、维系企业与客户，并最终留存在消费者心智中的无形要素，越来越被关注和深入研究。对奢侈品公司而言，了解品牌价值、构建和维护品牌资产是其实施品牌战略、优化商业模式、进行创新的重要前提条件。

3.1　品牌资产 vs. 品牌价值

对于任何品牌而言，都需要根据消费者审美的现状、变化或趋势来设计产品和品牌，经过生产工艺、供应链、及时服务、各种品牌传播方式影响顾客的消费选择，并且各个环节会持续地相互影响（如图 3-3 所示）。从品牌价值的定义可以看出，其关键在于"价值"，它源于经济学上的"价值"概念。品牌价值是品牌客户、渠道成员和母公司等方面采取的一系列联合行动，能使该品牌产品获得比未取得品牌名称时更大的销量和更多的利益，使该品牌在竞争中获得一个更强劲、更稳定、更特殊的优势。

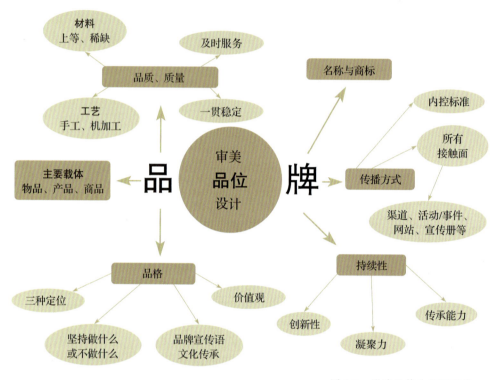

图 3-3　影响品牌的重要环节

奢侈品品牌构建了一个梦想世界，包含了更丰富的品牌意义系统（brand's meaning system），如图 3-4 所示。在一个特定的文化背景下，奢侈品品牌的创始人通过对世界的观察与感知，制造了独特、高质量的产品，并且具有很强的审美特征。这些产品不仅契合了人们功能性（functional）、象征性（symbolic）和体验性（experiential）的需求，更重要的是，它可以传承。

3.1.1　品牌价值的组成

戴维·阿克于 1991 年首先提出了关于品牌价值的五星模型（Five-star Model），认为品牌知名度（brand awareness）、感知品牌质量（perceived brand quality）、品牌联想度（brand association）、品牌忠诚度（brand loyalty）和其他品牌专有资产（other brand properties）组成了品牌价值，其中"其他品牌专有资产"指品牌标志、专利等知识产权，以及客户资源、管理制度、企业文化和形象等。

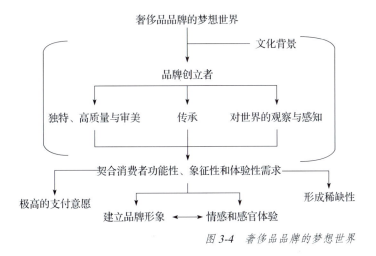

图 3-4　奢侈品品牌的梦想世界

1996年，戴维·阿克进一步提出了十要素模型（Brand Equity Ten Model），从五个方面测量品牌价值：忠诚度、品质认知/领导能力、品牌联想/差异化、品牌认知与市场行为，并提出了这五个衡量指标的十项具体评估指标（如表3-1所示）。

表 3-1　十要素模型

忠诚度	1. 差价效应
	2. 满意度/忠诚度
品质认知/领导能力	3. 品质认知
	4. 领导型/受欢迎度
品牌联想/差异化	5. 价值认知
	6. 品牌个性
	7. 企业联想
品牌认知	8. 品牌知名度
市场行为	9. 市场占有率
	10. 市场价格及渠道覆盖率

十要素模型为品牌价值的研究提供了一个更全面、更详细的思路。其组成因素以消费者为主，同时加入了市场业绩的要素。它既可以用于连续性研究，也可以用于专项研究。而且十要素所有指标都比较敏感，可以用来预测品牌价值的变化。但是，十要素模型的不足之处在于，对于产品品牌和公司品牌的评估没有明显区分，且研究具

体某一个行业品牌资产时,十要素指标要做相应的调整,以便更适应该行业的特点,如食品行业与高科技行业品牌的价值评估选用的指标应有所不同。

此后,戴维·阿克、凯文·凯勒和亚历山大·L.贝尔(Alexander L. Biel)等诸多学者在结合前人研究以及自己理论的基础上,进一步完善了以"品牌"为核心的价值组成,分别是品牌知名度、品牌美誉度、品牌偏好度、品牌联想度、品牌满意度与品牌忠诚度。

(1)品牌知名度(brand awareness)。品牌知名度指目标消费者对品牌名称及所属产品类别的知晓程度。品牌知名度越高表明消费者对品牌越熟悉,而熟悉的品牌往往更令人感到安全、可靠,并使人产生好感。因此相对而言,品牌知名度越高,消费者对品牌产品的喜爱程度越高,选购的可能性越大。在品牌喜爱程度相同的情况下,品牌知名度越高,它的市场占有率越大。在同类产品中,知名度最高的品牌往往是市场上的领先品牌,即市场占有率最高的品牌。

(2)品牌美誉度(brand favorite)。品牌知名度反映的仅仅是该品牌被用户记住或识别的程度,品牌美誉度则反映了消费者在综合自己的使用经验和所接触到的多种品牌信息后,对这个品牌感知其质量及价值认定的程度。品牌美誉度是形成品牌忠诚度的重要因素。奢侈品品牌的一大特点就是具有极高的品牌美誉度,这与它们提供产品或服务的高品质和高质量是密切相关的。奢侈品品牌美誉度的一个主要来源是顾客之间的口碑传播。

(3)品牌偏好度(brand preference)。消费者在采取购买行动之前,往往已有确定的品牌偏好,只有极少数的消费者会临时起意,产生冲动性购买。即使消费者的购买是无计划性的、无预期性的,仍将受到心中既有的品位与偏好的影响。事实上,品牌与品牌之间的战争是一场由营销传播与促销所构成的消费者心理战争,每个品牌都竭尽所能去击败对手,获取最高的品牌偏好度。

(4)品牌联想度(brand association)。品牌联想是消费者记忆中与某品牌相关联的每一件事,是品牌特征在消费者心目中的具体表现。当人们想起一个特定的品牌时,会很自然地与某种特定的产品、服务、形象甚至愉快的场景联系起来。有时,当消费者对某种产品、服务存在需求,或者体验到某种场景时,就会和某一特定品牌对接起来,这些都是品牌联想的具体表现。奢侈品品牌大都非常注重品牌联想的构建。

当一个品牌具备联想功能,我们就说这个品牌具备了回忆(recall)属性,如图3-5所示。美国广告代理公司扬·罗必凯(Young & Rubicam)提出的"品牌墓地模型"

（Brand Graveyard Model）表明了回忆对品牌联想的作用。在这一模型下，一类产品中的品牌被列在一个表明"认知度"和"回忆度"的图上。每一品牌的认知度和回忆度都可以被测量出来，测量数值即为每个品牌在图上的定位。对多类产品的研究表明，品牌倾向于按照图中显示的曲线分布。但存在两种例外情况，它们都反映了回忆的重要性。

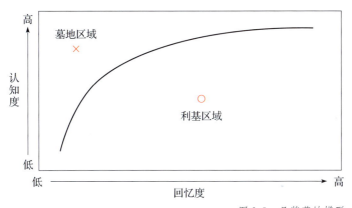

图 3-5　品牌墓地模型

资料来源：Aaker, D (1996), *Building Strong Brands*, New York: The Free Press.

第一种例外情况是墓地，位于左上角，指代那些认知度较高但回忆度很低的品牌。处于墓地位置非常危险：消费者知道这些品牌，但考虑购买时经常无法联想到。

第二种例外是经营良好的利基品牌（niche brands）。所谓利基品牌是指在非常狭小市场中的品牌，奢侈品品牌就是其中之一。它们落在曲线下方，因为大多数消费者都不知道这些品牌，品牌认知度相对较低。但在各自的忠诚消费群中，它们的回忆度非常高。因此，低联想度并不一定代表市场表现差，并且优秀的利基品牌还有潜力扩大品牌联想度，同时扩大消费群的基数。

（5）品牌满意度（brand satisfaction）。品牌满意是消费者对品牌的一种心理状态，来源于消费者对某种品牌所产生的感受与自己的期望所进行的对比，它建立于品牌认知、品牌美誉、品牌偏好以及品牌联想之上。品牌满意度是一个变动的目标，能够使一个消费者满意的品牌，未必会使另外一个消费者满意；在不同的品牌使用环境下，也会产生不同的品牌满意度。奢侈品品牌对服务质量的严苛要求，主要目的就是提高消费者的品牌满意度。比如，Dior 等品牌的高级定制，都是首席成衣制作师一对一的上门服务。

（6）品牌忠诚度（brand loyalty）。品牌忠诚是指消费者对品牌的一种嗜好，消费者在不断购买此类产品时，只认这一品牌而放弃对其他品牌的尝试。忠诚的消费者是企业宝贵的财富。一般地，多次光顾的消费者可为企业带来 20%～85% 的利润。因此，提高消费者对品牌的忠诚度是企业品牌战略极其重要的内容。

品牌忠诚度反映了一个消费者在与品牌的接触过程中，由于品牌所标示的产品或服务的价格、质量因素，甚至是由于消费者独特的心理和情感方面的诉求而产生的一种依恋而又稳定的感情，由此形成偏爱并长期重复购买该品牌产品的行为。品牌忠诚度是消费者对某品牌产生的感情的度量，是品牌价值最高的衡量维度，是基于前五种维度升华而得的最有力的品牌价值。

品牌价值的核心是品牌内涵价值，靠品牌长期积累形成。内涵价值表现为功能性价值和情感性价值，前者包括功能利益和感知质量，后者由历史传承、感知价值、自我联系、社会文化、人格特征组成。品牌的外延价值反映了品牌内涵价值的影响力和渗透力，可以通过广告、促销活动等手段有效提升品牌价值，它表现为品牌认知度和品牌美誉度两个维度。

3.1.2 品牌价值的提升

事实上，品牌价值的组成因素总是处于变化之中，使品牌价值也随之发生动态变化。如表 3-2 所示，品牌价值的变化受三类因素影响，即品牌自身因素、竞争因素和市场需求因素，任何一个因素的变化都会引起品牌价值的变动，并且其他两个因素也会随之改变。

表 3-2　影响品牌价值变动的三大因素

品牌自身因素	竞争因素	市场需求因素
• 持续性技术投入 • 新产品开发 • 广告投入和广告策略 • 营销网络及营销策略 • 产品质量保证 • 顾客管理与服务 • 产品价格 • 社会公益 • 品牌核心价值持续性 • 品牌文化开发 • 经营能力与管理能力 • 品牌延伸 • 品牌维护	• 同类竞争品牌数量 • 竞争品牌的技术开发 • 竞争品牌的质量和价格 • 竞争品牌的市场地位与份额 • 竞争品牌的广告策略 • 竞争品牌的管理与经营能力 • 竞争态势	• 社会价值观 • 社会流行趋势 • 科技发展 • 消费水平 • 生活方式 • 目标顾客数量 • 目标顾客年龄 • 目标顾客学历 • 目标顾客偏好 • 替代品

资料来源：王成荣. 品牌价值论 [M]. 北京：中国人民大学出版社，2008.

品牌价值的变化速度与品牌生命周期有关。当一个品牌进入市场并迅速成长时，品牌价值上升速度很快，表现出明显的马太效应；当品牌比较成熟后，品牌价值逐渐稳定；当品牌衰落时，品牌价值迅速贬值，甚至可能完全丧失。从某种角度上看，品牌生命周期恰恰是上述三类影响因素共同作用的结果。对于品牌管理者而言，需要正确认识品牌价值的组成，利用品牌价值变动的规律延长品牌生命周期，维持或不断提升品牌价值。真正的强势品牌（如奢侈品品牌）是没有寿命预期的，其产品线可以不断创新，永葆品牌活力。

但是，一个具体产品是有寿命的，如果品牌仅仅简单地与某一具体产品联系在一起，一旦这个产品被淘汰了，品牌价值也就消失了。公司只有坚持产品创新（包括设计、材料与工艺等），同时在产品同质化现象越来越普遍的情况下，以全新的顾客价值观为指引，创新服务功能、服务方式与方法，善用渐进式创新、空缺式创新和根本性创新的策略，才能延长品牌的寿命，提升品牌的价值。需要强调的是，在当今时代，单纯的产品、服务或品牌的强势已经不足以提升品牌价值，公司运营创新并带给顾客消费体验变成非常重要的环节。门店创新、人才管理创新、文化创新、互联网创新以及可持续发展可以在产品与品牌创新的基础上全面实现，成为品牌价值提升的重要保证。

奢侈品公司的产品及品牌创新、运营创新将在第 5、6 章详细阐述。

3.1.3 品牌价值与品牌资产

在会计、经济学、管理学以及营销学教材上会出现四个名词，分别是：品牌价值、品牌资产、品牌权益和品牌财产。事实上，这四者既有相同点和紧密的联系，又有较大的差异。

品牌价值（brand value）是一个相对微观的概念，经济学劳动价值理论将其定义为："一个产品有品牌时比无品牌时获得的额外销量和利益值。"新古典主义价值理论从顾客效用（customer utility）角度诠释了"品牌价值"的定义："品牌价值是由人们是否继续购买某一品牌的意愿、顾客忠诚度以及细分市场等指标所测得的价值数值。"

品牌资产（brand equity）是企业和消费者相互联系、作用而形成的一个系统概念，指只有品牌才能产生的市场效益，即是产品在有品牌时与无品牌时的市场效益之差。这种效益包括品牌名与象征相联系的资产（或负债）的集合，它能够使通过产品或服务所提供给顾客（用户）的价值增大（或减少）。一些会计和财务中译本往往把"brand equity"翻译成"品牌权益"，这个翻译带有较强烈的财务色彩。为了便于使用和理解，本书统一使用"品牌资产"的说法。

品牌财产（brand assets）同样出自会计学原理的财务概念，也逐渐被"品牌资产"概念取代，不过包括扬·罗必凯公司的品牌资产评估指标（brand assets valuator，BAV）仍沿用最初始的说法。

由于受到"核心价值""理性价值"等"价值"术语的影响，在很多场合下，人们习惯采用"品牌价值"这个通俗易懂的说法，而非"品牌资产"，如"品牌价值模型""品牌价值要素"等。事实上，以上这些译名都来自于英文"brand equity"，正确、严谨的翻译是"品牌资产"。品牌作为一种产品的无形资产之所以有价值，不仅在于品牌形成与发展过程中蕴含的沉淀成本，而且在于它是否能为消费者带来价值，即是否能为消费者带来更高的溢价以及未来稳定的收益，是否能满足消费者对品牌形象、产品品质、文化背景、创意精神、美学和艺术等的诉求——这些都是品牌资产重要的构建要素，它们可以通过微观的形式量化为品牌价值呈现在企业与消费者面前。

3.2 奢侈品品牌资产构建与测量

全球经济正处于不稳定的恢复调整期，经济全球化遇到了"逆全球化"的阻滞，国际经贸格局演变趋势错综复杂。然而，从2017年各大奢侈品公司的季度财报数据中我们可以发现，奢侈品行业正在慢慢复苏。但是，受之前明显衰退的影响，部分奢侈品品牌产生了"欲打翻身仗"的急躁心态，过分追求短期净利润或销售额的增长，反而让品牌资产慢慢流失。这也意味着构建奢侈品品牌资产重新成为各个奢侈品品牌亟须关注的问题。

3.2.1 奢侈品品牌资产的构建要素

极佳的品质、昂贵的价格、稀缺性和全球吸引力是奢侈品品牌资产的重要构建要素，此外，奢侈品品牌还需要将文化背景、创意精神、传承历史（或故事）和美学价值融入其中，并且最关键的是奢侈品公司要有特殊的品牌管理能力。

1. 极佳的品质

奢侈品品牌所服务的产品必须是"最高级的"。这种"最高级"必须从外观到品质都能逐一体现，即奢侈品的高级性应当是可见的。正因为人们对其奢华"显而易见"，它才能为主人带来荣耀。所以说奢侈品理当提供更多的"可见价值""让人看上去就感到好"。那些购买奢侈品的人不完全是在追求实用价值，往往是在追求一种"最好"的感觉。Berluti（伯尔鲁帝）男鞋如此，Elie Saab 女装也如此。唯有如此，品牌才更显示出其尊贵的价值。奢侈品品牌的品牌魅力是不仅"富"而且"贵"的，从社会学的角度上说，奢侈品本应该是历史上富贵阶层的物品，它暗示了地位、身份、高人一等的权力，是贵族形象与贵族生活的具体反映。

倘若奢侈品公司出现不实甚至造假的情况，那么，对奢侈品公司及其品牌形象，还有代表人物的损害都将是巨大的。最近的一个例子就是 2017 年 11 月曝光的波尔多酒商颜卡·菲勒尔（Yanka Ferrer）女士的公司 Signes de Terres，连续两年用最廉价的朗格多克（Languedoc）IGP 级葡萄酒灌装成玛歌（Margaux）村和波美侯（Pomerol）村等葡萄酒销售。根据海关的调查，在 2012 年至 2014 年间一共有 42 万升的朗格多克 IGP 葡萄酒被当成波尔多佳酿销售。其中 13 万升被灌装成了波尔多大区级别葡萄酒，7 万升被灌装成高级波尔多，7 万升被灌装成了波美侯村庄级葡萄酒，6 万升被灌装成玛歌村庄级，还有 3.5 万升被灌装成波雅克村（Pauillac），剩下的 1 万升被灌装成圣朱利安村（St. Julien）。始作俑者 Signes de Terres 公司、颜卡·菲勒尔女士，连累玛歌村、波美侯村、波雅克村和圣朱利安村的葡萄酒品牌都成了受害者。波尔多葡萄酒联合会立即做出声明，一切损害波尔多葡萄酒形象和声誉的行为，一直毫不犹豫、毫不手软地坚决予以打击，一视同仁，永远不会有特例的存在。

2. 昂贵的价格

当然，奢侈品也必须是昂贵的。从第 2 章中我们理解了奢侈品品牌强大的溢价能力，奢侈品定价极高，但消费者愿意支付这样的价格购买。无论何种理由，奢侈品的价格都遵循一个原则，即永远走在货币汇率变化和普通消费者的购买力之上。

值得一提的是，在中国，奢侈品定价更高，原因之一在于征税水平。中国征税的奢侈品主要包括腕表、箱包、服装、酒、电子产品和化妆品，税费包括关税、消费税和增值税。高税率也解释了为何很多消费者愿意到原产地购买奢侈品了。

3. 稀缺性

稀缺性作为奢侈品品牌最重要的核心竞争力之一，造就了市场上可望而不可即的供需状况和消费者内心望洋兴叹的心理憧憬，成就了奢侈品品牌历久弥新、稀缺珍奇的神话。一个奢侈品品牌代表了该品类所有产品的最高水准，一流的品质、超凡细腻的手工、对品质的苛刻要求、经典的设计理念，以及设计大师的匠心独运、用料考究，使奢侈品精致而唯美，这些都决定了奢侈品超高的销售价格。例如，1875年创立的瑞士腕表品牌Audemars Piguet（爱彼）以自制复杂机芯和精细手工打磨而闻名于世。Audemars Piguet腕表的年产量不到3万枚，因为每一款Audemars Piguet从头到尾都是由手工打造完成的，包括最小及最薄的机械，哪怕是螺丝的边缘。

奢侈品追求与众不同的独特和精致造就了它的稀缺性，如果丧失其稀缺性，则也不能称其为奢侈品。正是商品的稀缺性增加了消费者期望价值和购买欲望，彰显了其奢华的本性，铸就了高端的价格。这种稀缺不仅是数量的限制，还包括自然的稀缺和技术的稀缺等。

- 自然的稀缺。奢侈品最初就是采用一些自然存在的珍稀原料、稀有而精湛的工艺制作，因此奢侈品天生具有稀缺的特性。
- 技术的稀缺。奢侈品还可以不断地追求最新的技术和工艺来获得一种技术的稀缺。从历史到当代，技术进步总被人们称道和追捧，消费者也因为求新心理对高科技产品抱有强烈的渴望。
- 限量版。奢侈品的另外一个重要的稀缺性就是推出"限量版"，即推出"特殊版"和对消费者提供一对一的个性化服务，通过营造稀缺状态而使其弥足珍贵。稀有性使得奢侈品对于许多人而言是可望而不可即的，也正由于稀缺性，奢侈品才具有了使人憧憬的神秘感。甚至如Louis Vuitton、Cartier、Burberry等品牌认为经典产品线库存过多时，它们会不惜成本全部回收并且销毁。

4. 全球吸引力

奢侈品品牌往往代表了一个国家的魅力。每当消费者谈起一个国家，就会想起它最具魅力的产品，如法国的香水、瑞士的手表、德国的汽车、英国的酒店、意大利的皮具和苏格兰的威士忌。对中国而言，茶叶、瓷器这些都是自古以来的特色产品，根基犹在，它们对世界各国的精英人士吸引力巨大。那些耳熟能详的奢侈品品牌，如 Louis Vuitton、Gucci、Prada、Cartier 和 Chanel 在全球大多数国家的中心城市有专卖店和旗舰店。萨尔瓦多·菲拉格慕（Salvatore Ferragamo）先生被誉为"明星的制鞋人"，他为很多国际影星与王室贵族定制鞋履。路易–弗朗索瓦·卡地亚（Louis-François Cartier）先生则被当时的英国国王誉为"珠宝之王者，王者之珠宝"，他为欧洲的君主服务，此后吸引了全球的精英阶层。

5. 文化背景折射

奢侈品品牌是高文化、高技术品牌（如表 3-3 所示）。奢侈品品牌在品牌发展过程中不仅实现了黑格尔（G. W. F. Hegel）所言的"人类制造的第二自然"，而且形成了自己的文化。奢侈品品牌的文化精神不仅体现了制造者们的本质力量，而且体现了时代性、社会性和个性特色的完美契合。

表 3-3　奢侈品品牌是高文化、高技术品牌

		技术属性	
		低	高
文化属性	高	高文化品牌	奢侈品品牌
	低	一般品牌	高科技品牌

奢侈品品牌的文化精神体现了品牌对技术的探索推进，体现了对品质完美的不懈追求，体现在锐意创新的超越精神中。奢侈品品牌所形成的文化，是品牌生存和发展的核心。绝大多数奢侈品品牌历史悠久，其品牌文化的形成有助于品牌延续。产品是阶段性的，文化才是永恒的。

在 1893 年创立之初，Alfred Dunhill（登喜路）的品牌内涵就是其产品"必须是有用的；它必须能独立地工作；它必须是漂亮的；它必须能持久；它必须是同类中最好的"。其传人诠释了这一文化精神，那就是创建一个有一流的质量和款式的、既有英

国传统又能畅销的奢侈品品牌。

在人类共同创造的文化语境中，人们通过文化使成员之间在思想和行为上达成相同的认知和规范，情感上有某种默契和沟通。亚文化会坚持其所在的更大社会群体中大多数人秉持的文化信念、价值观和行为模式的特性，这就为奢侈品品牌与消费者之间的文化沟通提供了可能性。

家族企业的文化具有独享性，可能会给消费者新奇的感觉，但同时，文化是群体心智的产物，由群体共同创造，是群体生活世界的一部分，也是群体约定俗成的共同生活准则和情感，具有共享性和约定性。

不仅是家族企业，只要是品牌，是希望达到 Vacheron Constantin（江诗丹顿）"小批量、优质量、高卖价"原则的奢侈品品牌，都需要不断与消费者进行文化对话，理解或获得作为它销售对象的特定群体的文化语汇，以便在同一语境中进行广告传播。这对于成长为一个世界级的奢侈品品牌非常重要。

6. 创意精神及产品体现

奢侈品的精髓在于创意：所有的奢侈品品牌都由男人和女人创造，他们把独特的创意技能带给顾客，通常打破了所处时代的规范和规则。这一传承在现代依然鲜活：创意总监（有时称为艺术总监）的角色是带领创意团队，维护创意的流向。卡尔·拉格斐于 1983 年成为 Chanel 的创意总监，把 Chanel 品牌所有的符号都集中在一起，称它们为"能够瞬间识别香奈儿特征的元素——品牌的精神遗产"。这些元素或特征包括：女式黑头鞋、金链布包、小黑礼服、十字形胸针、山茶花及金色双 C 纽扣。这些由材料和形状组成的符号都能帮助设计师和消费者经由产品来识别品牌。

最初的创造者或是创意总监都是品牌及其形象的"监护人"，同时他们也通过源源不断地创造新产品给品牌注入新的生命力。让品牌保持一致是创意总监的基本角色，他必须把人们的视野带到对品牌审美的每件事中去。创意总监所关注的要素有什么共同点呢？它们都是"关键体验的提供者"。它们让消费者体验品牌、感觉品牌，与品牌发生联系。当客户走入店内时，气氛、设计、销售手段的质量、所提供的服务以及产品质量都是品牌与客户建立情感联系的独特机会，也会令消费者印象深刻。当消费者打开杂志看到品牌广告时，当他读到杂志中的设计师专访时，当他受品牌邀请参加某场活动，看到心仪的音乐明星炫耀品牌的某个产品时，这种情感就会加强。这就是创意总监对品牌和生意的发展如此关键的原因。

奢侈品品牌与创意和设计师有关。奢侈品品牌的新产品设计通常是一个流程，起初是在设计师的头脑中。无论品牌是什么，也无论是否是著名设计师，一个创意总监会将设计师、内部设计师以及自由职业者组织在一起。新产品创意是一个自上而下的过程，因此，设计师在建造和发展奢侈品品牌时需要公司管理者具备特殊的管理技能。创新与管理的内容将在第5、6章中详细阐述。

7. 历史传承和故事讲述

奢侈品品牌资产的构建需要一个独特而强大的概念，有两个经典模式在奢侈品世界中应用得最广泛（如图3-6所示）。第一个模式（欧式）是将品质发挥到极致，重视历史传承，属于"旧世界"的构建模式。这种模式以欧洲的奢侈品品牌为典型代表，大多数欧洲奢侈品品牌历史非常悠久，往往已经传承了数百年。因此，它们对历史格外重视，认为品牌正是历史在现代的体现。

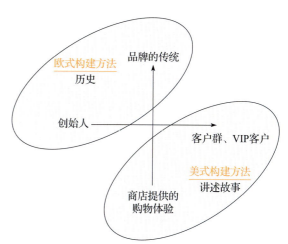

图3-6　用历史传承或讲述故事构建奢侈品品牌资产
资料来源：Kapferer, J N, & Bastien, V (2009). The Luxury Strategy: Break the Rules of Marketing to Build Luxury Brands. Kogan Page; 2 edition.

它们尤其强调继承创始人的理念，这种理念由新的创造者体现而得，并融入新的品牌个性，使品牌最初的精神再次呈现在消费者面前。第二种模式（美式）起源于美国，美国历史相对较短，美国本土奢侈品品牌的历史更加短暂，于是它们鼓励创新，属于"新世界"的构建模式。这些创立时间并不久的奢侈品品牌往往创造或讲述某一个优雅的故事，并在门店中创造一种氛围，强调购物体验，以此来彰显强大的品牌资产。如今，两种模式正在逐步融合。

对于欧洲奢侈品品牌而言，大多数品牌的历史都超过了百年（见第1章），它们小心翼翼地平衡着传统与现代。传统有种特别的力量，它附着在历史的记忆中，体现在现代生活里，物化在各类产品上，时时刻刻影响着每个人的生活，这一切取决于品牌最初起家时所在的品类。

最古老的奢侈品品牌往往来自腕表、珠宝和酒，大多数诞生于 20 世纪前，传统皮具和配饰品牌（包括书写工具、挂饰等）大多诞生于 20 世纪初叶，例外是 Hermès（1837 年）、Bally（1851 年）和 Louis Vuitton（1854 年）诞生于 19 世纪中叶，Lancel（1876 年）、Alfred Dunhill（1893 年）开创于 19 世纪末。主营服装的奢侈品品牌则是另一番景象，除了 Burberry（1856 年）外，多数品牌在 20 世纪创立。要获得奢侈品品牌的地位需要持续打造品牌恒久的形象，而只有时光才能说明品牌是否做到了这一切。

传承意味着品牌知名度的建立经过了相对长的时间，这有助于解释家族在这一产业中所扮演的角色。正是由于这些原因，那些想要在奢侈品行业工作的人们需要证明其掌握相应的能力，可以应对品牌的历史，让品牌的创意延续，理解特有的家族管理文化以及家族企业内在的其他特性。

同时，消费者欣赏奢侈品的能力不是在一夕之间便能够获得的。让消费者学会重视奢侈品的工艺及品牌历史等都需要时间。比较好的做法便是举办一些特别的展览，比如爱马仕集团于 2017 年在上海举办文化展，或是在一些主要的新兴市场举办艺术秀。这些活动对于在这些并未完全成熟的市场植入奢侈品文化是必要的。

8. 美学价值

美学价值可从奢侈品品牌的有形资产和无形资产两个方面中表现。

有形的是奢侈品本身的美。美是一种价值，能满足人们某种需求和愿望，能激发人们"肯定行"的态度和情感，带给人们身心的愉悦和精神的享受。美的愉悦本身就具有品质和实质，产品的外观和感觉会触动消费者内心深处的本能。人是以视觉与触觉为主的生物，乐于让美环绕在感官四周，产生快乐。每个人的品位各不相同，但由美学因素所触发的愉悦感，会因为人的生理结构普遍相同而产生大同小异的生理反应。奢侈品品牌能捕捉并掌握消费者的审美需求，在产品设计、品质、包装、色彩、标识、门店、布局、品牌介绍手册、活动邀请函等一切外显的审美设计上都充分掌握美感，全方位地让消费者沉浸在协调、匀称的和谐中，由此产生一种情绪上的快感。

无形的是奢侈品品牌的美学文化让消费者产生了移情作用。顾客在做购买选择时，会考虑某个产品是否与自己的生活形态契合，或是否能提供让人兴奋的新概念。奢侈品的品牌美学即透过一种情感联想被创造出来。奢侈品品牌致力于让消费者与奢侈品的历史传统、文化、风格产生链接，制造一种心动与感动，生成一种美感体验，并让这样的经验深植于消费者的心中，持续与消费者建立一种牢不可破的关系。

奢侈品品牌善于运用存在于消费者生活中的美学的生命力，找到品牌差异点，以美学来营造正面的整体形象，为消费者提供审美需求与感知经验上的满足。奢侈品品牌的审美价值不仅停留在满足个别顾客的审美需求上，而且符合社会长远利益。创造更美好的自然生态环境是奢侈品品牌更高层面的美学价值。

如 Gucci 从 2017 年起开始借力更多艺术作品。2018 年，西班牙艺术家伊格纳西·蒙雷亚尔（Ignasi Monreal）在《人间乐园》《阿诺芬尼夫妇像》等画作中放入 Gucci 的商品，营造出一种魔幻的效果。同年 9 月，Gucci 在 Instagram 上开设了一个美妆系列的新账号 Gucci Beauty。Gucci Beauty 上很少展示产品，而是专注于传达创意总监亚历桑德罗·米歇尔（Alessandro Michele）的美学愿景，如发布不同时期、不同风格的画作，覆盖"两千多年前的古埃及人物肖像、伊丽莎白女王时期的英国贵族人物像，至当代非洲裔美国画家描绘的非洲式发型"。这些画作全部由米歇尔筛选，另外还有五位艺术评论家撰写作品背景等信息，有时还会指出画作中美的部分。

又如 Yves Saint Laurent 在 20 世纪 90 年代初期的法国市场推出了 Champagne 系列香水，取得了很大的成功。香水闻起来有香槟的味道，会产生基于香槟的各种文化联想，如法国优雅的生活、高贵的皇室地位等美学形象。

9. 特殊的品牌管理能力

奢侈品品牌的构建并非一蹴而就。即使具备了以上所有要素，奢侈品公司没有特殊品牌管理能力的人才，这些要素带来的品牌力也会慢慢消逝。品牌是无形的，管理能力也是无形的。打造一个无形的品牌很难，这也是为什么很多奢侈品品牌都经历过发展瓶颈、挫折甚至失败。品牌可以做出一定的业务模式，但是很难找到管理品牌的人才。巴黎欧莱雅集团首席执行官让-保罗·阿贡（Jean-Paul Agon）就说过："一个多样化、充满激情的专业人才团队是必胜的。奢侈品公司员工最重要的特征之一是他们的激情，对品牌、产品、业务充满难以想象的热情，并促使他们野心勃勃，不断追求。"

3.2.2 品牌价值测量方法

品牌价值的测量和评估是品牌资产研究中最关键的环节之一。通过对品牌价值的测量与评估，企业可以对拥有的无形资产有一个定量的把握，为品牌并购、品牌特许使用等活动提供依据。由于品牌资产具有多维度的特点，其测量方法也有较大区别，测量对象的选择基本可分为三种：财务要素（成本、股票市值、市价、收益）、财务—市场双要素（Interbrand 法、Financial World 法、BrandZ 法、WBL 法）和财务—消费者双要素。

1. 成本法

根据用于建立和发展品牌的实际投入费用（如研发费、广告费等）来估算品牌价值。

对于一个公司品牌而言，其资产的原始成本占有不可替代的重要地位，因此我们对一个品牌的评估应从购置品牌资产或开发的全部原始价值，以及品牌再开发成本与各项损耗价值之差两方面考虑。前一种方法称为历史成本法，后一种方法称为重置成本法。

历史成本法直接依据企业品牌资产的购置或开发的全部原始价值进行估价，计算对品牌的投资，包括设计、创意、广告、促销、研究、开发、商标注册，甚至专属于创建该品牌的专利申请费等一系列开支。

重置成本法需要考虑品牌重置成本（replacement cost）和成新率（newness rate），二者的乘积即是品牌价值。重置成本是第三者的支付意愿（willingness to pay, WTP），相当于重新建立一个全新品牌所需的成本。重置成本法的基本计算公式为：

$$品牌评估价值 = 品牌重置成本 \times 成新率$$

式中

$$品牌重置成本 = 品牌账面原值 \times (评估时物价指数 / 品牌购置时物价指数)$$

$$品牌成新率 = \frac{剩余使用年限}{(已使用所限 + 剩余使用年限)} \times 100\%$$

其实，评估品牌更应注重其价值而不是成本。而且，成本法没有把市场竞争力作为评定品牌价值的对象，因此现在已经很少使用成本法评估品牌。

2. 股票市值法

股票市值法由美国芝加哥大学的西蒙（C. J. Simon）和沙利文（M. W. Sullivan）提出，以公司股价为基础，将有形资产与无形资产相分离，再从无形资产中分解出品牌价值。该方法适用于上市公司的品牌价值评估。

第一步计算公司股票总值 A。第二步用重置成本法计算公司有形资产总值 B，无形资产总值 $C = A - B$。无形资产由三部分组成：品牌价值 C_1、非品牌因素 C_2（如研发和专利等），以及行业外可能导致获取垄断利润的因素 C_3（如法律等）。第三步确定 C_1、C_2、C_3 各自的影响因素。第四步建立股市价值变动与上述各影响因素的数量模型，以得出品牌价值占公司有形资产的百分比（也可导出不同行业中品牌价值占该行业有形资产的百分比）。由 B 即可得出品牌价值 C_1。

3. 市价计量法

市价计量法是资产评估中最便利的方法，如今也有人将其应用于品牌评估之中。通过市场调查，选择一个或几个与评估品牌类似的品牌作为比较对象，分析比较对象的成交价格和交易条件，进而估算出品牌价值。参考的数据有市场占有率、知名度、形象或偏好度等。

4. 收益计量法

收益计量法通过估算未来的预期收益（一般是"税后利润"指标），并采用适宜的贴现率折算成现值，然后累加求和，借以确定品牌价值。超额利润（super-normal profit）、折现系数（discount factor）、收益期限（duration of return）是这种方法的主要影响变量。

5. Interbrand 法

英国 Interbrand 公司采用专属的品牌评估方法获得了 ISO 10668:2010 的认证，从

2000年起每年定期发布《全球最佳品牌排行榜》。该榜单是全球CEO最关注的排行榜之一。Interbrand的全球品牌有严格的入选条件。Interbrand法使用了"经济附加值"（economic value added, EVA）的概念，具体测量方法及其衍生的Financial World法将在下一节中详细阐述。

6. BrandZ法

BrandZ是由英国WPP集团在2006年开创的品牌研究项目，每年考虑来自二十多个国家的潜在消费者、当前消费者以及B2B客户的观点，测量全球数千个B2B和B2C品牌的价值，并且访问超过1 000 000位全球消费者。

BrandZ法运用"经济用途"（economic use）的原则进行计算，这意味着品牌价值是通过观察品牌在购买决定中的作用和确定商业价值中纯粹由品牌贡献的份额计算得出的。BrandZ法引用来自美国金融信息咨询提供商彭博（Bloomberg）和英国信息服务公司Datamonitor的数据。由于对真正的全球化品牌贡献的测量可能会因国家不同而有所区别，具体测量方法将在下一节中详细阐述。

7. WBL法

WBL是"World Brand Lab"的简称。世界品牌实验室（World Brand Lab）成立于2003年，是诺贝尔经济学奖获得者、"欧元之父"罗伯特·A.蒙代尔（Robert A. Mundell）作为创始人兼董事局主席的世界经理人集团（World Executive Group）旗下的全资子公司，每年发布公司品牌评估报告，被广泛应用于企业并购等重要的活动当中作为参考。

WBL法包含三个因子。首先，根据企业的相关财务数据计算出企业的年平均收益。为了把品牌收益从企业总收益中分解出来，世界品牌实验室开发出了一种独特的工具——品牌附加值工具箱，通过一系列的分析手段来推测品牌在未来的收益占总收益的比例。而在品牌强度分析部分，其思路和Interbrand评估法基本类似，也是通过多个维度的评分来计算品牌强度。不同的是WBL选取的品牌强度权重指标是八个，分别是行业性质、外部支持、品牌认知度、品牌忠诚度、领导地位、品牌管理、扩展能力、品牌年龄。这八个指标和Interbrand评估法的七个指标既有重叠也有差异，体现出两家公司对于品牌强度的认识存在一定的分歧。WBL 法的计算公式可以简单表示为以下形式：

$$V = E \cdot BI \cdot S$$

式中，V（Value）表示品牌价值；E（Enterprise）表示企业年平均收益；BI（Brand Index）表示品牌附加值指数；S（Strength）表示品牌强度乘数。

8. 财务与消费者双要素法

此类方法尽管引入消费者的新角度进行评估，但没有摆脱财务方法的影响。双要素法将品牌价值定义为：相对于同类无品牌产品（或服务）和竞争品牌产品（或服务）而言，消费者愿意为某一品牌产品或服务所付的额外费用。这是两种要素组合基础上的评估。较具代表性的方法有溢价法、消费者偏好法、"品牌价格抵补"模型（brand-price trade off）、联合分析法（conjoint analysis）。具体操作采用实验模拟，向消费者提供品牌和价格的多种组合，让消费者进行选择，从而通过专用的统计软件计算品牌价值。其特点是运用实验方法，操作比较繁杂，且过分依赖消费者的直观判断和计算机统计过程。

3.3 奢侈品品牌价值评估

品牌价值评估现已成为品牌管理和资产评估界关注的热门领域，Interbrand 和 BrandZ 品牌排行榜最具公信力，是品牌评估领域的两大榜单。

3.3.1 Interbrand 法与 Interbrand 全球 100 强

英国 Interbrand 公司从 2000 年起每年 10 月前后发布《全球最佳品牌排行榜》（Global Best Brands），入选条件有五个：

（1）超过 30% 的业务必须来自本土以外的市场；

（2）品牌在亚洲、欧洲和北美等地区有杰出的业绩，在新兴市场也有较高的覆盖率；

（3）财务报告制度必须透明且完整；

（4）可预测其长期利润能保持正值；

（5）在世界的主要经济体中有较高的品牌知名度。

Interbrand 法的基本思路是对品牌未来能创造的收益进行估计，再贴现计算出品牌价值。因此，其核心工作分为两个部分：① 确定品牌的未来收益；② 确定一个合理的贴现率。为了确定品牌的未来收益，就需要对企业的相关财务数据和企业所面临的市场环境进行财务分析和市场分析，如图 3-7 所示。

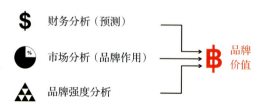

图 3-7 Interbrand 法计算模型

1. 财务分析

通过对企业财务报表中各项相关数据的分析运算，得出品牌产品的沉淀收益，也可以理解成无形资产的超额收益。计算公式如下：

$$沉淀收益 = 企业净利润 - 企业净资产 \times 行业平均利润率$$

同时，为了降低由于当年特殊因素导致的沉淀收益的不合理变动，采用历史加权法对当年的沉淀收益进行合理修正。

$$沉淀收益 = \frac{第\ t\ 年沉淀收益 \times 3 + 第\ t-1\ 年沉淀收益 \times 2 + 第\ t-2\ 年沉淀收益 \times 1}{3 + 2 + 1}$$

2. 市场分析

通过对企业所面临的市场要素的分析，来评估品牌权益所创造的利润占无形资产所创造利润的比例。在不同行业中，这个比例很显然是有差异的，例如饮料、洗发水、香烟等行业，品牌对消费者的选择具有明显的影响，而在一些工业用品当中，消费者可能更加看重技术专利、分销渠道等要素，品牌的影响程度相对较小。这个比值被称为"品牌作用指数"，也可以说是市场分析需要得出的结果。

3. 品牌强度分析

使用该分析是为了分析评价某品牌在整个行业中的相对地位，从而衡量品牌在未来收益中所面临的风险。在收益法中，对未来收益选择何种贴现率是一个非常重要的问题，也是一个难点。在传统的收益法中，贴现率通常是由相关领域的专家探讨研究得出的，具有明显的主观性。而 Interbrand 公司则用品牌强度分析来确定贴现率，一定程度上避免了主观推测的偏差。

Interbrand 公司用十个指标评价品牌强度，包括四个品牌内部指标：概念清晰度（clarity）、承诺度（commitment）、治理能力（governance）和响应能力（responsiveness）；以及六个品牌外部指标，包括真实性（authenticity）、相关性（relevance）、差异化（differentiation）、一致性（consistency）、存在感（presence）和参与度（engagement）。每个指标都是 10 分，最高总分为 100 分。

Interbrand 为了将品牌强度数值转化成更合理的贴现率，开发出了一种"S"形曲线，用以计算品牌乘数。该曲线的函数表达式如下：

$$T = \begin{cases} \sqrt{2T_1}, & 0 < T_1 < 50 \\ 20 - \sqrt{200 - 2T_1}, & 50 \leq T_1 < 100 \end{cases}$$

式中，T 表示品牌乘数；T_1 表示品牌强度。其函数图形如图 3-8 所示。

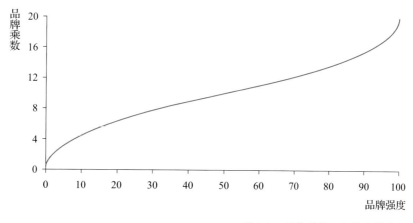

图 3-8 品牌强度—品牌乘数曲线

根据计算出的品牌强度，代入这个 S 形曲线，就可以得出对应的品牌乘数。进而，可以计算出品牌价值：

品牌价值 = 沉淀收益 × 品牌作用指数 × 品牌乘数

由此方法计算而得的 Interbrand 全球 100 强（2015～2019 年）中的奢侈品品牌见表 3-4。

| 开篇 |

F1 赛事：
卓越——速度与激情

图 4-1　F1 赛车驰骋于赛道

F1是Formula One的缩写，中文翻译为"世界一级方程式锦标赛"。F1是最具激情、最刺激观众神经的世界级赛事之一。每次F1举办，主办城市必然热闹非凡，万人空巷。自1950年第一届F1举办以来，F1追求卓越与速度的竞赛目标从未改变，参与者所承受的风险从未改变，随着胜利而来的喜悦也从未改变。引擎的轰鸣声以及惊心动魄的超车时刻令人血脉贲张，因为它们见证了人类的冒险精神演化成所有人共同的激情与狂热的历程（如图4-1所示）。

这项充满速度与激情的运动有自己独特的商业模式，需要一个无比强大而成熟的团队来支持运营，更需要强大的赞助商作为后盾。一支F1车队是由赛车手、试车手、车队经理、技术总监、工程师、技师以及经营管理人员、餐饮人员等组成的团队。只有众多团队成员默契配合，才能使一支F1车队走向赛事顶峰。

F1车队有两种，一种是知名汽车制造商冠名的车队，另一种是跨界厂商冠名的车队。无论是哪种车队，都有来自各行各业的赞助商。知名汽车制造商直接冠名组建F1车队是展示自家汽车技术性能最直接的形式，哪家厂商的车队成绩好，哪家厂商的车就热卖，这与F1赛事在赛车界的地位息息相关——F1是顶级赛事，受众最多，影响最广。

对于跨界厂商而言（如红牛），它选择大力投入F1并且取得相对优异的成绩，就与品牌定位、品牌价值跟该赛事的耦合度有关了。红牛功能饮料是目前全世界最热卖的运动能量功能饮料，在泰国创立时就定位在提神、补充能量的功能性饮料，针对的是上夜班、做体力工作的工人和司机等蓝领。几十年过去了，红牛的这一定位始终不变，稍微修改的只是消费群体扩大到中高端的白领、富人阶级。

红牛有一句经典广告语：你的能量超乎你的想象。红牛品牌的定位重点在"能量"上，而F1赛车作为世界上速度最快、最激情的汽车赛事，则当仁不让地占据了红牛对体育赛事投入的第一把交椅。F1的高成本高回报也正好符合红牛产品的销售理念。

当然，赛车运动不像足球、篮球比赛那样，只要一个小小的皮球、一块相对平整的场地和一个篮筐、一个球门就能使成千上万人为之疯狂。赛车运动建立的基础，首先就是现代文明下的产物——汽车，仅仅凭借这点，就决定了这项运动高消耗、高投入的特点。为解决这一问题，维持这项运动的发展，人们一直在寻求各种商业开发的手段和领域，这里面尤以世界一级方程式锦标赛的经营者——世界一级方程式管理有限公司（Fomular One Management，以下称为FOM）的商业开发推广最为成功和典型。

FOM成立于1981年，总部位于英国伦敦，市值约为380亿美元，在全球有209个分公司。FOM是F1比赛的主要管理方，为国际汽车联合会（FIA）提供进一步的比赛推广服务，控制F1赛道的使用许可权和商业运营权，同时对各车队队名、F1官方标识、媒体信息、最大赛车数量等拥有商业管理权。FOM制作所有大奖赛的电视转播，然后通过欧洲卫星网络提供评论和转播。FOM的生产部门设在英国肯特郡（Kent County）比金希尔机场，方便运送转播比赛所需的设备。财务上，FOM为新的赛道和车队提供部分投资，并在新的市场上扩大F1的影响力。除此之外，FOM也负责每场比赛的设备运输和人员后勤。

当然，F1赛事在保持高定位的同时，也披着神秘的外纱。F1赛事的商业模式并不为普通大众所知。F1目前的收入由四部分构成：以2017年为例（如表4-1所示），赛事收入约为18亿美元，排名第一的是由各分站举办方交纳的举办费，共计6.083亿美元；电视版权费为6.012亿美元；排名第三的是围场VIP销售和其他收入，共计3.015亿美元；广告收入位居最后，约2.73亿美元，如Rolex、阿联酋航空为赛道广告支付的费用。

表4-1 2017年F1赛事收入一览

排序	收入	金额（美元）
1	举办费	6.083亿
2	电视版权	6.012亿
3	围场VIP销售和其他	3.015亿
4	广告赞助	2.73亿

可见，F1赛事商业模式已经根深蒂固。最鲜活的例子是，当自由媒体为了促成F1迈阿密站的举办，曾提出与赛道分红的模式，但在2019年1月28日遭到F1承办方联盟（Formula One Promoters' Association，FOPA）16个成员的联合反对。因此，F1赛事的运营与模式在短期内尚不易突破。

彼得·F.德鲁克（Peter F. Drucker）曾说："当今企业之间的竞争不是产品之间的竞争，而是商业模式之间的竞争。"曾几何时，商业模式（business model）并没有得到企业家的足够重视，绝大多数行业陷入了同质化竞争的窠臼。

直到经济日益信息化和全球化的今天，商业模式的优劣对企业的存亡发展起到了关键性的作用，很多学者才开始将"商业模式"作为企业战略[⊖]的独立部分加以研究。如今，随着成熟的商业模式理论框架相继提出，越来越多的企业尝试通过系统性、一体化、全价值链控制来应对互联网及时响应和利用，最大程度地产生长尾效应，集腋成裘。对于不同于一般品牌公司的奢侈品公司而言，它们具有独特的商业模式和经营理念。

4.1　商业模式与奢侈品公司的独特性

从 19 世纪末弗雷德里克·温斯洛·泰勒（Frederick Winslow Taylor）开始研究科学管理方法起，管理学的范畴就被不断扩大和延伸着：从一开始关注生产技能和效率，到重视整条生产线的产能和效益，到整合研发、生产、销售、售后服务等商业价值链，再到今天的资本运作。全球化、信息化、网络化、多边化，系统思考、统筹规

⊖ 可参考《企业发展战略》，李杰编著，清华大学出版社，2009 年出版。

划对于企业显得格外重要,由此带来的新视野、新思维就成为商业模式概念萌芽的基础。

千禧年起,商业模式的概念开始受到广泛关注,这与20世纪90年代末互联网的广泛应用、电子商务的兴起有直接的联系。随着微软、谷歌、戴尔等伴随互联网成长起来的企业获得巨大成就,人们逐渐认识到,商业模式创新所带来的价值或者利润可以数倍于传统经济形式,学者、投资者、奢侈品公司于是开始系统研究企业的商业模式及其创新。

4.1.1 商业模式的概念与模型

商业界频繁而混乱地使用着"商业模式"这个概念,甚至将商业模式与网络模式、商业业态等混为一谈,而研究人员却很少关注商业模式,即使在研究中有所涉及,也往往侧重于"基于网络的模式"。人们对于商业模式的本质和定义并没有形成共识,使之成为一个"最常被提及却莫衷一是的术语"。那么,商业模式的定义和功能到底是什么呢?

商业模式是一个整体、系统的概念,而不仅仅是某个单一的组成因素。如收入模式(广告收入、注册费、服务费)、向客户提供的价值(在价格上竞争、在质量上竞争)、组织架构(自成体系的业务单元、整合的网络能力)等,这些都是商业模式的重要组成部分,但并非全部。

但无论如何界定与定义,商业模式的组成部分之间必须有内在联系,这个内在联系把各组成部分有机地关联起来,使它们互相支持,共同作用,形成一个良性循环。

基于此,亚历山大·奥斯特瓦尔德(Alexander Osterwalder)和伊夫斯·皮尼厄(Yves Pigneur)用画布模型(Canvas Model)总结了企业家和管理者们需要关注的商业模式的各个方面。画布模型把四个主要方面通过九个基本构造块描述出来(如图4-2所示),这九个基本构造块分别是:关键活动(key activities)、客户关系(customer relationship)、关键伙伴(key partners)、价值主张(value proposition)、顾客细分(customer segments)、关键资源(key resources)、分销渠道(channels)、成本结构(cost structure)以及收入来源(revenue streams)。苹果公司的画布模型举例如图4-3所示。

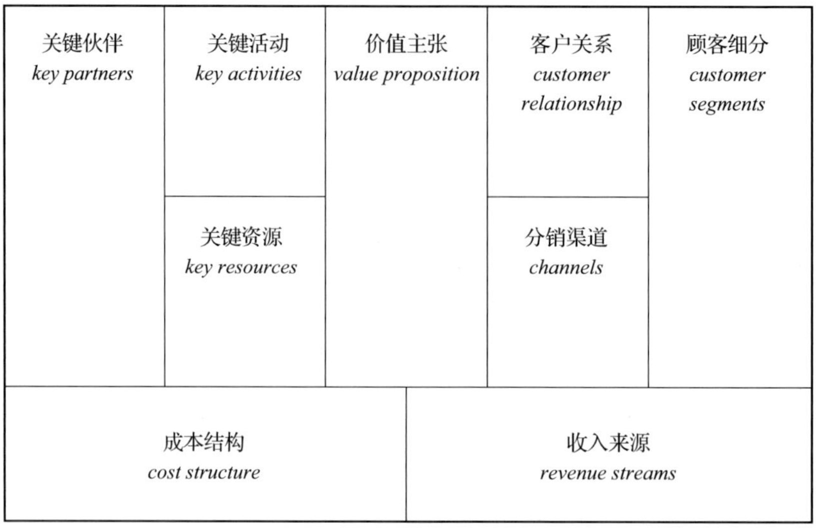

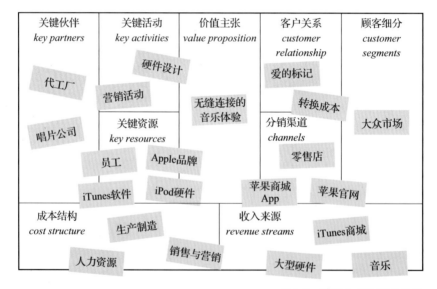

图 4-2 画布模型

图 4-3 苹果公司的画布模型

画布模型给商业模式提供了完整的概念模型，也可以作为企业管理者系统思考的框架，还能被广泛应用到成熟企业的商业模式重构之中。但相比较之下，画布模型更适合应用在创业型公司、中小型公司（如奢侈品公司）的商业模式创新设计和商业模式在企业中的实施。管理者是否应该采用画布模型或者进行改良，需要根据企业自身的知识、经验和能力，以及掌握商业模式设计技巧的熟练程度而定。决定了商业模式框架后，则需要进一步选择商业模式的具体类型。

4.1.2 奢侈品公司独特的商业模式

从第 2 章中我们了解到，消费者获得的感知总价值是理性价值和感性价值的组合。与一般公司不同，奢侈品公司的商业模式由消费者对产品和服务强烈的感性价值需求、文化需求、价值观和生活方式等因素来主导。在过去商品较匮乏的时代，市场处于垄断竞争的状态，消费者的需求比较单一和相似，可以简单地描述为"少对少"的市场结构。随着科技与经济的进步，人们的物质生活日益丰富，商品更加多元化，消费者的有形或无形需求更趋于个性化，市场演变为完全竞争市场，成为"多对多"的市场结构。但奢侈品作为一种特殊的商品，从市场的微观结构看，仍处于类似"垄断竞争"的状态（如图 4-4 所示）。

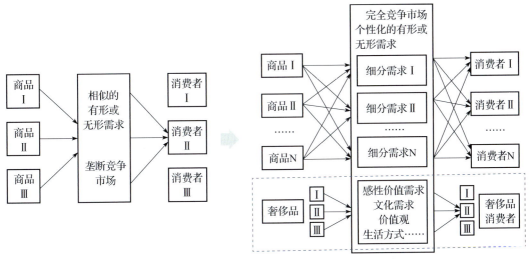

图 4-4 商品市场结构的演化

即便是处于垄断竞争的市场结构中，奢侈品公司也很难仅仅依靠单一产品系列或单一品牌获得盈利。公司应根据品牌延伸方式决定采用的商业模式，包括拥有足够广泛、高利润的核心系列产品的商业模式，需要扩展销售核心领域外产品的商业模式，以及专注顶级服务的商业模式。此外，香水行业和高科技领域同样在奢侈品行业有其特殊的商业模式。

1. 拥有核心产品的奢侈品公司的商业模式

奢侈品公司的核心产品（系列）足以保证公司的长期生存，其中的典型代表如豪华车公司（如 Ferrari、Lamborghini、Aston Martin、Rolls-Royce），腕表与珠宝公司（如 Patek Philippe、Vacheron Constantin、Cartier、Graff 等），专注制作皮具的公司（如 Bottega Veneta 等），专注研制香水或化妆品的公司（如 Guerlain、Acqua di Parma、La mer、La Prairie 等），以及家用品牌公司（如家用电器 Gaggenau、厨房家具 Bulthaup 等）。这些核心产品会被日常使用，或能直观地被旁人看见，这使得它们成为理想的核心产品。

此类奢侈品公司的产品层次非常明晰，旗下的奢侈品品牌注重于核心产品（单一产品或一个产品系列），核心产品很少出现淡季，销售盈利足以支撑公司的运营。这类公司利润最高的产品属于某一系列中的入门级产品，它们为了让消费者对该品牌或该产品系列有初步的品牌体验，通过该产品的内在价值尝试培养客户忠诚度。

从生产层次上看，这类奢侈品公司从生产层到客户层具备了一套垂直管理的整合体系。为了实现垂直化管理及成本最优化，整个生产流程从原材料到最终产品都由奢侈品公司完全控制。这类公司往往在不对公众开放的小型手工作坊中进行生产，而不是应用大型工厂机械化生产。

从分销角度而言，这类奢侈品公司对分销环节实行绝对控制。它们非常关注销售时机的选择，不允许出现产品在非品牌范围内的地区销售或由品牌之外的人员售卖的情况。

2. 核心产品严格受限的奢侈品公司的商业模式

这类奢侈品公司的核心产品往往严格受限，有意地造成产品的稀缺性，但也会产生核心产品盈利不足以支撑公司运营的两难问题。于是，这类奢侈品公司将旗下品牌进行品牌延伸，以此来获得更多的盈利。这种品牌延伸的商业模式有两种，分别是金字塔延伸模式和星系延伸模式。

（1）金字塔延伸模式

以皮具和时装起家的奢侈品公司往往采用金字塔延伸模式。皮具或成衣作坊对产品进行分级，从最高级的定制产品到较亲民的产品线。这种运营方式被称作"金字塔"，因为它的顶端尖细，由稀少甚至唯一的产品组成，均是手工制作、价格极其高昂的产品，并且越往下在客户和传播面越广（如图 4-5 所示）。最典型的例子有 Hermès、Louis Vuitton、Dior、Chanel、Prada、Gucci 和 Giorgio Armani 等。

图 4-5　金字塔延伸模式

资料来源：Kapferer, J N, & Bastien, V (2009). *The Luxury Strategy: Break the Rules of Marketing to Build Luxury Brands*. Kogan Page: 2 edition.

在金字塔延伸模式中，关键问题是在不同产品之间保持严格的统一性，这些产品代表着品牌，并且形成了真正的"品牌领域"。

但是，仅靠品牌标识来维持统一性是远远不够的。金字塔延伸模式中存在两个风险：品牌形象稀释和创意稀释。

当奢侈品品牌向下延伸至亲民产品线时，由于来自下层产品的影响，品牌高端形象有所稀释，但这些高利润的亲民产品容易带来"快钱"，这就诱使其升格为奢侈品公司赚取高利润的大规模销售方式。当品牌被一些急功近利的金融家掌控时，来自下层产品的稀释风险会更为强劲。在这种商业模式中，小型产品拥有高利润，并且大量销售。因此，它们短期内对集团的财务贡献十分巨大，并且常常对于公司的经济稳定至关重要。但在这种情况下，品牌却极其脆弱。在迅速挣钱的压力下，一个脆弱的品牌很容易被诱惑而把一切产品都贴上高贵专属的标签。包括 Dolce & Gabbana、Burberry、Marc Jacobs 等品牌都由于品牌形象的稀释而决定取消更亲民的副牌（在 5.3 一节中有详细介绍）。此外，金字塔延伸模式还可能带来创意稀释。失去创造力会造成品牌对顾客失去影响力，并逐渐失去奢侈品行业的地位。

（2）星系延伸模式

另一种商业模式称为"星系延伸模式"。与金字塔延伸模式中清晰的等级划分不同，星系延伸模式一般只被入门级奢侈品公司和轻奢时尚公司采用。这个模式平等对待公司旗下所有的产品线，每条产品线围绕公司品牌形象表达相同的品牌梦想，产品线基本是入门级奢侈品品牌或轻奢时尚品牌，也可能拓展至更高等级的产品系列，设计师偏爱用"Collection"命名这个高端系列。

正如星系由独立的行星体系构成，只通过中心的引力集中在一起，星系延伸模式也通常依赖于单一人物的才华和吸引力，这个人往往是创始人或经典的品牌形象大使。Ralph Lauren 是星系延伸模式的代表性品牌之一。Ralph Lauren 有很多成衣生产线，主打不同着装场合，如面向年轻白领、以经典 Polo 熊和小马标为标识的 Polo Ralph Lauren，牛仔系列 Double RL，时尚女装系列 Lauren，高端系列 Collection 和几乎没有外显品牌标识的 Purple Label，也包括旗下的 Ralph Lauren 餐厅、Ralph Lauren 咖啡厅、RL 杂志和 Ralph Lauren 腕表。

星系延伸模式并没有先天性地排除任何产品，也不要求所有产品在同样的地点销售，以此来展示品牌的统一性，而是使产品产生的梦想理念来影响客户，用设计师的个人魅力保证品牌的统一性。

但星系延伸模式也存在风险。品牌过于依赖某个单一人物，则必须对这个人物随着年龄增大而持续保持警惕，否则将产生巨大风险。甚至像皮尔·卡丹（Pierre Cardin）这样才华超群的设计师，也不能将其品牌维持在一个高水平，来保持其星系处于奢侈品范围之内。

3. 香水行业的商业模式

香水从古埃及时代至今都是奢华的代表物。香水的研制需要特定的高超技术，除 Guerlain、Acqua di Parma、Joy 几个以香水为主营业务的品牌外，其他所有香水作坊几乎都与高级时装联系在一起，它们也都因高级时装、高级定制的成功而成功，如 Chanel、Dior、Nina Ricci、Yves Saint Laurent、Mugler 等。事实上，Chanel、Dior、Givenchy 的彩妆系列也如出一辙。

香水产品所承载的奢侈品品牌梦想在现代社会不再由气味来支撑，而是体现在另一种毫无香味可言的领域中：由伟大的时装设计师创造的品牌领域。

因此，在顶级香水的商业模式中，往往通过引入一种永久的单一香氛来使时装设计师的品牌领域永垂不朽。Chanel 5 号香水、Dior 真我香水、Nina Ricci 比翼双飞香水、Yves Saint Laurent 鸦片香水和 Mugler 异型琥珀香水就是这类模式的典型（见图 4-6）。品牌在此种情形下并不是由于"需要发布香水"而"发布"，而是因为品牌发现了一种新的香味构成而"引入"新香水，它要与时装设计师的领域保持一致。

图 4-6　Chanel 5 号香水、Dior 真我香水、Nina Ricci 比翼双飞香水和 Yves Saint Laurent 鸦片香水、Mugler 异型琥珀香水

4. 顶级服务型公司的商业模式

顶级服务型公司采用的是"隔离主义服务"。人们支付全价是为了加入一个俱乐部，只有"快乐的少数"才能获得这样的权限，而服务价格和顾客资质就是加入门槛。不难想象，若一个仪表邋遢的人轻松成为一个顶级俱乐部的会员，却没有付出应当支付的价格或足够特殊的理由，那么这些老客户心中是非常不满的，下次很难再光顾这家俱乐部。较低的服务费或入会费必须作为一个特别礼物或私人礼物保留给特定人物，这类顾客若非是品牌的尊贵顾客（品牌顾问、品牌形象大使等），那么必定是公司选中加入的人物（服务业的"入门级产品"策略）。

这种纯服务型公司的商业模式多见于高端客户经常使用的交通方式上（如飞机头等舱、火车商务座）、大型游艇、五星级酒店、米其林餐厅、俱乐部会所、高尔夫球场等。中东的阿联酋航空和卡塔尔航空是两个成功的典范。

阿联酋航空在头等舱内设有两间专供头等舱客人使用的浴室。浴室里有可调节水温和控制时间的淋浴房、化妆台等设备。每个机舱都独家配备了先进的"模拟星空"照明系统，通过模拟星空闪烁，减少飞行给乘客带来的疲惫（见图 4-7）。

图 4-7　阿联酋航空的头等舱布置

若是漫漫长夜无法入眠，头等舱上则有数码宽屏系统，一伸手就可以接触到 600 余个娱乐频道，并且开创了 100 个空中游戏，可根据乘客的母语进行选择。

卡塔尔航空拥有世界上最奢华的航站楼，航站楼内设有会客厅、带有秘书服务的会议室和免费上网区，想要休闲的乘客可以享受到免费水疗、人工按摩、桑拿以及免税购物等服务，头等舱亦十足奢华（见图 4-8）。

图 4-8　卡塔尔航空的头等舱布局

此外，头等舱乘客将乘坐最新宝马 7 系豪华轿车前往登机坪，直接登机。卡塔尔航空的美食也保持着一贯的奢华风格，包括鱼子酱、龙虾、大虾、精致的巧克力甜点、芝士盘、新鲜制作的卡布其诺咖啡，以及世界上最好的美酒等十道大餐，让乘客体验到最为顶尖的阿拉伯美味。舱内还为乘客提供柔软的羽绒被、舒适的睡衣、拖鞋以及洗漱包等旅行用品，细致而贴心。相信经过了源自王室奢华的头等舱体验后，一定能在 180 度可调节的平躺睡椅上安然入眠。

此外，一些传统奢侈品公司的服务部门（如门店服务、售后服务等）也会参考这些纯服务型公司的运营方式。

5. 高科技奢侈品公司的商业模式

"高科技"与时俱进的基本特性似乎与奢侈品公司的经典与历史传承并不相容。奢侈品行业针对稳定和长久性的市场，但高科技行业持续的变化与这一方式完全不同——科技创新并不纯粹由人创造，而是更加依赖客观基础。在科技产品市场中，因为科技发展的迅猛，产品更新速度很快，而落后的科技产品将没有任何价值。技术越新，这种限制越强大。内燃机的演进方式对于奢侈品（基于发动机的豪华汽车市场，如 Ferrari 或 Porsche）来说通常可以控制，但是电子产品的演进却无法控制。

顾客对高科技奢侈品的期待也处于两难困境中：奢侈品要处于技术进步的最前沿，同时在充分享受这种技术进步时又担心破坏了奢侈品品牌的经典与传承。因此，高科技奢侈品公司往往采用实体产品、设计与服务完全融合的商业模式。首先，高科技奢侈品公司将产品的技术复杂性提升到极致，科技含量无处不在，如有着超强引擎的跑车或复杂的机械腕表就以此为最大特点；其次，在保证始终处于科技前沿的同时，产品设计能引领时尚潮流；同样重要的是，尊贵、便捷、轻松的服务与使用体验通过无形的科技手段提供给顾客。

奢侈品公司应用高科技进行设计、材料和工艺等创新的内容将在第5章展开阐述。

6. 极致"跨界"延伸——酒店与餐饮

以往，说起 Cheval Blanc（白马酒庄），它就代表顶级葡萄酒，Bulgari 代表顶级珠宝，Giorgio Armani 代表顶级男装，Salvatore Ferragamo 代表顶级鞋履……如今，奢侈品品牌早已不满足于单纯专注于红酒、皮具、成衣、鞋履、珠宝，而是跨界到更远的领域，酒店与餐饮界就是它们的目标。从 Cheval Blanc 酒店、Armani 公寓到 Gucci 餐厅、Tiffany 咖啡厅，它们都成了这场跨界浪潮下的宠儿，宛如一个行业趋势的开始，走在时尚前沿的设计师们总是愿意最先承担高额成本，并在此过程中完善自我。

（1）酒店

世界上顶级酒店品牌很多，如希尔顿集团旗下的 Conrad（康拉德酒店）、Waldorf Astoria（华尔道夫酒店）和 Hilton（希尔顿酒店），洲际酒店集团旗下的 InterContinental（洲际酒店）、Hotel Indigo（英迪格酒店），万豪集团旗下的 The Ritz-Carlton（丽思－卡尔顿）、Bulgari（宝格丽酒店）、St. Regis（瑞吉酒店）、JW Marriot

（JW万豪酒店）、Edition（艾迪逊酒店）、Marriott（万豪酒店）、Westin（威斯汀酒店）、W Hotels（W酒店）和Le Méridien（艾美酒店），凯悦酒店集团旗下的Park Hyatt（柏悦酒店）和Grand Hyatt（君悦酒店），朗廷酒店集团旗下的Langham（朗廷酒店），雅高酒店集团旗下的Fairmont（费尔蒙酒店）、Banyan Tree（悦榕庄酒店）、Sofitel（索菲特酒店）和上海和平饭店，香格里拉酒店旗下的Shangri-La（香格里拉酒店），上海锦江酒店集团旗下的J Hotel，香港新世界集团下的Rosewood（瑰丽酒店），嘉佩乐酒店集团旗下的Capella（嘉佩乐酒店），以及独立酒店品牌Four Seasons（四季酒店）、Peninsula（半岛酒店）、Mandarin Oriental（文华东方酒店）、Burj Al Arab（迪拜帆船酒店）、Aman（安缦酒店）、Jumeriah（卓美亚酒店）、Puli（璞丽酒店）和Emirates Palace（阿布扎比皇宫酒店）……

即使全球已经有如此多的顶级酒店，但一些以成衣、皮具、珠宝、酒类为主的奢侈品品牌从重塑消费者生活方式的意图出发，也将业务触角伸向了这个领域。奢侈品公司"跨界"经营酒店的目的不是提供简单的住宿体验，而是将极其人性化的定制服务延伸至品牌的内涵与气质。

① Armani酒店与公寓

世界上第一家Armani酒店位于阿联酋哈利法迪拜塔的内部。酒店的方方面面都由乔治·阿玛尼亲自设计，对细节完美程度的追求达到极致，力求将品牌的卓越和奢侈贯彻到酒店的视觉感知上（如图4-9所示）。

图4-9 迪拜Armani酒店外景与客房

坐落于米兰的第二家Armani酒店同样严格遵循了品牌风格，无论内外装饰都以浓浓的"黑白灰"为主调，去除繁复和花哨，只保留极简的奢华（如图4-10所示）。

图 4-10　米兰 Armani 酒店大堂（左）和游泳健身中心（右）

在乔治·阿玛尼看来，只有"随风摆动的兰草"才是 Armani 建筑最佳的表达，才能更好地诠释"永恒的优雅"。2017 年开张的成都 Armani 公寓也是如此（如图 4-11 所示）。

图 4-11　成都 Armani 公寓的外观（左）和大堂前台（右）

中国自古崇玉，甚至以玉比德，玉文化是中华古老文明的一个重要载体。在成都艺术公寓 210 米的天际会所中，设计师将其搬进了空间：青玉折叠屏风和玉石背景墙代表了千年玉文化在当下的发展高度，将中西文化的跨界组合演绎得淋漓尽致（如图 4-12 所示）。

图 4-12　Armani 酒店的艺术会所

② Bulgari 酒店

宝格丽集团在全球开了七家酒店，2020 年将先后入驻莫斯科和巴黎，2022 年进驻东京。如今 Bulgari 酒店已隶属于万豪酒店集团，七家已开业的酒店中，最值得一提的是位于巴厘岛的 Bulgari 度假村和位于北京及上海的 Bulgari 酒店。

巴厘岛最奢华的酒店由世界知名建筑设计师安东尼奥·希特里奥（Antonio Citterio）倾力打造，既吸收了巴厘岛独特的建筑风格，又延续了 Bulgari 的浪漫风情（如图 4-13 所示）。

图 4-13　巴厘岛 Bulgari 酒店内景

北京Bulgari酒店位于亮马河畔的启皓人文社区内，室内设计由安东尼奥·希特里奥和帕特里夏·维尔（Patricia Viel）操刀。秉承构建兼具人文艺术与自然情怀的都市度假理念，建筑以意式工匠精神为切入点，严格把控统一性、舒适度与精准度，既保留了品牌的传统精髓，亦融入了北京的地域风情（如图4-14所示）。

图4-14　北京Bulgari酒店外景

与任何一家Bulgari酒店及度假村一样，当代意大利生活方式是品牌设计永远绕不开的主题。青铜窗、石灰石以及简约的线条结构共同营造了一种理性的优雅。酒店拥有IL Ristorante Niko Romito餐厅和IL Bar酒吧两级极具标志性的餐饮场所（如图4-15所示）。受到米兰Bulgari酒店的启发，设计师将意式生活的精致与优雅注入空间，家具也以亮眼的色泽为主，点亮空间也丰富了气氛。

图4-15　北京Bulgari酒店餐厅与酒吧

北京Bulgari酒店拥有119间兼具意式典雅与当代气息的客房及套房。为了巧妙地融入当地环境，空间内的配色装饰及门廊，大都选择象征首都特色的元素，比如入口处"叠放的木箱"式门廊，这一设计可追溯到古代中国的旅行文化。盥洗间的壁龛沿袭了经典的Bulgari风格（如图4-16所示），柔和的灯光设计满足女性的需求，虽然低调却不失质感，这种手法是Bulgari式奢华的最大特点：不追求目光所及之处的璀璨，而追求渗透于细节之中的品质与精益求精。

图4-16　北京Bulgari酒店客房盥洗间

上海Bulgari酒店于2018年6月20日开业，位于苏河湾区域，由修缮后的上海优秀历史保护建筑——上海总商会大楼与高48层的宝格丽大楼共同组成（见图4-17）。

图4-17　上海Bulgari酒店

宝格丽大楼的顶部八层作为酒店，余下楼层作为服务式公寓，其室内设计同样由安东尼奥·希特里奥和帕特里夏·维尔共同打造。但与北京 Bulgari 不同的是，上海 Bulgari 酒店融合了意式设计和海派风情。酒店拥有 82 间客房及套房，六间餐厅及酒吧，一个占地 2 000 平方米的上海宝格丽水疗中心，其中包含一个 25 平方米的室内恒温泳池。客房的平均面积在 60 平方米以上，黑白相间的客房巧妙地演绎了当代的意式奢华，所有家具均使用意大利顶级家具品牌 Maxalto、B&B Italia、Flos 和 Flexform，全手工制作，恰到好处地传递出浪漫风情，放眼窗外则是一览无余的都市全景（见图 4-18）。

图 4-18 上海 Bulgari 酒店客房（左）与酒吧（右）

餐饮是上海 Bulgari 酒店的最大亮点之一，包括位于 1 层的 IL Cioccolato 巧克力店，47 层的 IL Ristorante Niko Romito 餐厅和 IL 酒吧。IL Ristorante Niko Romito 餐厅楼高三层，除了提供健康有机的食材，还提供 500 种选自全球的美酒及珍藏香槟。IL 酒吧拥有超大的露台，可以饱览 180 度的上海天际线景观。

③ Prada 荣宅

Prada "荣宅" 是一栋百年老宅，早在 2004 年就被列入静安区文化遗产，2005 年荣获 "上海市优秀历史建筑" 的称号。它是中国 "面粉大王" 荣宗敬的故居，是上海最为高雅的花园洋房之一（如图 4-19 所示）。这幢自带花园、独立式三层西式住宅是上海滩难得保存完好的顶级花园洋房之一，有着近百年的历史。Prada 基金会修缮工程的目标在于修补破损之处，以恢复宅邸内饰外景的历史原貌，同时对宅邸进行必要的结构性加强及功能性革新。

二楼的宴会厅是打通三个卧室改造而成的，足有 45 平方米的天花板由 69 块色彩不一的玻璃拼接而成。罗伯托·巴奇奥基（Roberto Baciocchi）是负责修缮的总建筑师，

图 4-19　上海 Prada 荣宅外景

他搜寻了各个时代的彩色玻璃，直到发现 1940 年教堂彩窗古董玻璃，才得以还原最初的效果，其上的复古和抽象几何图形在宅邸中随处可见（如图 4-20 所示）。

图 4-20　上海 Prada 荣宅二楼宴会厅及其顶部古董玻璃

Prada 荣宅并不只是为了凸显"Prada 式的审美"，也不是单纯对 20 世纪 20 年代辉煌的回顾，缪西娅·普拉达这样评价对荣宅的修缮："这是一座精致而细腻的建筑，过于华丽的装饰会毁掉它的美感。"

④ Fendi 酒店

Fendi 创立于 1925 年的罗马，在过去近一个世纪的时光里，一直以打造八面玲珑的完整品牌为宗旨。这种完整包括奢侈品、家居时尚，如今也将酒店收入囊中。

2016年新落成的Fendi酒店（如图4-21所示）由布里特·莫兰（Britt Moran）和埃米利亚诺·萨尔齐（Emiliano Salci）联手打造，他们在这座宏伟的17世纪建筑中，用空间讲述了品牌的百年辉煌，以及在此过程中沉淀下来的设计创意和装饰美学。

图 4-21　位于罗马的 Fendi 酒店外景

建筑的一楼是Fendi服装展品旗舰店，三楼一整层被改建成Fendi私人套房酒店（如图4-22所示），只有七间客房，由罗马建筑师马可·柯斯坦兹（Marco Costanzi）负责设计。大堂的接待台是由白色、暗红色及墨绿色的石材组合而成的。这三种石材都可以在罗马的地标建筑万神庙（Pantheon）中找到，因此，这个设计是在向罗马的建筑和历史致敬。

图 4-22　Fendi 酒店的大堂接待台和客房

独特的是，每个套房中都有中世纪经典的Wegner's CH07 Shell古铜牛皮座椅、Campana Brothers Cipria沙发和Edra & Lindsey Adelman的铜吊灯，它们彼此作用、相融互洽，诠释了刚刚好的优雅趣味。此外，房间内还挂有卡尔·拉格斐的摄影作品，每一位下榻的顾客都会感受到时尚之都的独特氛围。

⑤ Versace 酒店

迪拜有一座"16 世纪的意大利皇宫"，堪称新古典主义的惊世杰作，这就是著名的迪拜 Versace 宫殿酒店，也是中东第一家、世界第二家 Versace 宫殿酒店。

酒店占地 130 000 平方米，坐落于迪拜文化村中心，将迪拜河的绝美景致尽收眼底。进入大堂，巨大的梁柱耸立其中，地面铺设的数百平方米的马赛克瓷砖由漂洋过海而来的意大利工匠制作完成，并摆放了定制家具及饰以孔雀、猎鹰及骏马图案的布艺（如图 4-23 所示）。

图 4-23　Versace 酒店大堂内景

艺术总监多娜泰拉·范思哲（Donatella Versace）为 215 间客房独立设计室内装潢及家具，马赛克大理石布满整个酒店大厅与户外空间，12 000 平方米描绘 Versace 品牌形象和"希腊—罗马"艺术形象的预制镶嵌图案，力求从各个细节体现 Versace 的品牌基因（如图 4-24 所示）。

Versace Vanitas 餐厅宛若典雅的意大利宫殿，更以手绘意大利图案粉饰墙身。虽然地处中东，但酒店外观并未着力强调地方特色，而是秉承了 Versace 品牌的设计思路，以欧洲宫殿和古典罗马建筑为设计风格，所有客房均采用 Versace 经典家具、Swarovski（施华洛世奇）水晶墙，从椅垫到床单，从杯盘到灯具，从瓷砖到浴缸，全部洋溢着 Versace 赖以成名的花样繁复的装饰主义风格，无一不在彰显着奢华与高贵。

图 4-24　Versace 酒店客房

⑥ Ferragamo Lungarno 酒店

作为奢侈品跨界做酒店的最早探索者，早在 1995 年，菲拉格慕集团便投资经营了酒店管理公司 Lungarno。Lungarno 酒店成为全球奢华精品酒店（Small Luxury Hotels of the World™）五百余位成员中的一员，更令其成为众多跨界酒店的典范。菲拉格慕集团在佛罗伦萨开设的 Ferragamo Lungarno 酒店，尽管只有 14 间套房，却藏有四百多件艺术珍品，包括文艺复兴时期的大师作品，巴勃罗·毕加索（Pablo Picasso）、Jean Cocteau、安东尼奥·布埃诺（Antonio Bueno）等意大利著名艺术家的作品都能在这家酒店找到（如图 4-25 所示）。

图 4-25　Ferragamo Lungarno 酒店

⑦ Cheval Blanc 酒店

Cheval Blanc 是路威酩轩集团旗下的红酒品牌。2006 年，第一家 Cheval Blanc 酒店落户阿尔卑斯山滑雪胜地法国 Courchevel。酒店最大的标志是门口形似特洛伊木马的巨大雕塑（如图 4-26 所示）。

图 4-26　法国滑雪胜地的 Cheval Blanc 酒店

每个房间和水疗中心都有全套 Guerlain（娇兰）洗护系列、Cheval Blanc 特供的 Louis Vuitton 香熏烛和拖鞋，在酒店的精品店还可以买到 Louis Vuitton 和 Fendi 当季的最新款产品（如图 4-27 所示）。

图 4-27　Cheval Blanc 酒店的客房（左）和水疗中心（右）

（2）餐厅与咖啡店

奢侈品公司为了让顾客欣赏完精美的皮具和华丽服饰后，顺道品尝一下精致的食物，作为再次激发顾客消费的一种方式，同时向他们传递一种新的生活方式，于是 Gucci、Dior、Emporio Armani 咖啡厅相继开张，巴黎和首尔爱马仕之家开设了

Hermès 咖啡厅,博柏利集团也在其全球旗舰店内开设了咖啡餐厅 Thomas Burburry 及咖啡店 CAFÉ……

为何这些奢侈品品牌要开餐厅和咖啡店？和普通连锁咖啡店不同,这些奢侈品品牌卖的不是简单的一杯咖啡,而是一种至高无上的品牌体验。在电商如此发达的今日,如何让客户走出家门进入实体店中,是让所有经营者伤透脑筋的。其实,奢侈品品牌纷纷延伸至酒店、餐厅和咖啡店,最主要的原因还是巩固品牌价值,进一步提升消费者的品牌感知与体验,无形中延长品牌的寿命。

随着消费理念越来越成熟,许多人对于穿戴缀有大型标识的皮包或服饰,已经不那么在意了,反而偏爱悠闲地在奢侈品门店内喝杯咖啡,感受一下最顶级的装修、餐具与服务,内心中对于自我成就、被尊重的感觉更能得到满足。

① Prada 酒廊

在布达佩斯大饭店,由著名导演韦斯·安德森(Wes Anderson)设计的 Prada 酒廊再现了典型米兰餐馆的气氛。韦斯·安德森把这家命名为"Prada bar luce"的酒廊布置成一个电影场景,削弱了电影里处处对称的严肃场景,营造出轻松愉快的聊天氛围(如图 4-28 所示)。

图 4-28 位于米兰的 Prada 酒廊

店内有充满时代感的室内装修以及撞色的家具搭配，四周浮动着电影里的复古怀旧暖色调。除了未来感十足的洗手间，三角形对称的瓷砖地板，糖果粉色座椅和"Tiffany蓝"胶木桌，店里还摆设有古老的弹珠游戏机和唱片机，彩色的甜点和饮品装在印有粉色"bar luce"字样的餐具内（如图4-29所示）。

图4-29　Prada酒廊的餐桌与洗手间

② Dior咖啡厅

Dior全球最大的精品旗舰店坐落在首尔清潭洞。全玻璃墙面的Dior咖啡馆，有甜点界毕加索之称的糕点师皮埃尔·艾尔梅（Pierre Hermé）专门设计专属菜单。在皮埃尔·艾尔梅眼中，克里斯汀·迪奥先生也是一个美食家，喜爱与人分享一切美妙的事物。咖啡店通过柔和的裸粉色沙发将美食与时尚结合在一起。Dior咖啡厅除了提供与众不同的菜单，也提供各式各样精致的蛋糕和其他传统的法式甜点（如图4-30所示）。

图4-30　位于首尔的Dior咖啡厅

③ Chanel餐厅

全球唯一的经Chanel官方认证的餐厅隐藏在东京银座香奈儿大厦10楼。法国国家级大厨阿兰·杜卡斯（Alain Ducasse）的加入名副其实地让这家餐厅得到了"米其林二星"的加持。餐厅的室内装饰由负责设计全球Chanel精品店的彼得·马里诺（Peter Marino）操刀，香奈儿女士毕生强调的美学理念"简单与优雅"被餐厅全方位贯彻（如图4-31所示）。

图4-31 位于东京的Chanel餐厅

素净的米色作为餐厅的主色调，没有繁复的水晶吊灯，只有薄薄一层的地毯，沙发、靠垫和桌布等都采用了Chanel最经典的粗花呢，而菜单及座位隔板也都经过特殊处理，打造出粗花呢的质感和纹理，营造出统一的整体感。Chanel经典的"双C"标志也被大量运用到餐厅装饰的细节上（如图4-32所示），甚至当两张椅子背靠背时，就是经典的"双C"标识。

图4-32 在Chanel餐厅随处可见的"双C"标识

Chanel餐厅重视季节性食材，大多数食材从日本国内购买，保证味道的新鲜和地方特有的质感。主厨更是融合了这些精选食材，在法式料理中加入日本和风精髓，兼具传统与现代。每一道餐品经历的一道道工序，似乎蕴含着主厨对食物本身所赋予的一种精神寄托。所有的一切，都是因为Chanel一贯追求卓越。

④ Gucci餐厅与咖啡厅

2006年，古驰集团在米兰维托里奥·埃马努埃莱二世长廊（Galleria Vittorio Emanuele II）内开了首家Gucci咖啡厅（如图4-33所示），之后东京银座Gucci旗舰店四楼开了第二家。2013年8月,上海环贸广场开设了全球唯一一家Gucci餐厅,命名为"1921 Gucci"。

图4-33　位于米兰的Gucci咖啡厅

和Chanel餐厅类似,东京银座店里的Gucci咖啡厅印满了经典的Gucci标识,甚至连甜点以及咖啡的方糖都是"双G"的标志。Gucci咖啡厅和餐厅里的家具都是定制的,餐具来自有400年历史的意大利餐具品牌Richard Ginori。

⑤ Hermès 咖啡厅

Hermès咖啡厅位于首尔清潭洞零售店的地下一层,同层还有展示品牌文化历程的Hermès博物馆,从建筑格调到产品细节都充满品牌烙印,咖啡厅的室内风格与Hermès品牌格调保持了高度一致,精美的瓷器与餐具也都来自于Hermès(如图4-34所示)。

图4-34　位于首尔的Hermès咖啡厅

⑥ Thomas Burberry 咖啡厅

在 Burberry 的英国伦敦旗舰店里，也开了一家咖啡厅——Thomas Burberry，咖啡厅店名使用了创始人全名。Thomas Burberry 共两层，店内装潢风格以古朴典雅色彩为主，再搭配手工匠的工艺气息，一进店就能深深地感受到英伦风（如图 4-35 所示）。Thomas Burberry 还为顾客提供全天每个时段的英式美食：早、午、晚餐。菜单包括龙虾、色拉、牡蛎等。下午茶时段，还有甜品和香槟红酒作为主打菜品。

图 4-35　位于伦敦的 Thomas Burberry 咖啡厅

除了美食和装潢特色以外，咖啡厅还推出了豪华赠品区域，主要是针对不同的顾客提供不一样的个性化服务，即为顾客私人定制家居、文具、旅行配件等产品。

⑦ Tiffany 餐厅

不少人对 Tiffany 的记忆，是从电影《蒂芙尼的早餐》（*Breakfast at Tiffany's*）开始的。Tiffany 经典的蓝色橱窗和那个盘着晚礼发式、穿着黑色长礼服、站在橱窗前吃早餐的奥黛丽·赫本，一起成为 20 世纪最美好的时代记忆之一。在这部电影播出 56 年后的 2017 年，Tiffany 在纽约第五大道推出一家主题餐厅，让人们能真真实实地在 Tiffany 店中享受美好的 29 美元早餐套餐。

这个餐厅名叫"The Blue Box Café"，位于 Tiffany 纽约旗舰店四楼。餐馆中主色调为 Tiffany 蓝，杯子、餐具、餐巾都经过精心挑选，皮质的蓝色沙发、蓝色的骨瓷碟、包括盐罐在内的餐具，全部是 Tiffany 的家居系列产品（如图 4-36 所示），连每个服务生都是白衬衫加 Tiffany 蓝领带。

Tiffany 餐厅的食物主要有三种选择：早餐、午餐和下午茶。亚洲籍主厨 Jason

Wang 曾在纽约大都会艺术博物馆担任餐厅主厨六年,他与 Tiffany 首席艺术总监里德·克拉考夫(Reed Krakoff)共同设计了所有的菜单。

图 4-36　Tiffany 餐厅

⑧ Cavalli 咖啡厅

Cavalli 咖啡厅在法国、美国、黎巴嫩、意大利等国家开设,装潢特征也随着各地的风俗设置不同的主题。以法国为例,其咖啡厅主要是以工业为装潢风格,布有钢制柜台与连接天花板和露台的紫藤树,长椅和沙发上采用了斑马和长颈鹿花纹印花,墙上还有明星们的签名照。店内提供早、午、晚三餐和鸡尾酒。顾客在用餐之时,还有驻场 DJ 调制着气氛(如图 4-37 所示)。

图 4-37　位于法国的 Cavalli 咖啡厅

黎巴嫩 Cavalli 咖啡厅坐落于黎巴嫩首都贝鲁特的卡拉古拉（Karagulla）大厦内，紧邻贝鲁特露天商场，装潢以地中海风格为主，用斑马和长颈鹿做家居背景图，顾客在店内就能远眺地中海风貌。

⑨ Armani 餐厅与 Emporio Armani 咖啡厅

在迪拜和米兰的 Armani 酒店内都配有 Armani 餐厅。位于迪拜的 Armani 地中海餐厅是游客最向往的去处之一。这家餐厅采用现代休闲风格装潢，露天席位可以观赏到大型配乐喷泉，24 小时提供各式各样顶级厨师制作的地中海风味美食（见图 4-38）。所有设计和服务均由乔治·阿玛尼亲自构思策划，延续了 Giorgio Armani 品牌一贯的风格。

图 4-38 *Armani 地中海餐厅（左）与美食（右）*

Emporio Armani 在世界 12 个大都市如巴黎、东京、米兰、迪拜、深圳等开设了 Emporio Armani 咖啡厅，将咖啡文化、音乐、美食、室内设计美学等概念融会在一起，为寻常百姓家展示了一代意大利名师的休闲生活哲学，甚至出品了汇总世界各个"阿玛尼咖啡餐厅"的专用背景音乐（如图 4-39 所示）。

图 4-39 *位于巴黎（左）和东京（右）的 Emporio Armani 咖啡厅*

⑩ Vivienne Westwood 咖啡厅

全球首家 Vivienne Westwood 咖啡厅位于上海 K11 购物艺术中心，第二家位于香港海港城。上海 K11 店内充满浓厚的英伦气息，而华丽的水晶吊灯和壁纸又给人一种置身 18 世纪法国宫廷的感觉（如图 4-40 所示）。

图 4-40　位于上海的 Vivienne Westwood 咖啡厅

咖啡厅分成两大主题区域：18 世纪法式风情的茶室以及时装秀场后台摄影棚。茶室里的茶罐都是 Vivienne Westwood 定制版。不仅在蛋糕上，在餐巾、餐具、墙壁等处都可以找到 Vivienne Westwood 的经典标识。

⑪ Ralph Lauren 咖啡厅

2014 年，Ralph Lauren 在纽约第五大道旗舰店内开启了自营品牌的咖啡厅。咖啡厅设在二楼，一楼是 Ralph Lauren 的服装产品。Ralph Lauren 咖啡厅外还有定制咖啡车，在街边为顾客现场磨制咖啡。Ralph Lauren 咖啡厅被定位为一个可以"在繁华都市里聚会消遣"的咖啡圣地，更多体现人文而非商业（如图 4-41 所示）。

在店内，顾客可以吃到拉尔夫·劳伦先生最喜欢吃的甜品，品尝各类甜品、果汁、茶类，也可以欣赏马赛克镶嵌的地板、白色的嵌入式壁板、挑高18英尺①的老橡木屋顶以及手工制作的艺术灯饰。

图 4-41　Ralph Lauren 室内咖啡厅（左）与室外咖啡车（右）

（3）食品

除了餐厅和咖啡厅，奢侈品品牌还将品类延伸到食品，不过这些大多数是限量产品，很少在门店内销售。

图 4-42 是 Dolce & Gabbana 在 2017 年为纪念梦龙冰淇淋（Magnum）25 周年而设计的限量系列雪糕。包装盒是典型的西西里岛梦幻奢华风格，口味是包着白巧克力脆皮的香草冰激凌，混有巧克力和坚果碎片。

图 4-42　Dolce & Gabbana-Magnum 雪糕

除了 Dolce & Gabbana 雪糕外，Versace 红酒与咸蛋、Chanel 奶粉、Burberry 泡面、Gucci 罐头蔬菜、Cartier 咖啡、Tiffany 酸奶、Bulgari 黄油、Louis Vuitton 香肠和 Ferrari 通心粉也作为特殊的延伸产品面向品牌忠实用户（如图 4-43 所示）。

---

①　1 英尺 = 0.304 8 米。

图 4-43 按从左往右、从上往下的顺序，分别为 Versace 红酒与咸蛋、Chanel 奶粉、Burberry 泡面、Gucci 咸菜、Cartier 咖啡、Prada 面粉、Louis Vuitton 香肠、Ferrari 通心粉、Hermès 调味品、Tiffany 酸奶和 Bulgari 黄油

4.2 奢侈品公司运营的独特规律

奢侈品行业极其特殊：奢侈品公司运营稍有不慎，就可能遭遇惨痛失败。相比普通行业，奢侈品行业有自己独特的运营文化，前者的代表是上市公司，后者的代表是家族企业，即使有些奢侈品公司已经上市，但是追根溯源仍是家族企业的典型。显然，这是两类不同的文化哲学。

奢侈品公司投入的资金大、周期长，品牌管理者的目光比较远，带来的利润也十分丰厚。当然，奢侈品门店往往在国际大都市、优雅的高档街区展示形象；奢侈品公司一定是"引领"而非"迎合"消费者，并严格遵守原产地原则和家族企业的运作——这些都是奢侈品公司独特的运营法则。

4.2.1 目光、投入、周期与回报

时装与奢侈品行业（apparel, fashion and luxury, AF&L）一直以来被认为是周期性行业，会随着消费者信心、利率和潮流的变化而起伏。即使如此，时装和奢侈品行业的业绩表现始终优于市场，甚至超过如高科技和通信这样的高增长行业（如图4-44所示）。

图 4-44 时装与奢侈品行业跟其他行业的对比

资料来源：McKinsey & Company. (2015). *Creating Value in Fashion: How to Make the Dream Come True*.

但实际上，大部分奢侈品公司知名度很高而营业额较小。除了那些由很多公司合并起来的集团，奢侈品公司往往是小规模运作。言下之意，奢侈品公司的知名度、美誉度与销售额并不匹配。路威酩轩集团和快时尚品牌 Zara 相比，以 2018 财年为例，前者旗下 74 个品牌的总销售额是 468.26 亿欧元，平均每个品牌年销售额不足 7 亿欧元，而后者单品牌在全球就拥有超过 2 000 家门店，销售额更达 180.21 亿欧元。美国珠宝品牌 Tiffany 也同样如此。

1. Tiffany

Tiffany 的知名度非常高，一部《蒂芙尼的早餐》的电影和一只经典蓝色的礼品盒几乎让所有喜爱时尚的人士知晓了这个品牌。但 Tiffany 发展初期投入的资金非常多，周期也很长，创始人、继承人与传承者的高瞻远瞩才将 Tiffany 打造成为全球三大珠宝品牌之一，与 1884 年诞生的 Bulgari 和 1847 年诞生的 Cartier 齐名。

1837 年，在美国康涅狄格州，一位磨坊主的儿子查尔斯·刘易斯·蒂芙尼（Charles Lewis Tiffany）与同伴约翰·杨（John Young）在纽约百老汇大街 259 号开设了一家文具饰品小店。第一天的总营业额仅为 4.98 美元。虽然店铺并不起眼，但胸怀大志的查尔斯将目光投向了银器与珠宝。他敏锐地察觉到日渐富裕起来的美国人渴望拥有象征上流社会的王室珠宝，作为对自己价值的肯定；同时，他又注意到美国本土还没有诞生能与欧洲优质珠宝相媲美的品牌。查尔斯便从银质餐具开始，一步一步实现他对珠宝的梦想。他在 1845 年发布了美国境内首份直邮目录，让美国人领略到了奢侈品的魅力。这本目录如今被称为《蒂芙尼蓝书》（*Tiffany Blue Book*），每年仍发行并展示世界各地稀有的珠宝。

1848 年，由于"二月革命"的爆发，法国国王路易·菲利普一世被迫退位逃亡英国。在欧洲广开门路搜罗贵族御宝的查尔斯，果断地从逃亡的法国王室处购得多件珍贵宝石，并带回了美国。这成为查尔斯人生和 Tiffany 品牌的重要转折点：他拥有了第一批在美国面世的名钻；美国精英阶层首次得以在本土购买大件珠宝首饰；蒂芙尼小店变身为选购钻石的知名场所，在美国本土的实力堪与欧洲珠宝商一较高下，名声甚至超过了同时期诞生的 Cartier。

为了稳固在美国珠宝市场的地位，查尔斯于 1851 年第一个制定了"925 纯银标准"⊖，并被美国正式通过和采用，逐渐演变成了国际标准。1862 年，时任美国总统亚伯拉罕·林肯为妻子购买了 Tiffany 小粒珍珠项链与耳环，她佩戴着参加了总统就职舞会。Tiffany 开始风靡美国市场。

让 Tiffany 品牌名誉响彻全球的事件发生在 1878 年。查尔斯收购了一枚 287.42 克拉的彩黄色钻石，这是全世界迄今为止最精美的宝石之一。它被切割至 128.54 克拉，

⊖ 即含银量 92.5% 左右的银制品，因为纯度过高的银柔软并容易氧化，925 银加入了 7.5% 的其他金属后具有理想的硬度。

被称为 Tiffany 的传奇黄钻（如图 4-45 所示）。这一举世闻名的钻石永久展览于纽约第五大道的 Tiffany 旗舰店，每天吸引超过 300 名访客来此欣赏。经过几十年的努力，查尔斯终于成为世界珠宝史上的代表性人物之一，被纽约媒体奉为"钻石之王"。

蒂芙尼公司在 1902 年迎来了发展历史上又一个里程碑。查尔斯之子路易斯·康福特·蒂芙尼（Louis Comfort Tiffany）被任命为蒂芙尼公司设计总监。路易斯作为"新艺术运动"（Art Nouveau）中富有影响力的重要人物，对装饰艺术和形式主义设计的深刻理解，以及色彩缤纷而崇尚自然的美学至今仍是 Tiffany 设计师重要的灵感来源。

图 4-45　128.54 克拉的 Tiffany 传奇黄钻

此后的一个世纪内，Tiffany 的影响力越来越大，奥黛丽·赫本及其主演的《蒂芙尼的早餐》早已为人熟知，美国传奇宝石学家乔治·弗雷德里克·坤斯（George Frederick Kunz），美籍英国影星伊丽莎白·泰勒（Elizabeth Taylor）和美国前第一夫人杰奎琳·肯尼迪（Jacqueline Kennedy）都成为 Tiffany 的忠实拥趸。许多珠宝设计师，如被后人誉为"20 世纪美国最重要的橱窗设计师之一"的基恩·摩尔（Gene Moore），法国传奇珠宝设计大师让·史隆伯杰（Jean Schlumberger），意大利珠宝设计大师艾尔莎·柏瑞蒂（Elsa Peretti），塑造了 Tiffany 设计并传承至今的设计总监约翰·洛林（John Loring），巴勃罗·毕加索（Pablo Picasso）的长女帕洛玛·毕加索（Paloma Picasso），美国时装设计师协会副主席瑞德·克拉考夫（Reed Krakoff）相继担起了 Tiffany 设计的重任。

2019 年，蒂芙尼公司推出了"钻石源方案"（Diamond Source Initiative），承诺为每一枚独立注册的新开采钻石提供出处信息。这成为钻石行业提升透明度迈出的重要一步。同年 11 月 24 日，蒂芙尼公司与路威酩轩集团对外宣告了整个奢侈品历史上迄今为止最重要而隆重的"联姻"，后者以高于当日 120 美元的收盘价，每股 135 美元的价格全现金收购蒂芙尼公司，总金额高达 162 亿美元。2020 年 Tiffany 将正式成为世界第一奢侈品集团麾下的重要一员。

漫长的岁月终把 Tiffany 打造成优雅、浪漫的珠宝品牌，孕育艺术，象征幸福，用路易斯·康福特·蒂芙尼的名言描述即是："我们靠艺术赚钱，但艺术价值永存。"

事实上，表面光鲜的奢侈品公司有不少处于亏损状态。但在奢侈品行业中，一个品牌即使亏损多年，也往往能够继续经营，这时总部对品牌的支持就显得格外重要。即使是亏损多年的奢侈品公司对于消费者来说依然有着强大的吸引力，因为它们已经积累了很好的品牌资产，如 Bugatti 和 Jimmy Choo。Bugatti 经历过巨额亏损、破产、被收购到成为顶级跑车品牌的传奇经历；Jimmy Choo 的创始人周仰杰也熬过了惨淡、梦想实现、梦想幻灭到重生的跌宕起伏。

2. Bugatti

1909 年，意大利人埃多尔·布加迪（Ettore Bugatti）在法国阿尔萨斯创建布加迪公司，专门生产运动跑车和高级豪华轿车。

1937 年，埃多尔之子让·布加迪（Jean Bugatti）参加设计工作，以精制的车窗和新颖别致的车身为主要特征，成为车坛骄子。然而不幸的是，让·布加迪在 1939 年的一场交通事故中身亡，埃多尔失去了极具汽车设计天赋的未来继承人。第二次世界大战爆发后，德军占领了位于法国的布加迪工厂。埃多尔不屈服于入侵者的威慑，坚持意大利国籍，从而受到迫害。布加迪公司的生产在"二战"期间几度停滞，断断续续的生产使资金成了问题。1947 年，埃多尔·布加迪因肺炎辞世，布加迪就此失去了方向。

埃多尔去世后，他的另外一个儿子罗兰德·布加迪（Roland Bugatti）接手了公司，但他对赛车的理解和管理能力显然无法和让·布加迪相比，最终资金不足导致布加迪公司濒临破产。几经易主后，公司始终没有振兴，所幸 Bugatti 品牌保留了下来。

1987 年，意大利工业家罗曼诺·阿蒂奥利（Romano Artioli）买下了布加迪公司的商标所有权，在意大利坎波加利亚诺修建新厂。1991 年，为纪念埃多尔·布加迪诞辰 110 周年，他以其名字中两个单词的首字母命名了超级跑车 EB 110。虽然 EB 110 系列拥有极为强悍的动力，但它上市时恰逢全球经济危机，昂贵的售价令疲于应付经济下滑的富豪们失去了兴趣。这款跑车在 1991～1995 年只生产了 139 台。1995 年，布加迪公司宣告破产。

1998 年，大众集团买下了 Bugatti 品牌和汽车制造权利。两年后，大众集团成立了新的布加迪公司,并发布了 Veyron 16/4 概念车,但布加迪公司为了让这款车拥有完美的品质,推迟了量产进度,不断地进行测试和改进。直到 2005 年,大众在布加迪公司诞生地阿尔萨斯地区建成了新工厂,Veyron 16/4 概念车的量产版车型才正式投入量产。2008 年,布加迪公司与爱马仕集团联合推出了 16/4 特别版——Bugatti Veyron Fbg par Hermès,售价区间在 3 200 万~4 800 万元。其中,"Fbg par Hermès"是指位于巴黎第八区中心圣-奥诺雷福宝街(Rue du Faubourg Saint-Honoré)⊖上的爱马仕集团总部,仅仅 Veyron 的方向盘就由爱马仕集团的工匠花费十几个小时进行缝制(如图 4-46 所示)。

图 4-46　Bugatti Veyron Hermès 特别版(左)及由 Hermès 定制的方向盘(右)

经历辉煌和衰败之后的布加迪,虽然几经易主,但是让人庆幸的是,布加迪公司依然坚守着传统,依然不计成本,只为制造全世界最好的汽车,当然也是最昂贵的汽车。布加迪公司用执着诠释着对极致的不断追求,这种精神让 Bugatti 造就了辉煌,也使得 Bugatti 品牌一次又一次地重生,成就了现在无可企及的荣耀。

3. Jimmy Choo

周仰杰,英文名为 Jimmy Choo,英国戴安娜王妃生前御用鞋履的设计师。他生于马来西亚,祖籍广东梅州,在顶级鞋履品牌中,Jimmy Choo 是唯一用华裔人名命名的品牌。

1986 年,周仰杰在伦敦东部一家废弃医院建筑里创立了自己的工作室,他相信凭

⊖　爱马仕集团官方将此路名译为"福宝大道"。

借着自己独一无二的创意，一定可以很快闯出一片天地。然而，根本就没人注意到这个不起眼的作坊，没有任何宣传渠道的他生意十分惨淡。机缘巧合下，美国版 *Vogue* 杂志对作坊的报道为其引来了大批慕名求定制的上流顾客，其中最著名的当属已故英国王妃戴安娜。作为戴安娜的御用鞋匠，周仰杰共为她量身制作了上百双鞋，直至她去世。随着名声越来越响，周仰杰不再满足于只给少数顾客做定制，他想让自己做的鞋子摆上精品百货的货架上。

1996年，他遇到了生意上的好搭档——塔玛拉·梅隆（Tamara Mellon），当时，梅隆还是英国版 *Vogue* 的时尚编辑。他们正式创办 Jimmy Choo 品牌，两人各占50%的股份，梅隆负责品牌运营，周仰杰负责产品设计，从此开始了全球制鞋的步伐，成为市值上亿英镑的时尚奢侈品品牌。

深谙经营之道的梅隆知道推广品牌必须依靠明星和品牌宣传，于是在一次奥斯卡颁奖典礼举办前一周，她带着白色的 Jimmy Choo 女鞋飞到洛杉矶，将鞋子免费提供给要走上红地毯的女星。最终，超过50位女星穿着他们的鞋履走过了红地毯。另外，她还将专卖店开到了洛杉矶，从那以后，每年的奥斯卡颁奖礼红地毯上，Jimmy Choo 都风光无限，好莱坞的明星们都认为穿上 Jimmy Choo 高跟鞋能为自己带来好运。

从成立到成为奢侈品领域的领军鞋履品牌，Jimmy Choo 仅花了十余年时间，这在奢侈品界已经算得上一个奇迹。时尚专栏作者洛朗·戈尔德施泰因·克罗（Lauren Goldstein Crowe）和时任瑞格资本集团（Reig Capital Group）零售及奢侈品部的运营总监萨格拉·马塞拉·德罗森（Sagra Maceira de Rosen）在《高跟鞋帝国》（*The Towering World of Jimmy Choo*）一书中将 Jimmy Choo 称为"21世纪真正的奢侈品品牌之一"。

到了2001年，在全球奢侈品巨头的疯狂并购潮中，周仰杰将自己50%的股份出售，对资本运作一窍不通的他无奈地离开了。自此，以周仰杰名字命名的品牌 Jimmy Choo 已和周仰杰本人无关了，他的第一次鞋履梦想就此幻灭。

所幸资本市场对 Jimmy Choo 的商业运作是成功的。后来 Jimmy Choo 品牌经历了几次易手，而且每易手一次，控股资本都会扩大 Jimmy Choo 的产品线，如今已经延伸到了男女包袋、服装和配饰。Jimmy Choo 在亚洲地区的品牌热度不断攀升，与各种影视剧（如《欲望都市》和《来自星星的你》）的植入以及挂钩红地毯有很大关系。2014年10月，Jimmy Choo在伦敦证券交易所挂牌上市，估值10亿美元，而在2001年，只卖高跟鞋的Jimmy Choo估值不过1 800万英镑，13年内增长了约50倍。

Jimmy Choo被收购后，周仰杰在伦敦新开了一间工作室，以Jimmy Choo Couture为品牌名，给明星、政要制作高级定制鞋履，继续他的鞋履梦想。工作室每天最多做5双鞋，完全手工定制，这样的情形就像回到了当年他在伦敦的小作坊。不同的是，他的客人换成了重量级影星麦当娜·西科尼（Madonna Ciccone）、詹妮弗·洛佩兹（Jennifer Lopez）、凯蒂·霍尔姆斯（Katie Holmes）和维多利亚·贝克汉姆（Victoria Beckham）等。而Jimmy Choo品牌在一波大红大紫后，自2016年起业绩逐渐衰退。2017年7月，Jimmy Choo被美国轻奢集团Capri（即Michael Kors的母公司）以12亿美元收购，开启了新的商业旅程。

4.2.2 "引领"而非"迎合"消费者

在传统营销中，公司倾听顾客的心声或了解他们所需要的产品，然后通过大型分销渠道将产品传递到消费者手中。与之相反的是，奢侈品品牌是由设计者的大脑创造出来的，它的背后还有一个长期构想的推动。无论是对顾客完全置之不理，还是过于迎合顾客，都会导致企业破产。只有遵循"'引领'而非'迎合'消费者"这个原则，奢侈品品牌才能在它所有的产品系列中长期保持一致性，并进一步维持它的纯正性、吸引力、神秘感和闪光点。

由此不难理解为何奢侈品公司不会在量产前进行产品测试。如果对Louis Vuitton、Chanel或Bottega Veneta的产品进行测试，这就意味着集团的品牌战略服从了顾客品位。一个比较可行的方式是门店店员与老顾客面对面地交流，从沟通中侧面了解这些品牌忠诚者的梦想。这些顾客的意见往往具有代表性，并且这种沟通方式能让他们感到"属于这个俱乐部"，加强他们对品牌的满意与忠诚。

总之，如今奢侈品品牌与顾客之间的关系是典型后现代的了。最初，奢侈品是由非常有才能的工匠在接到顾客或赞助人的委托之后，用非常珍贵的材料制作而成。到了18世纪末期，有人想出了在作品被卖出之前把它们保留成模型的好主意，自此，工匠们便不再接受私人委托。工匠与上帝般的顾客之间的关系发生了翻天覆地的变化：他们不再毕恭毕敬地去拜访顾客，相反，顾客会前往他们的工作室去参观最新的样品和创作。工匠籍籍无名的时代结束了，取而代之的是富有创造力的设计师与他们的追随者们。

得到奢侈品的难度越高（不管是有形的还是无形的难度），人们想要得到的欲望就越强烈。传统的营销理念是想方设法让人们容易买到产品，而奢侈品品牌不提"营销"，这个词最多出现在一些轻奢、时尚品牌上。奢侈品品牌始终要设立必要的障碍，保持适当的距离，让人们在克服重重障碍后，才最终享受到奢侈品带给他们的乐趣。这种距离感包括经济水平，但更多的是文化层面（人们要懂得如何欣赏该产品，以及如何穿戴、使用它）、体验层面（如何找到奢侈品门店）和时间层面（如至少等三年才买得到 Hermès Birkin 包）。

因此，奢侈品品牌必须保证产品的稀有性，无论是无心插柳还是有意为之。对于大众商品而言，稀有性会导致人们消费欲望的减弱，但是，当人们想得到一件奢侈品，就要忍受等待，时间因素是奢侈品品牌中至关重要的一环。如法拉利公司每年跑车的生产数量被刻意保持在 6 000 辆以下，正是它的稀有性使之更有价值。这和 Hermès Birkin 与 Kelly 包的销售理念如出一辙：让顾客明白产品是稀缺的，并非富有即可购买，即使有一定的社会地位也要做好等待的准备；并且，当这些产品卖得过好时，就会停止生产。

这也解释了为什么奢侈品公司始终对互联网这个高科技产物保持高度谨慎，因为互联网在很大程度上给购买者提供了便利——便利是消费者的需求，奢侈品品牌不应该去迎合它。

4.2.3　在优雅的高端街区展示门店

唐娜·卡兰说过："奢侈品门店应该是一个神圣的地方或文化机构。"因此，奢侈品门店的功能不仅仅在于销售商品，更应作为一个传播文化的机构而存在。奢侈品的主要区分标准在于其拥有的吸引力，不同的销售渠道对应不同的商业目的。

奢侈品门店的选址极其重要，地理位置能对销售起到高效的推动作用。在奢侈品行业，一旦一个城市被选定，店铺在该市的位置就比较容易确定了。每个城市都有一个奢侈品门店的最佳地点。表 4-2 列举了四大时装周所在城市（巴黎、米兰、伦敦和纽约）奢侈品品牌入驻的高端街区。

表4-2 部分奢侈品品牌入驻的高端街区

国家	城市/地区	高端街区		
法国	巴黎	蒙田大道（Avenue Montaigne）	圣-奥诺雷福宝街（Rue du Faubourg Saint-Honoré）	康朋街（Rue Cambon）
		里沃利大街（Rue de Rivoli）	富阿尔地下广场（Forum des Halles）	奥斯曼大道（Boulevard Haussmann）

(续)

国家	城市/地区	高端街区		
意大利	米兰	维托里奥·埃马努埃莱二世长廊 (Galleria Vittorio Emanuele II)	维托里奥·埃马努埃莱二世大街 (Corso Vittorio Emanuele II)	史皮卡大道 (Via Della Spiga)
		圣安德烈街 (Via Saint Andrea)	蒙提拿破仑街 (Via Monte Napoleone)	马特奥蒂大道 (Corso Giacomo Matteotti)

(续)

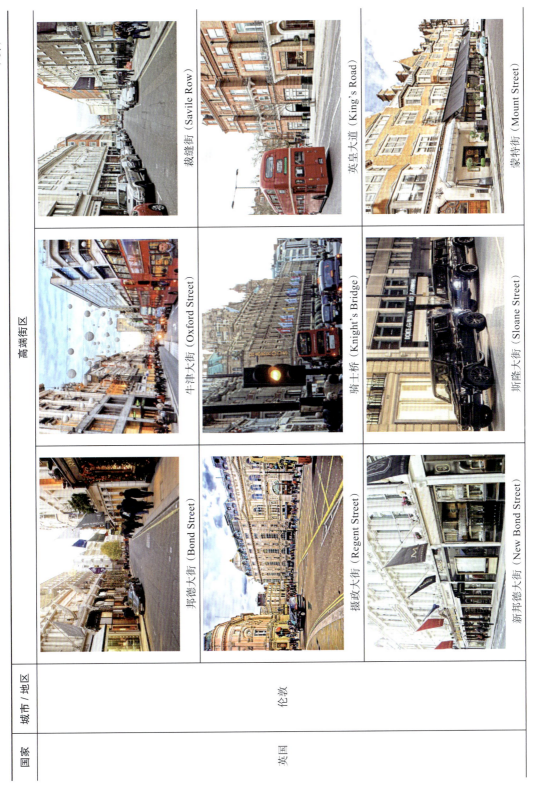

国家	城市/地区	高端街区		
英国	伦敦	邦德大街(Bond Street)	牛津大街(Oxford Street)	裁缝街(Savile Row)
		摄政大街(Regent Street)	骑士桥(Knight's Bridge)	英皇大道(King's Road)
		新邦德大街(New Bond Street)	斯隆大街(Sloane Street)	蒙特街(Mount Street)

(续)

国家	城市/地区	高端街区		
美国	纽约	第五大道(The Fifth Avenue)	麦迪逊大道(Madison Avenue)	第57街(57th Street)
		哥伦布圆环(Columbus Circle)	休斯敦街南(SoHo)	西村(West Village)

在巴黎，蒙田大道和圣－奥诺雷福宝街是首选。如蒙田大道，Prada、Valentino、Louis Vuitton、Dior、Chanel（如图 4-47 所示）、Gucci 和 Calvin Klein 在此开设了旗舰店；圣－奥诺雷福宝街上，可见 Hermès（如图 4-48 所示）、Chanel、Balenciaga、Alexander McQueen、Rene Caovilla、Baccarat 和 Junko Shimada 的旗舰店。奢侈品门店的选址原则之一是优雅的高端街区，因此，最被国人熟知、人流量极大的香榭丽舍大道（Avenue des Champs-Elysées）并不是奢侈品门店的理想之地。

图 4-47　蒙田大道上的 Chanel 旗舰店

图 4-48　圣－奥诺雷福宝街上的 Hermès 旗舰店

米兰蒙提拿破仑街（如图 4-49 所示）、圣安德烈街和史皮卡大道，伦敦邦德大街、新邦德大街（如图 4-50 所示）、骑士桥（如图 4-51 所示）、斯隆大街（如图 4-52 所示），纽约第五大道，东京的银座和表参道等也是奢侈品门店偏爱的街区。在中国香港，奢侈品公司一般会在半岛酒店、中环置地广场和太古广场之间做一抉择，如 2018 年 1 月，爱马仕集团在中环置地太子首层新开了一家门店。在上海，南京西路和外滩曾是首选，2010 年后，改造成功的淮海中路和陆家嘴国金中心被纳入考虑范围，外滩却逐渐失去了吸引力。与香榭丽舍大道一样，南京路步行街也不是奢侈品品牌开设门店的理想之地。

图 4-49　米兰蒙提拿破仑大街上的 Prada 旗舰店

图 4-50　新邦德大街上的 Mulberry 旗舰店

图 4-51　伦敦骑士桥上的 *Roberto Cavalli* 门店

图 4-52　伦敦斯隆大街上的 *Chanel* 旗舰店

不过,即使在同一街区,从一边到另一边,商业潜力的差别也可能很大。在圣 - 奥诺雷福宝街,街北侧的形象高雅得多,南侧并不适合奢侈品品牌设址开店,但南北两侧的租金成本几乎完全一样。

表 4-3 列举了全球其他著名高端街区。

表 4-3 全球其他著名高端街区

国家	城市/地区	高端街区名
美国	旧金山	联合广场（Union Square）、联合大街（Union Street）
加拿大	多伦多	布罗尔大街（Bloor Street）、肯尼迪路（Kennedy Road）、皇后西街（Queen Street West）
德国	柏林	弗雷德里希大街（Friedrichstraße）、陶恩沁恩大街（Tauentzienstraße）、库弗斯坦达姆大街（Kurfürstendamm）、施洛世大街（Schloßstraße）
荷兰	阿姆斯特丹	霍夫特大街（P.C. Hooftstraat）、卡尔弗尔大街（Kalverstraat）、九街（Negen Straatjes）、乌特勒支大街（Utrechtsestraat）
瑞士	日内瓦	联邦大街（Rue de la Confédération）、市集大街（Rue du Marché）、德·拉·克洛伊·德奥大街（Rue de la Croix d'Or）
西班牙	马德里	巴里奥·德·萨拉曼卡大街（Barrio de Salamanca）、格兰大街（Gran Via）、佛恩加拉街（Calle Fuencarral）、卡门街（Calle del Carmen）、普瑞西亚多斯街（Calle Preciados）
	巴塞罗那	天使门（Portal de l'Àngel）、波塔佛利沙街（Carrer de la Portaferrissa）、佩莱街（Carrer de Pelai）
奥地利	维也纳	格拉本购物街（Graben）、科尔市场（Kohlmarkt）、卡特纳大街（Kärntner Straße）
比利时	布鲁塞尔	路易斯大道（Avenue Louise）、滑铁卢大道（Boulevard de Waterloo）、讷沃街（Rue Neuve）
摩纳哥	摩纳哥城	美术馆大道（Avenue des Beaux-Arts）
捷克	布拉格	帕瑞兹卡大街（Pařížská Street）
土耳其	伊斯坦布尔	阿比迪-伊佩卡兹大道（Abdi İpekçi Avenue）、巴格达大道（Bağdat Avenue）、伊斯提克拉大道（İstiklal Avenue）
俄罗斯	莫斯科	库兹纳茨基·莫斯特大街（Kuznetsky Most）、斯托列什尼科夫（Stoleshnikov Lane）、特维尔大道（Tverskoy Boulevard）、彼得罗夫卡大街（Petrovka Street）、特列季亚科夫道（Tretyakov Drive）、阿尔巴特大街（Arbat Street）、新阿尔巴特大街（Novy Arbat Street）
中国	北京	王府井、新光天地、国贸、复兴门
	上海	静安寺、陆家嘴、新天地、环贸中心、尚嘉中心、外滩
	香港	崇光铜锣湾、中环置地太子、中环置地广场
韩国	首尔	狎鸥亭（Apgujeong）、清潭洞（Cheongdam）、江南（Gangnam）、三成洞（Samseong-dong）、龙山（Yongsan）
新加坡	新加坡城	乌节路（Orchard Road）、余东旋街（Eu Tong Sen Street）、禧街（Hill Street）、维多利亚街（Victoria Street）
阿联酋	迪拜	马卡图购物中心（Mercato Shopping Mall）、沃夫购物中心（Wafi Shopping Mall）、迪拜购物中心（Dubai Mall）、阿联酋购物中心（Mall of Emirates）、卓美拉广场（Jumeirah Plaza）
日本	东京	银座（Ginza）、表参道（Omotesandou）、池袋（Ikebukuro）、青山（Aoyama）、浅草（Asakusa）
澳大利亚	悉尼	帝皇大街（King Street）、卡斯尔雷大街（Castlereagh Street）

关于奢侈品门店选址及其创新将在 6.2 一节中详细阐述。

4.2.4 原产地原则

奢侈品的消费者十分看重产品的原产地。但在全球经济低迷，人们纷纷捂紧钱包的大背景下，一些轻奢和时尚品牌渐渐放弃了原产地原则，转而以价廉物美或者利润最大化为重心。很多一般品牌的各类产品利用各个国家的巨大资源网络相互关联、相互依赖，并相互影响，如波音787梦想客机的主组装线在美国华盛顿州埃弗雷特（Everett）完成，机翼生产来自日本名古屋工厂，水平稳定器来自意大利福贾（Foggia）的工厂，货舱门和进货门来自瑞典的工厂，翼尖来自韩国工厂，起落架来自英格兰西南部格罗斯特（Gloucester）的工厂……但奢侈品品牌一定遵循原产地原则，如来自意大利的奢侈品品牌，原产地商标必须是"Made in Italy"。

需要一提的是，原产地分广义和狭义两种。狭义的原产地标准十分严格，产品本身、包装袋、说明书的印刷与制造必须都在原产地国家，如瑞士"SWISS MADE"[⊖]，这就是瑞士腕表、皮具售价高昂的原因之一。广义的原产地标准很容易达到，欧盟并没有要求品牌公布原产地信息，如意大利、法国都采用这样的标准：即使制造在他国进行，但最后加工、质量控制和包装在某个国家，就可以贴上这个国家的标签。

于是，一些奢侈品公司旗下的入门级奢侈品品牌为了降低成本，利用了原产地标准，它们往往利用廉价劳动力完成一部分工艺，然后将没有贴标的半成品运回欧洲重新包装，勉为其难地将"MADE IN VIETNAM""MADE IN CHINA"等字样藏在内口袋底部，通过海关进入其他国家市场后（中国海关明确要求进口的奢侈品品牌必须标明原产地），再将这个原本就不明显的产地标签摘除。不过对于真正的奢侈品品牌而言，放弃原产地原则几乎等于毁灭了品牌资产。

此外，代工厂的存在也让奢侈品品牌陷入困局，如设在中国的代工厂让仿冒厂家因而更容易接近生产环节，"原厂流出"成为奢侈品高仿和假货制造工厂的最好营销招牌和借口。而这些假货工厂为了效果逼真，生产的产品也做了不贴牌的处理，有些质量相当出色，即使和正品对比也真假莫辨，并且纷纷自称为"代工厂""原单工厂"来混淆视听。

⊖ 与所有其他原产地说法如"MADE IN ITALY""MADE IN GERMANY"不同，瑞士制造就是"SWISS MADE"。

4.2.5 家族企业的运作

相比普通行业，奢侈品行业有自己独特的运营文化，前者的代表是上市公司，后者的代表是家族企业，即使有些奢侈品公司如路威酩轩集团、开云集团、历峰集团和斯沃琪集团等已经上市，追根溯源仍是家族企业的典型。普通公司从建立到发展再到消亡的循环所经过的时间周期较短。从道琼斯指数上我们可以看到，1896年首次出现在道琼斯指数上的12家企业，如今只有通用电气（General Electric）一家幸存下来，其他公司要么彻底消失了，要么并入了更大的公司。而在奢侈品行业中，如果要实现较高的品牌地位，一般而言，需要从创始者开始让品牌持续生存超过50年，只有这样才能在消费者心中留下深刻印记。第3章已经提及，传承是奢侈品品牌资产的重要组成部分。我们可以换一个角度看待传承这件事：在表4-4中列举的部分奢侈品集团中，不管这个公司是否仍被创始者的家族所拥有，它仍是家族企业。如爱马仕集团，至今已延续到第六代（如图4-53所示）。

表4-4 部分奢侈品（集团）公司的创始人与后代管理者

奢侈品（集团）公司	（集团）品牌创始人的家族管理者
路威酩轩集团	集团创始人贝尔纳·阿尔诺（Bernard Arnault）为首席执行官，其女德尔斐娜·阿尔诺（Delphine Arnault）是 Louis Vuitton 执行副总裁，其子安东尼·阿尔诺（Antoine Arnault）是 Berluti 首席执行官，亚历山大·阿尔诺（Alexandre Arnault）担任 Rimowa 联席首席执行官
历峰集团	集团首席执行官约翰·鲁伯特（Johann Rupert）是集团创始人安顿·鲁伯特（Anton Rupert）之子
开云集团	集团创始人弗朗索瓦·皮诺（François Pinault）为董事长，其子弗朗索瓦－亨利·皮诺（François-Henri Pinault）担任集团董事会主席
斯沃琪集团	集团管理董事会执行总裁尼克·海耶克（Nick Hayek）和董事会主席娜拉·海耶克（Nayla Hayek）是集团创始人尼古拉斯·海耶克（Nicolas G. Hayek）的儿女。曾执掌 Blancpain、Breguet 和 Jaquet Droz 的马克·A.海耶克（Marc A. Hayek）是尼克·海耶克的侄子
爱马仕集团	集团首席执行官阿克塞尔·杜马（Axel Dumas）和创意总监皮埃尔－亚历克斯·杜马（Pierre-Alexis Dumas）是创始人蒂埃里·爱马仕（Thierry Hermès）的第六代
宝格丽集团	董事长保罗·宝格丽（Paolo Bulgari）和副董事长尼古拉·宝格丽（Nicola Bulgari）是创始人索帝里欧·宝格丽（Sotirio Bulgari）的第三代
菲拉格慕集团	首席执行官费鲁齐奥·菲拉格慕（Ferruccio Ferragamo）是创始人萨瓦托·菲拉格慕（Salvatore Ferragamo）之子
普拉达集团	设计总监缪西娅·普拉达（Miuccia Prada）是创始人马里奥·普拉达（Mario Prada）的孙女

图 4-53 （从左至右）爱马仕集团的创始人蒂埃里·爱马仕，第二代继承人查尔斯–埃米尔·爱马仕（Charles-Emile Hermès），第三代继承人埃米尔–莫里斯·爱马仕（Emile-Maurice Hermès），第四代继承人罗伯特·杜马（Robert Dumas），第五代继承人让–路易·杜马（Jean-Louis Dumas）和第六代继承人阿克塞尔·杜马（Axel Dumas）

家族企业运营模式由三个部分构成：企业运作（包括管理者和雇员）、企业所有关系和家族对企业的控制。虽然很多时候这三个部分有所重叠，但它们仍有各自的区别所在。

管理一个家族与管理一个企业不同，许多管理者就是没有很好地意识到最基本的这一点，结果事倍功半，免不了"郁郁而走"的命运。正是由于上述这三个部分的需求、目标和人员关系都是相互交叉、相辅相成的，所以必须加强这三个部分的协调性管理，这样才有可能事半功倍（如图 4-54 所示）。

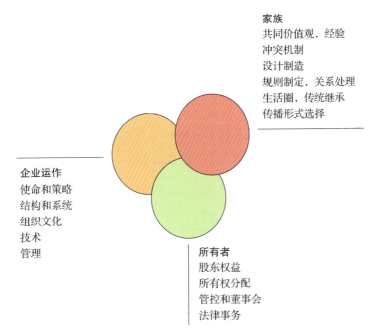

图 4-54 奢侈品家族企业的运营模式

资料来源：Gutsatz, M, & Auguste, G (2013). *Luxury Talent Management: Leading and Managing a Luxury Brand.* Palgrave Macmillan.

清楚地理解家族企业是如何运作的，有助于企业管理者与家族成员一起做出关键的抉择，特别是对那些三个部分有所重叠的家族企业，许多问题最终都可以归结到这个模式本身。

以下是可能会产生问题的五个方面。每一个方面都存在需要奢侈品品牌管理者重视的关键问题：

- **产品、要素与股权**。品牌（股权）资金应如何在不同的业务和家族的要求下分配？如何在竞争环境下结合品牌自身因素考察和追踪要素市场、产品市场和股权市场的变化，并平衡三者之间的关系？它们如何影响公司在奢侈品行业的战略地位？（如图4-55所示）

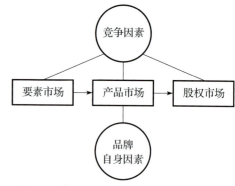

图 4-55　奢侈品公司需要关注并平衡要素市场、产品市场和股权市场的变化

- **控制**。谁拥有对家族和品牌的最终决策权？是董事会还是品牌拥有者？
- **企业运营者**。应该如何选拔品牌或者家族的领导者或管理者？是选择家族成员还是回避他们？家族中无血缘关系的亲戚是否也应该在考虑范围之内？
- **冲突**。家族成员是否有能力控制自己不把家族内部的不和谐关系带入公司？如果两个家庭成员在补偿问题上产生了意见分歧，他们还能心平气和地参加家族聚会吗？
- **文化**。对于家族和企业，什么样的价值观是至关重要的？这些价值观应该如何在家族和企业中传导？家族成员在企业中的表现是否会影响其在家族中的地位？

4.3　奢侈品公司独特的品牌体验

品牌体验（brand experience）是品牌传播信息给消费者后，消费者对品牌的经历与感受。弗洛伊德认为："体验是一种瞬间的幻想：是对过去的回忆——对过去曾经实现的东西的追忆；是对现在的感受——先前储存下来的意象显现；是对未来的期待——瞻望未来、创造美景，通过瞬间幻想来唤回过去的乐境。"这解释了奢侈品品牌为何将"体验"作为核心，通过对不同空间的演绎去还原生活，进而创造一种和谐的秩序，一种有情趣、有感触、被认同的场所，并进一步传播给消费者。对于奢侈品品牌而言，"体验"的内涵要远远超出产品本身。

4.3.1 奢侈品品牌的基本体验

消费者与奢侈品品牌之间的每一次互动，即传播和体验，都是奢侈品品牌溢价的过程，品牌体验越深入消费者内心，消费者对奢侈品的购买意愿就越高。一般地，奢侈品品牌体验可以分为两类：一种是消费者在其心理和生理上独自的体验（即个人体验，如感官、情感和思考体验等）；另一种是必须经过相关群体的互动才会产生的体验，即关联体验。

1. 感官体验

感官品牌体验的诉求目标是创造知觉体验，它经由视觉、听觉、触觉、味觉与嗅觉形成。感官品牌体验可区分为公司与产品识别、引发消费者购买动机与增加产品的附加价值等。感官体验与美学和审美心理息息相关。

以酒店为例，向往回归自然的城市人逃避水泥钢筋，选择去度假酒店的目的就是寻求日常生活中难以感知到的生活状态，以此获得身心的放松和精神的愉悦。差异性、参与性、价值性和深刻性恰恰是度假酒店类建筑渴望带给顾客的感受。由此可见，"体验"能够赋予建筑被人感知的独特属性，体验式度假酒店也就应运而生。度假酒店已经不再是单纯提供食宿的建筑，而是为顾客创造个性化生活经历的体验场所。酒店给宾客创造视觉、听觉、嗅觉以及触觉上的感官体验，通过提供有价值的体验行为使顾客在感受建筑的过程中达到自我实现的目的。如丽江悦榕山庄和杭州安缦法云酒店，通过视觉、听觉、嗅觉和触觉给顾客不同类型的体验（见表4-5）。

2. 情感体验

情感营销着力于消费者内在的感情与情绪，目标是创造情感体验。感情与情绪，范围涵盖了从一个温和、柔情的正面心情，到欢乐、自豪甚至是激情的强烈情绪。情感营销的运作需要真正了解什么刺激可以引起某种情绪，以及能使消费者自然地受到感染，并融入这种情景中来。

表 4-5　丽江悦榕山庄和杭州安缦法云酒店的品牌感官体验

	丽江悦榕山庄	杭州安缦法云
视觉体验	玉龙雪山、纳西风情	古村聚落、江南水镇
听觉体验	高原雪域	原生森林、法云寺
嗅觉体验	生态草原	山地茶园
触觉体验	当地建材（五彩石、纳西灰砖）	保存、修缮后的民居

资料来源：胡纹，孙远赫，李志立.度假酒店中的感官体验设计［J］.西部人居环境学刊，2013（6）：41-45.

新加坡航空是与上一节中提及的阿联酋航空和卡塔尔航空并驾齐驱的豪华航空公司。在新加坡航空公司，乘务员除了穿着标志性制服的基本要求外，还必须使用统一的标志性香水，妆容、发型和个性化服务也有严格的要求，以此形成独一无二的"新加坡航空靓丽风景线"。同时，新加坡航空也是世界上最早在空客 A380 上推出私人套间的航空公司之一（如图 4-56 所示）。

图 4-56　新加坡航空的空乘妆容与头等舱私人套间

新加坡航空与法国顶级游艇设计师让-雅克斯·科斯特（Jean-Jacques Coste）合作，制造商日本 Jamco 株式会社、法国西柯玛航空座椅公司（Sicma Aero Seat）共同打造了空中套房，营造了优雅和精致感——双人床具使用了 Givenchy 的羽绒被，配备了 23 寸 LCD 电视机。每个套房皆针对商务客人，座椅设计为可方便拉成办公桌椅，并贴心地准备了 Salvatore Ferragamo 护手霜和香氛。这种典型、统一且精致的香味与服务体验是造就新加坡航空高品牌资产和高情感体验的重要原因。

3. 思考体验

思考体验诉求的是智力,以创意的方式引起消费者的惊奇、兴趣、对问题集中或分散的思考,为消费者创造认知和解决问题的体验。思考体验曾经只适用于高科技品牌,但如今思考体验大量运用到了奢侈品行业的品牌设计、产品促销以及消费者沟通中。下文用 Hermès 的例子展现奢侈品公司如何设计行动与思考结合的体验。

4. 关联体验

关联体验包含感官、情感、思考与行动体验的层面。这种体验方式超越了私人感情、人格、个性,与个人对理想自我、他人或是文化产生关联,让消费者在独特的社会系统(一种亚文化、一个群体等)中产生关联,从而建立个人对某种品牌的偏好,同时让使用这个奢侈品品牌的群体进而形成一个群体。Harley-Davidson 摩托车是个杰出的关联品牌(见图 4-57),它代表着一种生活方式,通过机车本身与 Harley-Davidson 相关的产品到狂热者在身上文"Harley-Davidson"等活动,消费者就会视 Harley-Davidson 为身份标识的一部分。

图 4-57　Harley-Davidson 品牌关联体验

4.3.2　奢侈品品牌体验创新

消费者获得最佳奢侈品品牌体验的场所是门店和各种品牌活动场所,它们是奢侈品公司的招牌和名片,门店内的互动和品牌活动的参与是提升品牌体验的重要方式。在这些地方,奢侈品品牌与客户之间的沟通手段就显得极为重要。

对于门店而言,奢侈品公司通常用自己的设计总监或邀请著名建筑设计师合作设计。与一般品牌常常采用的促销、散发广告、店内挑选、试穿不同,奢侈品品牌的体验方式更符合品牌风格，不断地根据时代潮流、顾客品位和科技创新而变化。奢侈品品牌越来越被年轻人喜爱，这不仅改变了奢侈品的销售方式，更在挑战奢侈品店的核心理念：这些年轻人期待多渠道的品牌体验，故奢侈品需要实体店与信息科技的融合。信息科技的作用并非代替奢侈品门店，而是增加实体店的品牌体验，因此，越来越多的计算机技术人才参与到奢侈品门店品牌体验设计的环节中。从 Burberry、Jimmy Choo 和 Prada 的例子中可以看到科技运用与品牌体验手段之间的融合与创新。

1. Burberry

随着 Burberry 在伦敦摄政街旗舰店的开幕，Burberry 将门店与虚拟世界体验融合在了一起（如图 4-58 所示）。视频影音的科技发展让客户能第一时间看到新品发布会上的最新款。这大大缩短了新系列与客户见面的时间，能参考客户的意见，让 Burberry 的设计师更好地在正式发售之前改进，让最后的发售更加成功。

图 4-58 *Burberry 的虚拟世界*

2. Jimmy Choo

Jimmy Choo 有一家虚拟展示厅（如图 4-59 所示）。在这个展示厅中，客户可以试看各种款式的新鞋，仅仅通过站在大屏幕前触摸点击。顾客点击他们想要尝试的鞋款或皮包，就能 360 度无死角地查看这件商品，同时商品的资料也会显示在一边。屏幕上更有一个"分享"按钮,可以让顾客分享这件商品到社交网络中,让更多的人体验到虚拟展示厅的神奇。

图 4-59　*Jimmy Choo 的虚拟展示厅*

随着虚拟现实(virtual reality,VR)和增强现实(augmented reality,AR)技术走入人们的生活,奢侈品行业也嗅到了这个方面的商机。阿里巴巴 2016 年就发布了一个虚拟现实购物的应用"Buy+",顾客可以享受虚拟购物并用虚拟现实试用物品,整个购物体验和线上相差无几,选择完毕就点击放进购物车,再用支付宝支付。京东则与三十几家本土公司合作成立虚拟现实和增强现实联盟。腾讯也在加快建立虚拟现实社交媒体的脚步。

虚拟试衣对于图快的消费者来说是一个及时的方案,只需输入身材相关数字和照片就可以让虚拟人帮你试穿。对于奢侈品公司来说,该技术的实现可以获得消费者数据,从而做出更好的私人贴身化服务与设计。

3. Prada

在 Prada 纽约旗舰店中,所有产品上都挂有射频识别标签(radio frequency identification,RFID)。当员工或者客户用无线信息终端来检测该射频识别标签,可以立刻访问内容丰富的后台数据库。数据库里有该产品相关的草图、时装表演录像以及各色样品。每当顾客拿起一件 Prada 走进成衣体验室,RFID 会被自动识别。同时,数据会传至 Prada 总部。每一件成衣在何时何地哪家门店被拿进试衣间以及停留多长时间,数据都会被存储起来加以分析。对于一般品牌而言,如果一件成衣销量很低,往往是直接下线。RFID 传回的数据显示这件服装虽然销量低,但进试衣间的次数却很多,设计师们可以通过这些数据在某些细节上做出改变,重新创造出一件非常流行的产品。Prada 正是利用大数据带来的直观有效的信息及时对产品线进行调整,在时尚界创造出很多经典的产品。

此外,每一个 Prada 的 VIP 卡内也置有射频识别标签,客户的偏好、采购习惯等都可储存在后台数据库。只有客户提供 VIP 卡时,数据才能显示在信息终端上,这样可以方便店铺工作人员有针对性地提供相应的服务和建议,提高对持卡客户的服务质量。

4. Hermès

VIP 活动是获得奢侈品牌体验的另一种途径。第 2 章阐述了 VIP 活动对消费者的重要影响,这里再加一则 Hermès 男装的 VIP 活动。

Hermès "极速前行"男性世界活动于 2018 年 4 月在上海举办。中国船舶馆的巨大空间被打造成一场具有未来感的"太空派对""实验酒廊""地心引力""训练空间"和"整装待发",为 VIP 观众提供了全方位的 Hermès 品牌体验。

在"实验酒廊"区域内,形似化学试管的巨大装置排满墙面,不时有几根"试管"闪烁着红蓝的霓虹光,置身其间如同走进科学实验室。而在"试管"和"烧杯"里,摆放着 Hermès 领带、腕表、鞋履、包袋。中间则有一位手工匠人,现场演绎如何"实验"出一款 Hermès 产品(见图 4-60)。

图 4-60　名为"实验酒廊"的 Hermès 产品体验区

"地心引力"区域以艺术的方式展示了太空的美感,法国舞蹈艺术家尤安尼·布尔热瓦(Yoann Bourgeois)首创的"不倒翁"舞在此处重现。舞者穿上特制的服装,化身巨大的"不倒翁",在人力摇摆中寻找平衡(见图4-61)。

图4-61 名为"地心引力"的Hermès活动体验区

专为年轻人打造的"训练空间"打造了一个由投篮机、复古经典游戏机、失重乒乓球台组成的游戏中心,占据一整面墙的巨大屏幕还上演了"贪吃蛇"大战,锚链图案扭转出蛇形(见图4-62)。"整装待发"区域让VIP嘉宾体验到虚拟与现实的瞬间转换。

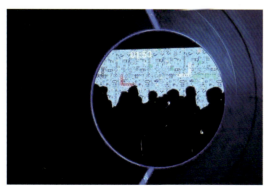 

图4-62 名为"训练空间"游戏体验区

VIP贵宾们可以穿着经典的Hermès飞马太空衣开展一场虚拟飞行。空旷的操作间中,陈列Hermès为探索宇宙而特别定制的交通工具:定制内饰的超级跑车,由皮革包裹的自行车，喷绘着草原色彩的冲浪板（见图 4-63）。在展示期间，机组休息厅始终向 VIP 贵宾们开放。

图 4-63 名为"整装待发"的虚拟飞行体验区

Hermès 通过极具科技感和未来感的方式，向 VIP 陈列典藏服饰、精致的手工艺、复古的娱乐中心，提供刺激的飞行体验，把对未来科技的思考融入体验中，完美地把美、生活方式、时间真谛传播给忠诚消费者。

4.4 奢侈品公司客户关系管理

奢侈品是多数人的梦想，而只为少数人拥有，它的特征在于尊贵与奢华。奢侈品行业中有一条黄金法则：永远不要问客户想要什么，告诉他们应该拥有什么。传统奢侈品行业总是以一种高高在上的态度面对消费者，实行的是一种类似"饥饿销售"的法则，让普通消费者可望而不可即。于是，客户关系管理（customer relationship management，CRM）的概念便应运而生。

4.4.1 客户关系管理理论

客户关系管理是企业与客户之间建立的管理双方接触活动的信息系统。企业通过有效管理客户信息资源，分析客户的需求特征，不断发现客户的价值，为客户提供满意的产品与服务，从每一个与客户接触的地方着手，在企业与客户之间建立起长期、稳定、相互信任的良好关系。

从客户价值和产品对客户的价值之角度出发，客户可以被划分为四类（如图 4-64

所示），分别是星级客户（star customers，即忠诚顾客，产品对其的价值和顾客自身的价值都很高），弱势客户（vulnerable customers，顾客价值很高，但容易在品牌或产品之间摇摆不定），"搭便车"客户（free-riders，产品对这类顾客的价值很高，但他们往往喜欢占各种优惠、免费的便宜）和流失客户（lost customers，客户价值以及产品对其的价值都很低，这类顾客只喜欢占便宜，如利用某些电商的政策7天内无条件退换）。客户关系管理就是为企业保留老客户（如星级客户）、吸引新客户（如弱势客户或"搭便车"客户），通过实现客户效用的最大化来获得超额利润，尽可能把新客户转变为忠诚的老客户，以此提高企业的竞争力。

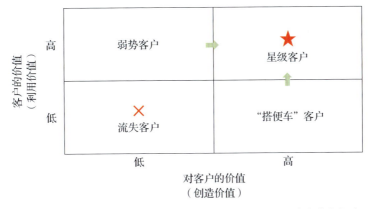

图 4-64　客户价值矩阵

客户关系管理是现代管理科学与先进信息技术结合的产物，但又非等同于单纯的信息技术或管理技术，而是企业通过再造企业组织体系和优化业务流程、改善企业与客户之间关系的新型管理模式。现在的客户关系管理已经成为管理软件、企业管理信息解决方案和客户管理理念相融合的一种特殊混合系统。

客户关系管理是以客户为中心的价值链优化过程，其最终目标是通过"顾客获取（acquisition）→顾客保留（retention）→价值拓展（expansion）"核心链的实施，与目标客户建立起一种长期、互惠互利的关系，即在顾客价值生命周期中，最大化顾客终生价值（customer lifetime value，CLV）。美国管理学家苏尼尔·古普塔（Sunil Gupta）与唐纳德·R.莱曼（Donald R. Lehmann）于2006年在《关键价值链：从客户价值到公司价值》一书中提出了一套简便的顾客终生价值计算模型，为公司顾客终生价值的广泛应用提供了可能。计算模型适用于各类场景，基本公式为：

$$CLV = mr/(1+i-r)$$

式中，m 为利润；r 为保留率；i 为将来收益折算至当前的转换率。计算原理和推导公式在此不做赘述。

和产品生命周期类似，顾客对企业利润的贡献也可以分为导入期、快速增长期、成熟期和衰退期，而顾客终生价值包含了直接价值和间接价值两个方面，前者包括购买价值、潜在价值和成长价值，后者则由推荐价值和信息价值构成（如图 4-65 所示）。

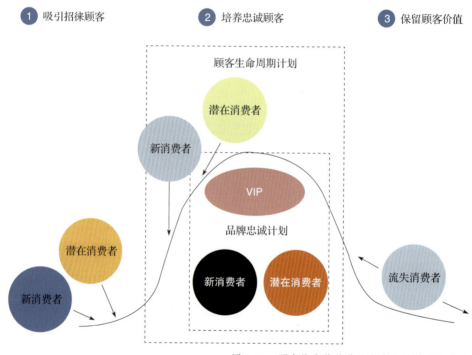

图 4-65　顾客终生价值曲线与客户关系管理策略

在客户关系管理中，客户识别、关系建立、客户保持以及满意度与忠诚度提升是其管理的主要内容。客户识别主要通过相应的技术手段，以客户的购买数据以及客户特征为基础，明确客户需求与潜在客户，找出价值最高的客户，将其作为主要对象建立起某种关系，通过向客户实施情感投资，给客户亲切的体验与更个性化的选择，为其提供完美服务，确保客户需求得到最大程度的满足。在建立起客户关系之后，应积极主动与客户实现良好沟通，通过保持产品质量高质、服务优质、品牌形象提升等手段，使其成为企业品牌的忠实者，从而达到提升客户满意度与忠诚度的目的。重视关系营销、客户数据挖掘以及信息交流是客户关系管理的三大主要特点。

当一个企业失去一个顾客时，就意味着企业正在失去更多顾客与机遇，品牌失去进入他们的心智以及私人关系网的机会。当遇到差劲的接待或难以接受的服务时，顾客会不满意地离去，而且不会建议家人、亲朋好友、同事、商业伙伴甚至初次见面的人去这家商店购买，甚至直接给这个品牌贴上反对标签。

4.4.2 奢侈品公司的客户关系管理

从上节内容可以了解到，应用客户关系管理理念是成功实施客户关系管理的基础。企业可以借助客户关系管理优化企业的业务流程，提高企业整体服务客户的水平。企业把"以客户的需求为中心"的经营理念贯穿到企业经营管理的所有环节中，就是所有的业务过程围绕如何更多地为客户创造价值，如何获得客户满意、客户忠诚而展开。

随着市场竞争日趋白热化，奢侈品公司为了保持竞争优势，实现客户关系管理创新，将其作为企业最主要的资产进行管理，保持客户价值优势成为其持续发展的必然选择。

奢侈品品牌追求的是与客户建立情感联系，激发他们对品牌的热情，从而牢牢锁定客户忠诚度——不仅仅对品牌满意，还要对品牌充满热情与渴望。这完全不同于传统的客户关系管理系统的绩效度量标准，对客户关系管理的要求也非同一般。

1. 客户细分与识别

客户细分与识别是客户关系管理的基础。奢侈品公司需要了解、分析客户的特征与需求信息，才能有效地提升客户满意度，增强客户对奢侈品品牌的满意度和忠诚度。

对于大多数奢侈品品牌而言，既要维护自身的品牌形象，又要在吸引更多的中产阶级的同时维系原来的高端客户，这显然是一个巨大的挑战。在这种情况下，奢侈品公司必然努力追求更高层次的客户关系管理。管理学中著名的帕累托法则（Pareto's Principle）告诉所有人：一个品牌80%的销售额由20%的客户贡献，一个公司不需要满足所有客户的需求，满足所有客户需求时的利润率远远低于最优化的销售方案（如图4-66所示）。

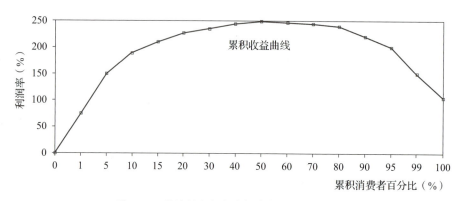

图 4-66 满足所有客户需求时的利润率远远低于最优化的销售方案
资料来源：Kanthal (A), HBS Case 9-190-002.

核心客户、VIP消费者是奢侈品公司客户关系管理中的重点服务对象。像Hermès、Chanel、Dior、Givenchy等绝大多数奢侈品品牌都建立了专门的客户关系管理部门，专门研究如何吸引更多的客户和保持现有客户对该品牌的忠诚。尤其对VIP客户，奢侈品公司采用的是私密的"一对一"甚至"多对一"服务。奢侈品公司的客户关系管理系统始终将客户姓名、职业、生日等基本信息完善保管。

以Hermès为例，尽管价格昂贵、等候期长，Hermès手袋仍备受追捧，其最高端的两大皮包Kelly和Birkin一直拥有着长达几年的客户等待名单（waiting list）。Hermès的顾客只要消费一次，无论金额多少，都可以成为爱马仕的终身会员，成为会员体系中的一员（如图4-67所示），但只有持续积累了一定消费额的VIP客户，才有资格排队购买Birkin或Kelly包。

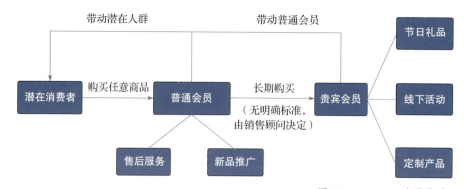

图 4-67 Hermès 会员体系

Hermès为了更好地了解每个客户的情况，实施了"身份不共享"的策略，即每家店铺的客户资料不共享给其他专卖店。为了保证自己的权益，客户大多会选择在同一家专卖店找同一个销售顾问（sales ambassador，SA）购买。而销售顾问会根据客户资料建立专门档案，并评定其是否有资格成为 VIP 会员，有资格购买更加高端的包袋。

2. 销售顾问的个性化服务

汤姆·福特担任 Gucci 创意总监时说过："一个品牌就是一段难忘的记忆。"当记忆与时间、地点和人而不是东西结合在一起时，它就会释放出最强大的力量。换言之，体验更重于产品。综合性的客户体验管理方法总是专注于客户体验，并由此引出新的流程、培训指南甚至新的技术来支持令人印象深刻的品牌化、差异化体验。

客户关系管理系统的部署不可避免会影响到客户销售终端的流程和客户体验的方式。然而，不管各种客户关系管理系统如何千变万化，一条准则是客户关系管理系统一定要服从客户体验管理的需要，绝不允许为了信息系统的实行而造成客户体验的下降。一切系统的存在都是为了服务客户，高品质客户服务源于高素质员工。作为奢侈品品牌，对员工的要求不同于一般的公司，很强调员工要有奢侈品的感觉和风格。由于奢侈品的消费者往往追求一种"奢侈"的心理体验，员工需要对这部分人群的消费特征、购买偏好等非常了解，并与他们保持良好的关系，对他们推广个性化的产品。

对于奢侈品门店的销售顾问而言，他们不仅需要在统一的产品概念下和公司内部的市场推广及公共关系部门进行良好的沟通，还需要深刻理解奢侈品及其品牌的内涵，领悟公司产品的深层次含义和公司文化，最终把对奢侈品品牌特色的理解融入策划活动和自身的气质中来。这样在员工与那些 VIP 客户沟通时，才能更好地表现品牌的魅力，激发客户对品牌的热情。

奢侈品公司挖掘客户的多种消费需求，通过客户个性化需求的满足，使客户尚未言明的需求得到最大限度的满足。这种个性化的服务不仅节省了客户的体力与时间成本，向其提供"一站式"服务，从而达到客户满意甚至愉悦的目的，同时通过不断提供超出客户预期的服务，实现客户满足、满意到忠诚度的转化，降低客户视线转移以及客户流失的可能性，促进客户忠诚度的提升。

一些奢侈品门店的销售人员往往有这样的理念误区：仅把优质的服务带给看上去

富贵的消费者，面对看似漫不经心的顾客和闲逛的人群时，却收起了该有的微笑。奢侈品品牌的确带有神秘感、尊贵感和些许距离感，但真正的奢侈品品牌不会将这种距离感应用在门店内的服务与交流中。对待顾客带有偏见和成见的眼光是十分危险的，看似年轻朴素的女孩可能是作风低调的富家千金，不愿打扮的夫妻可能是某跨国集团的高管，武断地判断顾客身份可能带来十分不利的后果。因此，对于每个销售顾问，不管顾客打扮是否高贵、是否进店购买商品，都会用热情和个性化的接待方式（如友好的目光接触、优雅的肢体语言、独一无二的交谈话题、丰富的赞美词汇、发自内心的祝福等），积极倾听和称赞并发现客户的梦想与动机，解决客户遇到或潜在可能的种种疑虑，使每次与顾客的接触都能成为其愉悦的经历，超出其预期。在奢侈品销售礼仪中，介绍某款产品有一条重要的三明治技巧（sandwich technique），即赞美（先介绍这款产品的价值/工艺细节的主要原因、材质、印花、个性化元素等）→内容（自然地提出价格）→赞美（购买这款产品给客户带来的价值）。

个性化服务还会延续到售后。奢侈品公司会在此前客户信息管理的基础上，根据客户在门店的交流情况和店员长期积累的客户个性信息给客户带来尽可能大的惊喜。他们会记录客人的各类纪念日、喜好与偏好，每次消费时的发型与着装，甚至购物后的出行计划都详细在列，在 VIP 客户生日等重要纪念日那天，他们能收到特别的心意小礼物，伴有精致的手书问候卡片。

在一些公司销售和客户关系的内部培训课程中，"幽默"被当作销售人员的秘密武器之一。但事实上，在很多客户关系管理的环境或场合中，幽默并不适用。如英国心理学家理查德·怀斯曼（Richard Wiseman）就发现，幽默感是男性展示吸引力的重要标志，他们可以通过合理的幽默言辞吸引女性消费者，然而，男性消费者往往不愿意在奢侈品购物或一对一服务中听到店员的诙谐语言，即使店员是女性。此外，带有极端主义思想或信奉集权主义、威权主义的消费者也不喜欢幽默感。

3. 客户关系管理软件系统

当前市场竞争日趋激烈，在数字化时代仅仅依靠产品很难留住客户，必须为其提供全方位的服务，才能在激烈的竞争环境中处于有利地位。为了准确及时地把握客户的个性需要，必须有效地掌握 CRM 技术。客户关系管理就是企业利用各种信息技术，通过对客户进行跟踪、管理和服务,留住老客户、吸引新客户的思想、方法和手段。

一个成功的奢侈品公司客户关系管理软件系统应该具备如下功能:沟通手段自动化、业务流程信息化、信息处理智能化。客户关系管理软件系统的重要系统模块主要包括客户销售管理、客户市场管理、客户支持和服务管理、数据库及支撑平台等子系统。其中,客户销售管理子系统包括客户档案管理、订单管理、经销商管理、库存管理、销售管理;客户市场管理子系统包括客户信息管理、营销活动管理、市场资料的管理;客户支持和服务管理子系统包括客户服务信息管理、客户满意度管理、服务合同管理、客户关怀管理、服务档案管理。

客户关系管理既是一种概念,也是一套管理软件和技术。利用客户关系管理系统,奢侈品公司能搜集、跟踪和分析每一个客户的信息,从而知道什么样的客户需要什么东西,还能观察和分析客户行为对奢侈品公司收益的影响,使奢侈品公司与客户的关系及奢侈品公司利润都达到最优化。

以 Alfred Dunhill 的客户关系管理系统为例。它被命名为 DCMS 系统,亚太区分系统位于中国香港,由香港公司代为管理,并与 Alfred Dunhill 全球客户管理系统相结合。顾客每次在 Alfred Dunhill 消费,购物信息会自动记录到系统中。在中国,到每年年底,Alfred Dunhill 会根据客户积分选出全中国消费额最高的前十位消费者,全球高管会亲自赠送信函与特别礼物给他们表示感谢。这些礼物无法通过一般渠道或商店获取,仅作为有特殊意义的礼物送给 Alfred Dunhill 最忠实的客户。此外,每年 Alfred Dunhill 还会准备其他礼品,馈赠给普通的会员客户。

| 结尾案例 |

Giorgio Armani 的品牌模型

阿玛尼集团是典型的采用金字塔模型商业模式的奢侈品公司。从本章"跨界延伸"一节就可以看到,阿玛尼集团不断"跨界"经营,不仅通过母品牌延伸方式在领带、眼镜、手表和皮革用品等传统的延伸领域有所涉及,还打造了新品牌,已经成功进入美妆与香水(Giorgio Armani Beauty)、餐厅及咖啡屋(Armani/Ristorante & Emporio Armani CAFFÉ)、家具（Armani/Casa）、花店（Armani/Fiori）、甜品（Armani/Dolci）、酒店（Armani/Hotels）、俱乐部（Armani Club）和展览空间（Armani/Silos），如表 4-6 所示。

表 4-6　阿玛尼集团下的全产品系列

	时尚	服装、拎包、鞋履、配饰（钱包等小皮具、领带、皮带、围巾、手套、帽子、珠宝、眼镜）、手表
ARMANI	生活方式	餐厅及咖啡屋、家具、花店、甜品、酒店、俱乐部和展览空间
GIORGIO ARMANI beauty	美妆	彩妆（唇部、面部、眼部）、护肤（清洁、水、眼唇、精华、面霜、乳液）、香水（女士、男士、定制系列）

在时尚业务中（如图 4-68 所示），2017 年前金字塔最顶端的是 2005 年开辟的高级定制品牌 Giorgio Armani Privē，以下依次为面向 35～50 岁人群的高级成衣品牌，也是核心主打的 Giorgio Armani，定价比主线低 20% 的 Armani Collezioni 和 Emporio Armani，以及定位于 18～30 岁的牛仔休闲品牌 Armani Jeans，位于最底层的则是针对潮流一族的副牌 A|X Armani Exchange。在构建"品牌金字塔"的同时，乔治·阿玛尼还创立了针对青少年的系列，以不同市场定位、从高到低的品牌布局尽可能地扩大覆盖人群。2010 年，乔治·阿玛尼与锐步集团（Reebok）携手推出健身服装和街头装，联手打造了男女运动装系列 EA7 Emporio Armani。乔治·阿玛尼认为："运动服已成为衣柜真正重要的组成部分，时尚舒适的运动服装将是消费者的首选，这也是与锐步联盟的原因，希望这样的合作能够推动该领域的发展。"

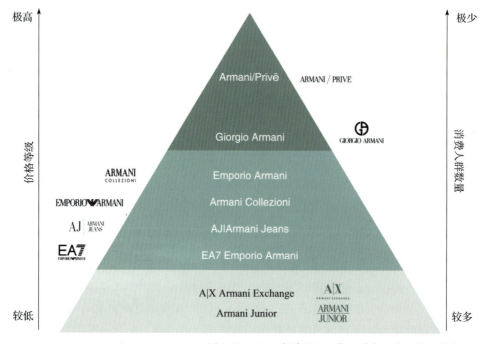

图 4-68　2017 年前阿玛尼集团时尚品类下的品牌结构

于是，乔治·阿玛尼在 2018 年把集团旗下所有时尚品牌精简至三个：顶级产品线 Giorgio Armani、高端线 Emporio Armani 以及价格较低的 Armani Exchange，去掉了其他冗余的品牌。高级定制 Giorgio Armani Privē 归入 Giorgio Armani；Armani Collezioni、Armani Jeans 和 EA7 被纳入 Emporio Armani；A|X Armani Exchange 和 Armani Junior 合并成为新的 A|X Armani Exchange，单独建立官方网站和电商平台（如图 4-69 所示）。

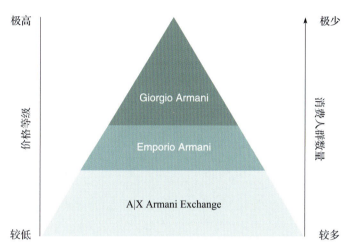

图 4-69　2018 年阿玛尼集团精简时尚品类下的品牌结构

与此同时，Giorgio Armani、Emporio Armani 和 Armani Exchange 分别设立了专门的社交网络官方账户，以吸引更多的年轻消费者。但无论如何，阿玛尼集团仍然采用了金字塔模型的商业模式。

PART THREE 第三篇

奢侈品公司与创新

第 5 章　奢侈品及其品牌创新
第 6 章　奢侈品公司运营创新
第 7 章　奢侈品品牌形象构建与传播
第 8 章　全球奢侈品公司透视

奢侈品公司和那些顶级设计师们始终对身边的种种事物有自己独特的见解。嘉柏丽尔·香奈儿女士曾说："要想不可取代，必须与众不同。"（In order to be irreplaceable, one must always be different.）许许多多如香奈儿般伟大的设计师以自己的想象力和创造力塑造了难以复制的品牌魅力，他们的创新起点就是绝不"人云亦云"。Hermès Kelly 包、Bottega Veneta 的皮革梭织法、Chanel 的黑白梦想与 Giorgio Armani 的黑白灰世界都堪称经典，在世界顶级艺术馆中都能见到这些品牌创新的身影。如果漫步在巴黎蒙田大道、米兰圣安德烈街、纽约第五大道或伦敦新邦德大街，可以看到，那些优雅矗立的旗舰店或许就是这些奢侈品公司的创新秘密所在，抑或所有灵感的源头。

第 5 章

奢侈品及其品牌创新

个性永远是真正保持优雅的条件之一。

Individuality will always be one of the conditions of real elegance.

——克里斯汀·迪奥（Christian Dior）

| 开篇 |

Brunello Cucinelli：
古典与创新

图 5-1　*Brunello Cucinelli* 选用现今服装界最顶级的面料

被誉为"山羊绒之王"和"服装界真正奢侈品"的意大利顶级品牌 Brunello Cucinelli 的所有服饰均选用现今服装界最顶级的面料。主打产品羊绒的原料选自内蒙古和蒙古国最珍贵的山羊绒（如图 5-1 所示），并只选羊绒质量最好的羊喉和羊腹区域的羊绒，手工采集、手工上色，染料均是植物染料，再由意大利当地技艺最高超的裁缝们手工制作，每一件羊绒制品都是独一无二的收藏品。Brunello Cucinelli 的棉料一般只选用来自埃及顶级的长绒棉，羽绒产自奥地利顶级的白鹅绒（自然脱落状态下收集，无梗、不会掉毛，更显珍贵）。它的皮具是唯一与爱马仕集团同样拥有养殖场皮具原料优先选择权，鞣制和制作工艺纯靠传统手工。每件服饰在面世前至少会被里里外外检查六遍以上，以保证所有的品质都能达到 Brunello Cucinelli 的级别。

与此同时，创始人布内罗·古奇拉利（Brunello Cucinelli）一直在寻找符合可持续发展标准的蒙古纱，并将其应用在大衣和轻质羊绒毛衣中。他为意大利翁布利亚（Umbrian）工厂附近的索罗梅奥（Solomeo）村庄投资建造了"艺术论坛"，包括修复剧院和增设一系列运动设施（如图 5-2 所示），供当地村民使用，打造出一个"后代与地球和谐共存"的世界。

图 5-2　布内罗·古奇拉利一手打造的"艺术论坛"

沉醉于古典建筑的古奇拉利受文艺复兴的启发，设计并建造了这座剧院。无论是外观还是内饰，它都包含着古典艺术元素。这个独特的建筑呈六面体形状，配有瓦片屋顶，建立在一个高耸的平台之上。由爱奥尼式（Ionic order）列柱支撑的曲线形门廊步入，便可看到高贵的内部装饰散发着柔和的色调，与质朴的橡木房屋构架线条相得益彰。这是古奇拉利对"永恒之美"的另外一种诠释。

在剧院靠近花园一侧有一个巨大的石灰华牌匾，上面雕刻着文字，中文译为："布内罗·古奇拉利想要在他深爱的索罗梅奥，于大自然的剧院中，建造这人类的剧院，以长久纪念美与理想的永恒价值。公元 2008 年。"

剧院的理念有点类似于工作室住宅，建立在中世纪的艺术和贸易公会的基础上，人们还可以在此学习英语、建筑和哲学。为此，剧院为来自世界各地想要客居索罗梅奥的朋友提供了人文课程。剧院正对面的"哲学家花园"是"艺术论坛"的一部分，坐落在一系列台地上，将四周壮美的风景尽收眼底。花园里设有多处凉亭和安静的角落，是理想的冥想场所。这也是这个地方的主要功能。"艺术论坛"体现了古奇拉利最高贵的理想——将艺术、文化和灵性和谐地汇聚在一起，倡导绝对的思想和宗教自由，为人类知识和可持续发展锦上添花。

奢侈品作为精致、独特而稀有的商品在市场上出现并流通，让消费者梦寐以求，但又非不可获取。时至今日，越来越多的消费者加入了购买奢侈品的行列，而他们的要求，也从单单拥有奢侈品，发展成了拥有更好、更新的奢侈品。无论是 Chanel Gabrielle 流浪包、Blancpain Minute Repeater 腕表或 Etincelle de Cartier 戒指，还是 Berluti Keith 皮靴、Bulgari 酒店或 Aston Martin DB11，它们都融合了精美的设计、稀有的材料以及精湛的工艺，具有作为奢侈品所特有的灵魂，成为人们对高品质生活的渴望的一种象征。总体来说，奢侈品品牌代表了一种梦想和声望地位。而创新作为奢侈品生产过程的核心，展示了奢侈品公司的能力，不仅体现了精湛的工艺设计，同时传达了时代的气息，从而创造出一种新的、独特的、非同寻常的产品和体验。

在很多人眼中，奢侈品公司和创新两个名词看似很难兼容：奢侈品公司代表了保守的传承经典、手工艺和历史，而创新代表着前沿的新潮流、现代化和科技。在这个特殊而崭新的时代，奢侈品公司和创新却紧紧联系在了一起。真正驱动奢侈品市场的成熟消费者们渴望拥有新奇创意，品牌的创意战略因此需要做出重要的改变，这正是奢侈品公司在这个奢侈品普及的时代需要进行创新的意义和必要性所在。

5.1 创新的必要性及其范畴

一个企业的竞争优势往往是暂时的,随着经济发展和科技进步,企业之间的竞争也日趋加剧,优势会逐渐消失。当企业对创新重视不够时,成长将放缓,会失去机遇甚至永久生存的优势。因此,不少管理者把创新视作企业成功的关键。如星巴克公司前首席执行官霍华德·舒尔茨(Howard Schultz)在任期间将工作重心放在全球臻选咖啡门店(Starbuck Reserve)的设计创新和品牌创新与发展上,并通过引发员工和下属好奇心的方式激发创新;通用电气董事长兼首席执行官杰夫·伊梅尔特(Jeffrey Immelt)在很多公共场合谈到了"创新的必要性",他坚信创新是企业成功的核心,这就是投资于未来的唯一理由,为此通用电气开展了一百多个"突破性创新"工程;微软前首席执行官史蒂夫·鲍尔默(Steve Ballmer)也始终认为微软的核心竞争力之一是创新,创新是微软能让顾客保持开心、让竞争对手难受的唯一方式。

5.1.1 创新的艰难性与必要性

亚马逊集团董事会主席兼首席执行官杰夫·贝佐斯(Jeff Bezos)说过:"你可以学会亚马逊的过去,也可以学会亚马逊的现在,但你学不会亚马逊的未来!"创新是亚马逊迅速崛起的重要原因之一。2018年7月成为历史上市值首破万亿美元的亚马逊集团,从1995年成立至今经历了23年的发展,这也是引领全球电商技术创新、模式创新的23年——从23年前的车库创业发展为今天的机器人库房、无人机配送、大数据驱动运营、区块链技术研发等全套智能化的运营体系。如今的中国电商物流应用的智能机器人、无人机、智能化仓储等各种场景,其实都是在快速学习亚马逊的各种运营创新。

1. 创新的艰难性

大多数企业采用渐进式创新(incremental innovation),仅在产品或技术原有的基础上进行有限的改进,产品的核心效能并未发生本质的变化,如可口可乐的新品位饮料和微软操作系统更新等;而激进式创新(radical innovation)则在技术上有巨大的突破,颠覆整个产业原有的游戏规则,可以让现有的市场领袖完全过时,如20世纪的移动电话、互联网和如今的3D打印技术、人工智能、区块链等;还有一部分创新事实上介于渐进式和激进式创新之间，可以称为显著式创新（substantial innovation），它们虽未完全颠覆产业规则，却给各相关企业带来巨大的冲击，如大屏智能手机、平板电脑等。

但是，创新是极其艰难的，资金和技术有限仅是造成创新困难的原因之一。本质上，创新对于企业是一个难以应对的两难问题。创新的实质是变革，它打破甚至摧毁现有的模式并带来混乱和不确定性，而企业是一个本质上追求效率和稳定的组织机构，它会本能地抵触或排斥这些带来混乱和动荡的高风险行为。换言之，企业抗拒真正意义上的创新，但又需要这类创新去生存和发展。然而，即使企业具有充足的资金、技术储备和出色的人才，而且有创新的意愿，也很难产生真正的创新。创新是企业管理的一个深层悖论，一个企业不仅要实现效率，还要允许甚至产生有利于创新的混乱，保持盈利还要放弃当今主要的现金流，尽量满足但也要战略性地忽略核心用户的需求，打造稳健却又具有冒险精神的企业文化。管理这些极具挑战性的悖论需要企业具有高超的管理智慧和强大的勇气与魄力。真正的创新虽然很难，但并非无法做到。如苹果、亚马逊、宝洁、谷歌、IBM 等都能在管理这个深层悖论上游刃有余，敢于变革，善于变革，而且勤于变革，打造出超强的创新能力。

奢侈品公司的创新是否也一样艰难？答案是肯定的。笔者曾在 2010 年出版的《奢侈品品牌管理——方法到实践》一书中将 Vertu 手机品牌作为第 9 章"奢侈品产品创新和定价策略"的开篇故事，彼时的 Vertu 还经历着辉煌。Vertu 手机从外观、用料到功能都绝对有王者风范，平均每款售价高达十几万元人民币。然而，随着智能手机步入高速发展，Vertu 依旧计划以不变应万变，仅仅追求外观、用料的奢华，它的塞班系统和硬件配置越来越落伍。而那些不做手机的奢侈品公司却把握住了科技创新的命脉，作为竞争者加入了市场。保时捷公司联手黑莓公司推出了 Blackberry Porsche，奥地利珠宝商推出了 iPhone Princess Plus，瑞士柏拉图公司（Goldvish）也相继推出了奢侈品手机，并且在保证用料和外观质量的同时，不断提升系统和硬件配置。等 2012 年 Vertu 意识到创新时，为时已晚。不久后，Vertu 被卖给了瑞典一家名为"EQT VI"的私募股权集团，当时的售价为 1.75 亿英镑。三年后，它又被转手以 5 000 万英镑的低价卖给了香港（中国）国鼎投资控股有限公司（Godin Holdings）。2017 年 7 月，Vertu 陷入了破产风波，曾经的"机皇"面临着被彻底淘汰的威胁。可见，没有技术基础的创新往往注定了品牌的衰落。

2. 奢侈品公司创新的必要性

创新对奢侈品公司而言的两难，比对一般企业更甚：如何在保守地传承经典、手工艺、历史与新潮流、现代化、前沿科技中平衡取舍。两难不代表奢侈品公司不注重创新，创新的必要性不言而喻。爱马仕集团就是如此，虽然始终坚持"真善美"、坚守传统，但创新也从不忽视。爱马仕集团著名的系列 Kelly 包的打造、Petit h 创新部门将工坊剩余的材料加以再利用都是创新的经典案例，下一节中将具体阐述。此外，爱马仕集团还从法兰西文化孕育出 Hermès 的民族品牌并成功走向世界的原理中，洞察到中华文明的蓬勃未来，于是以极大的人力和财力耐心打造「上下」这一品牌。「上下」是爱马仕集团与中国设计师蒋琼耳女士于 2008 年在中国携手创立的新品牌，不仅传承了中国文化及美学的精髓，并通过创新将传统手工艺的精湛技艺保留下来，成为奢侈品世界的一股新潮流。同时，爱马仕集团也以「上下」这个品牌为基础，将中国的手工艺与西方奢侈品相结合，为中国手工艺背书的同时也为世界奢侈品行业注入了巨大的工艺创新。

低调、小众的法国皮具品牌 Goyard 的发展之路也印证了创新的必要性。由法国人弗朗索瓦·戈雅（François Goyard）创立于 1853 年的 Goyard 品牌，创立不久便开启了创新之路。1892 年，Goyard 防水帆布手袋由亚麻线、棉线和麻线混纺而成（如图 5-3 所示），经久耐用，相较于传统皮革，这种创新面料一经推出便惊艳世人，成为隽永的经典之作。从西班牙画家巴勃罗·毕加索、法国探险家雅克·卡地亚（Jacques Cartier）到印度卡普尔塔拉王公、意大利阿涅利家族、美国洛克菲勒家族、俄罗斯沙皇罗曼诺夫家族、英国温莎公爵及夫人，都是 Goyard 创新作品的拥趸。

图 5-3　Goyard 防水帆布手袋制作工坊

同年，Goyard 首创了"Y"字花纹图案并运用到旅行箱的装饰上，图案的创意源自后印象主义画派的点彩画法，用密集的色点混合形成夺目的效果（如图 5-4 所示）。这一印花图标比 Louis Vuitton 在 1896 年采用的老花更早出现，引领了被称为 monogram（即字母组合图案）的时尚潮流。至今 Goyard 所有 Y 字图案都由工人手工逐一点上，上面每一点的灵感来源于四种花卉，以四种颜色代表。在法国传统文化中，Y 是树的象征，树象征着男子，这个由三个"V"组成的 Y 图案代表戈雅家族三代男士和创新精神的传承。

图 5-4　*Goyard 首创 Y 字花纹图案，并始终坚持手工制作*

1998 年，法国商人让-米歇尔·西尼奥勒（Jean-Michel Signoles）收购了 Goyard，开始了另一段创新之旅。如今，在维持面料不变的同时，Goyard 将产品线调整为数十条（如图 5-5 所示），包括 Hardy PM2（采用传统的皮革创作钻孔技术的单肩托特包）、Bellechasse Biaude（可折叠式的手袋）、Isabelle（沿袭 Goyard 沙滩袋传统、可拆卸内袋的手袋）、Rouette（解锁 24 种背法的软包）、Anjou（和 Snoopy 联名推出"帆布牛皮"双面托特包），颜色从只有棕色一种改良增加了红、橙、黄、绿、蓝等十余种颜色，突破了"帆布"和"硬质箱子"的固有印象。此外，Goyard 每开一家新店，都会推出特别版系列，如上海店白玉兰款、北京店红色全家福系列、蒙特卡洛的海马包等。

长达 160 多年的历史传承，百年未变的经典图案，都是 Goyard 品牌无须声张的宝贵财富，一贯的设计灵感与创新也是其保持低调、独立运营的底气所在。

5.1.2　创新的范畴与形式

著名的美籍奥地利经济学家约瑟夫·A. 熊彼特（Joseph A. Schumpeter）在 1934

年就提出了创新理论,后世包括管理学大师彼得·F.德鲁克都称"该理论是永垂不朽的大智慧"。创新就是生产函数的变动,即"执行新的组合",是经济生活内部蕴含的质的自发性突破;当生产者以新的方式重新组合现在的生产要素,即出现了创新。创新还有别于发明创造,只有成功实现了商业化的发明创造才可以称为创新。

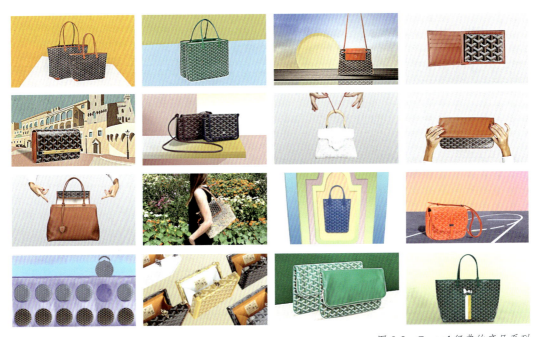

图 5-5 *Goyard* 经典的产品系列

1. 创新的一般形式

创新是企业、行业甚至国家经济增长的关键,在没有创新的情况下,财务指标增长只是数量上的变化,其本身并不能创造出质的飞跃。通过不断创新,企业或整个经济体才能在繁荣、衰退、萧条和复苏四个阶段构成的周期性运动过程中前进。创新是结果,也是过程。作为结果,创新必须和创业、产业化、市场化深度结合才能实现;作为过程,创新必须具备一定的条件方能完成,它的条件和基础是科技创新,包含了科学发现(scientific discovery)、技术突破(technological breakthroughs)和人才培养,即使似乎与新技术无关的商业模式创新事实上也与科技创新息息相关。因此,科技创新是创新的条件和基础,不属于创新的形式。

创新一般包含六种基本形式：引进新产品、采取新生产方法、开辟新市场、采用新原材料供应源、商业模式的创新以及实现行业结构的革新（如表5-1所示）。创新可以通过改变业务系统中某一个或某几个维度来创造大量新的顾客价值，因此，这进一步解释了创新与发明创造的差异。创新的核心是创造新价值，并非发明新事物，只有当公司为顾客创造了价值，才称得上创新，公司价值和品牌资产也才能创造出来。

表 5-1　创新的六种基本形式

基本形式	创新内容
1. 引进新产品	属于原创型创新，通过科学技术创新和对市场需求的了解，引入新产品。设计创新也属于这个范畴
2. 采取新生产方法	目的是提高质量、降低成本。工艺创新属于这个范畴
3. 开辟新市场	通过收集、处理信息，发现新市场，并根据市场形势，在生产链中随时组合产品
4. 采用新原材料供应源	属于逆向思维的创新途径，逆生产链往上游寻求创新，如集体采购、互联网采购、零库存等
5. 商业模式的创新	实现不同的运营方式，对商业模式进行创新
6. 实现行业结构的革新	引领行业新标准，如以自驱动的非线性管理网络（用户零距离、体验零延误和流程零签字）取代他驱动的线性管理体系

的确，创新概念的普及让很多公司管理层的日程表和组织结构中出现了"创新"一词，但是大多数人错误、狭隘地理解了"创新"。有些人认为创新仅仅是新产品开发或者传统的调研、公司发展，有些人认为创新是把做得好的公司当作模仿对象，作为标杆式的案例，然后在此基础上进行创新。这种狭隘的观点往往会沿着相同的方向进行创新，导致公司逐渐失去竞争优势，使得产业内各个公司的差距越来越小。

有些企业为了创新而创新，急功近利，并不了解创新接纳速度有"前期慢、中期快、后期又慢"的特征（如图5-6所示）。当早期使用者开始接触创新产品时，产品会跃到一个接纳断层（chasm）；当创新的驱动力（如消费者需求、社会经济发展）小于阻力（如传统观念的舆论压力、旁观者的冷嘲热讽、竞争对手的捷足先登等）时，创新就会胎死腹中。

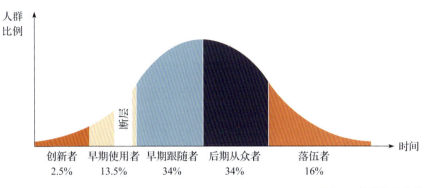

图 5-6 创新接纳曲线

资料来源：Rogers E M. (2003). *Diffusion of Innovations*, 5th edition, New York: The Free Press.

看一则德系汽车创新的案例。德系车品牌以 Mercedes-Benz（梅赛德斯 – 奔驰）、BMW（宝马）和 Audi（奥迪）为代表。其中，Mercedes-Benz 始终注重技术创新，自 1883 年起的首台高转速发动机、1907 年的四轮驱动汽车到 2013 年的智能驾驶、智能车身控制系统，再到 2015 年的 9 速自动变速箱，见证了 Mercedes-Benz 百年历史中数十个领先技术创新（如表 5-2 所示）。

表 5-2　Mercedes-Benz 领先技术的创新历程

年份	技术创新
1883	世界首台高转速发动机（立钟）
1886	世界首辆三轮汽车、世界首辆四轮汽车
1900	现代汽车鼻祖"Mercedes-Benz 35 马力"
1907	四轮驱动汽车
1923	机械增压式发动机
1931	四轮独立式悬挂
1933	双叉臂悬挂
1936	世界首款柴油轿车
1951	安全成员舱技术
1953	承载式车身（Ponton）
1958	车载空调系统
1959	世界首次汽车碰撞试验
1961	4 速自动变速器，空气悬挂
1966	首次提出"主动安全"与"被动安全"概念
1967	带有缓冲设计的安全转向柱
1969	世界首个交通事故研究机构
1978	防抱死系统
1981	安全气囊和安全带收紧器
1982	多连杆式后悬架

(续)

年份	技术创新
1989	防翻滚保护架
1995	车身稳定控制系统（ESP），侧面气囊
1996	制动辅助系统（BAS）
1997	三明治安全车身概念
1998	侧窗气帘，自适应安全气囊，限距控制系统（Distronic）
2002	预防性安全系统（Pre-Safe）
2003	7速自动变速箱（7G-Tronic）
2004	头颈暖风系统
2006	预防性安全制动，智能照明系统
2007	盲点辅助系统
2009	注意力警示系统，主动式发动机罩，自适应远光辅助系统，车道保持辅助系统
2010	动态LED照明系统，主动车身控制系统
2011	可调光式全景天窗
2012	智能风挡玻璃清洗系统
2013	智能驾驶，智能车身控制系统
2015	9速自动变速箱（9G-Tronic）

反观2000年前，Audi仅仅作为普通的高端汽车品牌，以传统的设计风格为基础，加入了一些现代元素。Mercedes-Benz和BMW作为传统的奢侈品品牌，各自坚持着传统与现代风格，无论价格与设计都领先Audi。进入21世纪后，奥迪集团将Audi品牌定位眼光投向了未来，而非简简单单模仿奔驰和宝马成功的经验。在提高汽车质量的同时，不断加入现代元素，注入情感和时间的价值，新品牌标识也更典雅和时尚，成为与BMW和Mercedes-Benz并驾齐驱的入门级奢侈品品牌，合称为"ABB"（如图5-7所示）。

图 5-7　奥迪集团自2000年来的战略创新

对于当今中国的制造业企业，它们的创新面临两条主要道路：聚合化创新之路（第一道路）与平台化创新之路（第二道路）。聚合化创新之路是企业通过自我与他者构建命运共同体，最大程度地集聚"源创造力"，实现自主创新，以华为公司为典型代表。80 000名研发员工、14个创新研发中心、近10年总计600亿美元的创新研发投资，使华为成为5G行业的全球领军者。平台化创新之路是企业通过自我与他者形成利益共同体，利用外部组合平台上的"流创造力"，实现他者创新，以海尔公司为典型代表。从华为逐渐高歌猛进，海尔开始步履维艰，可以看到：第一道路走的是命运共同体下的集体创新之路，犹如繁茂的森林那样大而强，产生森林效应；第二道路走的是利益市场化下的个体单元化求生之路，犹如千里草原那样既大而弱甚至荒漠化，产生草原效应。

2. 创造性破坏与破坏性创新

创造性破坏（creative destruction）的概念由熊彼特在1942年提出。"破坏"并非"突破"，前者是找到全新的产品设计、生产模式、商业模型，后者是在原有的基础上进行维持型的创新。企业家应被视为创新的主体，创造性地破坏市场的均衡；动态失衡是健康经济的"常态"，而非古典经济学家所主张的均衡和资源的最佳配置，而企业家正是这一创新过程的组织者和实践者，通过创造性地打破市场均衡，才会出现企业家获取超额利润的机会。当一家企业景气循环到谷底时，企业家不得不考虑退出市场或必须要通过"创新"以求生存。只要筛除多余的竞争者或产生成功的"创新"，便会使景气提升、生产效率提高，但是当某一行业又重新有利可图时，它又会吸引新的竞争者加入，再次经历利润递减的过程，回到之前的状态……因此，每一次企业的衰落都孕育着一次革新的可能，反之，革新的结果便是可预期的下一次萧条。

破坏性创新（disruptive innovation）是在创造性破坏的基础上更进一步的创新手段。"破坏"是相对于现有的设计、技术、主流客户和关联企业而言，一旦破坏性创新形成明确的改进轨道，也就演变为维持性创新，其后又会出现一轮新的破坏性创新。对一家公司具有破坏性的创新可能对另一家公司具有维持性的影响。如移动互联网的普及，对于电商而言是维持型的，但对于奢侈品公司而言却成了破坏性创新。

因此，普通行业和企业如此，奢侈品行业和公司也是如此。奢侈品公司受限于规模、收入和回报周期等，更容易在商业世界中浮浮沉沉。无论是 Givenchy、Gucci、Burberry，还是 Christian Lacroix、Bugatti，都经历过辉煌、衰落、几近破产、涅槃重生的过程。创造性破坏和破坏性创新也在奢侈品行业中应用甚广。尤其对高级定制时装行业，如何适宜地进行创新是非常艰难的课题——若每季仅做维持型设计改良，品牌会变得失去活力，无法再引领全球时尚；若设计创新过于激进，品牌很容易失去原先忠诚的客户，这对奢侈品公司来说是毁灭性的。

Hermès 和 Audi 的成功案例与 Vertu 的衰败故事告诉了我们一个鲜活的真理：创新是奢侈品公司的活力源泉，不创新就会被淘汰。奢侈品公司只有紧跟创新的步伐，才能在日新月异的奢侈品行业竞争中占得一席之地。

本书的第 5 章和第 6 章内容在熊彼特的创新理论基础上，将科技发展作为创新的根本，对奢侈品公司创新的形式做重新归纳与分类，从产品创新（包括设计、材料与工艺）、品牌创新（包括命名、译名、标识、重新定位与品牌传播）和运营创新（包括门店、电商、人才管理和可持续发展）三个角度分别进行阐述。

5.2 产品创新：设计、材料与工艺

一个成功的奢侈品品牌在强调历史和传承的同时，也会推动设计、材料与工艺技术与时俱进，贴近现代生活。对于时装而言，无论是女装还是男装，时尚潮流发展至今较以往更注重传统与创新之间的碰撞：技艺精湛的裁缝、品质卓越的面料、对于细节的严格要求，所有这些因素构建而成的不仅是当代人类的外在形象，还刻画了内在的性格特点、动力来源和灵感源泉。法国小说家奥诺雷·德·巴尔扎克（Honoré de Balzac）说过的"优雅是一门科学、一项艺术、一种习惯、一种感觉"表达的即是此意。对于技术含量更高的腕表或汽车品牌而言，生活方式的转变与科技发展的结合更加明显，如 Blancpain 的"两地时年历"技术以及 Aston Martin 的中控锁系统等。

新时代的消费者希望奢侈品品牌在保持原有传统元素的同时，能体验到更多生活感和科技感。不少奢侈品公司在产品设计、材料和工艺上融入了大量时尚与科技元

素，与传统的手工制作相辅相成，嫁接到现有的产品线中，为奢侈品行业注入了新鲜血液。

5.2.1 设计创新

设计是奢侈品的灵魂，也是奢侈品公司的标志。对于设计者来说，为奢侈品设计产品和为大众化的需求设计产品从出发点便是不同的。大众化设计更注重产品的实用性口碑，意在为自己的生存条件服务，而奢侈品已经上升到超越必需品的阶层了，设计师更加重视产品的造型、内涵、精神所体现的品牌文化。

奢侈品想要一直发扬传承下去，必须要有预测未来时尚潮流走向的能力。世界上很多奢侈品品牌都有百年历史，这是因为它们能在变幻莫测的潮流变化中把握住下个时尚命脉。成功引领了时尚潮流，人们才不会对奢侈品失去信心。通过预测新的时尚方向，进行及时的创新，生产出适应新潮流的奢侈品，才能让一家奢侈品公司永远走在奢侈品界的前列。

1. 时装设计的创新

时装设计的创新性始终在材料、服装造型、色彩、工艺、流行性等因素的思想、手段、方式上体现。创新是时装设计永恒的生命，对其最终效果起着关键性作用。在普通人看来，服装设计的创新性仅仅与样式、色彩、图案相关，但真正的顶级时装设计创新还是要从时装与时代潮流的关系、与生活的关系、与人的关系等因素上去考虑。除本章结尾案例品牌 Dior 外，Givenchy、Gucci 和 Moncler 也走在了时装设计创新的前沿。

（1）Givenchy

自 1952 年成立以来，Givenchy 有六位伟大的设计总监（见图 5-8）创造了跨时代的高级定制作品，从创始人于贝尔·德·纪梵希（Hubert de Givenchy）的儒雅气度和爽洁不俗的高雅，约翰·加利亚诺的全新竞争与创新意识，亚历山大·麦昆（Alexander McQueen）惊人的裁缝技巧与前卫街头风格，到朱利安·麦克唐纳（Julien McDonald）的优雅古典和性感妖娆，里卡多·提西（Riccardo Tisci）时尚和街头感的哥特风，克莱尔·怀特·凯勒（Clare Waight Keller）黑暗风格与柔和元素的组合，见证了与 Dior 齐名的 Givenchy 高级定制设计创新的发展历程。

图 5-8　从左至右依次为（上排）于贝尔·德·纪梵希、约翰·加利亚诺、亚历山大·麦昆；（下排）朱利安·麦克唐纳、里卡多·提西、克莱尔·怀特·凯勒

1945 年，18 岁的纪梵希成为法国高级定制大师雅克·法斯（Jacques Fath）的学徒。雅克·法斯的另一位著名学徒是华伦天奴·格拉瓦尼（Valentino Garavani）。后来，他又师从罗伯特·贝格（Robert Piguet）、吕西安·勒隆（Lucien Lelong）和艾尔莎·夏帕瑞丽（Elsa Schiaparelli）。当时，与他一起学习的还有尚未成名的皮埃尔·巴尔曼（Pierre Balmain）与克里斯汀·迪奥（Christian Dior）。

1952 年，纪梵希的第一个高定系列名叫"Bettina Graziani"，以当时巴黎最有名的模特来命名。这个系列一炮而红，因为它的"非配套女装"概念实在摩登。作为一位男设计师，纪梵希相当了解女性需要的是舒适而非禁锢。在他看来，女人如若要时髦，"只需要一件雨衣、两件套装、一条裤子，还有一件羊绒衫"。纪梵希成了第一个推出成衣线的设计师。他想要为普通女性设计日常服饰，而不只是为上流社会的社交设计华服。纪梵希说："设计一条最简洁的裙子，反而是最难的。"他把奥纶纤维（聚丙烯腈短纤维）引入女子高级时装。从 Givenchy 创立起，品牌始终秉承着"4G 精神"——古典（Genteel）、优雅（Grace）、愉悦（Gaiety）和 Givenchy。

1957 年，纪梵希影响最深远的设计诞生了：布袋装。在那个年代，它太具有前瞻性了——布袋装摒弃了束缚女性的腰线。纪梵希还裁短裙边，鼓励女性露出双腿。1961 年，奥黛丽·赫本主演的影片《蒂梵尼的早餐》中经典的黑裙现世（见图 5-9）。这是一件腰部以下直线造型的无袖长晚礼服，采用黑色缎子面料及弧型后领线。

图 5-9　*Givenchy Bettina Graziani 系列*、布袋装和经典黑裙

1995 年起，约翰·加利亚诺负责 Givenchy 的设计。他将奢华的晚礼服设计风格加入纪梵希的经典设计，为法国高级时装界注入了一种全新的竞争与创新意识。在任短短的时间内，他为 Givenchy 贡献了不凡的设计力量。这位天马行空的设计师以夸张的艺术造型驰名，把建筑感穿上身的磅礴华服是他个人化的标志，善于利用戏剧冲突和结构时装的灵感，堪称理想派设计师的典范（见图 5-10）。

图 5-10　约翰·加利亚诺的高级定制时装

一年后，约翰·加利亚诺担任 Dior 的首席设计师，于是 Givenchy 又迎来了一位鬼才亚历山大·麦昆。他的设计风格总是在极端和冒险中前行，代表了前卫。他在时装中加入了古希腊元素，较之以前多了些优雅和美的部分（见图 5-11）。

图 5-11　亚历山大·麦昆的高级定制时装

2001 年，接过亚历山大·麦昆教鞭的朱利安·麦克唐纳将优雅和古典发挥到极致，透视打底的面料，组合精美的刺绣和钉珠工艺，使得 Givenchy 特别性感妖娆（见图 5-12）。在他的五年任期内，Givenchy 被称为"最妖娆的时代"。

图 5-12　朱利安·麦克唐纳的高级定制时装

里卡多·提西在 2005 年上任后，用时尚和街头感将性感的哥特风注入服装，使 Givenchy 的品牌规模增长了六倍多。他的偶像多纳泰拉·范思哲破天荒地为 Givenchy 代言。在他心目中，她完美演绎了时尚到底是什么。他说："我们认为是时候打破疆域，传递一个强有力的信息——如何思考时尚。"

2017 年 3 月，克莱尔·怀特·凯勒成为 Givenchy 历史上首位女性创意总监，负责高级定制时装、成衣以及配饰的创意工作。她为品牌的黑暗风格注入一些柔和元素（见图 5-13）。

图 5-13　克莱尔·怀特·凯勒的柔和暗黑风格时装

令人遗憾的是，2018 年 3 月 12 日，于贝尔·德·纪梵希在睡梦中去世，享年 91 岁。

（2）Gucci

由于古驰家族在 20 世纪末的内讧，导致公司濒临破产，此时，影响 Gucci 历史的重要人物——美国设计师汤姆·福特（Tom Ford）横空出现，挽救了 Gucci。1990 年，年轻的汤姆·福特成为 Gucci 设计团队的一员。四年后，他晋升为 Gucci 创意总监，精心打造着 Gucci 的每一个产品系列，从成衣、手袋、香水、包装到广告和店内装修，亲力亲为，力求完美。汤姆·福特甚至否定了 Gucci 原有设计，用颓废和感性取而代之。作为同时具备商人思维和创意者思维的汤姆·福特，深知 Gucci 要卖的不仅仅是时装，更是一种时尚氛围。

虽然汤姆·福特在加入 Gucci 前名不见经传，但正是他通过将传统与创新以前所未有的方式完美融合，独力扭转了 Gucci 濒临破产的困局。汤姆·福特为 Gucci 注入了大胆、刺激的全新感觉，在社会名流和时尚人士中引起强烈共鸣，令 Gucci 一跃成为 20 世纪 90 年代举足轻重的奢侈品品牌。

1995 年 3 月，汤姆·福特邀请超模凯特·莫斯穿着绸缎衬衫、马海毛上衣和天鹅绒裤装，塑造出集现代、性感、冷艳于一身的崭新形象。他的 Gucci 首秀就让他名声大噪，一跃成为设计界的巨星（如图 5-14 所示）。

图 5-14　汤姆·福特（左）与 1995 年秋冬 Gucci 时装设计造型

很快，美国歌坛巨星麦当娜·西科尼打来订购电话，指明了要同一个版本的深蓝色丝绸衬衫，并穿着它登上全球音乐电视网（Music Television，MTV）的领奖台。从此，这位天后级人物做定了 Gucci 的拥护者，使重生的 Gucci 在世界范围大放异彩。汤姆·福特也开始大刀阔斧地整顿 Gucci 品牌，将这一传统品牌变身为崭新的时尚与潮流代言者，全然改变 Gucci 过去的华丽风格，注入性感的基因，完全脱离了传统的形象，摇身一变为上流社会风格化的打扮——充满设计和自我意识，让 Gucci 成为彼时性感的代名词，"性"也成了 Gucci 品牌形象中必不可少的元素（见图 5-15）：1998 年秋冬，Gucci 女装优雅的白领系列，以黑白灰打造有限的性感；1999 年秋冬，汤姆·福特的设计再次令人大开眼界，皮衣皮裤、紧身丝绒衣裙，将当代"波希米亚"人改装成流浪的贵族，通过精妙的剪裁，表达出摄人魂魄的力量；2003 年春夏，汤姆·福特的设计中加入了紧身胸衣的身影，色彩艳丽，令人感到一股寒气逼人的诱惑……

在 20 世纪末欧美奢侈品品牌转型的风潮中，Gucci 在重新定义自己在时尚界的地位方面无疑是做得最成功的。它挑战人们视觉的底线，但传达给人们的又绝不仅仅是性感那么简单，也并非浅薄的哗众取宠。它只是要用激烈的方式让人们（特别是女人们）知道自己性别的力量和美妙之处，让人们知道 Gucci 可以展现这样的美妙：让女人拥有的不仅是魅力，还有力量。Gucci 的产品创新理念已经深深地打上了汤姆·福特的印记。

2004 年，由于种种原因，汤姆·福特离职，当时曾有人认为 Gucci 品牌王朝从此结束。之后，Gucci 创意总监的工作被一分为三，亚历桑德拉·法奇内蒂（Alessandra Facchinetti）主管女装，约翰·雷（John Ray）主管男装，弗丽达·詹尼尼（Frida Giannini）主管配饰。后来，前两人相继于 2005 年和 2006 年离开，弗丽达·詹尼尼成了唯一的 Gucci 创意总监，同时主管男装和女装，而她与 2009 年到任的首席执行官帕特里齐奥·迪·马尔科（Patrizio di Marco）谱出了恋情。Gucci 始终保持稳中有升的奢侈品市场地位。但好景不长，由于奢侈品行业的整体衰退和缺乏创新等问题，Gucci 逐渐落后于 Louis Vuitton、Hermès 等品牌，最终导致 Gucci 的情侣档在 2014 年双双离职，人们又说 Gucci 的一个时代终结了。

图 5-15　汤姆·福特时代的 Gucci 始终投射了性感的魅力

此后，亚历桑德罗·米歇尔（Alessandro Michele）成为新的设计总监，Gucci 服装成衣充满了雅致和耽美的风格，尤其男装的设计完全模糊了性别的界限，运用了蕾丝、绑带、丝绸及透视，让人们在惊诧的同时更多了几分期待和遐想。Gucci 品牌大甩卖的故事逐渐被消费者遗忘，大多数忠实的 Gucci 消费者更认可年轻化、时尚的新产品，Gucci 在短暂陷入低谷后再次回到顶级奢侈品品牌之列。

（3）Moncler

2018 年，Moncler 发布了八位设计大师的合力之作，称为"合作系列"，全新的服装设计极大地影响了时尚圈。这些合作设计师包括 Valentino 创意总监皮埃尔·保罗·皮乔利（Pier Paolo Piccioli）、桑德罗·曼德力诺（Sandro Mandrino）、知名造型师卡尔·邓普勒（Karl Templer）、英国新锐设计师西蒙娜·罗莎（Simone Rocha）、英国设计师克雷格·格林（Craig Green）、川久保玲的门徒二宫启（Kei Ninomiya）、日本潮流教父藤原浩（Hiroshi Fujiwara）和意大利潮牌Palm Angels的创始设计师弗朗西斯科·拉扎齐（Francesco Ragazzi）（如图5-16所示）。他们分别设计了八种风格不同、展现形式各异的造型，用编号区分，最终共同作用，形成羽绒服标准的焦点。Moncler与Valentino创意总监皮埃尔·保罗·皮乔利共同打造的"首发系列"最令人瞩目，用绗缝和面料把羽绒服打造成了A字长礼服，模特们被羽绒服包裹，犹如国际象棋中的棋子（如图5-17所示）。

图5-16 （上排左至右）皮埃尔·保罗·皮乔利、桑德罗·曼德力诺、卡尔·邓普勒、西蒙娜·罗莎；（下排左至右）克雷格·格林、二宫启、藤原浩和弗朗西斯科·拉扎齐

图5-17 Moncler × Pier Paolo Piccioli 系列

这八位设计师分别主导、开发一条产品线，透过他们的创作视野，以轻盈的羽绒为主要材质，创作出宛如高级定制服般的服装作品。把传统保暖优先、时尚垫后的羽绒服创造出如此变化及延展性，Moncler 的设计创新足显其魅力。

2. 经典图案创新

奢侈品公司会借助图案、印花和符号表达时尚。新奢侈品的风格可以从地位象征符号中体现，如产品所代表的社会地位、身份和品位。传统奢侈品所代表的是贵族、富人群体。而在当今时代，随着社会经济的发展，奢侈品渐渐成为一种生活品质、生活态度的象征，作为一种优质生活方式的符号被人们所熟知。随着时尚潮流、审美的改变，奢侈品的代表性图案也随之发生改变，如 Gucci、Alfred Dunhill 和 Burberry。

（1）Gucci

2015 年，Gucci 陷入了从奢侈品品牌转型为高端时尚品牌的风波，起因是全球半价"大甩卖"。很多人都不敢相信鼎鼎大名的 Gucci 会违背奢侈品公司运营的法则——不轻易进行打折活动，尤其这个促销力度还如此之大。紧跟着"大甩卖"之后，Gucci 的颠覆性设计创新出炉了。曾担任配饰设计师的亚历桑德罗·米歇尔升任新的设计总监，他临危受命之后的这一系列变化被人们称为"全新的 Gucci 时代"。他将产品上的标识注入了新的生命，最古老的"双 G"标识被米歇尔改为"同向 G"标识，金色的标识配色取代了原先的银色，搭配上了粉红或孔雀蓝，让复古款与其他系列产生了不同面貌（如图 5-18 所示）。

图 5-18　Gucci 常用的"双 G"标识（左）和更时尚的"同向 G"标识（右）

（2）Alfred Dunhill

Gucci 的设计与标识创新使它的品牌标识从复古转向新潮。相对地，英国奢侈品品牌 Alfred Dunhill 的标识却从时尚转为复古。2011 年是个复古年，不少 Alfred Dunhill 的皮具、成衣和配饰产品的标识采用了复古的"AD"图案标识（如图 5-19 所示），而非常见的简约字母标识"dunhill"（如图 5-20 所示）。

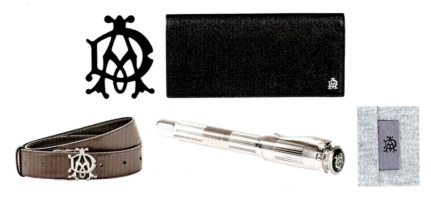

图 5-19　Alfred Dunhill 的复古"AD"标识

图 5-20　Alfred Dunhill 的传统"dunhill"标识

(3) Burberry

Burberry 在 2018 年 8 月更新了此前 20 年从未改变的产品印花,从原来最经典的格子纹变成了名为 Thomas Burberry 的重复多字母 T-B 交叉型(如图 5-21 所示)。这是 Burberry 新首席执行官马尔科·高伯蒂(Marco Gobbetti)和新创意总监里卡多·提西执掌下的 Burberry 改革所面临一个关键的转折点,试图以多样化的产品和新形式重新取得年轻消费者的青睐。

图 5-21　Burberry 的旧印花(左)和新印花(右)

3. 奢侈品文化设计创新

奢侈品设计是文化的一种表达方式。设计师在设计产品时将情感需求融入其中，把设计师所代表的文化因子植入其中，这能够提升产品的文化内涵、品位识别度与经济价值。悠久的历史是传统奢侈品的魅力根源，而崭新的文化将是新奢侈品的魅力来源。

设计和创新是 Cartier 百年不衰的灵魂，是品牌不断受到世人关注的原因，也是 Cartier 品牌形象历久弥新的法宝。Cartier 的长处在于能够保留当代传统精华，通过简洁利落的线条来添加现代风格。从 20 世纪开始，Cartier 把来自埃及、波斯、远东和俄罗斯的文化融入更富有几何性和抽象性的设计中，形成了一种新的风格。这种风格在 1925 年巴黎举办的国际现代装饰及工艺艺术展览上，被冠以"装饰艺术"（ArtDeco）的名称，从此闻名于世（如图 5-22 所示）。

奢侈品品牌可以为设计的产品挖掘出一个美妙的故事。传统奢侈品品牌都源于特殊的文化土壤，品牌背后都有一个人人皆知的动人故事，这就是传统奢侈品魅力的根源，新奢侈品的文化内涵也可以通过故事表达。

图 5-22　1920 年款 Cartier ArtDeco 蓝宝石戒指（左）以及 1927 年款 Cartier ArtDeco 祖母绿项链（右）

缪西娅·普拉达（Miuccia Prada）最著名的佳作之一就是她的跳伞布包，这款包不仅非常耐用，背后还有一段凄美的爱情故事。缪西娅·普拉达在 20 岁那年邂逅了一个街头画家，家世决定她不可能嫁给他，但缪西娅·普拉达决定和爱人私奔，逃到希腊结婚。然而，飞机途中出故障了。飞行员背了一个降落伞，抢先跳下去了。画家给缪西娅·普拉达背上一个降落伞，然后才发现，降落伞居然只有两个。缪西娅·普拉达决定和男友同生共死，但男友把她推出了机舱。她获救了，回到了家，但从此与男友生死两隔。

后来，缪西娅·普拉达成了著名设计师，嫁给了一位很有经商头脑的名门之后，她的创意和他的逻辑思维珠联璧合，把普拉达家族的事业经营得非常出色。随后，缪西娅·普拉达也创立了属于自己的品牌，以自己的小名"Miu Miu"为名，作为Prada的支流品牌。

飞机失事20年后的某天，缪西娅·普拉达收到了一封信，信里夹着一张非常美丽的画，作者竟然是那位画家。原来飞机失事后，他奇迹般地生还了。他在信中说："我只是想让你知道，我还好好地活着。但是我不会告诉你我在哪里，也请你不要再找我。因为，我已面目全非，还失去了我的右手。这些年来，我一直在练习用左手画画，为的是有一天把美丽的画再次呈现在你的眼前。"缪西娅·普拉达顿时泪如雨下。

缪西娅·普拉达又寻找了很多年，但最终也没能找到他。于是，缪西娅·普拉达用珍藏了多年的那顶她最初的爱人用生命换来的降落伞，设计了一个包，也就是Prada著名的尼龙包系列，如图5-23所示。

图 5-23　Prada 经典尼龙包

当然，有不少人会质疑流传的这些故事的真假，这些其实并不重要。真正的奢侈品品牌背后一定有设计师独属于自己的经历，有爱的存在，才有这些优秀设计的诞生。就以Prada来说，缪西娅·普拉达非常善于表达情感和发挥创意，所以她的设计大胆有趣、可穿性高。缪西娅·普拉达也借降落伞包的故事告诉所有Prada的爱好者：爱会成为与死神斗争、活下去的信念和力量。

奢侈品品牌大多诞生在欧洲，因此，中国文化对于奢侈品世界来说就是一种崭新的文化来源。奢侈品公司可以以中国文化作为基础，将中国元素运用到设计之中，同时加入当代时尚因素。

Montblanc是历峰集团旗下的德国奢侈品品牌，以"白色六角星"商标作为识别，所有产品品类中最著名的是钢笔。1924年，Montblanc推出大班系列，由Montblanc制笔大师手工精心雕琢而成，拥有的同时也是自我品位的表达。2000年，Montblanc以波希米亚系列开创了书写艺术的新篇章。结合Montblanc传统工艺及现代设计的精髓，波希米亚系列特别为享受现代波希米亚式生活的人士而设——他们自信而不拘泥于传统思维，懂得享受成功的喜悦及生活的乐趣。其设计简洁流畅，小巧典雅，势必成为现代流行文化的新符号。

作为生活品位的倡导者，Montblanc的产品总可以让人感受到对人类伟大文化的敬仰。为向灿烂悠久的中国文化致敬，Montblanc特别在2000年推出了别具收藏价值的"千禧金龙年限量纪念墨水笔"（如图5-24所示），表达对中国文化的恭维与礼赞。

图5-24　Montblanc千禧金龙年限量纪念墨水笔

千禧金龙年限量纪念墨水笔全球仅发行2 000支。金龙钢笔之笔身及笔盖均采用Montblanc经典之高级树脂为材料。最大的特色是在笔夹上缀以一条18K黄金铸成的金龙，神态活灵活现，栩栩如生。金龙口中含着一颗晶亮的珍珠，象征着风调雨顺；一对眼睛以红宝石镶嵌而成，寓意幸运与成功。更独特的是金龙脚上雕有五爪，意味着"帝皇之龙"，正好配合中国古代只有一国之君才可用"五爪金龙"作为"至高无上"的权力象征。笔尖更是以18K金铸造，并刻有中文"龙年"二字。每支金龙钢笔均拥有独一无二的编号（1/2 000～2 000/2 000），笔盖顶部则刻有著名的万宝龙六角白星标记。每支"千禧金龙年限量纪念墨水笔"均由一个名贵黑色木制礼盒盛载，盖面刻有"龙年"二字。1992年起，Montblanc限量发行的"艺术赞助人系列"和"大文豪系列"，更是表达了Montblanc对历史上推动文化艺术发展的人物以及伟大作家的崇高敬意。

家用奢侈品品牌的例子是Aston Martin（阿斯顿·马丁）。

作为英国汽车品牌，它正处于发展历史的"第二个百年"，也是Aston Martin在中国的"第二个五年"。过往，Aston Martin品牌始终展现的是英氏优雅。作为007

系列电影中詹姆士·邦德（James Bond）的御用座驾，Aston Martin 与 007 相辅相成，成就了彼此（如图 5-25 所示）。

图 5-25　一贯展示英氏优雅的 Aston Martin

进入中国市场后，Aston Martin 加入了大量中国文化元素，如茶道和国学（如图 5-26 所示），目的就是将东方美学与英式优雅融合，打造全新的文化。

图 5-26　Aston Martin 在品牌传播中加入了大量中国文化元素

同时，英式优雅能更好地提升东方美学，倡导新的生活方式，即所谓的"绅而不凡"，将所有形式的美以及对美的热爱融于一体，设计含有中国文化的全球化车型，引领下一代豪车与跑车的设计与发展。

4. 复杂机械表设计创新

钟表的发展历史非常久远。古巴比伦人在 6 000 年前就发明了日晷和水钟；公元 1 世纪，东汉科学家张衡造出了世界上第一架测量天体位置的水运浑天仪用于计时；漏刻、水运天象仪、砝码机械钟、纽伦堡彩蛋、摆钟先后在 3 世纪、11 世纪、13 世纪、16 世纪和 17 世纪出现。1735 年，瑞士人贾汗－雅克·宝珀（Jehan-Jacques Blancpain）在瑞士汝山谷创立了一间制表工坊。它既是世界上第一个登记在册的腕表品牌，也标志着瑞士钟表业从机械腕表的"匠人时代"跨入了"品牌时代"。

经历了三次工业革命，各种各样功能创新的腕表品牌和腕表作品诞生，开创了一个又一个里程碑（如表 5-3 所示）。

表 5-3 三次工业革命期间诞生的腕表品牌

创立年份	创立品牌	原产国
1735	Blancpain	瑞士
1755	Vacheron Constantin	瑞士
1775	Breguet	法国
1791	Girard-Perregaux	瑞士
1832	Longines	瑞士
1833	Jaeger-LeCoultre	瑞士
1845	Patek Philippe	瑞士
	A. Lange & Söhne	德国
1846	Ulysse Nardin	瑞士
1848	Omega	瑞士
1853	Tissot	瑞士
1860	Penerai	意大利
	Tag Heuer	瑞士
	Chopard	瑞士
1865	Zenith	瑞士
1868	IWC	瑞士
1874	Piaget	瑞士
1875	Audemars Piguet	瑞士
1884	Breitling	瑞士
1905	Rolex	瑞士
1924	Seiko	日本
1931	Citizen	日本
1946	Casio	日本
1956	天津牌手表	中国
1958	上海牌手表	中国
	北京牌手表	中国
1969	Gerald Genta	瑞士

三次工业革命后,随着越来越多的独立制表师显露头角,更小众和个性化的机械腕表品牌也悉数登场,而智能手表 Apple Watch 的面世给传统机械腕表行业带来了不小的挑战(如表 5-4 所示)。

表 5-4　工业革命后诞生的腕表品牌

创立年份	创立品牌	原产国
1980	Hublot	瑞士
1981	Jacob & Co.	俄罗斯
1983	Franck Muller	瑞士
1988	Daniel Roth	瑞士
1989	Philippe Dufour	瑞士
1995	Urwerk	瑞士
1996	Roger Dubuis	瑞士
1996	Parmigiani	瑞士
	F. P. Journe	瑞士
1999	Greubel Forsey	瑞士
2001	Richard Mille	瑞士
2002	Kari Voutilainen	芬兰
2005	Maximilian Büsser and Friends[①]	瑞士
2007	Jorg Hysek	瑞士
2010	Konstantin Chaykin	俄罗斯
	Laurent Ferrier	瑞士
2014	Apple Watch	美国

① 该品牌简称为 MB&F。

机械腕表发展至今,一些人开始担忧起来:"大多数颇具意义的复杂功能腕表是过去的制表师们创作出来的,如今制表师的创造力、腕表品牌的创新会不会不断减弱,而最终被智能腕表完全替代?"其实并不会,Patek Philippe、Breguet、Blancpain 等腕表的品牌创新能力足以让这些人的忧虑完全消除。

(1) Patek Philippe

创立于 1839 年的 Patek Philippe 是瑞士日内瓦家族独立经营的顶级腕表品牌。Grandmaster Chime(大师弦音表)是 Patek Philippe 首款不分正反面的双面腕表,即两面均可朝上佩戴:一面为时间显示和自鸣功能,另一面则专门显示瞬跳万年历(如图 5-27 所示)。

图 5-27　Patek Philippe 的 Grandmaster Chime 一面显示时间(左),另一面显示瞬跳万年历(右)

这得益于该款时计表耳中采用的巧妙反转装置，令翻转表面非常简便。反转操作出人意料的简单，而表壳也能轻松卡入所选位置牢牢固定。而且，时间和日期显示作为腕表最常用的功能，在两面均有呈现。Grandmaster Chime 还配备了诸多智能装置，可杜绝意外发生的不当操作，保护精密复杂、包含诸多微型零件的机械机芯，从而保证了该款时计无与伦比的简单易用、安全可靠。双面表壳直径 47 毫米，内藏四个发条盒和不下 20 项复杂功能，包括令人艳羡的大小自鸣、三问、带四位数年份显示的瞬跳万年历、第二时区，以及在自鸣表领域开创先河的两项专利：报时闹钟以及按需鸣报日期。另外四项专利则凸显出 Patek Philippe 深藏在这款腕表背后的创新动力。

（2）Breguet

Breguet 是瑞士斯沃琪旗下的腕表奢侈品品牌之一。Breguet 的制表师与工程师革故鼎新，围绕声音打造出传世系列 Breguet Tradition Répétition Minutes Tourbillon 7087 陀飞轮三问报时表（如图 5-28 所示）。

图 5-28 Breguet Tradition Répétition Minutes Tourbillon 7087 陀飞轮三问报时表

Breguet 运用仿真法，首先合成了约 10 万种声音，并依据心理声学标准进行分类。经过对这些声音的反复聆听和评估，最终确定了两个目标音色，以期借助现代和声及调音技术彻底改变报时表的音感。在此基础上，Breguet 着手设计全新的时计，从机械构造上再现原声。这一前所未有的设计理念决定了该款腕表在各个方面的制作选择，决定了部件形状的创新方向，也决定了所选的装饰材料。因此，Breguet 对品牌的标志性风格精雕细琢，避免其对所需的理想音色造成干扰。

（3）Blancpain

Blancpain 也是瑞士斯沃琪旗下的顶级腕表品牌之一。Blancpain 的腕表设计理念是创新即传统，这种强大的基因延续了品牌于低调中彰显实力的专属风格。经典的 Blancpain Villeret 系列的 2016 年新品——两地时年历腕表首次以精钢款亮相，配备白色表盘和黑色真皮表带，是 Blancpain 产品系列中首款采用精钢材质打造的两地时年历腕表（如图 5-29 所示）。

图 5-29　*Blancpain Villeret* 系列腕表

腕表采用蓝宝石水晶背透,与表壳材质形成鲜明对比,清晰展现了内部搭载的黄金上链摆轮和其表面缀饰的传统手工图案。指针和小时刻度的冷峻色泽,与表壳的精钢质地和谐一体。表盘布局延续了品牌坚持而擅长的优雅、清晰、平衡的设计风格,大大提升了年历读数的可视性,星期、日期和月份等信息得以一一清晰呈现。

5. 家用奢侈品体验设计创新

如第 1 章开篇所述,奢侈品除了个人奢侈品外,如游艇等家用奢侈品同样透射出设计创新的魅力。

Pride 游艇产品包括 50 米的 Fifty、76 米的 San Bao、94.7 米的 Red Star、88.5 米的 Illusion Plus、92 米的 Ninetytwo、108.8 米的 Tomorrow 和 115 米的 Estatement(如图 5-30 所示)。

不同于一般设计流程与工业化生产,Pride 提供类似于时装的高级定制设计,在游艇从无到有的每一个环节中与客户一起不断寻求最好的解决方案。对于奢侈品品牌来说,让客户在设计、建造和完工这一过程中亲身体验和最终的产品本身同等重要。因此,Pride 游艇都由世界级顾问和设计师全程参与,对 Pride 产品的每一个细节严格把关。同时,客户可以根据自己的时间、预算和技术要求,决定想在哪个阶段进行参与,内装设计以及设备的选用上也没有局限。

以经典的 Illusion Plus 为例,游艇采用劳斯莱斯推进系统和 DP0 生态动力定位系统,外观由英国著名的 Rainsford Mann 设计公司操刀,突出了具有力量感的船头和流畅的船舷线条。游艇内部革命性的超高中庭垂直连接主甲板与上甲板休闲区,打造了全新怡居理念及空间应用创新方案。设计师通过琉璃、白玉及美妙灯光营造了极致舒适的体验。同时，游艇内部配备了水疗专区、驾驶甲板酒廊、上层甲板餐厅、多间套房、私密甲板层、阳光甲板、沙滩观景俱乐部和三艘顶级娱乐艇。整艘Illusion Plus游艇配置的是法国Baccarat水晶器皿和Hermès定制餐具，高雅体现得淋漓尽致。

图 5-30 *Pride 的七款游艇*

5.2.2 材料创新

材料创新对于奢侈品来说是颠覆性的,因而很多奢侈品公司的材料成为一种定势,难以在这一方面进行创新。但是在科技日益发达的今天,奢侈品公司如果能跟上材料创新的步伐,将会在产品创新上获得巨大的进展。

1. Hermès

2017年开始,一些奢侈品品牌和高端品牌开始堆砌流行元素,街头文化随处可见,但执掌 Hermès 男装已整整30年的女设计师维罗尼克·妮莎尼安(Véronique Nichanian)一贯信奉经典设计,她的创新始终聚焦于材料创新。如2018年在上海船舶馆举办的春夏男装系列,她运用了"Toilbright"这种闪烁着光泽的特殊面料。上海秀场并没有完全复制2017年6月"2018春夏男装发布会"的布局,妮莎尼安特意打造了"胶囊系列",呈现了九款限定产品,包括 Agia Pelagia 羊毛及真丝混纺围巾、锡器灰短袖针织衫、Evercolor 小牛皮的 Bolide 1923-45 棒球包、City Colorblock 卡包、City slide 斜挎包、"Maillons Chained' Ancre"图纹的两款短袖衫及一款圆领套头衫,以及高科技帆布拼接麂皮、山羊皮和小牛皮的运动鞋(见图5-31)。

图 5-31 妮莎尼安(左)和 2018 年 Hermès 春夏男装

Toilbright 防水科技面料是爱马仕集团的专利,它在色彩上的多样性和年轻感是妮莎尼安钟情于它的原因。明线设计、运动风、锚链符号展现了 Hermès 男装的经典标签,爱马仕红、海军蓝、肉桂黄、鼹鼠灰、水汽色、黑色、海洋色、小茴香色等鲜明色彩形成强烈的视觉对比,精心设计的廓形、棒球缝制纹样、镂空锚链彰显了一贯引以为傲的工艺之精细，格纹褶皱科技棉、Maxi-Pions 羊绒和绉纱羊毛等多种面料也向世人展示了极具创新的材料。

Hermès 同样在家具与布景材料上融入了创新元素。艺术副总监夏洛特·麦考克斯·佩雷尔曼（Charlotte Macaux Perelman）与亚历克西斯·法布里（Alexis Fabry）共同参与设计了 2019 年米兰家具展的展厅（图 5-32 所示）。

图 5-32　2019 年米兰家具展中的 Hermès

设计概念从古老石砌墙中汲取灵感，将直观的建筑构成与高度图形化的模式相结合。通过不同颜色石块的排列组合，彰显韵律感与时代特性，勾勒自然材质之美的同时，展现了传统与现代间的平衡。

2. Louis Vuitton

再来看一下 Louis Vuitton 的材料创新。2016 年，Louis Vuitton 发售了与澳大利亚设计师马克·纽森（Marc Newson）合作的创新四轮拉杆箱（如图 5-33 所示）。马克·纽森是工业设计界极其重要的人物，他设计的产品类别众多，从衣服、桌椅、手表到汽车、快艇、飞机，无所不包，他总能以迷人的曲线将产品打造成符合人体工学的经典流线型，那些体态柔和的产品经过时间的洗礼，依旧让人感觉新颖有趣。

Louis Vuitton 与马克·纽森用了 18 个月对产品进行研发，从结构、材质多方面入手。箱子的核心是一种新型复合材料，它构成了拉杆箱的主体结构，其上覆盖了数层网格材质。箱身十分轻薄，其弹力特性可以达到减震效果。Louis Vuitton 标志的

"Monogram"帆布材质以创新超轻面貌出现,重量减少了近50%,外观特征却丝毫不受影响。对于拉杆箱来说非常关键的伸缩拉杆,紧贴箱体外部,与箱体同宽,以铝质制作,在美化结构的同时增加了强度。箱体内部空间也得以提升,改变了传统拉杆设计导致箱体内凹凸不平的情况,增加了可用空间。其他的创新设计包括全新全环形拉链,内置于箱体结构中,如Louis Vuitton的传统旅行硬箱一样,可180度打开。超薄铝制立体组合拉链扣锁系统,使用单一拉链,可达到重量最小化,避免了普通双拉链导致压力点不均的问题。四个迷你滚轮,可360度旋转,滑动时无声,操纵平稳轻易。

图 5-33　Louis Vuitton 四轮拉杆箱

如图5-34所示,Louis Vuitton四轮拉杆箱采用了多种配色,与其传统旅行箱一样,这款拉杆箱的四角也覆盖天然牛皮,手柄也是如此。

图 5-34　多种配色的 Louis Vuitton 四轮拉杆箱(左)与内部构造

这样的设计能够在使用时提供最大的舒适度，不用时又不占用空间。与传统旅行箱相比，这款拉杆箱内部空间增加了15%，其37升的容量也非同类产品可比。此外，这款拉杆箱重量轻且坚固耐用，50厘米款仅重2.7公斤，55厘米款则仅重3公斤。它还附带保护罩，供托运时使用。内部包含可拆卸"X"形固定带及可拆卸的分隔网。此外，还有一系列定制配饰，如可以固定于拉杆箱上的公文包、一个电脑保护套、配饰袋、两个可洗鞋套及一个衣物套。皮制行李牌和配饰袋均可接受个性化定制。

另一个家用奢侈品品牌的例子是Villeroy & Boch（唯宝）。

Villeroy & Boch 创立于1836年。Villeroy & Boch 深受皇室贵族、艺术家以及先锋人士的影响，完美结合了永恒的法式经典设计、传统的德国品质以及高度创新。

Villeroy & Boch 的坐便器材料采用了陶瓷。"CeramicPlus"是Villeroy & Boch 独有的陶瓷表面处理技术，陶瓷坐便器能让清洁厕具变得特别轻松，即使是已经干燥的污垢也可毫不费力地清洗干净。这种材料和环保技术的应用为使用者节省了做清洁的费用和时间。"Ultimate Fitness"超强按摩系统是Villeroy & Boch 首创，它是提供全身按摩的隐藏式卫浴按摩系统，一种高品质的圭力材料（Quaryl）可将喷嘴整合并隐藏到浴缸主体内部，只有在启动时才会突起，提升整体美观度，如图5-35所示。

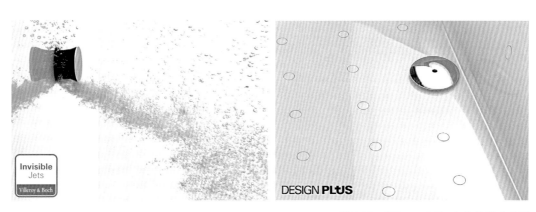

图 5-35　Villeroy & Boch 的隐藏式喷嘴

圭力是由Villeroy & Boch 研发生产的一种特殊材质，它将优质材料亚克力与石英的优点合二为一，可以满足设计师的苛刻要求，兼具耐用、不过时、保暖和保洁的优点。

5.2.3 工艺创新

20世纪著名的法国人类学家克洛德·列维–斯特劳斯（Claude Levi-Strauss）说过一句名言："技艺，是人类在宇宙中为自己找到的位置。"与材料一样，随着科技的快速发展，奢侈品公司工艺上的创新也应该与时俱进。传统奢侈品设计特别专注于产品的原料、做工、制作过程等，制作数量少，制作工艺复杂。随着自动化机械和人工智能的出现，奢侈品公司的制造流程也简化了很多。大规模的生产能让奢侈品公司降低生产成本，以在其他方面投入更多的资金。但是，最顶级的那些奢侈品品牌始终坚持手工艺，并在工艺上追求不断创新。

1. Chanel

香奈儿女士本人对鞋子的细节要求极高，一款鞋不知要改多少次。卡尔·拉格斐继承了香奈儿女士的精神，其"御用"鞋匠马萨罗有时一天需要来来回回奔波数次，但他从不抱怨，永远是满脸堆笑，一副幸福的模样。只有当卡尔·拉格斐对改好的鞋子发出由衷的赞叹时，马萨罗才一脸骄傲地回到自己的店里。

马萨罗的父亲曾告诉过他，这门工艺只能手把手教，凭借口耳相传，无法用文字记录。马萨罗沿袭至今的"工匠精神"以及"一切手工技艺皆由口传心授"是Chanel工艺创新的灵魂所在。

同样的例子还有Chanel织带的制作者，这是距巴黎一个半小时车程的村庄里一位年近八旬、默默无闻的老太太，每年时装发布季前夕，她都会为Chanel高级定制礼服制作织带。这位老太太有一手手工织带的绝活，是她自己摸索出的独特工艺。当年，香奈尔女士见到她的手艺后，就指定由她来制作织带，从此成为品牌的传统并延续至今。

每当卡尔·拉格斐的裁缝们打开送来的织带时，都会由衷地发出满意的惊叹。一眼看去，这从服装面料衍生出的织带，就像是面料生出的漂亮女儿，与那件优雅的礼服摆在一起，既有一目了然的血缘关系，又有另一个新生命的迷人风采。

这些专属于Chanel的工匠们是香奈儿女士留给卡尔·拉格斐和Chanel品牌的最大财富，同时也是整个法国的社会财富。正是无数隐身于市井小店的普通工匠，构成了法国奢华工业的社会基石和精神实质。尊重工匠、尊崇手艺、承认价值，这是一种全社会的工匠精神，它依靠积累、源于传承，无法瞬间取得。

2. Bottega Veneta

时尚界有这样一个说法广为流传："当你不知道用什么来表达自己的时髦态度时，可以选择 Louis Vuitton；但当你不再需要什么来表达自己的时髦态度时，可以选择 Bottega Veneta。"在处处以品牌标识标榜品位的时尚圈里，意大利顶级奢侈品品牌 Bottega Veneta 以独有的编织工艺征服了消费者。Bottega Veneta 能成就今天的辉煌，要归功于前任品牌创意总监、德国设计师托马斯·迈耶（Tomas Maier）。

Bottega Veneta 的品牌格言"你的名字已经足够"（When your own initials are enough），所暗含的极富个性的时尚哲学不仅体现在经典皮革编织包上，更广泛应用于其他不同类别的产品：从男女服装、配饰、高级珠宝到旅行箱，从家居香氛、瓷器餐具到扶手座椅、餐桌几案，无不宣告出一种 Bottega Veneta 式的低调奢华。Bottega Veneta 拥有很多独有的手工艺，最为出名的就是家族独家的皮革梭织法（如图 5-36 所示），这俨然成了它的独门标志。

当然这种手工作业也造成 Bottega Veneta 每个包袋都是独一无二的，特别是钱包这种小物件，皮革的裁剪有的地方很不规则，这正是 Bottega Veneta 独有的地方。

Bottega Veneta 之所以金贵，在于纵横交错的皮革简直就是耗时耗工的手艺指针。Bottega Veneta Cabat 包的制作流程是，先把两块皮上下粘合在一块儿，裁成条状后，再手工编织而成，等于动用到四片皮革，两到三位手工匠至少要花三天才织得成一只包；Veneta 包也不简单，要先把一块光泽、颜色毫无瑕疵的皮革，用机器按照固定间隔打出一个个洞，取另一块皮裁成条状，师傅再一格格地把这条状皮革编到洞洞里头；这些身价不凡的包，除小羊皮和鹿皮，也推出了鳄鱼皮面料，造价更为昂贵。

Bottega Veneta 以软包为主，编织皮革被处理得极为柔软，完全不用担心磨损衣服。除单纯的编织纹理，有的包打上镂空的金属铆钉，或预先在局部位置打了结，或在纵横格子上加了车缝线装饰，甚至故意在每个格子上切一道口子，用久了就会翘起来，是为了呼应隐喻吉祥富贵的金鱼。

图 5-36 Bottega Veneta 的独特手工工艺

3. Van Cleef & Arpels

成立于 1906 年的珠宝品牌 Van Cleef & Arpels 受到如美国女星伊丽莎白·泰勒（Elizabeth Taylor）、希腊女高音歌唱家玛丽亚·卡拉斯（Maria Callas）等极具时代影响力的社会名流以及众多王室成员的青睐。一个多世纪以来，Van Cleef & Arpels 的每一件作品都是经珠宝工艺大师的"黄金之手"而成，他们花费无数心思、时间研究传统工艺的传承与演绎，通过独门技艺，结合丰富的想象力与多彩的灵感之源，源源不断地缔造出传世之作。Van Cleef & Arpels 很早就将对技术的苛求放在重要位置，早在 1934 年就为自己的独家技术申请了专利。当时为了让宝石能紧靠在一起，令珠宝有更完美的呈现方式，创始人阿尔弗莱德·梵克（Alfred Van Cleef）与妻弟查尔斯·雅宝（Charles Arpels）及工匠们首创革命性的隐形式镶嵌法，并于 1934 年正式为这项独创技术申请专利为"隐秘式镶嵌"。该镶嵌法对技艺的要求极高,它的秘诀在于塑造纤细的金属网格,再将经过特别切割的珍贵宝石逐颗镶嵌其中,通常运用于镶嵌红宝石,也会用于祖母绿和蓝宝石的镶嵌。这种工艺可以让宝石在优美流畅的线条中彼此紧密贴合,令珠宝极富立体感却不显露任何金属线条或镶爪的表面,宝石得以更完美地绽放光芒。即便有了"黄金之手",Van Cleef & Arpels 还是不断追求技术的精进,并将先进科技运用到创作之中,如 3D 打印技术的加入,让珠宝世界的设计产生了更多可能性。

4. Hästens 和 Vispring

在世界睡床品牌中,Hästens(海丝腾)和 Vispring 作为绝代双骄,追求极致细节选材与独具创新的工艺,使它们成为睡床界的典范。

瑞典皇室御用品牌 Hästens 成立于 1852 年,它历经五代传承仍能受到贵族欢迎的秘诀在于床垫部分独特的填充物——马尾毛,高品质马尾毛堪称"软垫填充之王",每根马尾毛中有一个微型真空导气管,不但拥有良好的透气性和弹性,也可以吸汗、除湿,更利于空气的透入。马尾毛像无数个细小的弹簧一样发挥着承托作用,让人躺在床上时可以感受到"被床拥抱"般的舒适感。值得一提的是,Hästens 每个弹簧单独工作互不联动,翻身时不会影响身边人的睡眠。它以羊毛和棉花作为辅料,经过一定比例的手工混合后,能增加床垫的柔软感和保暖度,还起到阻燃的效果。此外,Hästens 选用瑞典 70 年以上生长期的红松木作为睡床框架,坚硬耐用。Hästens 对床具的品质要求几近苛刻,每一款睡床都需要在瑞典雪平(Köping)工厂里花费 100 小时以上,由高级手工艺人根据使用者的身体曲线量身定制,这也意味着无论顾客以何种姿势睡眠,Hästens 睡床对于顾客颈部都可以完美支撑,因此 Hästens 睡床不需要枕头。Hästens 的马尾毛填充物、独特的睡床框架与精细的手工缝制如图 5-37 所示。

细节与精致是 Hästens 品牌的象征。Hästens 简约的质感与内敛奢华的品牌风格十分协调,是历代瑞典国王、沙特国王等钦点的睡床品牌。在瑞典,它甚至可以和国旗的意义比肩。

成立于 1901 年的 Vispring 是英国两大顶级睡床品牌之一(另一个是成立于 1905 年的 Savoir),也是全球第一家以"独立袋装弹簧"架构工艺生产床垫的公司。这个划时代创新提供了旧式床垫前所未有的舒适度、支撑性与耐用性。"Vi"其实是罗马数字"Ⅵ",源自公司最初生产独立袋装床垫时,坚持使用圈数为"六圈"的弹簧——六圈弹簧所产生的弹性和睡感最佳,最符合Vispring欲带给消费者的品牌感受。

图5-37 Hästens的马尾毛填充物(左一、二),独特的睡床框架(右一)与精细的手工缝制(右二)

每张Vispring床垫都是由技艺精湛的英国工匠百分之百纯手工打造,采取"无框架"设计,拥有独有的独立袋装弹簧蜂巢式结构,纯手工排列,并且手工侧封边,细心铺上一层又一层毛料。缝制床边需要由工作十年以上经验丰富的技师来完成,缝制床边耗费8个小时左右,每张床垫至少有两圈手工缝制护边,确保内部独立袋弹簧与外部材质紧密结合,这与绝大多数同类竞争者的假围边有根本的区别(如图5-38所示)。

图5-38 Vispring床垫的六圈弹簧(左一、二)和床垫的两圈手工缝制护边(右一、二)

每张Vispring睡床都填满丰厚的天然物料。与Hästens不同,除优质马尾毛外,Vispring还选用丝、纯雪特兰羊毛、安哥拉羊毛以及纯山羊绒等。床垫最多可装配

5 000 个独立袋装弹簧。一张 Vispring 床垫从下单到定制完成，至少需要技师精心制作 8 个星期才能完成。Vispring 被芯和枕芯由冰岛雁鸭绒纯手工装填，纯真丝枕套由瑞士顶级床品品牌 Schlossberg 生产。

不少豪华游轮（如 20 世纪初的泰坦尼克号、玛丽皇后号、百慕大皇后号等）头等舱内使用的便是 Vispring 品牌。诸多英国王室成员、游艇主托马斯·立顿（Thomas Lipton）、萨瑟兰（Sutherland）公爵四世、歌星麦当娜·西科尼和球星大卫·贝克汉姆都是 Vispring 床垫的忠实用户。

科技感强大的奢侈品品牌同样非常注重工艺创新，如 Aston Martin 和 Jaeger-LeCoultre。

英国跑车品牌 Aston Martin 和瑞士顶级腕表 Jaeger-LeCoultre（积家）百年来曾为各自领域的发展立下卓越功勋。两个奢侈品品牌为了实现工艺创新，于 2004 年起开始合作，从首辆搭载以高精准度著称于世的 Jaeger-LeCoultre 仪表盘计数器的 Aston Martin 跑车开始，屡次实现惊人的技术创新，缔造展现两家杰出品牌共同价值的钟表佳作。

在瑞士汝山谷和盖顿（Gaydon）的工坊内，历代工匠不负运动爱好者、美学家和鉴赏家的热切期盼，广泛运用各种技巧，通过精湛的工艺，赋予卓绝时计与汽车以生命。2013 年，Jaeger-LeCoultre 创立 180 周年暨 Aston Martin 创立百年之际，Jaeger-LeCoultre AMVOX 系列腕表出世（如图 5-39 所示），代表着时刻追求完美、齐头并进的两家先锋企业的又一历史性跨越。日积月累不懈铸就的价值观，成就了这两大品牌的翘楚地位。

图 5-39　*Jaeger-LeCoultre 与 Aston Martin 共同研发的 AMVOX 系列腕表*

两个跨品类的奢侈品品牌间的合作，实现了工艺上突破性的创新：在时计中内置带微型发射器的转发器，控制汽车中控锁系统；直观清晰、体贴用户的垂直启动计时装置，操作起来就像驾驶 Aston Martin 跑车那般轻松自在；采用特制机芯，满足跑车驱动性能要求。此外，两者还开发了创新型材料用于腕表和跑车。

前 Jaeger-LeCoultre 全球总裁、现 Montblanc 全球总裁朗博杰（Jerome Lambert）说过："追求极致的传统是双方积极持久合作的根本。而彼此特有的工艺技术，以及积家表厂在 180 年历史进程中数不胜数的时计发明专利，则奠下了合作的基石。"Aston Martin 首席执行官乌尔里奇·贝兹（Ulrich Bez）把每一款卓尔不凡、精巧独特的产品都归功于最顶尖的工艺和最具智慧的创新。

从上述的设计、材料和工艺创新中，我们看到奢侈品公司创新的几个主要途径。其一是设计创新，让奢侈品公司的商品对奢侈品的品牌内涵、美学特征进行更加鲜明的强调或是重新调整定义，对新的时尚产生一种引领的作用，让奢侈品公司在新时代中用新的设计去吸引消费者。其二是材料创新，材料科技快速的发展应被运用到奢侈品公司的产品创新之中，更轻盈、更坚固、更先进的材料可以代替过去有瑕疵的材料，使新时代的奢侈品从材料本身得到创新。其三是工艺创新，除了科技创新带来的自动化生产，与奢侈品公司当地的传统工艺的融合，为奢侈品行业注入新的工艺，也是产品创新的渠道之一。设计师的主要创新点在于对不同的创新领域进行融合，利用新时代所诞生的新时尚、科技所产生的新材料以及不同地区的工艺（对于奢侈品世界来说的新工艺），结合时代的潮流进行开拓创新。只有在这三方面勇于创新，才能使传统的奢侈品行业在新时代仍然拥有巨大的竞争力。

5.3　品牌命名、译名、标识创新与重新定位

品牌是奢侈品公司的根基，命名创新、译名更改、重新设计标识以及在新时代中重新定位，都是奢侈品品牌创新的发展方向。

5.3.1　命名创新

品牌名是奢侈品品牌重要的代号与象征，不会去轻易改变。奢侈品品牌命名改变

并不多见，但在特定情况下，品牌名也会发生变化，如为了提升品牌的含义、重塑品牌、契合公司的新战略和新目标等。

品牌名的更改范围包括公司品牌名（company brand name）、分部品牌名（house brand name，即俗称的公司旗下独立品牌或某品牌副牌的名字）、产品线品牌名（product line brand name，即俗称的"产品系列名"）和子品牌名（sub-brand name，即俗称的"款式""型号"等），下文将分别介绍。

1. 公司品牌名创新

世界四大奢侈品集团之一的前皮诺－春天－雷都集团（Pinault-Printemps-Redoute Group，PPR）在 2013 年宣布，将公司名称改为"Kering"，中文译名同时改为"开云"。"Ker"在法国布列塔尼语中意为"家"，"Kering"音同"caring"，表示对品牌、员工、合作伙伴和环境独一无二的呵护方式。皮诺－春天－雷都集团更名为开云集团让品牌名称的含义得到了升华，赋予了更多的含义，同时中文译名更符合中国客户的口味，对吸引中国市场有很积极的意义。

同样地，2017 年 7 月，美国时尚轻奢公司拉尔夫·劳伦的股东们投票通过，将公司品牌名由原先的"Polo Ralph Lauren"更改为"Ralph Lauren"。这个改变代表着公司形象在这些年里发生了改变，公司旗下的很多个品牌都不再使用"Polo"这个名字和符号。2008 年，公司还将网站的域名从 polo.com 更改为 ralphlauren.com。

蔻驰集团在 2017 年使用了新公司名"Tapestry"。Tapestry 集团更名的设想来源于 2014 年。在制定了战略转型的愿景后，蔻驰集团分别于 2015 年、2017 年收购了 Stuart Weitzman 和 Kate Spade，成功实现了设定的目标。蔻驰集团正处于品牌重塑的关键期，从单品牌转向多品牌公司。在总值达 800 亿美元、极具吸引力并持续增长的全球高端手袋及配饰、鞋履和外套市场中，蔻驰集团旗下的每个品牌都需要以其独特的定位，来满足不同消费者的时尚触觉和情感需求。因此，蔻驰集团的公司名更改也在情理之中。

迈克·高仕集团在 2018 年 9 月全资收购意大利奢侈品品牌 Versace 后，将集团名改为 Capri。改名的理由与 Tapestry 类似，Capri 在 2017 年收购鞋履品牌 Jimmy

Choo、2018年收购Versace后，集团定位从单品牌轻奢时尚集团向多品牌奢侈品公司转移，新集团名有助于Capri新战略的实施。

2. 分部品牌名创新

事实上，大众品牌的分部品牌命名很少更改，奢侈品品牌更是如此。奢侈品品牌创始人在建立品牌时已经深思熟虑，品牌名往往有极其深刻的含义，不容后代或接班人随意更改。不过，从奢侈品品牌的命名方式也可以看到有趣的创新。

大多数情况下，奢侈品品牌以创始人、创始地或人地混合命名。其中，以人名作为奢侈品品牌名最常见，如个人名Hermès、Louis Vuitton、Chanel、Cartier、Gucci、Prada、Giorgio Armani、Dior等，人名组合如Dolce & Gabbana、Van Cleef & Arpels、Vacheron Constantin、Patek Philippe、Rolls-Royce、Bang & Olufsen等，这些品牌的创始人在设立品牌之初为了圆自己的一个梦想，凭借独到的商业嗅觉和勇气，以自己或加上伙伴的名字命名品牌，作为对产品品质的担保。这些奢侈品品牌往往是由家族传承，这样的命名方式能最大限度地保证后代继承家族意识，一以贯之地悉心呵护这个品牌，同时也可以借人物的声誉影响品牌。用地名作为奢侈品品牌名的也有不少，如Bottega Veneta、Montblanc、Glashütte Original、Longines、Gaggenau等，往往反映了创始人建立品牌之初对这片土地的热爱。人地混合命名奢侈品品牌最典型的例子是Aston Martin，创始人之一莱昂内尔·马丁（Lionel Martin）于1914年在英国阿斯顿·克林顿（Aston Clinton）举行了山地汽车赛并一举夺冠，于是他就用人名、地名的组合方式命名了品牌Aston Martin。

一些奢侈品品牌的命名独具自己的个性。

如意大利鞋履品牌Tod's，创始人迪亚哥·德拉·瓦莱（Diego Della Valle）在翻阅波士顿电话簿时看到"J. P. Tod's"这个词，觉得这个词的发音在任何语言里都很好听，而且有点传统英语语调，容易让人产生跟英国贵族有关的联想，于是选定这个词为品牌名称。几年后，"J.P."两个字母被去掉，成了如今大家熟悉的Tod's。

瑞士腕表品牌Omega，"Ω"是希腊文24个字母中的最后一个字母，发音为"欧米茄"，钟表匠路易·勃兰特（Louis Brandt）用这个希腊字母代表Omega表的完美、卓越和成就。

意大利服装品牌 MaxMara，"Mara"部分取自创始人家族的名字马拉莫迪（Maramotti），而"Max"取自康特·麦克斯（Count Max），20 世纪 50 年代当地一位着装永远时髦的人物。

COMME des GARÇONS 是设计师川久保玲（Rei Kawakubo）对中性女装设计理念的诠释，在法语中，"COMME des GARÇONS"可以译为"像男孩一样"。类似地，还有法国奢侈品品牌 Chloé，创始人加比·阿格侬奥（Gaby Aghion）用希腊语"Chloé"（意谓"花开"）代表自己的女装产品高雅如花朵缓慢绽放。

成立于 1898 年的德国行李箱品牌 Rimowa，其创始人科夫法布里克·保罗·莫兹扎克（Kofferfabrik Paul Morszeck）用儿子理查德·莫兹扎克·瓦伦塞克（Richard Morszeck Warenzeichen）每个词的头两个英文字母组成命名，极具传承色彩。

Saint Laurent 是古驰集团下的法国奢侈品品牌。2012 年，首席创意总监艾迪·斯理曼（Hedi Slimane）在上任后就将成衣产品线的品牌名改为 Saint Laurent Paris，标识和字体不变，命名是根据伊夫·圣罗兰（Yves Saint Laurent）先生于 1966 年推出的成衣线 Saint Laurent Rive Gauche，高级定制、皮具、鞋履和配饰等品牌名和标识依然保持不变，随后将高级定制和成衣全部改为 Saint Laurent。他意图改变品牌形象，重塑品牌创立之初的传统，在尊重品牌原始理念的同时走向一个新的方向。

3. 产品线品牌名创新

产品线品牌名创新有两个经典的例子：Hermès 和 Dior。

爱马仕家族中最受明星追捧的两款手袋分别是 Hermès Kelly 和 Hermès Birkin。Kelly 包最早诞生于 1892 年，原先这个系列命名为 Hermès Haut a Courroies。1956 年，《生活》杂志刊登了摩纳哥王妃、著名影星格蕾丝·凯莉怀着身孕拎着 Hermès Haut à Courroies 包的照片，用以遮掩着她的孕肚（如图 5-40 所示），并且一年前格蕾丝·凯莉的订婚过程以及大多数场合都拿着同款手袋。

这张照片瞬间刷爆时尚圈，无数女生表示想要这只包。于是，爱马仕集团当年就联络了摩纳哥王室，征得格蕾丝王妃的同意，以她婚前的娘家姓氏 Kelly 来重新命名这款经典的 Hermès 手袋。而 Birkin 包源自定居法国的英国女歌手简·铂金（Jane

Birkin)。1981 年，她拎着一只编织篮子乘坐飞机返回伦敦，因为篮子没有内袋，包里的东西不小心掉了出来。坐在她身边的男士就说："你应该用一个有内袋的包。"简·铂金就顺口回答了一句："如果哪天 Hermès 出一款带内袋的包，我一定买！"而这位男士正是彼时爱马仕集团首席执行官让 - 路易·杜马（Jean-Louis Dumas）。于是在 1984 年，第一只 Birkin 包诞生了，就像简·铂金希望的一样大方、实用。爱马仕集团每年给她 3 万欧元以感谢这位不期而遇的"缪斯"。事实上，她只有拥有过 4 只 Birkin 包，并且都拍卖了，拍卖所得和品牌每年给她的 3 万欧元全都捐给了慈善机构。

图 5-40　格蕾丝·凯莉用 Hermès Haut à Courroies 包遮掩她的孕肚

Dior 在香水和护肤品产品线上有一个法语"J'Adore"的系列名。2016 年年底，设计师玛丽亚·格拉齐亚·基乌里（Maria Grazia Chiuri）接任 Dior 创意总监后，她将"J'Adore"改成"J'Adior"，巧妙地将"Dior"字样融入了产品线品牌名中，以此命名全新的 Dior 皮具系列，成为 Dior 全新的标志，也是 Dior 在 2017 年最成功、最受欢迎的产品系列之一。

2018 年夏季，Dior 男装新任艺术总监金·琼斯（Kim Jones）在夏季男装系列正式发布的同时将男装系列名 Dior Homme 改为 Dior Men⊖，以致敬创始人克里斯汀·迪

⊖　法语 Dior Homme 和英语 Dior Men 中文翻译相同，皆为"迪奥男士"。

奥自传《迪奥与我》(*Christian Dior et Moi*)及其名句"'迪奥'的双重性——"一位男人,亦是一个神话,前者是本人,后者则是于1947年创立的迪奥高级时装屋"。这意味着Dior男装进入第三代,在1970年第一代转变男士穿衣风格的Dior Monsieur^①和2000年第二代精致优雅的Dior Homme的基础上开启了男装设计的新篇章。

4. 子品牌名创新

Richard Mille是一个2001年才创立的瑞士腕表品牌,但在短短十几年间,凭借近50款名贵款式的推出,已成功确立自己在高级制表界的地位。Richard Mille的一大特色是以体育团队、汽车、航海和飞行为主题的自动上链表。为便于产品归类,创始人理查德·米勒(Richard Mille)决定启用新的产品线品牌命名方法,并据此对现有表款的型号进行重新命名。例如,原属于Richard Mille RM 011系列的具有逆跳计时功能的自动机芯运动表,被重新命名为Richard Mille RM 11-01、Richard Mille RM 11-02等;而配备蓝宝石水晶表壳的Richard Mille RM 056系列陀飞轮表款,现在改为Richard Mille RM 56-01、RM 56-02等。

5.3.2 译名创新

对于奢侈品品牌,除了更改品牌名外,译名的创新对当地消费者是否能接受品牌起到举足轻重的作用。

Chanel的中文译名"香奈儿"是许多行业专家公认的起名典范。"香"在汉语里意为"芬芳、芳香","奈"取自品牌的法语发音,最后一个字"儿"没有实际含义,但在汉语中常被用来传达女性化的柔软语调。这三个字的组合成功传达了Chanel的品牌理念:优雅、动人的女性高端品牌。然而,一些奢侈品品牌由于原先译名遭遇到了种种困境,经过精心挑选后,重新改变了译名,最典型的例子有Burberry和Bottega Veneta。

Burberry在进入中国香港市场时译名为"巴宝莉",而进入内地市场后,现在已经将译名改为"博柏利"。命名创新的原因在于,前者"巴宝莉"过于通俗,与奢侈品品牌定位不符合,同时又带有很强烈的女性色彩,但Burberry品牌本身是同时售卖

---

① 法语Dior Monsieur意为"迪奥先生"。

男装和女装，所以改名为“博柏利”更加符合品牌定位。

Bottega Veneta 的译名创新可能更加无奈。Bottega Veneta 在还没有官方正式中文名前，有个华美贵气的中文昵称“宝缇嘉”，遗憾的是，这个名字已经被抢注了，所以品牌选择“葆蝶家”这三个字作为自己的中文名称。这个奇怪的名字一开始受到了些许质疑，但事实上它还是很有含义的。其中文名不但是品牌谐音，且代表了“低调奢华、极致之美和专业技艺”，更指出蝴蝶一直是品牌的隐性标志。

在原品牌的命名或者译名不尽如人意时，奢侈品公司会考虑品牌命名创新。在进行品牌命名和译名创新时，奢侈品公司会尽可能将品牌理念和风格融入到短短的几个字中，Burberry 和 Bottega Veneta 等的译名创新都做到了这一点。

5.3.3 品牌标识创新

标识是一个品牌的象征。标识可以说是一个图形，更可以说是一种艺术。从一个奢侈品品牌的标识上，不难窥见这家公司的风格与设计。一些奢侈品品牌标志会随着产品设计、品牌名的改变同步更新。Balenciaga、Rimowa、Celine、Dior 和 Burberry 就做出了相应的改变。

1. Balenciaga

法国成衣与皮具品牌 Balenciaga 在 2017 年 9 月推出了全新标识，这个灵感来自于交通指示牌的标识缩窄了字间距，字体也更加修长（如图 5-41 所示）。这个变动发生在 2015 年格鲁吉亚裔德国设计师德姆纳 · 格瓦萨里亚（Demna Gvasalia）担任 Balenciaga 艺术总监的两年后，这也意味着 Balenciaga 从设计风格、品牌形象到品牌定位都会做出调整。

BALENCIAGA　BALENCIAGA

图 5-41　Balenciaga 旧标识（左）和新标识（右）

2. Rimowa

隶属于路威酩轩集团的德国箱包奢侈品品牌 Rimowa 也更改了品牌标识。2018

年1月，正值 Rimowa 品牌成立120周年之际，路威酩轩集团董事长贝尔纳·阿尔诺（Bernard Arnault）之子、年仅25岁的亚历山大·阿尔诺（Alexandre Arnault）作为 Rimowa 品牌联席首席执行官，为这个历史悠久的品牌注入新鲜活力，大刀阔斧地领导并修改了产品视觉形象（如图5-42所示）。在 Rimowa 首席品牌官赫克托·穆拉斯（Hector Muelas）看来，"原先诞生于20世纪70年代的胶囊标识外形仅仅诠释了那个年代的审美：圆形边框、粗重的字体、醒目的颜色。那种设计不是为了 Rimowa 品牌基因而创造的，而是为了那个年代的审美而生的。Rimowa 有丰厚的历史传承，它应该是一个怀旧或复古的品牌。回顾德国工业设计历史，可以发现德国奢侈品品牌的核心概念之一：形式服务于功能。这个理念更能代表 Rimowa 的品牌基因。"

图 5-42　Rimowa 的旧标识（左）和新标识（右）

3. Celine

同样隶属于路威酩轩集团的法国奢侈品品牌 Celine 于2018年9月在社交媒体 Instagram 上公布了品牌新标识。它去掉了原本"Céline"拼写中的重音符号，é 变为 e，字体变得更现代化，字母之前的间隔也有所缩小。Celine 在 Instagram 上连发三条推送，配以略显迷幻的舒缓音乐和流动的金色图纹，分别用英语和法语介绍新标识的设计思路（见图5-43）。

图 5-43　Celine 的品牌旧标识（左）与新标识（右）

新标识的直接灵感来源是品牌于20世纪60年代曾使用的一款，颇具现代主义色彩的字体则来自于30年代。去除原本标识中的重音符号"é"是为了使新标识看起来更简洁并紧凑，并响应品牌60年代的设计（当时 Celine 并没有经常使用重音符号）。

4. Dior

更改品牌标识的还有Dior。2017年，接任Dior创意总监的玛丽亚·格拉齐亚·基乌里除了修改皮具系列品牌名外，也更新了品牌标识。新标识字母全大写，略微调整了字体，使新标识在视觉效果上更有气势（如图5-44所示）。

Dior　DIOR

图5-44　Dior的旧标识（左）和新标识（右）

5. Burberry

Burberry在2018年8月改变了经典印花图案的同时，它的品牌标识也发生了变化。作为新首席执行官马尔科·高伯蒂和新创意总监里卡多·提西上任后的变革尝试，Burberry的新标识由原本的图形加文字改为简洁、现代的纯文字，采用粗体无衬线字体，更贴合当今的设计潮流（见图5-45）。

图5-45　Burberry的旧标识（左）和新标识（右）

从以上五个例子中可以发现，奢侈品公司不仅会将品牌风格、理念注入产品，也会外化在品牌标识上。奢侈品品牌会摒弃此前相对缺乏意义或相对落伍的标识，让顾客一看到标识就能感受到奢侈品公司的独特风格。

对于轻奢品牌，标识也有所创新。Calvin Klein从1968年创立至今已经更新过三次标识（如图5-46所示）。创立初的Calvin Klein标识字体和如今的标识比较相似；1979年，品牌标志只有首字母大写；1992年的标识字母变得纤细，这个标识一直被沿袭下来，直至被2017年新标识取代。2017年新标识的所有字母还原为大写。凯尔文·克莱因称这种标识的创新是"回归品牌的精神本源"，以及"纪念品牌创始人和基金会的贡献"。同一时间，Calvin Klein 的 Twitter 和 Facebook 账号头像的标识照片也全部更新。前设计总监拉夫·西蒙斯（Raf Simons）将旧标识的字母全部大写，增加品牌的视觉气势，暗示原本定位于轻奢市场的 Calvin Klein 要变得更具"奢侈"感，向奢侈品品牌的定位迈进。

Calvin Klein
1979—1992

Calvin Klein
1992—2017

CALVIN KLEIN
2017

图 5-46　Calvin Klein 品牌标识的发展历程

Calvin Klein 的竞争对手 Coach 也做了标识更新。2013 年，Coach 对原品牌标识进行了一些小改动，字体和图案都进行了一些小修饰，改变了字体，把图案也改得干净简洁，尤其是弥补了老标识马鞭松散的不足，整体上看起来干练了很多，提升了美感和品牌形象（如图 5-47 所示）。

图 5-47　Coach 的品牌旧标识（左）和新标识（右）

5.3.4　品牌重新定位

对于奢侈品公司而言，产品的设计创新、选材创新、工艺创新和品牌的命名创新、译名创新、标识创新往往是设计总监对品牌定位做出重大调整的前奏。奢侈品品牌在发展数十年后，原先的品牌定位已不符合当前奢侈品行业的发展趋势、时尚潮流或消费者偏好，导致品牌影响力、品牌形象已经发生或可能发生衰落。品牌必须通过不断的变革来获得永葆青春的源泉，品牌重新定位势在必行。

重新定位的方法之一是在原先基础上创造一个更细分或更小众的市场，Moncler、早期的 Burberry 和 21 世纪初的 Bottega Veneta 就是这样重新定位的。重新调整产品线也是奢侈品公司常用的方法，如第一次品牌重新定位后的 Burberry、Dolce & Gabbana、Vivienne Westwood 和 Marc Jacobs 都剥离了副牌。将品牌定位稍稍下移也是品牌重新定位的可取方式，需要在机遇和风险两者中做出取舍，如陷入泥淖的 Mulberry 和 Christian Lacroix。

1. Moncler

法国羽绒服品牌 Moncler 成立于 1952 年。成立之初，品牌定位为专业户外运动装备，专为冬季户外运动爱好者打造，传统绗缝明显的羽绒服，标准的银色磨砂外观，始终给人这一品牌形象。2018 秋冬发布会，Moncler 与八位风格各异的著名设计师共同推出了全新的设计，仍沿用最简单的色彩，但加入经典时尚的成衣绗缝，羽绒服突然有了时装的感觉（见图 5-48）。

图 5-48　2018 年秋冬 Moncler 时装

短款、层叠和印花使 Moncler 面向喜欢羽绒服、更时尚、更有个性的年轻消费者，设计与定位都悄悄发生了变化。

2. Burberry

作为英国一个以防水风衣闻名的百年奢侈品品牌，跌宕起伏后又重新步入正轨的博柏利集团在2006年又一次遭遇了危机。尽管博柏利集团拥有绝佳的商业基础，但在全球扩张的过程中却失去了自己的重心。当时，博柏利集团共有23家品牌授权经销商，每家经营的业务各不相同；公司的产品无所不包，上至男女服饰，下至宠物用品，位于伦敦邦德街的一家专卖店甚至有一整个分区专卖各式各样的苏格兰短裙。这些产品分开看都没有什么问题，合在一起却显得缺乏重点——人人都能找到自己需要的产品，但没有一种产品是独一无二、人人都想要的。

在危机之下，博柏利集团决定重新进行自己的定位，抓住产品线的核心——风衣。博柏利集团拥有防水华达呢面料的专利，有自己的纺织厂，有一条高效的垂直生产链，这是博柏利集团最大的资产。因此，博柏利集团决定以传统产品为核心进行重新定位，每一项重要的新举措都以防水风衣为中心。2009年推出了第一个社会化媒体平台artofthetrench.com，其主题就是标志性的Burberry风衣和穿着这款风衣的人。2015年，博柏利集团在定制服务领域迈出了第一步，"Burberry定制"为用户提供近1 200种可选风衣款式，它们首先在Burberry.com上线，逐步被引入伦敦和芝加哥的实体门店，此后更是收回香水和化妆品业务，以更好地发挥Burberry的"风衣精神"。

2015年，博柏利集团再一次重新定位，将旗下的Prorsum、Brit和London三条产品线合并为单一品牌，统一更名为Burberry，在2016年夏季呈现了全新的Burberry形象。事实上，之前Burberry设立副牌是因为Burberry对批发渠道销售额的依赖，如今市场已全然不同，为了应对市场需要，Burberry需要将品牌的一致性视为重中之重。于是博柏利集团将所有副牌名称全部舍去，虽然产品仍维持不同的定位和款式，但它们有了一个统一的品牌名——Burberry。

3. Bottega Veneta

意大利奢侈品品牌Bottega Veneta由米歇尔·塔代伊（Michele Taddei）和伦佐·杰尼亚诺（Renzo Zengiaro）在1966年创造，如今品牌名缩写"BV"已经被很多皮具爱好者熟知。创始之初，Bottega Veneta为Giorgio Armani提供毛皮产品，20

世纪 70 年代才真正打造自己的产品。但是由于 Bottega Veneta 的品牌历史并不悠久，既不与一个家族有关，也不与一个王朝有关，缺少了奢侈品品牌应有的品牌理念和梦想元素，在 80 年代和 90 年代，没有核心价值的 Bottega Veneta 陷入了品牌危机，品牌形象大大受损。

直到 2001 年，Bottega Veneta 被开云集团的前身巴黎春天集团收购，任命托马斯·迈耶（Thomas Maier）为品牌设计总监，才开启了 Bottega Veneta 的辉煌时代。首先，他改善了广告策略来传递品牌的哲学并使品牌得到了发展。此后，他在 2002 年聚焦手袋和皮革的产品美学，回归无品牌标识的设计哲学，朝着消费者新生活视角的方向演进。短短三年内，Bottega Veneta 有了自己独特的品牌故事，也阐述了有关消费者的故事，建立了品牌新理念：男性的知性、实用、专长和独立，女性的情感、性感、艺术感和美感。Bottega Veneta 的顾客形象转变为社会精英分子、有修养的绅士和淑女或对艺术感兴趣的人，他们购买奢侈品只是为了自己，从不炫耀。自此，Bottega Veneta 成为开云集团旗下最重要的奢侈品品牌之一。

4. Dolce & Gabbana

意大利奢侈品品牌 Dolce & Gabbana 旗下的副线品牌 D&G 在 2011 年的营收达到 4 亿欧元，盈利能力甚至超过了正牌本身。2012 年，两位创始人杜梅尼科·多尔奇（Domenico Dolce）和斯蒂芬诺·嘉班纳（Stefano Gabbana）决定关闭"超能吸金"的副线 D&G，重新明确品牌定位。

杜梅尼科·多尔奇和斯蒂芬诺·嘉班纳给出的理由是副线品牌 D & G 对 Dolce & Gabbana 正牌的定位造成了很大混淆，顾客们通常以为 D&G 就是 Dolce & Gabbana 品牌的简称，以为它们是"一家"，即使 D&G 价格不菲，也挡不住购买者的热情。从短期而言，D&G 作为 Dolce & Gabbana 向下延伸的品牌是一种不错的盈利策略，但是从长期看，奢侈品品牌会受到非常严重的影响。因此，两位创始人不惜以巨大的代价关掉 D&G，维护主线品牌的形象并提升 Dolce & Gabbana 的奢侈度。

5. Vivienne Westwood

英国奢侈品品牌 Vivienne Westwood 在 2016 年宣布放弃 Vivienne Westwood Red

Label 系列，将该系列与其他系列统一合并至 Andreas Kronthaler for Vivienne Westwood。

在 2014～2016 年间，Vivienne Westwood 品牌正经历转型期，一直在加入不同的系列，如红毯系列、牛仔系列、Anglomania 和 Worlds End，这种策略让品牌定位变得混乱。取消产品线品牌的目的是品牌精简化策略的一部分，只提供 Vivienne Westwood 和 Andreas Kronthaler for Vivienne Westwood 两个副线系列，旨在明确品牌想象和产品。

6. Marc Jacobs

美国奢侈品品牌 Marc Jacobs（莫杰）同样如此。它的副线品牌 Marc by Marc Jacobs 成立于 2011 年，作为主线品牌的向下延伸，为整个品牌贡献了 70% 以上的收益。但在 2015 年，创始人马克·雅各布斯（Marc Jacobs）还是"忍痛割爱"，关闭了这条副线品牌。

马克·雅各布斯是这样解释的："此举是为了统一品牌形象和审美标准，重新明确 Marc Jacobs 的品牌定位，并非缩减产品范围。建立之初，两条线的设计和审美同气连枝。不过后来副线变得越来越没有个性，失去了锋芒……这是一个新的开始。"

7. Mulberry

Mulberry 是一家以皮具起家的英国奢侈品品牌，2014～2015 年，Mulberry 因为过度增加皮具产品的定价，遭遇到了不小的波折。此后，Mulberry 重新定位品牌，改变了价格策略，从而获得了成功。与从前只有高价商品不同，Mulberry 专注于与品牌定位和形象最符合的产品，略降了皮具价格。Mulberry 作为相对小众、偏时尚的奢侈品品牌，放弃了在拥挤的皮具市场中定位为最顶级的奢侈品品牌，它将主要的目标消费者瞄准了中产阶级。当然，Mulberry 依旧保留了高价产品线，如稀有皮制作而成的皮具，面向最高端的奢侈品消费群体。

8. Christian Lacroix

20 世纪末，Christian Lacroix 曾经是屹立于高级定制金字塔最尖端的品牌之一，专注制作女装。但随着 Elie Saab、Jean Paul Gaultier、Giambattista Valli 等高级定制迅速崛起，Chanel 和 Dior 把持着高级定制的领军地位，创始人克里斯汀·拉克鲁瓦

（Christian Lacroix）为了与 Chanel 和 Dior 齐头并进，决定增加高级定制的制作成本，完全纯手工制作，更讲究材料和工艺创新，引领各种高端用户服装的偏好。然而，2009 年，克里斯汀·拉克鲁瓦无法支撑定制的高成本，导致入不敷出，宣告破产。

这段艰难的时期让克里斯汀·拉克鲁瓦的管理团队对品牌的发展有了新的思考，决定不再局限于时装设计，开始与各个品牌合作，如与法国高端家居品牌 Rochebobois 合作，Rochebobois 使用了 Christian Lacriox 所设计的布料，得到全球客户的厚爱。正是跨界合作帮助克里斯汀·拉克鲁瓦渡过了难关，并且取得了成功。同时，Christian Lacroix 继续定位于高级定制服装，但延伸了相对低价的产品线，尤其男装以亲民、高端时尚的形象出现在消费者面前。2013 年，重生的 Christian Lacroix 回到了巴黎高级定制秀场，让人们看到了高级定制业复兴的希望。

以上这些奢侈品品牌的重新定位值得借鉴。Burberry 和 Bottega Veneta 重新确定了品牌形象与核心价值，以核心商品为基础来定位；Mulberry 和 Christian Lacroix 略降了品牌等级，将重心目标对准了中产阶级，使它们在最艰难的时刻起死回生。在奢侈品公司陷入窘境之时，重新定位，勇于创新，是奢侈品公司收复失地的最好方式。有一些奢侈品品牌，如 Burberry、Dolce & Gabbana 和 Marc Jacbos，在业绩表现不错的情况下对品牌进行了重新定位，不惜关闭盈利能力极强的副牌，来维护主线品牌的形象，魄力不凡。

其实，奢侈品品牌副线品牌的竞争环境与 20 世纪末、21 世纪初相比已经发生了很大变化。如今，过去一直占据中游市场的副线品牌必须和轻奢品牌、快时尚品牌竞争，这样相拼的结果往往是副线品牌落败。原因之一是轻奢和快时尚品牌产销量可以扩大很多，价格也非常有竞争力。此外，轻奢和快时尚产品成品周期非常快，紧跟最新时尚，产品线也多，可以独立成店。更重要的是，年轻设计师的冒起、街头风格当道，甚至运动品牌逐渐时装化，使消费者更趋向购买风格年轻的潮流品牌。在中国，华裔设计师的时尚品牌如 Jason Wu、Vivienne Tam、3.1 Phillip Lim、Alexander Wang、Vera Wang 等都非常受欢迎，他们对潮流和需求有更灵敏的触觉，创作自由度更高。消费者也趋向选购款式独特、价钱合理的年轻设计师品牌，包括非常具有时尚气息的高端潮牌，如以闪电卫衣系列闻名的意大利品牌 Neil Barrett，因韩剧而走红的美国经典条纹衫品牌 Thom Browne，德国皮具品牌 MCM 等。

奢侈品公司打造副牌的原因之一是帮助主线品牌培养未来的消费者，作为主线品牌的向下延伸为年轻消费者提供入门级奢侈品,并且严格把握定位,使其设计、价格结构与主线品牌互不侵犯。但是,随着副线品牌的盈利能力越来越强,副牌价格往往不断被迫提高,品牌形象越来越接近,主线品牌和副线品牌的定位随之模糊起来。因此,奢侈品公司便决定在遭遇困境之前就放弃"喧宾夺主"的副线品牌,重新明确主线品牌的定位。

| 结尾案例 |

Dior 的传承与创新

Dior 自 1946 年创立至今,有七位伟大的设计总监创造了很多跨时代的高级定制作品,从创始人克里斯汀·迪奥的华丽与高雅,伊夫·圣罗兰(Yves Saint Laurent)的优雅与新活力,马克·博昂(Marc Bohan)的名流定制与华贵,奇安弗兰科·费雷(Gianfranco Ferre)的极致奢华,到约翰·加利亚诺(John Galliano)的夸张怪诞,拉夫·西蒙斯(Raf Simons)的简洁与优雅,玛丽亚·格拉齐亚·基乌里(Maria Grazia Chiuri)的女性化浪漫与高科技,共同刻画了 72 年的服装设计创新之路(见图 5-49)。

图 5-49 Dior 高级定制的发展历程

克里斯汀·迪奥先生开办了世界上最闪亮的时装屋，推出的第一个时装系列名为"新风貌"（New Look），开启了一个时装界破坏性创新的时代：裙长不再曳地，强调女性腰肢纤细、肩形柔美的"S形"曲线，打破了第二次世界大战后女装保守古板的线条，带来了全新的沙漏裙（见图5-50）。

图5-50　克里斯汀·迪奥的"新风貌"设计

随着在全球范围的扩展，克里斯汀·迪奥建立了一个时尚帝国的模板，温莎公爵夫人、玛琳·黛德丽（Marlene Dietrich）和玛格丽特格林公主（Princess Margaret）都非常喜欢Dior的礼服。此后，克里斯汀·迪奥先后在1951年用硬衬布设计出椭圆形的廓形，在1953年设计出郁金香造型，1954年秋冬推出"H形线"，1955年春夏季推出A系列、秋冬季推出Y系列，1956年推出"箭形设计"……如图5-51所示。

图5-51　克里斯汀·迪奥成衣作品的设计不断创新

克里斯汀·迪奥设计的作品仅有22套。1957年，他在意大利度假时不幸心病突发去世。

伊夫·圣罗兰作为克里斯汀·迪奥的弟子接任了Dior设计总监，从此他也成了时尚焦

第6章

奢侈品公司运营创新

你必须做到与众不同,才能无法替代。
In order to be irreplaceable, one must always be different.
——嘉柏丽尔·香奈儿(Gabrielle Chanel)

| 开篇 |

Louis Vuitton：
门店还是电商

图 6-1　Louis Vuitton 的官网购物界面

Louis Vuitton在中国认知度非常高，但假货仿品曾经在某种程度上影响了Louis Vuitton的公信力。在过去，淘宝上一度出现了大量仿货及以"代购"为名义的售假商家，所售卖的Louis Vuitton经典款拎包价格多在10 000元以下。2013年，Louis Vuitton与淘宝签署合作备忘录，合力打击网上售假，有效地保护了两个品牌的共同利益。无独有偶，Louis Vuitton还曾状告eBay和Google出售赝品。

为了彻底解决这类问题，2017年7月20日，Louis Vuitton推出了电商自营平台，试图以此对抗假货。在中国大陆市场，这是继Burberry和Gucci后，第三个全面开展电子商务的传统奢侈品品牌。

它的中文官方网站推出的线上选购服务（如图6-1所示）囊括了当季所有系列产品，并涵盖手袋、鞋履、成衣、珠宝和香水品类，还包括品牌与波普艺术大师杰夫·昆斯（Jeff Koons）的联名合作系列"LV×KOONS"。平台售卖价格与实体店铺没有区别，通过第三方快递公司顺丰将商品免费配送。

电商的布局反映了奢侈品门店面临的尴尬局面。2015年开始，全球各大奢侈品门店关店潮不断蔓延，Louis Vuitton就相继关闭了广州、哈尔滨、乌鲁木齐、太原、上海、天津、南宁七家门店。面对电商的冲击和年轻消费群体的崛起，奢侈品品牌逐渐开始减少铺设甚至关闭实体店面。Louis Vuitton此举既是对之前门店过度扩张的反思，也是面对当下市场环境变化做出的决定。

在Louis Vuitton看来，购买奢侈品需要有一定的仪式感、体验感以及丰富的时尚文化载入。在今后，门店不可能消失，电商也不可能完全替代实体店。在未来很长一段时间里，奢侈品线上和线下渠道一定是相互协同的关系。在高雅的商业街或购物中心开设奢侈品门店以满足消费者线下试用和体验的需求，同时也开设线上渠道，让消费者可以选择更加便利和快捷的在线下单和购买，这将会是长期存续的一种状态。

从公司管理角度出发，奢侈品公司需要各种不同的人才（从门店营业员、品牌设计师到品牌管理者）。人才管理的创新在设计师的选择方面有重大的意义，因为有些设计师即代表着一种潮流。人才管理的创新是许多公司会忽视，却又十分重要的创新方式。同时，奢侈品公司的可持续发展也成为新时代最热议的话题之一，互联网给奢侈品公司带来了巨大挑战和潜在机遇，奢侈品公司应考虑如何利用互联网技术更好地实现品牌交流、客户体验，如何权衡取舍进入电商平台。

6.1 奢侈品公司的可持续发展

1950 年，世界人口为 45 亿。68 年后的 2018 年，人口就已将近 80 亿。谁曾想过地球会居住如此多人类？随着人口的增加，人类在商业市场、工业领域和科技领域都取得了重大进展。然而，人类往往忘记了生态环境的保护，以及产品研发创新可能对环境造成的影响。在过去的几十年里，气候变化已是不争的事实，人类不合理地开发、利用造成森林、草原等自然生态环境遭到破坏，从而使动物、植物甚至人类自身的生存条件发生恶化，如水土流失、土地荒漠化、土壤盐碱化、生物多样性减少等。资源短缺、农业食品污染正在加速 21 世纪人类最大的危机。生态环境破坏造成的后果往往需要很长的时间才能恢复，有些已不可逆。包括奢侈品行业在内的人类已经开始致力于可持续发展，保护地球。如意大利菲拉格慕集团便从公司治理、人的可持续发展、社会的可持续发展和环境的可持续发展四个方面制定了全新的企业社会责任路线，无论与集团或利益相关者的相关性高低与否，都囊括其中（如图6-2所示）。

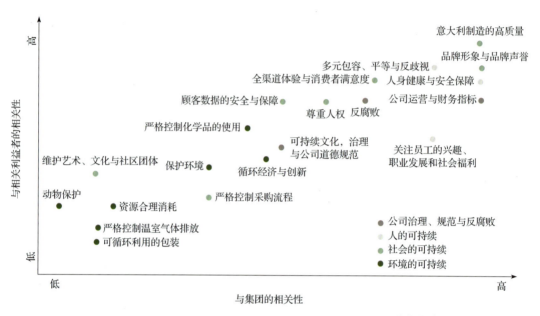

图 6-2　菲拉格慕集团的可持续发展

6.1.1　奢侈品公司关注的焦点

进入21世纪后，时装和纺织品成为继石油之后世界第二大环境破坏源，于是，奢侈品公司可持续发展成为备受关注的议题。原材料获取（动物保护、反皮草）、面料生产（染色、纺织低污染化）和生产废料的处理（回收与循环利用）是奢侈品公司和时尚行业最关注的热点问题。

1. 原材料获取

时尚业从动物身上活剥皮毛制作时装的做法一直以来都饱受争议，获取皮毛的方式是否人道一直是反对皮草的舆论重点。善待动物组织（People for the Ethical Treatment of Animals，PETA）从1980年成立以来，在全球已经有了超过80万名会员。为确立和保护所有动物的权益，他们时常会以激进、血腥的打扮展开各种抗议活动。2009年，欧洲毛皮养殖协会发起了"Welfur"这一动物福利项目，对水貂养殖中的住房、喂养、行为和健康四个方面进行了规范;哥本哈根皮草公司的养殖基地也选在了全球最大的水貂生产国丹麦,这家公司由1 600名当地水貂养殖者共同拥有。

与此同时,世界四大时装周成为动物保护协会和反皮草团队宣扬理念的最佳平台。他们在时装秀场抗议,时常举着血淋淋的动物剥皮照片,或拿着喇叭高声重复播放着剥皮时的惨叫声,或高举抗议标牌冲入秀场,甚至有PETA的成员头戴防毒面具,赤裸上身抗议使用动物皮毛,或全裸拍摄大幅海报进行抗议,如图6-3所示。

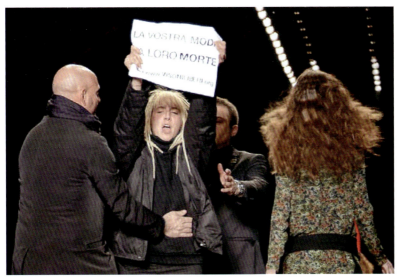

图6-3 环保人士的"保护动物、反皮草"行为

随着环保和保护动物权益的观念深入人心，反动物皮毛运动逐渐有了效果。全球已有数百个时尚与奢侈品品牌承诺不制作或出售皮草制品。Tommy Hilfiger、Calvin Klein、Stella McCartney、ZARA、Hugo Boss 等品牌承诺停止使用动物皮毛。Gucci 的首席执行官马尔科·比扎里（Marco Bizzarri）也在 2017 年郑重宣布：Gucci 将不再使用任何动物毛皮；高级定制时装品牌 Maison Margiela 的现任创意总监约翰·加利亚诺与 PETA 副总裁丹·马修斯（Dan Mathews）交流后决定加入"弃用皮草大军"……短短数年，这支时尚界反皮草队伍越来越壮大，除以上几个品牌外，从 Michael Kors、Furla、Jimmy Choo 到 Ralph Lauren、Yoox Net-a-Porter 等都为此发声宣扬。"不穿真皮草"成了主流时尚界的政治正确，和支持非主流性取向（Lesbians，Gays，Bisexuals，& Transgender，LGBT）、抵制零码模特、反性侵、撑女权一起成为品牌彰显可持续发展态度的主要代表。加之动物保护协会的呼吁，一些国家也开始颁布皮草销售禁令和关闭水貂农场。比如美国西好莱坞、伯克利和旧金山都禁止了皮草买卖，荷兰阿姆斯特丹出台相关禁令，英国、澳大利亚、挪威和欧洲最大皮草产地荷兰也在逐步关闭皮草农场。不少明星、政界名人也身体力行地抵制动物滥杀。随着行业壮大，2016 年"人造皮草协会"（Faux Fur Institute）成立，旨在解决真皮草的使用问题。一系列措施获得的巨大成就是：西方皮草市场每况愈下，2015 年起，德国、俄罗斯和美国几大皮草市场的销售额再难突破 15 亿美元。

对于奢侈品公司而言，这些时装、皮具的创新引领者们也需要绞尽脑汁解决诸如在皮草的社会负面舆论、可持续发展责任和产品稀有中寻找到一个平衡点的两难问题。它们常常犯错。一些奢侈品品牌已经找到了替代方案，如真假皮草混用或使用纯人造皮草。包括 Stella McCartney、Miu Miu、Ralph Lauren、Hugo Boss、H&M 和 Topshop 等品牌都开始使用人造皮草。

2. 面料生产

2013 年，孟加拉国拉纳广场（Rana Plaza）制衣厂大楼倒塌，造成一千多名制衣工人死亡。这个事件推动了公众对时尚行业生产、员工待遇等可持续发展问题的关注。此后，哥本哈根时尚峰会（The Copenhagen Fashion Summit）就在拉纳广场事故一周年纪念日举办，提出如何提高服装制造业工人的发展环境，奢侈品公司对可持续发展的参与和行动水平，更指责少数奢侈品公司仍使用高污染、高能耗的材料和作坊制作皮具与服装，无视环境保护。

加拿大麦克马斯特制造研究所的创始人菲利普·麦克马斯特（Philip McMaster）也提出了自己的担忧："奢侈品品牌将会成为遗产……我们要对生产过程中奢侈品的潜在危险化学品有所认知。这些化学物质影响我们的土地，我们呼吸的空气，以及我们自己的健康。在奢侈品市场全球化和扩张的过程中，需要反思我们的行为会对地球造成负面影响。"

开云集团可持续发展官玛丽－克莱尔·达弗（Marie-Claire Daveu）曾是法国政府部门的环境科学和公共事务顾问，她在接受访谈时提到："如今，开云集团发展战略的一半重点是改善目前的业务，另一半则着重于投入更多的创新。有一些创新已经在目前的运作模式中实施，如在生产过程的染色和纺织中实现可持续发展。人工智能将逐渐成为让世界变得更美好的关键因素。"开云集团在中国有一个叫作"Clean by design"的项目，它聚焦节能与节水，如怎样围绕羊绒、丝绸这些原材料进行生产，让可持续性更深入发展；同时，开云集团也与专业的学术机构进行合作，努力寻找新的环境保护机会。

3. 生产废料的处理

对材质的理解和尊重是奢侈品公司的核心精神之一。奢侈品公司会设法从不同的角度去看待制作过程中产生的废弃材料，去冒险打破传统思维，融入创意与想象，并在工匠的手艺、不同的回忆与故事中，重新打造废料和创意，也开启奢侈品与"永续"概念对话的可能。而即便是原被弃置的材料，当制作成独一无二的成品时，其质量仍维持最高要求，因为"品牌价值正来自于细节"。

爱马仕集团有一个业务部门名为 Hermès Petit h，成立于2009年，由爱马仕家族第六代成员帕斯卡莱·米萨尔（Pascale Mussard）一手打造。她将爱马仕工坊剩余的材料、带有小瑕疵的商品重新利用，设计出一个个超乎想象的美丽逸品（如图6-4所示），成立至今短短9年，就已受到全球各地的喜爱。

帕斯卡莱·米萨尔小时候总是穿梭在各个工坊里，仿佛那儿才是她的游乐园，不仅学习到许多珍贵的手工艺，工匠们还把用剩的材料全放进一个盒子里，让她带回家自由运用。她玩着玩着就兴起一个念头："这些都是寻遍世界才得来的珍贵面料，就此舍弃多么可惜，不如重新加以改造，赋予它们崭新生命。" Hermès Petit h 因此诞生。那些从皮革工匠手中剪裁滑落的多余皮料、产生细小气泡的水晶杯、勾纱小到快看不见的丝巾，虽然无法通过爱马仕集团的严格筛选，却是 Hermès Petit h 工匠眼中的绮丽瑰宝。在他们的巧手下，水晶杯变成晶亮的风铃，各种皮革彼此拼接后化身小狗造型立钟，对切的陶瓷茶杯变成项链装饰等。

图 6-4　用剩余材料、小瑕疵商品制作的 *Hermès Petit h* 产品

6.1.2　奢侈品公司可持续发展的实践

随着可持续发展问题的关注度不断攀升，除开云集团、爱马仕公司外，很多其他奢侈品公司也全身心投入到这项由大众产品生产者主导的议程中，并开始使用环保材料和环保工艺。其中，环保材料的使用是奢侈品行业实现可持续发展的一部分。可持续发展始于人类如何对待环境，包括动物和土地，以及在生产过程中使用的化学品。可持续发展是要保护整个地球，奢侈品公司在此中扮演着重要的角色。

1. Prada

缪西娅·普拉达女士在 2017 年全新打造了位于意大利阿雷佐省（Arrezo）的新工业总部，被称为"花园工厂"（如图 6-5 所示）。

工厂内部包含大片绿地和开阔的水域，并强调了储物功能。御用的建筑设计师吉多·卡纳利（Guido Canali）一直在探索如何恢复退化的土地，并降低规划建设造成的景观影响。除此之外，"花园工厂"还强调员工幸福感的提升以及对质量零妥协的追求，后者也是在延续Prada作为意大利代表性奢侈品品牌的传统。可见，Prada把人文、艺术与生态有机地融合在了一起，用可持续发展的理念提升品牌的核心竞争力。

图6-5　*Prada*的"花园工厂"

2. 开云集团

开云集团打造了社交平台的可持续发展创新项目，名为"创新奢侈品实验室"。集团在中国市场获取了很多新的想法和视角，如通过建立"我的环境损益表"的微信应用程序来帮助集团更好地实践可持续发展（如图6-6所示）。"我的环境损益表"计算涵盖了从原材料、采购、制造到销售的整个供应链对环境造成的影响，衡量的指示物包括空气污染、废弃物、碳排放、用水量、土地使用和水污染等。以一款手提包为例，可以选择这款手提包的主要材料、硬件材料，然后选择原材料的来源，最后选择生产地，系统便会计算出这款手提包对环境造成的损耗（以货币形式呈现），如空气污染（4元）、碳排放（36元）和水污染（20元）等。

开云集团可持续发展运营总监迈克尔·博伊特勒（Michael Beutler）如此说道："我们期待通过一个实用性的应用程序，帮助全球范围内的设计师从设计伊始便把可持续发展纳入考虑。"

3. Bottega Veneta

开云集团旗下品牌 Bottega Veneta 花了七年时间将意大利蒙特贝罗（Montebello）一处18世纪的宅邸改造成设计和样品制作总部，该总部有着顶尖级的生态水准，已获得 LEED 绿色建筑最高等级认证；75% 的建筑材料是再生性的，楼内设置了雨水回收和太阳能系统。总部的公园也进行了生态化改造，确保野生动植物能在这里存活（如图 6-7 所示）。

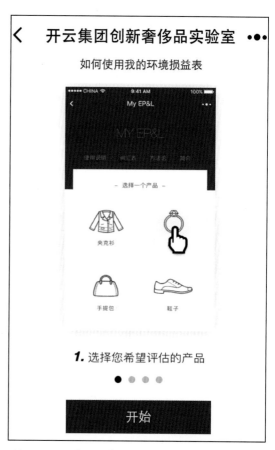

图 6-6 开云集团开发的"我的环境损益表"微信界面

精巧构思的总部设计体现出 Bottega Veneta 严谨的品牌气质，也暗示它对手工艺人才能的尊重。Bottega Veneta 主席马可·比萨利（Marco Bizzarri）说："论技术的重要性，手工艺人并不亚于创意总监。工匠们凭借双手进行创新和制作，在能让他们获得自豪和满足感的工作环境中，他们会制作出更好的作品。对完美的追求既是一种个体策略，也是渗透在品牌方方面面的哲学观。我们非常珍视手工艺人的价值，他们是我们的竞争优势所在。"

图 6-7　*Bottega Veneta* 的设计总部

4. Burberry

2017 年，Burberry 与法国环保奢侈品公司 Elvis & Kresse 建立了为期五年的合作伙伴关系，共同合作对皮革废料进行循环再利用。Burberry 为 Elvis & Kresse 提供了一笔资金来支持后者开展处理皮革废料的工作。Elvis & Kresse 将把 Burberry 生产皮革制品时产生的至少 120 吨边角余料重新加以利用，制成一系列配饰和家居用品（见图 6-8）。

这些利用边角料重新制成的产品将由 Elvis & Kresse 设计并出售，所获收益的一半将捐赠给专注于可再生能源的慈善事业，剩下的一半将投资支持其在废品减少及再利用方面的工作。此外，Burberry 与 Elvis & Kresse 合作举办各种活动、竞赛和研讨会，为手工艺者提供向 Elvis & Kresse 学习皮革废料回收利用工艺的机会。

不仅仅是奢侈品集团与公司，一些国际可持续发展组织也密切关注奢侈品公司的可持续发展动向，与有意向的设计师建立联系。因抵制全球变暖而广为人知的设计师维维恩·韦斯特伍德（Vivienne Westwood）就是一位积极的合作者。她设计的"道德时尚倡议"（Ethical Fashion Initiative，EFI）系列手袋深受收藏者的喜爱。"道德时尚倡议"是由联合国以及世界贸易组织推出的项目，它将全球发展中国家甚至边缘化国家的手艺人和时尚界顶尖人才联系起来，为前者创造工作机会。"道德时尚倡议"与韦斯特伍德的合作中，由肯尼亚首都内罗毕（Nairobi）的贫民窟居民及马赛社区的妇女将回收的手工印染帆布、皮革边角料和废弃金属加工成装饰品，完成了一系列时尚手袋的制作。

图 6-8　*Elvis & Kresse 公司协助 Burberry 重新加工使用皮革边角料*

丹麦哥本哈根时尚峰会的生态战士利维亚·费斯（Livia Firth）是品牌顾问公司 Eco-Age 的创意总监，她发起"绿毯挑战计划"（Green Carpet Challenge，GCC）。这一计划旨在将符合可持续标准的设计作品变成红毯上的常客。她的第一次产品合作是 Gucci 的植物染色手袋，这款手袋在材料来源上减少了纸浆的使用。2014 年，她又与 Stella McCartney 合作，由一位设计师单独打造了一个 GCC 系列服装，主打是轻盈奢华的晚礼服，晚礼服的制作混合了各种可再生丝网印刷工艺，尤其是生态蕾丝和巴塔哥尼亚（Patagonia）的可持续使用羊毛。

总之，一家真正的奢侈品公司必须始终建立在品质、传统、创新和手工概念上，品质和创新不代表破坏生态，这与可持续发展的理念是不谋而合的。奢侈品公司需要扮演生态保护的响应者，并一以贯之。

6.2 奢侈品门店选址及布局创新

在当今时代，单纯产品的好坏已经不足以完全决定一个品牌的成功，消费体验也是非常重要的一个环节。对于奢侈品来说，奢侈品门店关乎着消费体验的主要部分。现在的门店已经不仅仅是一个试商品买商品的地方，更是一家奢侈品公司最好的名片和最直接的吸引点。因此，奢侈品门店选址、布局及其创新是任何一家奢侈品公司都亟须重视的部分。

美国著名设计师唐娜·卡兰（Donna Karan）说过："商店应该是一个神圣的地方或文化机构。"任何奢侈品门店的背后都有一支庞大的团队在运作，拥有自身严格的流程和标准。通常地，奢侈品门店团队根据品牌愿景，拆分成四个互相协助的小组，分别负责愿景产生、愿景流通、供应链系统和人事系统，前两个小组由创意总监负责，后两个小组由品牌首席执行官负责。其中，"愿景产生组"负责产品的编码、图标和标识，时装秀展示，产品理念和创新，以及门店理念和环境设计；"愿景流通组"负责设计广告包装（如购物袋等），VIP客户、名人等参加的品牌活动；"供应链系统组"负责产品的生产、质量监控、门店运送，并通过先进的信息化大数据处理方式维护物流供应链的高效、稳定运营；"人事系统组"负责门店人力资源结构、员工雇用、培训、薪资激励，并完善客户关系管理系统（如图6-9所示）。

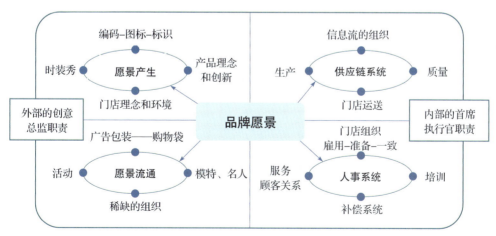

图6-9 奢侈品门店团队的构成与职责
资料来源：Michel Gutsatz, *Luxe Populi*, op. cit.

创意总监和首席执行官确保品牌愿景能在所有地方得到实现，并且是以一致的方式。"愿景产生组"负责的奢侈品门店类型和选址,能在销售起到高效的推动作用,故极为重要。

6.2.1 奢侈品门店选址的一般原则

门店作为零售企业的基本组成部分和提供服务的主要渠道,其经营状况的优劣直接决定了企业经营业绩的好坏。奢侈品门店的位置能向市场明确地传递有关其品牌定位的信息。选址是一个强大的信息传递工具,是对奢侈品品牌形象的一种投资。

1. 基本选址理论

奢侈品公司经常参考四个经典的门店选址理论,分别是中心地理论、空间互动理论、区位价值理论和最小差异化理论。

(1)中心地理论。这是德国城市地理学家瓦尔特·克里斯塔勒(Walter Christller)和德国经济学家奥古斯特·廖什(August Lösch)分别于1933年和1940年提出的理论,将复杂现实简化并高度抽象化为一个简单可控的模型,为空间和非空间零售模式提供分析。中心地理论假设消费者都是相同的,符合经济学家"最优化的人"的设定——到最近供应商品的中心只是出于购物目的。

(2)空间互动理论。美国经济学家威廉·J.雷利(William J. Reilly)最早研究空间互动理论。他认为奢侈品牌可以通过提供购物设施、带给消费者好处并影响消费者需求,为门店带来商机,如把门店设在方便易达的郊区购物中心,有充足的停车位,提供更丰富的产品和相关服务,以及更安全和更有吸引力的购物环境。这种理论符合奢侈品奥特莱斯店的选址。

(3)区位价值理论。它由美国经济学家罗伯特·M.黑格(Robert M. Haig)于1926年提出,这个理论也称为竞租理论或城市地租理论。该理论认为零售模式的位置将依据对于特定地点的竞争报价,最优先的关键商铺经常获得每平方米的最低租金。

(4)最小差异化理论。1929年,美国经济学家、数学家哈罗德·霍特林(Harold Hotelling)提出了一个有关奢侈品门店的重要理论。在零售领域内,一定数目的店铺如果被聚集一起,在相同市场区域内运作将取得更佳的业绩,也就意味着同类店铺集中将带来规模效应、吸引更多眼球。这解释了为何奢侈品门店总喜欢聚集在一起出现、不回避竞争的行为。

2. 奢侈品门店的类型与选址

奢侈品公司会根据公司的发展战略，预测目标消费群的分布，因地制宜地选择不同的门店业态，包括旗舰店、精品店、店中直销店和奥特莱斯门店。在奢侈品行业，一旦一个城市被选定，店铺所在的位置就比较容易确定了。旗舰店、精品店一定会设立在高端优雅的街区，店中直销店有独特的入驻要求，奥特莱斯门店也是不少奢侈品品牌愿意尝试的一种方式。

（1）旗舰店

大多数奢侈品品牌的首家旗舰店位于该品牌的诞生地，如Hermès旗舰店位于巴黎圣–奥诺雷福宝街。一般地，巴黎旗舰店即便不是奢侈品品牌的第一家店，年代也比较久远，它向世人充分展示了所有可能的产品组合。如康朋街上的Chanel旗舰店完美展示了Chanel的所有产品系列，蒙田大道上的Dior旗舰店也是如此，旺多姆广场上的Louis Vuitton旗舰店极具观赏性（如图6-10所示）。一家真正的奢侈品旗舰店不仅能有效地实现公共关系的促进，还能带来大量消费者，达到根本的盈利目的。

图6-10　Hermès、Chanel、Dior和Louis Vuitton的旗舰店

(2) 独立门店和精品店

独立门店或精品店的建立不一定与品牌发源地息息相关，它是品牌力的一种象征，向消费者和潜在顾客展示品牌可以在高端街区开设店面并盈利的能力（如图 6-11 所示）。这是品牌实力与公司雄心的象征，也是为了向城市展现品牌文化与创意灵魂。

图 6-11　Bulgari、Blancpain、Ermenegildo Zegna 和 Cartier 的独立门店

任何国际知名的高端奢侈品品牌都由一个庞大的集团来运作，拥有自身严格的流程和标准，即使面对如中国这样庞大的奢侈品市场，奢侈品公司对新开店铺的态度也往往是谨慎的。这就更加促使奢侈品品牌严格限制区域内独立门店和精品店的数量，以免泛滥而降低了门店的品质。故而各大奢侈品品牌除了会考虑诸多条件和限制因素，区域内是否已经有足够的奢侈品门店，也成为制约选址的一个条件。

(3) 店中直营店

这类门店包含了快闪性质的门店，它们入驻高端购物中心，面对比旗舰店、独立门店或精品店大得多的顾客流（如图 6-12 所示）。奢侈品的消费是极具目的性的高端消费，目标客户十分明确，也相对稳定，主要集中在具有较高的收入水平且对奢侈品品牌有所认知的人群。少量而消费能力较强的客户是奢侈品公司主要的服务对象，舒适、私密以及个性化的服务是奢侈品品牌得以延续的主要原因。奢侈品品牌对于进驻商业项目有十分严格的要求（见图6-12）。

图 6-12　Chanel、Montblanc、Gucci 和 Chaumet 的店中直营店

① 入驻环境。对于商场入驻的标准来说，以前无论对于奢侈品品牌还是轻奢品牌，选择要容易得多，可以入驻的项目也就那么几家，一般只要入驻，这个门店都会成功。现在城市购物中心项目越来越多，选址变得比较艰难。一般地，商场可以分为四类：

a. 顶级购物中心。包括上海恒隆广场（Plaza 66）、国金中心（IFC）、环贸广场（iapm），北京新光天地（SKP）、银泰中心，深圳万象城，成都国金中心（IFS），沈阳万象城，西安新光天地（SKP），杭州大厦（武林广场），南京德基广场，郑州大卫城，武汉国际广场，长沙国金中心（IFS），重庆国金中心（IFS），广州太古汇，长春卓展中心，哈尔滨卓展中心等。

b. 较高端、时尚的购物中心。如上海静安和浦东嘉里中心，深圳海雅缤纷城、太古里等。这些商场往往是轻奢品牌的集聚地，大多数美国时尚品牌（如 Michael Kors、Tory Burch、Abercrombie & Fitch、Carolina Herrera 等）会选择入驻于此，面向年轻人或中产消费者。

c. 快消类购物中心。如上海正大广场、中粮集团下的大悦城等。

d. 特殊商场。如芮欧百货（Réel）、K11、北京芳草地（Parkview Green）、三里屯等，这类商场往往艺术氛围较浓，选择入驻的门店也没有特别硬性的标准。奢侈品门店较少选择这类场所。

② 相邻门店。所谓"门当户对"也是要优先考虑的条件，周边门店的等级会左右奢侈品品牌进驻商业项目的决定。在行业内，普遍把拥有 15 个及以上国际一线品牌的商场定义为一级商场，拥有 8 个左右的国际一线品牌的商场定义为二级商场。一般地，最顶级的奢侈品品牌只愿意进驻一级商场。

③ 交通道路。奢侈品品牌拥有鲜明的"高端、小众、精粹"的特点，其目标客户通常拥有较高的购买能力。在如今的中国，消费奢侈品的人群通常选用私家车出行，商业项目周边的公共交通网络通常不起到决定性作用，甚至过分发达的公共交通网络会带来大量的复杂人群，破坏项目周边环境的安静和私密性，反而不利于奢侈品消费场所的运营。

进而可知，对于奢侈品消费场所，道路的通畅易达性是极为重要的，配备充足的停车位是奢侈品消费场所应该充分考虑并予以重视的问题，只有这样方能让目标客户享受高品质且快捷的服务。

④ 区域数量。面对新兴的奢侈品市场，奢侈品公司对新开店铺的态度往往比较谨慎，从中不难理解为何 2013～2016 年出现了奢侈品门店的"关店潮"——Louis Vuitton、Gucci、Burberry、Ermenegildo Zegna、Hugo Boss 等品牌在意识到门店数量过多后采取了关店的策略。

⑤ 项目管理。商业地产的开发商建成一个新项目之后，希望能迅速回笼资金，故而采用分割出售的方式，将业权分散，这种情况往往会降低项目的管理水平，尤其会使奢侈品品牌的运营出现问题。当一个购物中心普遍缺乏经验和专业团队，很多项目的实际管理无法满足奢侈品公司的要求，造成即便是有大量的项目，给出优惠的条件

吸引奢侈品品牌进驻，但顶级品牌苦于无法找到满足其项目管理需求的购物场所，而对选址踟蹰不已。

以奢侈品品牌Gucci为例，在新门店选址之前，Gucci首先要做详细的市场调研，如对城市以及所处商圈（涵盖人口、五星级酒店数量、跨国企业数量、已有品牌现状等多方面的详细统计）和潜在合作项目开发商的实力（包括以往开发经营的商业项目、商业团队的水平和视野，以及商业项目未来发展前景）做出评估，并且考量项目与品牌是否在气质和审美上相契合。在多首层概念商场，Gucci肯定不选择与轨道交通对接的底层，因为多数是大众消费；路面的第一层也不一定是首选；若购物中心二层能对接私家车出入而且有极好的室内与室外展示面，符合目标买家出行方式和到达的便利性，那么Gucci会优先考虑二层。同时，Gucci要求开发商运营方的价值观与自身品牌吻合，具有很好的国际化视野，这样才能保证沟通和合作的顺畅。Gucci要求相同等级的品牌一起集聚开店，不惧怕竞争，要求商业项目与Gucci的品位、实力"门当户对"，并且这个要求也延展到周边的"邻居"。遇到入驻续约问题时，Gucci会结合城市规划、周边新的商业项目重新评估城市实力：目前的店铺或许在五年前是商圈领导者，但未来五年会不会还是？如果是，要不要翻新，要不要扩充营业面积以增加更丰富多元的产品线和服务，还是搬离这家商场去和新的商圈领导者合作？

再以轻奢品牌Michael Kors为例。在上海，Michael Kors已经有11家门店。其中，嘉里中心是旗舰店，此外还有第一八佰伴、国金中心、百联世纪、新世界城、来福士广场、兴业太古汇、环贸iapm、环球港、百联又一城、吴中路万象城。上海Michael Kors门店（除旗舰店外）的面积在150～220平方米范围内。在北京，Michael Kors有9家门店。其中，华贸中心的是旗舰店，位于新光天地3F，与MaxMara毗邻；此外，还有朝阳大悦城、王府井百货、apm、三里屯太古里、西单大悦城、西单汉光百货、西单老佛爷百货和翠微百货。

（4）奥特莱斯

"奥特莱斯"是英语"outlets"的中文音译，原意是"出口"。一些奢侈品品牌（如Giorgio Armani、Gucci、Prada、Burberry等）会在奥特莱斯开设门店或小型专柜，把一些正价销售量很高的产品线在奥特莱斯再次销售（见图6-13）。全球著名的奥特莱斯城包括伍德伯瑞奥特莱斯（Woodbury Outlets，北美规模最大的奥特莱斯）、瑞士狐狸镇奥特莱斯（Foxtown Factory Outlets，欧洲规模最大的奥特莱斯）、英国比斯特购物村（Bicester Village，英国最大、欧洲人气最旺的奥特莱斯）、御殿场（Gotemba Premium Outlets，日本规模最大的奥特莱斯）等。

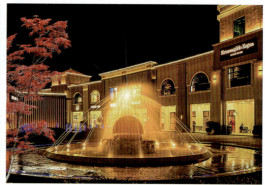

图 6-13　Giorgio Armani、Prada、MaxMara 和 Ermenegildo Zegna 的奥特莱斯门店

奥特莱斯店内的商品与其他门店内的差别在于：奥特莱斯店内的商品面料、设计和色彩相对较差，价格仅正品的一半左右，时间上也有至少 3~6 个月的延迟。因此奥特莱斯也被称为"品牌特价直销购物中心"。

一般地，奥特莱斯开设于大城市郊区，交通方便，较低的价格可以引来消费者。不过，一些顶级奢侈品品牌考虑到"特价""折扣""消费者趋之若鹜"等可能会稀释品牌形象，并不愿意入驻奥特莱斯。

综上，奢侈品公司在门店选址上有十分严格的限制条件。较之需要迅速布点，抢占市场份额的大众品牌来说，奢侈品品牌会谨慎很多。故而一个新开发的商业项目，即便拥有良好的区域位置、交通条件、商圈氛围及足够的项目体量，开发商也不惜工本对项目的建筑风格、装潢档次及硬件配套进行包装，甚至舍弃利益（免租、免装修等）来吸引奢侈品品牌，也不一定就能招商成功，甚至谈判人员的档次，都是在行业内的默认规则之内。正是由于这诸多条件的限制，虽然大都市的商业地产项目层出不穷，奢侈品市场日渐繁荣，但是真正将两者完美结合的商业项目，也只有耳熟能详的数十家。

6.2.2　奢侈品门店的一般布局方式

门店是提升品牌体验的场所，消费者不仅想要购物，更希望店员能读懂他们，于是奢侈品门店便成为展现品牌身份并提供线下体验的最佳场所。门店的视觉陈列布局作为成功的购物体验中极为重要的因素之一，在近些年得到越来越多的关注。其主要目的是创造一个令人愉悦的购物环境，展示商品，吸引消费者的注意力，并促进销售额的增长。门店必须创造一个吸引顾客的环境，让顾客在店里购物感到舒适，从而鼓励顾客再次光顾。

奢侈品陈列与快消品陈列最大的不同在于强调陈列的形式。奢侈品门店的陈列师是视觉的向导，引导顾客发现每一件美好的商品。当顾客走进店铺，就进入了视觉陈列师布置的空间，目之所及都是经过精心划分的区域，每一个货架、衣柜、展台都按照视觉习惯区分为A、B、C等区域，顾客踏出的每一步都在陈列师动线设计之中。

根据每个门店的空间结构、客户群体、商品类别的不同，奢侈品门店的布局陈列依赖于视觉陈列师的审美和经验，陈列师需要保证每一件服装、饰品、家具的摆放都遵循一定的美学规律。奢侈品门店的一般布局通常遵循以下几条规律：

（1）**按色系排列**。同色系或相邻色系的产品安排在一起。例如在上海爱马仕之家中，成衣在摆放时较少以叠放堆砌的形式呈现，通常以两件相同颜色的成衣为一组，与相近色系的其他组别成衣挂放在一起，以保证视觉的整洁性与协调性。颜色较多的产品，统一遵循彩虹色排列顺序。

（2）**按品类排列**。同品类产品安排在一起，如手袋与小型皮具、腕表与珠宝等，都是适合陈列在相近区域的产品品类。门店进门处通常放置小件热卖单品，例如手袋、鞋履、小型皮具、丝巾等，用以发展新顾客。同是瓷器，餐具要摆放在一起，酒器也分类摆放，这样方便店员介绍和顾客挑选。成衣通常设置在门店的内部，甚至第二层楼，以保证顾客购物时的私密性，优化消费者体验。

（3）按级别排列。同品类产品应按照正式程度自上而下排列，如鞋履放置应遵循此条规律：晚宴级别的置于最上方，其次是正式级别、运动、休闲等。

（4）陈列商品数量较少。在奢侈品门店中，宽敞的陈列区内所设置的展柜或商品数量其实是很少的，有时可能整个区域营造的氛围与搭配只是为了凸显几件衣服或者手袋。奢侈品品牌本身要传递的理念就是精致、细微和挑剔，因此这些品牌在陈列区都不会展示很多商品，意在给消费者传递一种高贵感与独一无二的意境，更强调产品的稀缺性，在心理上满足消费者对奢侈品的购买需求。

（5）尽可能将产品整体展示给消费者。在奢侈品门店中，商品陈列通常设置得较为松散，留有很多空地，便于顾客随意走动，也体现了产品的稀缺性，以增强消费购买意愿。因此，奢侈品门店中应避免叠放堆砌商品，尽可能利用门店的场地空间，将产品完整地呈现在消费者眼前，如图6-14所示的上海爱马仕之家门店。

图6-14　上海爱马仕之家的门店布局

奢侈品门店陈列手法很简洁、大方，更便于销售人员维护陈列效果。如 Dior 店铺几乎不会做叠件，一方面叠件不太能突出产品的设计，另外一方面，叠件会给销售人员造成很大的维护成本，如果叠件水平不高的话，也会影响视觉效果（如图 6-15 所示）。

图 6-15 上海恒隆广场 Dior 旗舰店门店布局

对于轻奢和高端时尚品牌而言，它们的店内布局与陈列基本遵从一个标准：时尚的大皮件商品作为主视墙，小皮件和饰品等价格相对亲民的产品会陈列在门店入口柜台，用色彩和设计吸引顾客的目光。放置在门店入口的另一个好处是，那些带有购物清单的顾客（往往购买小皮具、小饰品）可以快速完成购买。店内最深处是鞋履和服装产品，和试衣间相连，可以增加顾客的私密性。

对于入驻购物中心、两层楼面的旗舰店、大型独立门店或精品店，绝大部分门店会入驻一层和二层。其中，一层产品大多为入门级产品，二层的产品系列比较高端。以 Michael Kors 为例，一层是价格较亲民的 Michael Michael Kors 系列，讲究时尚与设计感，价位在 2 000～6 000 元；二层的顾客会少很多，陈列的是 Michael Kors Collection，专为高端顾客打造，服装与皮具的价格昂贵得多，用料也讲究得多，一件女士大衣可达 2.7 万元。

需要一提的是，入驻百货公司的奢侈品门店布局会稍稍有些不同。百货公司楼层严格按照"男装层""女装层"等类似的方式布局，不能按照产品线的等级来划分楼层。此外，一些奢侈品品牌有跨界的延伸产品线，如 Armani Casa、Versace Home 等，不会出现在这些普通门店内，会单独开设门店。

对于门店内的装修和装饰，不同奢侈品公司、不同类型的门店会有不同要求和标准。以 Gucci 独立门店为例，店铺层高最好不少于 5.4 米，店铺内的柱子间距最好不少于 8 米，柱子数量不能太多，否则会有压抑感，透视性不好。店铺形状尽量方方正正，通道入口数量越少越好等。再以 Bottega Veneta 为例，它的门店采用了统一标准，具备了现代、精致、朴素的风格，整个门店布局呈中性泥土色调（如米黄色、灰色、深褐色），用柔和轻妙的灯光呈现更好的产品品质；门口的垂直百叶窗由棕榈木材和钢铁组成；地面铺设定制的、染成纯色的新西兰羊毛地毯；柜台精心制作，带有超麂皮（ultrasuade）的滑动盘垫；墙壁用朝日（Asahi）封面布覆盖；皮革覆盖门把手和抽屉把手（见图 6-16）。

图 6-16　Bottega Veneta 的门店布局

此外，奢侈品门店与轻奢品牌门店的面积选择有明显差异。奢侈品品牌（尤其是顶级品牌）门店的面积会尽可能大，与品牌高大的形象有关；而轻奢品牌的门店相对务实，一般门店根据库存单位数（stock keeping unit，SKU）决定门店的面积。

6.2.3 奢侈品门店选址与布局创新

奢侈品公司会在旗舰店、独立门店、直营店中店之间进行权衡取舍，无论选址还是店内布局的标准都十分苛刻。随着消费者审美理念和生活方式的变迁，一些奢侈品品牌开始尝试打破时尚业的地理界限和原有店内布局，保证严苛标准的同时，大胆地尝试新鲜元素。

1. 奢侈品门店选址创新

20世纪90年代，黛安·冯·弗斯滕伯格（Diane von Fürstenberg）和亚历山大·麦昆等设计师把纽约的肉品包装区改造成了高端购物场所。

此后，由于种种战略决策和奢侈品门店选址的特殊性，一些奢侈品门店搬出了主要的购物地段，进入更合适的街道社区。早在2007年，美国牛仔品牌Abercrombie & Fitch就开始了最初的选址创新。它没有把伦敦分店开在意料之中的摄政街（Regent Street）或英皇道（King's Road），而是开在了专属的裁缝街（Savile Row），引起街上裁缝店的一阵骚动。迄今为止，它表现得非常成功。Abercrombie & Fitch还在米兰的潮流金三角（Golden Triangle）和东京银座新开了分店，继续与奢侈品品牌同台竞技。

打破时尚业的地理界限并非没有风险。前造型师斯蒂芬妮·阿迪斯（Stephanie Addis）选择将自己的店铺"Poolside/The Golden State"开在洛杉矶圣摩尼卡（Santa Monica）海洋公园一条顾客较少的街道上，专营设计和时装。如今，她正在寻找更靠近中心位置的地块，按照她的说法，"现在我们的顾客实在太少，倘若新地方那边有间肉铺、理发店甚至鞋帽店能把人们带到这儿来，我都会很高兴。"

值得一提的是Prada在得克萨斯州的一个门店，它坐落于偏远小镇马尔法（Marfa），就在沙漠公路的旁边（如图6-17所示），所以它的名字叫"Prada Marfa"。

图 6-17　*Prada Marfa* 门店

Prada Marfa 门店是丹麦设计师迈克尔·艾墨格林（Michael Elmgreen）和挪威艺术家英加尔·德拉格塞特（Ingar Dragset）的作品之一（如图 6-18 所示），据说艺术家当初是觉得现代都市人对奢侈品的追求太过盲目和浮夸，所以想要对此进行某种批判，就在得克萨斯州的小镇建了它。小镇很有美国特色，人少、荒凉，跟繁华的都市有着非常强烈的反差。缪西娅·普拉达非常支持这间店铺的设立，并挑选了 2005 年秋季发布的奢华单品作为店铺陈列货品。

图 6-18　*Prada Marfa* 的设计师迈克尔·艾墨格林与英加尔·德拉格塞特

此后，它就变成了沙漠里最独特的一条风景线，经常有游客特地跑来看它，很多名人也来访。如美国女歌手碧昂丝·吉赛尔·诺斯（Beyoncé Giselle Knowles）的动作也成了经典，被很多粉丝效仿（如图6-19所示）。

图6-19　碧昂丝在 Prada Marfa 门店前的经典摆拍

2. 奢侈品门店布局的创新

随着人们越来越意识到奢侈品品牌与艺术之间的紧密联系，奢侈品门店布局也对原有相对保守的风格做出了改变，采用了两条截然不同的方式对门店进行布局创新："艺术–零售"结合与简约风格。

（1）"艺术–零售"结合

很多奢侈品门店装修华丽、设计感浓厚，散发出浓郁的艺术与创新的气息，如 Giorgio Armani、Gucci、Prada 和 COMME des GARÇONS 等展示了艺术与零售的结合。

a. Giorgio Armani

位于纽约第五大道和56街区中间的 Giorgio Armani 旗舰店是继香港遮打大厦（Chater House）和东京银座大厦后，Giorgio Armani 旗舰店三部曲的收官之作，占地面积达7 000平方米，由意大利著名设计师玛西米列诺·福柯萨斯（Massimiliano Fuksas）和多利亚纳·福柯萨斯（Doriana Fuksas）夫妇于2009年共同设计完成。

这个楼高四层的商店极具设计创新感，特点是位于中央的一个巨型钢楼梯。一层商店的核心景观是连接各层之间的楼梯，相同的旋转从垂直方向的表面传达到上层楼梯（如图 6-20 所示）。内部空间的流动性通过外部连续不断的线性墙体传递，所有的条形木板都单独着色。

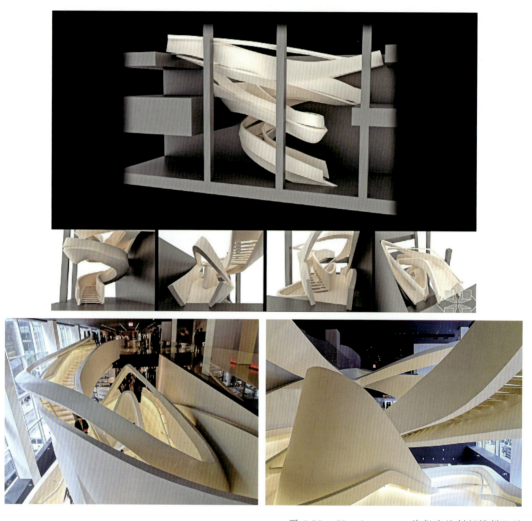

图 6-20　Giorgio Armani 旗舰店的创新楼梯设计

b. Gucci

2018 年，Gucci 在纽约开设了一家"新零售实验空间"旗舰店，与 Celine 门店毗邻，面积有 1 000 平方米。不同于传统奢侈品门店有明确的品类分区，Gucci 这间店像是复古博物馆，结合了 Gucci 创意总监亚历桑德罗·米歇尔自家客厅的风格元素（见图 6-21）。

图 6-21 Gucci 纽约新门店

Gucci 在进行室内设计时特地保留了建筑初始框架构造。原本的砖墙、木地板、锡制天花板与室内圆柱完整如初,没有进行彻底改装,而是通过修复的方式,在木质地板上呈现了意大利工匠绘制的很有 Gucci 风格的彩绘图案。这种将建筑原有工艺感和 Gucci 复古式的华丽美学相融合的设计思路,在整个空间之中得到了完整的体现(见图 6-22)。

图 6-22 门店内富有 Gucci 风格的彩绘图案

为了与别具一格的设计概念相搭配,Gucci 提供了一种与众不同的服务方式,即采用创新的服务团队,通过精心挑选的店员引领顾客参观店铺,以讲述故事的方式,使顾客深度了解和体验 Gucci 独具一格的品牌精神。

c. Prada

2007 年,荷兰建筑师雷姆·库哈斯(Rem Koolhaas)和设计总监缪西娅·普拉达设计纽约 Prada 门店(如图 6-23 所示),壮丽的建筑物和流线型楼梯,模特以不同寻常的方式层层排列,玻璃展示柜中陈列着手袋作品历史。这家店成为奢侈品门店的标杆,转变了人们的认知,设立了新的标准。

图 6-23 *Prada 纽约新门店*

从那以后，Prada门店都以画廊为审美标准。缪西娅·普拉达还邀请了影视服装设计师为主要旗舰店进行装饰，给顾客一种走进博物馆展厅的感觉。随着雷姆·库哈斯为米兰普拉达艺术基金会设计巨石雕塑的计划公布，艺术空间和零售空间之间的界限变得越来越模糊。

d. COMME des GARÇONS

在世界上大多数高档的购物街上，画廊与时装品牌以更加亲密的形式出现。当创始人川久保玲在伦敦开设多品牌精品店"丹佛街集市"（Dover Street Market）时，丹佛街还以独立画廊和休闲午餐而闻名。如今，这些画廊、午餐店与品牌门店比邻而居，成为伦敦最具活力的奢侈品购物场所。

川久保玲称自己对门店的改变方法为"美丽的混乱"，她会规律性地在门店里摆设一些艺术装置，并在不同门店轮换。其纽约门店前身是一所学校，共计2万平方英尺（约合1 900平方米），拥有7个错落的楼层，消费者可以乘坐连接整个建筑的大型透明电梯探索这座老建筑（如图6-24所示）。

（2）简约风格

简约风格源于20世纪初期的西方现代主义，与极简主义（Minimalism）是两个概念。德国现代主义建筑大师路德维希·密斯·凡德罗（Ludwig Mies Van der Rohe）的名言"Less is more"被认为是代表简约风格的核心思想。简约风格的特色是将设计的元素、色彩、照明、原材料简化到最少的程度，但对色彩、材料的质感要求很高。

因此，简约的空间设计通常非常含蓄，往往能达到以少胜多、以简胜繁的效果。

图 6-24 COMME des GARÇONS 的纽约新门店

a. Saint Laurent

在全球推出的新 Saint Laurent 门店（如图 6-25 所示）取代了原来汤姆·福特（Tom Ford）设计的红木柜加黑色门店，法国设计师艾迪·斯理曼（Hedi Slimane）用"平和宁静"这样的字眼来形容自己设计的门店。门店设计是极致的简约风格：钢质格栏沿地面竖立，鞋品展示在墙上。

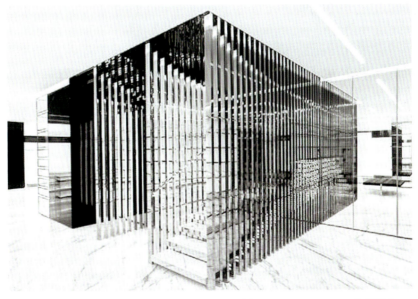

图 6-25 Saint Laurent 的新门店

b. Celine

在 Celine 前创意总监菲比·费罗（Phoebe Philo）执掌的几年中，Celine 新门店和翻新后的门店采用了画廊式布局，如位于伦敦和纽约的旗舰店。菲比·费罗在伦敦旗舰店 600 平方米内使用了简约的灰色墙壁，鞋品和包袋如艺术品一样在墙上进行展示，嵌有半宝石的大理石、嵌木效果的地板给顾客强大的视觉冲击感（见图 6-26）。

图 6-26　Celine 的伦敦新门店

菲比·费罗委任丹麦艺术家托马斯·鲍尔森（Thomas Poulsen）设计了伦敦新门店，坐卧两用的沙发和富有设计感的落地灯被称为"隐藏的艺术语言"。菲比·费罗在伦敦新门店落成仪式上说："进入门店你所接触的第一样东西（外部门把手）是经过精心雕刻的，最后一样东西（内部门把手）却是极其简约的，希望消费者在门店中可以经历一个从复杂到简约的转变。"

c. Victoria Beckham

Victoria Beckham 2015 年在伦敦开设了首家全球旗舰店，由英国建筑师法西德·穆萨维（Farshid Moussavi）操刀门店设计，以简约的门店呼应品牌风格（如图 6-27 所示）。法西德·穆萨维注重商品的展示，门店里就像是一块空白的画布，消费者的注意力都被吸引到精心挑选搭配的商品上。

图 6-27　*Victoria Beckham 伦敦旗舰店的新布局*

d. Christopher Kane

Christopher Kane 的门店设计师约翰·帕森（John Pawson）是英国一名简约风格的建筑师，他说："艺术空间不是要放置宏伟的建筑雕塑，人们不希望被分心，甚至不希望意识到自己在那里。时尚品牌门店的一切都应该是围绕服装展开的。建筑风格可以提供某种永恒的氛围，但在门店里产生的情感共鸣却是依赖于这个空间展示陈列的方式。"他设计的 Christopher Kane 门店的新布局如图 6-28 所示。

图 6-28　*Christopher Kane 门店的新布局*

无论采用"艺术–零售"结合还是简约风格，都是奢侈品门店布局的一种创新方向。与艺术的结合将奢侈品提升到艺术品的高度，让顾客有置身艺术馆的身临其境之感，对艺术的向往让他们更有可能去购买奢侈品。同时，艺术馆的风格也会吸引更多人前来参观购买。简约风格则是另一个方向。简约风格的门店让产品成为主角，与以前精致绚丽的门店产生了鲜明的对比。顾客不会因为周围的环境而分心，专心于欣赏挑选一件件奢侈品。但是相同的是，作为奢侈品公司的第一张名片，也是顾客消费体验的保证，奢侈品公司越来越多地将资金注入奢侈品门店的布局中去。这也是奢侈品公司都应该学习的，只有吸引顾客的门店设计，才能让顾客走进门店，去体验和购买奢侈品。

6.3 互联网在奢侈品公司中的角色

全球科技发展让各个行业越来越积极地拥抱互联网。金融、银行、保险、证券、基金等都已经融合了"＋互联网"概念，蓬勃发展。互联网的出现在传统的"连接人和人"基础上加入了"连接人和服务"。那么，奢侈品行业作为特殊行业，究竟应该如何合理地结合门店体验与"互联网"呢？

第 3 章的内容中提到，奢侈品公司必须慎用互联网，使用电商平台是一个博弈的过程。互联网技术给奢侈品品牌带来的弊端十分明显，奢侈品之所以称为奢侈品，它的稀缺性和极强的体验性不容忽视，这也是主流级以上的奢侈品品牌不会过度介入互联网的重要原因。网络销售的所有优点（如即时、快速的变化更新、便捷、实用、优惠、自助服务、众包等）对于奢侈品公司来说都是缺点。奢侈品需要人们花费时间和精力才能得到，只有实价而没有建立在虚高价格上的折扣。顾客乐意与销售员一对一沟通而不是对着一台机器。

然而，互联网带来的能量和影响是超乎想象的。现代城市的大街小巷随时可以看到低头捧着手机、步履匆匆的上班族；精致的咖啡馆中，白领们端着一杯浓郁香甜的咖啡，坐在电脑前；微博、微信朋友圈、Instagram、Twitter 各大社交平台不间断；比起出门活动，年轻人更愿意窝在家中刷淘宝；虚拟现实的技术早已应用到购物中……生活在数字化大潮中的这一代人，不仅引领着新的生活方式，也让消费市场有了显著的转变。在这样的现状下，奢侈品行业正经历着一场深层次的变革。在这轮以"年轻化"为主题的变革之中，最值得关注的话题之一便是以奢侈品与电商结合为起点的数字化转型。与五年前相比，消费者在整个购物决策过程（发现→研究→购买→支付→交付→售后）中，已经呈现出高度数字化、高度分散的现象（如表 6-1 所示）。

表 6-1　2013 年与 2019 年奢侈品在线购物平台对比

2013 年	2019 年				
	电商平台	品牌官方网站	社交平台	购物网站	线上闪购店
• Yoox • Net-A-Porter • Farfetch • eLuxury • 第五大道 • SmartBargains • 201td ……	• 寺库 • Toplife • Luxury Pavilion • 第五大道 ……	• Hermès • Louis Vuitton • Gucci • Burberry • Dolce & Gabbana • Giorgio Armani • Prada ……	• Twitter • Facebook • 微信 • 微博 ……	• Yoox Net-A-Porter • Farfetch • 24 Sevres ……	• 小红书 • SmartBargains • HIGO • 唯品会

电商平台（如第五大道、寺库、京东 Toplife、天猫 Luxury Pavilion 等）、品牌官方网站（如 Hermès、Louis Vuitton、Gucci、Dolce & Gabbana 等）、社交平台（如 Twitter、Facebook、微信、微博等）、多品牌奢侈品购物网站（如路威酩轩集团旗下的 24 Sevres、历峰集团旗下的 Yoox Net-A-Porter、独立网站 Farfetch 等）和线上闪购店（小红书、SmartBargains、唯品会等）都见证了数字化在奢侈品行业中的快速崛起。

6.3.1　奢侈品公司的数字化平台在全球的尝试之路

随着掌控奢侈时尚的消费者人群发生变化，年轻人已成为奢侈品品牌的重点客户群。于是，奢侈品公司对电商价值的认可度以及合作倾向迅速上升，远没有最初那般小心谨慎。Burberry、Hermès 和路威酩轩集团是最好的三个例子，前两者将全球社交网络应用到了极致，后者开启了互联网电商的新时代。

1. Burberry

Burberry 是最早试水互联网的奢侈品品牌之一。试水的想法来源于前首席执行官安吉拉·阿伦德茨（Angela Ahrendts）和前首席创意总监克里斯托弗·贝利（Christopher Bailey）。他们的第一个决定即是瞄准 80 后、90 后的年轻消费者，让 Burberry 成为第一个数字化的时尚奢侈品品牌。

安吉拉·阿伦德茨从不掩饰对星巴克、苹果公司的敬佩："一以贯之的品牌气质，令人感到无论身处世界哪个角落，都能在星巴克用同样款式的杯子喝到同样口味的拿铁，都能在苹果零售店获得同等品质的体验。这种始终如一的消费体验是绝佳的品牌传播方式。我们将要追求这样的品牌气质：无论你进到伦敦或者纽约的门店，甚至只是登陆 Burberry 官网，你都能感受到 Burberry 一贯的时尚、高端、极致、舒适。而这一切都将由数字化来实现。"

2009 年，Burberry 开通了 Facebook 主页，成为最早使用社交媒体的奢侈品品牌之一，如今拥有超过 1 700 万粉丝。同时，它在 Twitter、Instagram、YouTube 及新浪微博等社交媒体上也绝不缺席。Burberry 用社交媒体传播风衣艺术，描绘品牌故事，分享产品发布、时装秀等信息，更多地推广英国元素和英国精神，同时还善于和明星、粉丝联动赢得曝光率，打通横亘在奢侈品与大众之间的价格鸿沟。作为数字化传播的主战场，Burberry 的社交媒体矩阵在多个国家都有布局。

Burberry 曾在 2009 年推出一个名为"风衣艺术"（Art of the Trench）的网站，粉丝们在这里上传自己穿着 Burberry 风衣的街拍照片，分享给其他人，可以评论、点赞（如图 6-29 所示）。这些照片还能链接到发布者的个人 Facebook 或 Twitter 页面。同时，公司还请了职业摄影师拍照实时上传，以保证内容质量。这种由粉丝生产内容的玩法让 Burberry 拉近了与目标消费者的距离。

图 6-29　Burberry 的"风衣艺术"网站

对 Burberry 来说，做炫酷的线上活动可能只是开始。要保持品牌时尚度、活跃度，他们更需要一些同样时尚、年轻、有想法的年轻人加入。在伦敦威斯敏斯特区的门店里，70% 的员工在 30 岁以下，他们"活泼、有朝气，善于改变"。这些员工被鼓励上班时也可以经常玩社交媒体。他们人手一台 iPad，帮助顾客挑选颜色、尺码，或者针对特定顾客的消费历史、习惯爱好匹配产品。

另一次大胆的创新是 Burberry 和 Google 合作推出的一项温情服务——Burberry Kiss。用户用 Chrome 浏览器登录 kissesburberry.com 后，对着内置摄像头在屏幕上印下唇印，这个唇印就会封上你写有悄悄话的信笺，发送到爱人眼前（见图 6-30）。

图 6-30　Burberry 和 Google 合作推出的 Burberry Kiss 活动

Burberry 的每次数字化尝试都为品牌刻下了时尚、高端、极致、舒适的烙印，丰富、创新了品牌体验，用出人意料、令人惊喜的方式将品牌融入平民生活。Facebook 欧洲副总裁乔安娜·希尔兹（Joanna Shields）曾经称赞："Burberry 已经不再是简单的服装品牌，难能可贵的是它懂得如何激发社区关系并利用其俘获消费者的心。"在人人都以为奢侈品的窄众和互联网的广众难以匹配时，Burberry 用数字化更好地传播信息，探索经典内涵和现代语言的平衡，证明了奢侈品也可以适应互联网科技。

2. Hermès

Hermès 是奢侈品品牌中"＋互联网"的最早试水者之一，早在 2001 年就推出类似于电商的网站平台。不过，这一网站的目的仅仅是展示，并且从中很难找到产品的展示。服装产品并不以真人模特展示，而是配合手绘模特展示，产品分类相互交叠，经常让人找不到方向。阿克塞尔·杜马笑称这一网站为品牌策略的延伸：即使在网站上，爱马仕集团也不想让消费者过于容易地找到他们的产品。

2017年，阿克塞尔·杜马表示："在新品牌崛起、消费者有了更多选择空间的状况下，寻找新增长确实不容易。电商是如今奢侈品公司仅存不多的增长渠道之一。2017年将是公司数字化变革的一年。"尝试电商平台成为爱马仕集团创造新需求的方法之一。

事实上，爱马仕集团的电商平台已率先在欧洲、美国及日本推出。2017年起，Hermès才在中国正式进行线上销售的尝试。2017年10月，Hermès在微信公众号上开设限时店，发售智能手表Watch Hermès Series 3。同年12月，又通过微信渠道发售四款男女鞋履，其中一款Player女士运动鞋仅在中国发售。2018年10月17日，拥有全新在线购物功能的中文版官网正式发布，与之前相比，产品展示页面容易寻找了很多，虽然中国消费者依然无法在官方商城在线购买Birkin或Kelly手袋，但品牌的其他商品都能买到（见图6-31）。

图6-31 拥有在线购物功能的Hermès全新中文官网

爱马仕公司的数字化变革有一件趣事：2015年9月9日，从未用Twitter官方账号发声的爱马仕公司"悄悄地"发言了。第一条推文内容是宣传与苹果公司合作的Apple Watch，此后它在推特上维持着稳定更新（如图6-32所示）。

低调的Hermès也正伸出触角，不停地试探着新方向。这些改变从侧面反映了爱马仕集团面对未来可能的挑战所采取的尝试。Hermès稳定的品牌形象使它培养起一批信任产品质量的忠实客户，但它还是需要找到新的商业模式增长点，发展需求增长的品类，如阿克塞尔·杜马所说的"创造需求"。

这样的不确定心理，往往让交易止步。于是，寺库开启了平台鉴定服务，由四十多位来自世界各地的奢侈品鉴定师组成了寺库特有的鉴定团队，打造信任的平台。专业的鉴定团队保障正品，不仅在客户之间博得广受赞誉的良好口碑，更成为贝尔纳·阿尔诺选择寺库的另一理由。

寺库致力于多元化发展，这与路威酩轩集团和京东的战略方向一致。不仅专注于奢侈品业，寺库还与褚橙庄园合作进军农业，与凯撒旅游达成合作进军旅游业，与百盛集团合作进军美妆业。从奢侈品到美妆，再到食品和生活方式，寺库已从最初的奢侈品电商转变为多元化的精品生活平台。而 L Catterton Asia 也一直在进行着多元化领域的尝试——不仅有美妆业的 Dr.Wu、CLIO、丸美，时装类的 GXG、Giuseppe Zanotti、Gentle Monster，食品类的 Jones、Bateel，甚至还有文娱类的 YG Entertainment。

这个三方合作造就了"三赢"。寺库如虎添翼，业内地位稳固，也让路威酩轩集团在电商业的尝试更加深入，打通从品牌到消费者的通道，形成了消费产业链的闭环。对京东而言，这也是其在奢侈品领域的新发展，进一步实现了其一直推崇的无界零售。

除了投资寺库，京东也积极投身于奢侈品业务。京东先后推出私人定制风格的奢侈品配送体系"京尊达"，与独立的奢侈品购物平台 Farfetch 建立合作关系。Farfetch 上有七百余个时尚高端品牌和奢侈品品牌，让京东在奢侈品行业的试水打下稳固的基石。而极具京东特色的高端物流服务"京尊达"，更是在结合线上的多样化产品之后，用专车配送以及定制礼盒包装，提供给消费者更完善尊贵的购物体验。可见，引入垂直电商平台、出色的自营物流以及 3.97 亿美元投资 Farfetch 这三者的结合，让京东在奢侈品电商领域稳居领先地位。

2017 年 10 月，京东更是独立于其主站，专门打造出一个线上奢侈品销售平台 Toplife。相比之前的投资 Farfetch 以换取其平台上的货源，Toplife 是一个更加完善及成熟的奢侈品电商。不仅有二十多个以官方旗舰店形式入驻的国际知名品牌，更与品牌方合作推出独家联名商品，还提供专业团队直接为品牌提供运营服务的技术支持，由此形成客户、品牌方和平台三方紧密的三角链。

2019 年 4 月，Toplife 合并到 Farfetch 中国。Farfetch 将获得京东 App 的一级入口，通过 Farfetch 覆盖超过 1 000 个奢侈品品牌商和精品店伙伴的网络，让京东超过 3 亿活跃用户可选购超过 3 000 个奢侈品品牌的商品。自此，京东成为 Farfetch 最大的股东之一。由此可见,京东对奢侈品业务的布局仍将继续。

从 L Catterton Asia 的投资、京东 Toplife 的开启、Toplife 与 Farfetch 中国的合并可以看到奢侈品行业新的风向标。原先电商的单一模式已经完全转变为打通线上线下的生态网络,由奢侈品零售打造成的精品消费生活方式正逐渐形成。奢侈品行业已从最初的专注于零售,逐渐演变为服务性更强、涉及面更广的商业模式。

2. 历峰集团与阿里巴巴集团

无独有偶,在路威酩轩集团布局中国奢侈品电商市场的同时,历峰集团也看准时机,与阿里巴巴集团结成了奢侈品电商全球战略合作伙伴(见图6-36)。2018年10月,阿里巴巴集团与历峰集团旗下奢侈品电商 Yoox Net-A-Porter(YNAP)成立合资公司,YNAP 中入驻的奢侈品品牌陆续登陆了天猫奢侈品专享平台 Luxury Pavilion。合资公司通过 YNAP 旗下针对女性消费者的 Net-A-Porter 及男性奢侈品电商平台 Mr Porter 触达中国消费者,两个平台均为 YNAP 提供并销售当季产品,第一批入驻的产品就包括 Burberry、Stella McCartney、Marni、Giuseppe Zanotti 等八十多个奢侈品品牌的皮具、配饰与成衣,以及 Givenchy、YSL、La Mer 等彩妆与护肤品牌。阿里巴巴集团则为合资公司提供技术、支付、物流等基础支持和数据化选品、消费者洞察等多方面的服务和帮助。

图 6-36 历峰集团官宣与阿里巴巴集团结为全球战略伙伴

历峰集团董事会主席约翰·鲁伯特（Johann Rupert）曾感言："全球范围内的中国消费者对于历峰集团乃至整个奢侈品行业都是非常重要的客户。与阿里巴巴集团合作将强化历峰集团在奢侈品电商领域的竞争实力，为 Net-A-Porter 和 Mr Porter 进入中国市场奠定基础。"

对于阿里巴巴集团而言，与拥有近千个时尚与奢侈品品牌的 YNAP 平台达成合作后，入驻奢侈品品牌的数量得以快速增加。YNAP 也借助合作获得中国消费者的数据，增加了新的流量入口。

无论奢侈品公司拥抱电商是处于持续观望还是渐入佳境阶段，中国的电商都已成为最重要的渠道之一。京东和阿里巴巴集团接连与手握众多奢侈品品牌资源的集团和电商合作的背后，是前者沉淀品牌的资源需求。电商强化与奢侈品公司的合作是以集团合作的方式撬动品牌资源，沉淀资源的同时还能从源头保证商品的品质。当国内部分电商始终遭受假货质疑时，与奢侈品公司和电商达成合作成为京东和阿里巴巴集团"曲线救国"的方式之一。

| 结尾案例 |

爱马仕之家：ATM

A——art，艺术，一个真正的奢侈品品牌离不开艺术元素；
T——technology，技术，奢侈品公司所有创新的基础是技术；
M——media，传媒，奢侈品门店通过传媒将美学和创意带给消费者。

将 ATM 元素有效地融合在一起的爱马仕之家（Maison Hermès）独树一帜，将门店艺术、科技创新和品牌传播体现得淋漓尽致。全球一共有五个爱马仕之家，分别位于巴黎圣-奥诺雷福宝街、纽约麦迪逊大道、东京银座、首尔道山公园（Donsan Park）和上海淮海中路，独具风味，各有千秋。

第一家：巴黎爱马仕之家

1880 年，查尔斯-埃米尔·爱马仕（Charles-Emile Hermès）继承父业，将 Hermès 门店搬至圣-奥诺雷福宝街 24 号，与总统府为邻（如图 6-37 所示）。女设计师蕾拉·芒夏丽（Leila Menchari）为爱马仕集团缔造了精美的橱窗设计。从 1977 年起，其巴黎门店的橱窗就不再只是简单地陈列商品，而成为一个华丽、古典、带着幻想主义色彩、一年四季异彩纷呈的世界。

图 6-37　位于圣-奥诺雷福宝街的巴黎爱马仕之家

第二家：纽约爱马仕之家

位于美国麦迪逊大道的爱马仕之家，法国老牌顶级时装屋表现出令人惊叹的奢华风范（如图 6-38 所示）。内饰模仿 18 世纪凡尔赛宫的经典宫廷陈设，浑圆的穹顶上绘满了文艺复兴风格的宗教题材壁画，仿佛让人置身于古老与现代交替的华美时空。

图 6-38　位于麦迪逊大道的纽约爱马仕之家

第三家：东京银座爱马仕之家

位于东京银座的爱马仕之家由意大利设计师伦佐·皮亚诺（Renzo Piano）设计，于 2001 年在东京开幕，面积达 1 150 平方米。在非常狭隘的地段建造一种瘦长的全玻璃外观建筑，实在是一次挑战，然而伦佐·皮亚诺从日本古代木结构的五重塔结构获得启示，完美地解决了构造问题（如图6-39所示）。

图 6-39　位于银座的东京爱马仕之家

在开店的剪彩仪式上，伦佐·皮亚诺来到东京，与他多次合作的伙伴日本著名风动雕刻艺术家新宫晋（Susumu Shingu），共同欣赏了这座轰动一时的建筑。伦佐·皮亚诺曾在关西海上机场中让新宫晋多处大显身手。在伦佐·皮亚诺的新作中，所有的金属框架全部内藏，只有一件通天的公共艺术使用不锈钢材料，它就是造型美术家新宫晋的著名风动雕刻，可见意大利建筑家非常看重建筑、商业和艺术的融合关系。

建筑外观除了正门凹进部分使用石板材料外，全部使用玻璃方砖，1923年巴黎"玻璃之家"（Maison de Verre）的形象在21世纪初再现。所不同的是，为了庆祝新店落成，爱马仕特别推出了以橙色、灰色和白色为主色调的展示空间，包括有丝巾、手表、情侣挂件、记事本等具有收藏价值的纪念品，而这些纪念品只有在银座Hermès专卖店里才可以买到。

第四家：首尔道山公园爱马仕之家

韩国首尔道山公园爱马仕之家由雷娜·杜马建筑事务所（Rena Dumas Architecture Interieure，RDAI）设计，建筑外部的玻璃设计会根据一天内光线的变化而反射出不同的彩虹光芒，华贵耀眼。位于地下一层的博物馆采用竖直性和自然的创作理念创造出极富幻想空间的联想森林，这是由美国设计师希尔顿·麦考科尼柯（Hilton McConnico）创作出的回顾过去并展望未来的神秘空间。经过空中飘浮着的森林后，视野就会有所变化，在其他空间和视野下完全看不见的树木躯干内诠释着Hermès创作精神的多种收藏品将会展现于眼前（如图6-40所示）。

图6-40　位于道山公园的首尔爱马仕之家（左）和地下一层的博物馆（右）

以骑马书籍为代表的汇集多种书籍的图书馆位于博物馆入口附近的咖啡空间内，供消费者观看并品尝美食。空间内的书桌上陈列着包括英、法、日、德、西、意等多种语言的250多种书籍，大部分是关于骑马、打猎、旅行、运动、造型艺术、应用艺术、装饰艺术、服饰、流行等的书籍，所有书籍上都附有Hermès 1923年制作的小巧装饰藏书票。

第五家：上海爱马仕之家

历时六年打造的上海爱马仕之家位于淮海中路与嵩山路交汇处、号码牌为"淮海中路217号"的一幢20世纪初的四层历史建筑内，该建筑最早为法租界霞飞路巡捕房，后来成为上海市警察局，1960年又成为东风中学校址。红砖水泥外墙和露台窗户，可鸟瞰法国梧桐成荫的街道，这样的建筑如今在上海已难觅踪迹。除了地理位置和历史内涵之外，爱马仕选择这里的很大原因在于它的"H"形双朝向——这也是爱马仕的标志之一。长达六年的翻修和设计工程由雷娜·杜马建筑事务所在法国建筑师丹尼斯·蒙特尔（Denis Montel）的艺术指导下进行，不仅对地基进行了结构改造，还拆除了多年来增建的部分，最终将建筑物恢复至接近最初的原貌（如图6-41所示）。

图6-41　位于淮海中路的上海爱马仕之家

为了庆祝全球第五间爱马仕之家的开幕,爱马仕集团邀请荷兰艺术家利维·范·韦卢(Levi van Veluw)打造了一个独一无二、精妙绝伦的主题橱窗,演绎了一场意义非凡的骏马探索之旅(如图6-42所示)。整个艺术橱窗秉承了爱马仕对于完美品质的坚持与推崇,无论是律动的骏马,或是丛林的一花一草,均由巧匠们运用精湛技艺,严格根据真实比例,以特选薄木片纯手工打造而成。

图6-42 利维·范·韦卢打造的爱马仕之家艺术橱窗

上海爱马仕之家与「上下」合居在H型大楼内,选择了日本著名建筑设计师隈研吾(Kengo Kuma)设计后方的庭院,这位擅长东方元素的设计师很好地实现了品牌的期望,将庭院小道铺上了荔枝面花岗岩和卵石,并装饰以翠竹屏风,在青草摇曳之间把爱马仕之家与毗邻的「上下」专卖店有机地联系起来。

第 7 章

奢侈品品牌形象构建与传播

真实生活中的真实改变才会带来真正的时尚变化,其他的一切都只是装点而已。

Real fashion change comes from real changes in real life. Everything else is just decoration.

——汤姆·福特(Tom Ford)

| 开篇 |

Loro Piana：
诺悠翩雅

图 7-1　最柔软、奢华、顶级的 Loro Piana 面料

"对我们而言,奢华与追求卓越的精神密不可分。"这是意大利顶级羊绒品牌 Loro Piana 的第六代传人皮埃尔·路易吉·罗洛·皮雅纳(Pier Luigi Loro Piana)的名言。

Loro Piana 这个名字很多消费者并不熟悉,原因是它非常低调,如同它经典的中文译名"诺悠翩雅",品牌形象高雅,展现的却是低调的艺术。这恰恰反映了 Loro Piana 独特尊贵的奢华,本质即是低调,但却能超越时空、留下印记,从而触动人心。

来自意大利小镇特里韦罗(Trivero)的罗洛·皮雅纳家族是 19 世纪初的毛绒织品商人,皮特罗·罗洛·皮雅纳(Pietro Loro Piana)于 1924 年 4 月 24 日在意大利夸罗纳(Quarona)成立了羊毛厂,命名为 Loro Piana。20 世纪 40 年代中期,弗兰科·罗洛·皮雅纳(Franco Loro Piana)开始向海外出口奢华纺织品。70 年代,弗兰科之子塞尔吉奥(Sergio)和皮埃尔·路易吉掌管公司,拓展奢侈品零售业务,提供男士和女士的羊绒针织品、定制服装、外套和休闲装,进一步发展其父亲的奢华纺织品业务,采用的面料和纱线均保持着品牌一贯的极致风格,家族经营至今已是第六代。

Loro Piana 只为讲究品位及对质量有要求的顾客提供上等的羊绒与羊毛,在业界是"三个最"的代表品牌之一:最柔软,最奢华,最顶级(如图 7-1 所示)。许多奢侈品品牌包括 Chanel、Louis Vuitton 等都会向其订购最上等的羊绒和羊毛物料,它也因此和路威酩轩集团结下了不解之缘。2013 年,Loro Piana 被路威酩轩集团收购。同年 12 月,随着掌门人塞尔吉奥辞世,Loro Piana 正式由家族企业转型为一家拥有完善管理组织架构的现代企业,贝尔纳·阿尔诺之子安东尼·阿尔诺(Antoine Arnault)被任命为董事会主席,皮埃尔·路易吉仍担任副总裁一职,原眼镜制造商陆逊梯卡集团营销总监法比奥·德安吉拉安东尼奥(Fabio d'Angelantonio)任首席执行官。

除了皮埃尔·路易吉外,塞尔吉奥的遗孀路易萨·罗洛·皮雅纳(Luisa Loro Piana)也经常参与公司的日常工作,始终执着于高级的原材料,提出的品牌哲学就是"寻找最好的原材料",如小山羊绒和"国王的礼物"(直径 12 微米的极细羊毛)。从 Loro Piana 开设第一家门店至被并购后,并没有采用激烈的颠覆战略,这一精神或将继续延续下去。同样特别的是,Loro Piana 由多位设计师负责不同的业务,采取团队协作的形式,而非由某位设计总监领衔。

Loro Piana 的品牌形象始终是低调高雅的,从未办过任何新品发布时装秀,在品牌战略规划中也没有出现过这项计划,只是安静地以门店的形式展示它的产品。对于赞助赛事,Loro Piana 更显得谨慎,只赞助一些顶级贵族运动赛事,如锡耶纳马术大赛(Piazza di Siena)、超级游艇帆船赛(Superyacht Regatta)和莱德杯(Ryder Cup)高尔夫球赛(如图 7-2 所示)。

图 7-2　*Loro Piana 赞助的运动赛事*

　　罗洛·皮雅纳家族成员代代热爱马术和扬帆出海使得 Loro Piana 的衣饰设计包含了不少运动元素。这些运动元素不仅是 Loro Piana 客户们日常生活方式的体现，更渗透了品牌手工精细、质素卓越及矢志追求美感的精品艺术形象。

对于奢侈品品牌而言，像 Loro Piana 那样建立高雅、尊贵的品牌形象是重中之重。品牌形象（brand image）是很多企业（甚至包括奢侈品公司）会在不经意间忽视的重要元素。对任何一个企业而言，它必须在整个品牌生命周期中管理好品牌概念与形象的联系（brand concept-image）。对于三个不同的管理阶段（即形象引入期、定制期和加强期），公司需要采用特定的定位战略，通过营销组合来实施，让消费者更好地理解品牌形象（引入期），感知稳定的价值增长（定制期），并把这种形象融入企业生产的其他产品中（加强期）。

为了传递品牌形象，奢侈品公司会通过特殊的传播方式展现品牌的魅力，如大型高雅的活动、时装秀、酒会等。但是，在这个多变的商业世界里，奢侈品品牌或多或少会遭遇品牌危机，有外界因素，也会有内在原因。如何有效地处理品牌危机成为奢侈品公司维护品牌形象的关键议题。

7.1 奢侈品品牌形象

Brandwerks 品牌战略咨询集团在 2006 年提出一个关于品牌资产的模型，它将品牌形象纳入品牌资产的维度中，并强调了它的重要性，如图 7-3 所示。在 Brandwerks 的品牌资产模型中，品牌形象在品牌资产的第五层，它源于品牌个性（brand personality）和品牌识别（brand identity），直接影响品牌定位（brand position）。事实上，人们难以对一件孤立的事物形成稳定的记忆，那些稳定的、长期的记忆总是与生活中相关的信息联系在一起，并形成逻辑性或非逻辑性的联系，这就是联想。

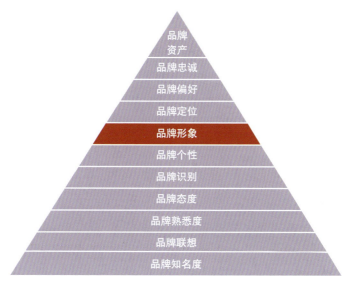

图 7-3 *Brandwerks 的品牌资产模型*

品牌的联想活动对于消费者的购买决策具有重大的影响。凯文·L.凯勒（Kevin L. Keller）把品牌形象看作"顾客对品牌的感知，它反映为顾客记忆中关于该品牌的联想"。那么如何理解品牌形象？奢侈品品牌应该如何打造它的品牌形象呢？

7.1.1 品牌形象的定义

品牌形象（brand image）是营销中一个非常重要的概念，迄今为止，学者们在术语或名称使用、概念界定以及品牌形象构成和测量等方面都还存在相当大的分歧。许多学者对品牌形象下了明确的定义。根据这些定义所强调的不同重点，可以将它们区分为强调心理要素、强调意义、强调自我意义和强调个性四种类型。强调消费者心理要素的自我形象概念在内涵上包含强调意义的概念，意义又包含了自我意义，自我意义则包含了"个性"。因此，四种定义之间并不存在绝对的对立和矛盾。

其中基于消费者心理要素来界定品牌形象概念的做法在品牌形象研究中基本上一直处于主流地位。心理学理论把感知（perception）描述为人们对感性刺激进行选择、组织并解释为有意义的和相关图像的过程。形象是消费者经过一段时间通过处理不同来源的信息所形成的有关对象的一个总体感知。品牌形象代表了消费者对品牌的总体感知，是依据消费者有关品牌的推断形成的，这种推断基于外部的刺激或想象，是消费者从经验中形成的对产品的信念，这是品牌形象的本质。

广义地，品牌形象包含企业形象、产品形象和其他利益相关者形象（如图7-4所示）。

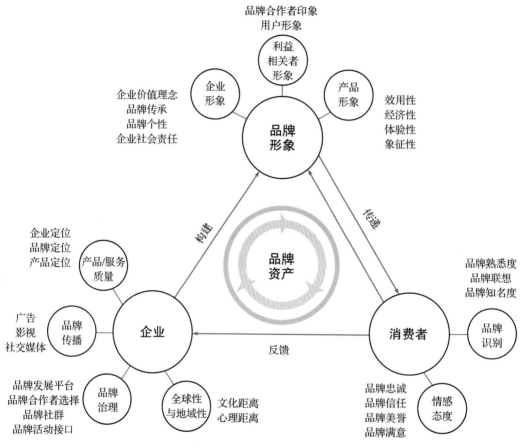

图 7-4　品牌形象与企业、消费者的关系

其中，产品形象是品牌形象的核心，囊括了形象的效用性、经济性、体验性和象征性；利益相关者形象包括了品牌合作者印象和用户形象。从企业角度理解品牌形象，企业需要关注产品或服务质量（包括企业定位、品牌定位和产品定位）、品牌传播（如广告、影视、社交媒体）、品牌治理（如品牌发展平台、品牌合作者选择、品牌社群、品牌活动接口等），以及品牌的全球性和地域性（如文化距离、心理距离）。而品牌识别（如品牌熟悉度、品牌联想和品牌知名度）和情感态度（如品牌忠诚、品牌信任、品牌美誉和品牌满意）是从消费者角度考虑品牌形象的两个主要方面。一个产品

姿"（la dernière séance）的一组照片中，面对摄影师波特·斯特恩（Bert Stern）的镜头，身着由迪奥先生设计的一件黑色礼服裙，梦露引以为傲的曼妙身材彰显无余。

伊丽莎白·泰勒同样深爱Dior高定礼服，而她正是身着Dior 1961年春夏系列中以绿色平纹细布配绿玫瑰绣花象牙白裙摆的高级定制裙"里约之夜"（Soirée à Rio），上台领取凭借《青楼艳妓》（La Vénus au vison）中一角而获得的奥斯卡奖。

作为阿尔弗雷德·希区柯克最为钟爱的女演员而受邀出演其三大杰作——《电话谋杀案》（Le crime était presque parfait）、《后窗》（Fenêtre sur cour）、《捉贼记》（La Main au collet）的女主角，格蕾丝·凯莉在27岁时便成为童话故事里名副其实的女主角。成为摩纳哥王妃后，格蕾丝又创造了一种独一无二的风格：她自己的风格。在成为纽约迪奥公司客户的王妃之后，她又成了蒙田大街迪奥总店的忠实拥趸。迪奥先生专门为她设计了一款美妆盒，里面装有一瓶香水，以及专为搭配服装而排在一个小抽屉里的多支口红。继迪奥先生之后，这位摩纳哥王妃又与第三任设计师马克·博昂（Marc Bohan）结下了深厚友谊。从20世纪60年代直至80年代初期，每当夜幕降临，舞会将至，格蕾丝王妃便穿着Dior的华服优雅出演。

1995年，身为威尔士亲王妃的戴安娜为巴黎大皇宫举行的"赛尚回顾展"揭幕。万众瞩目的她手持的最新款Dior手袋，便是由时任法国第一夫人希拉克夫人（Bernadette Chirac）于开幕式前一天亲手赠予。此举吸引了所有人的目光，该手袋也立刻被品牌命名为"Lady Dior"手袋，以此向王妃致敬。戴安娜王妃自此便订购了此系列的所有款式，无论何地都与经典不衰的Lady Dior手袋形影不离。

从奥斯卡颁奖典礼到最华美杂志的连篇登载，这些现代、卓越、果敢、神采各异的年轻女性逐一成为Dior熠熠生辉的形象大使。迪奥先生开创的时尚能让每位明星登上传奇的巅峰。22岁的詹妮弗·劳伦斯则身着Dior粉色丝缎花冠形状收腰礼服登上了奥斯卡领奖台，凭借其在影片《乌云背后的幸福线》（Happiness Therapy）中的精湛演出，捧回了沉甸甸的奥斯卡小金人。全球报章为之赞美，这条清新华美的礼服裙蔚为云鬓霓裳中的焦点。

在品牌形象生态模型的基础上，笔者提出了品牌国际化形象的四维测量模型（如图7-9所示）。在此模型中，品牌国际化形象由广度（业务国际化范围与品牌架构）、深度（特定市场各阶段的静态指标）、文化和时间四个维度构成，共有11个一级指标和数十个二级指标给四维度进行赋值，如表 7-1 所示。

表 7-1　品牌国际化形象的四维测量模型所含一级与二级指标

维度	一级指标	二级指标
广度	涉及地域范围	涉及国家数、涉及地区数
	涉及地域层次	欧美主流市场、其他发达国家市场、发展中国家市场、欠发达国家市场
	品牌知名度	整体知名度、分区域知名度
	品牌架构	同类品牌、同层品牌、同级品牌
深度	品牌输出方式	产品出口、跨国投资、品牌授权输出
	跨国管理方式	市场绩效（海外销售额 / 总销售额、海外收入 / 总收入）
		组织结构（海外资产 / 总资产、海外子公司数 / 总子公司数、海外人员数 / 总员工数）
		资源分配比例（人事、生产、研发、融资）
		营销标准化程度（营销战略的标准化与营销策略的本土化）
		社会责任的本土化
	品牌绩效	品牌认知度、品牌（属性/利益）联想、品牌情感 品牌美誉度、品牌忠诚度、品牌溢价能力、品牌影响力 品牌治理：标准化程度、本土化调节程度 品牌活动接口、品牌发展平台、品牌合作者选择 各区域市场品牌形象的一致性
文化	文化距离	东道国与母国的文化差异
	心理距离	东道国消费者与品牌的心理距离
	文化交互影响	文化距离与心理距离的改变程度
时间	五年为一周期	初级发展阶段（出口贸易与OEM）、亚非拉阶段（投资与品牌渐进及并行）、欧美日中低端小众品牌市场阶段、全球化品牌阶段（欧美日中高端主流市场）

其中，一些指标与奢侈品品牌形象和品牌资产的构成息息相关，下文将详细说明，此处不再赘述。

7.1.2　奢侈品品牌形象的构建

奢侈品品牌形象的构建是其传递文化的重要组成部分。奢侈品品牌形象代表整体品牌的气质，植根于背后深厚的文化积淀。奢侈品品牌形象的构建要素包含了九大方面——品牌标志性、产品创新性、设计专有性、品牌传播、品牌溢价、独特性、环境和服务、历史传承性、文化开放性（如图 7-10 所示）。

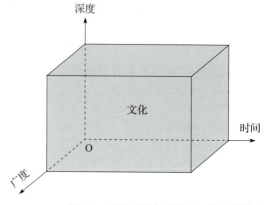

图 7-9　品牌国际化形象的四维测量模型

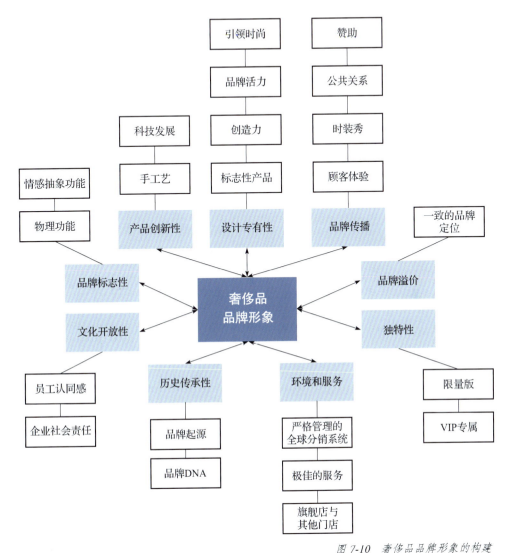

图 7-10　奢侈品品牌形象的构建

资料来源：Fionda A M & Moore C M. (2009). The anatomy of the luxury fashion brand. *Journal of Brand Management*, 16(5-6), 347-363.

1. 品牌标志性

与人类身份相似，品牌也被归类为具有某种身份。品牌识别与公司内部对品牌的自我认知相对应，这恰好决定了品牌应如何对外部目标群体构建品牌形象。与大众市场定位相比，品牌识别不是市场研究的结果，而是代表了公司的内在愿景和信念。一个奢侈品品牌并没有根据消费者调查来定义和不断调整自己，而是以身份为导向而自豪的，并且走向世界，与志同道合的个人建立联系。作为品牌识别的另一极，品牌形象与其目标群体对品牌的公众认知相对应，是其全球营销战略和其他消费者对品牌体验的结果。品牌识别的要素大致可分为两个主要部分：物理功能成分和情感抽象成分。

物理功能成分涵盖了以产品为载体的品牌联想，并且可以进一步衍生到附属的品牌特质和品牌效益。品牌属性包括品牌产品的功能特征。品牌属性意味着功能性和社会心理上的品牌优势，如 Louis Vuitton 手袋的耐用性，因为它的双缝合线，或者因为其突出的标识，显示出拥有者的地位。

情感抽象成分包含了品牌的非功能性特征，可以进一步细分为品牌调性和品牌符号。由于奢侈品品牌的非功能性联想在很大程度上与人的个性特征有关，因此品牌调性在很大程度上与品牌个性的概念相对应。在奢侈品领域中，没有其他产品类别具有类似的象征意义，往往超过了功能产品的利益，如 Louis Vuitton 被视为优雅、迷人、不易接近的。

2. 产品创新性

拥有一脉相承并能不断创新的高超手工艺，是奢侈品品牌的立足根本，也是重要的商业卖点。比如经典的 Hermès Birkin 手袋，它要由同一个工匠用一种祖传的、流水线和缝纫机完全做不出来的、名为"双骑马订"的针法，一针一针花费三天时间才能完成。如今随着时代的演变，奢侈品品牌也需要向高科技靠近，吸纳更多的潜在消费者。未来包括奢侈品的行业发展趋势不是一成不变的，而是在不断变化的。立足根本，传承经典，凝聚匠心，展望未来，奢侈品行业发展的故事永远未完待续。

对于拥有深厚历史底蕴的奢侈品品牌而言，创新是确保一个品牌在拥有了几十年甚至几百年的文化积淀后，能够继续在市场内保持活力的必要条件。随着科技的发展，机器在很大程度上代替了人力，大批量生产确保了产量，替代了效率低下的手工艺，但这些冰冷的机器同时也带走了经匠人之手、凝聚匠人心血的手工艺制品中的那丝温度。经过时代变迁，科技在不断渗入生活的方方面面，Hermès 和 Chanel 却几十年如一日，始终坚持手工制作，宣扬工匠精神。在通过温暖的精湛手工艺传承其品牌文化的同时，这些奢侈品品牌为顾客带来了结合美学与体验的产品与服务。

3. 设计专有性

奢侈品的设计更鲜明地体现出当代美学文化的核心。人类生来便具有审美性，故奢侈品的设计需要满足人们的审美需求。英国男装品牌 Hardy Amies 有这样一句品牌标语："任何体型的人都能穿得很漂亮……无论是肩形、胸形还是腰部，设计合身是最关键的。"因此，充分掌握产品外在的审美设计，带给人们一种愉悦的感觉，这都是设计师需要考虑到的因素。随着时代的进步，人们的思想随着时代的潮流不停地更新换代，普世的美学文化也在不停进步。贵族风、简约风、复古风，这些不同的风格在不同时代碰撞，在不同时代独领风骚，成为设计师需要关注的美学文化要素。奢侈品设计时要注重品牌与历史传统和当今潮流，制造出一种高贵而又符合当代流行风潮以及美学文化的奢侈品。

Burberry 全新"TB"印花的排列方式不仅制造了强烈的视觉冲击力，还满足了年轻消费者在信息洪流中对简化信息的需求。Burberry 全新的品牌形象还通过 Instagram、微信、Line 和 Kakao 等社交媒体账号和应用程序多平台限时发布。为了成功地瞄准富裕的千禧一代消费者，Burberry 使产品线多样化，并做出显著的风格变化，同时保留品牌的永恒美感。品牌重新推出的结果是惊人的，Burberry 将收入和营业收入翻了一番，并成功地将品牌定位为新型奢侈品品牌。

4. 品牌传播

品牌传播对奢侈品品牌而言是双刃剑：品牌传播虽然可以提高知名度，从而增加销售额，但过度地将品牌暴露给目标客户会使品牌形象稀释。因此，奢侈品品牌需要在保持品牌专营权的同时保证品牌的可见性，即让品牌能够被真正或潜在的顾客看到、听到、想到，从而将品牌植入这些人的记忆之中。

奢侈品公司常年通过一些品牌传播工具来传递品牌价值信息，如发布会、艺术秀、照片、慈善活动、公关活动、VIP 活动等。此外，奢侈品品牌还要能识别出那些会影响其他人意见的客户，于是品牌大使和品牌挚友的概念便应运而生，并随着时代推进和发展中国家市场的兴起，采用品牌大使的奢侈品品牌越来越多，人数也逐步增加。两者的区别是前者担任整个品牌的形象大使，后者只在某一产品系列或一次品牌活动中担任形象代表。绝大多数耳熟能详的奢侈品品牌（除 Hermès、Patek Philippe 等外）在中国市场都邀请了明星担当品牌大使或挚友，其中年轻明星占据了半壁江山（见表 7-2）。如 Dior 宣布女星杨颖成为其品牌大使时，微博转载便超过 70 万次，评论 4 万次，达到了 Dior 官方微博前所未有的热度。

表 7-2 曾担任奢侈品品牌大使/品牌挚友的华人明星

品牌	明星
Audemars Piguet	鹿晗
Bally	邓伦、唐嫣
Bottega Veneta	易烊千玺
Boucheron	周冬雨、林彦俊
Buccellati	章子怡
Bulgari	舒淇、刘嘉玲、吴亦凡、蔡依林
Burberry	吴亦凡、周冬雨、赵薇
Cartier	张震、鹿晗、马思纯、刘德华、倪妮
Chanel	周迅、刘雯、白百何、陈伟霆、刘诗诗、桂纶镁、林允、宋茜、胡歌
Chaumet	刘亦菲、张艺兴
Chopard	刘涛、王源、朱一龙
Damiani	宋茜
Dior	杨颖、黄轩、赵丽颖、王子文、黄景瑜、万宝宝、刘丽杰、佟莉莉、陈飞宇、刘亦菲、陈瑶、李静
Emporio Armani	胡歌、刘亦菲、郑恺、章子怡、金城武
Ermenegildo Zegna	陈伟霆、马伯骞、雷佳音、邓伦
Etro	靳东、刘涛、姚晨
Fendi	古力娜扎、许魏洲、王嘉尔
Givenchy	李宇春、蒋欣
Gucci	吴磊、鹿晗、李宇春、倪妮
Guerlain	杨紫琼、王子文、杨烁、秦岚、金晨
IWC Schaffhausen	张钧甯、周迅
Jaeger-LeCoultre	井柏然、倪妮、赵薇、姜逸磊
Louis Vuitton	吴亦凡、范冰冰
Montblanc	杨洋、李冰冰、范冰冰、桂纶镁、郎朗、白敬亭、林丹
Omega	刘诗诗
Panerai	霍建华
Piaget	胡歌
Prada	蔡徐坤
Saint Laurent	黄子韬、杨洋
Tiffany	倪妮、许魏洲、赵又廷
Tod's	佟大为、江疏影、刘诗诗
Valentino	张艺兴

不过，非常重要的是，奢侈品品牌邀请明星成为品牌大使并不意味抓住了目标消费群体，更不是成功地打造奢侈品品牌形象的最佳方式。相反地，让明星代言奢侈品品牌往往是奢侈品公司急功近利的表现。事实上，一些年轻明星不符合品牌原有的气质，这对奢侈品品牌形象的构建十分不利；若明星出现了丑闻或遇到个人"品牌"危机，还将对奢侈品品牌造成极其严重的负面影响。

5. 品牌溢价

奢侈品的成本占到整个价格的比例很小。人们购买奢侈品完全是为了满足他们社交或精神层面的自我实现等高层次需求。某种意义上说，奢侈品的高溢价不是因为产品本身，而是产品所富含的、能够带给消费者的情感。如 Patek Philippe 腕表的价值在于尊贵和世代的精神传承；Montblanc 钢笔体现的是高雅品位和上流社会气质；Harley Davidson 摩托的溢价之处在于其蕴含的挑战精神。

奢侈品品牌是为少数富裕的人群服务的，距离产生美。奢侈品品牌通过溢价不断地设置消费壁垒，拒大众消费者于千里之外，使认识品牌的人与实际拥有品牌的消费者在数量上形成巨大反差，这正是奢侈品品牌的魅力所在。奢侈品品牌就是"梦寐以求，少数拥有"。

6. 独特性

特别限量版的物品往往成为收藏家的藏品，并在过去几年中大幅增值。事实上，缺乏产品可用性并不会对其他主流品牌的奢侈品品牌产生负面影响。它对少数几家的有限供应使其对目标客户更具吸引力。如长时间的等候名单从未阻止 Hermès 的爱好者，他们经常会等待数年才有权购买一款稀有皮 Birkin 包。顶级豪华汽车品牌也通常采用了高价格、长等待时间的策略，从而打造其品牌形象。

7. 环境和服务

没有任何奢侈品品牌可以忽略支持其产品的服务元素。花在奢侈品上的费用意味着顾客对品牌提供高质量服务有着极高的预期。这也创造了顾客和品牌之间的关系。品牌忠诚度源于反复的积极体验。沟通不应该在出现问题时才发起。它应该在一切正确时发生，并且在与顾客的接触过程中有更多机会可以强化。

为了打造凝聚性的奢侈品形象，日益趋同的店面设计被采用，设计师使用大量的金色、银色、闪亮和光泽营造出优雅和洁净感，促使消费者走进店里时有一种瞬间提升地位，向奢侈品"朝圣"的感受。

8. 历史传承性

时间是理解奢侈品品牌形象的关键因素。对奢侈品品牌而言，时间维度的根本在于传承。品牌的历史证明了自身的实力以及生存的能力。在一个混乱无序的世界中，时间本身就是值得消费者信赖的证明。

品质的精髓在于持久。一个奢侈品通常可以使用很久，在某些情况下还可以传代。这是一些皮具、腕表和珠宝品牌的传播核心，如比利时顶级皮具品牌 Delvaux（1829 年）和法国顶级皮具品牌 Moynat（1846 年），这两者都比 Louis Vuitton（1854 年）创立的时间更早，Delvaux 甚至比 Hermès（1837 年）更早，被称为"一只可以用一生的包"；而 Moynat 自 2010 年被路威酩轩集团相中后，默默地在集团的保护伞下，担任小众、传承皮具的角色。重温一下 Patek Philippe 腕表经典的表述："没人能拥有它，只不过为下一代保管而已。"

9. 文化开放性

奢侈品品牌要加强不同文化间的交流，而不是闭门造车。对于文化多样性的培养是一个长期的课题，奢侈品品牌必须继续文化多样性这一重要对话，才能真正得到消费者的认同与喜爱。奢侈品品牌拥有顶级文化品牌价值，它们的产品拥有艺术性，创造并引领着流行和消费的趋势。顶级奢侈品品牌在一开始会创造一个较高的价值点，一旦树立了自己的品牌优势，它将长期占据并保有自己的优势。

在社会文化的转变来临之时，新的文化、消费和流行趋势将会形成。如果品牌并未积极针对这种趋势升级品牌，其品牌形象将会逐渐下降，直至消失。比如奢侈品手机品牌 Vertu，在移动互联网之前，它代表了高端、尊贵，而 iPhone 诞生后，其引领的智能、极简、时尚的风潮让 Vertu 措手不及，如今它的品牌形象和价值已经大大滑落。

7.2 奢侈品品牌传播及其创新

品牌传播是品牌战略的组成，也是高于营销的不二法则。品牌传播的最终目的就是要发挥创意的力量，利用各种有效发声点在市场上形成品牌声浪，如同乐队演奏一般，汇聚并整合多媒体、多渠道，以顺利实现品牌传播策略。

不仅对于奢侈品品牌，对任何品牌而言，企业都需要根据消费者审美的现状、变化或趋势来设计产品和品牌，经过生产工艺供应链、各种品牌传播方式影响顾客的消费选择，并且各个环节会相互影响（如图 7-11 所示）。只有在这些影响因素的共同作用下，消费者才会决定购买产品，品牌也才能成功。设计、生产工艺、供应链自不用再赘述，品牌传播是最关键的环节之一。

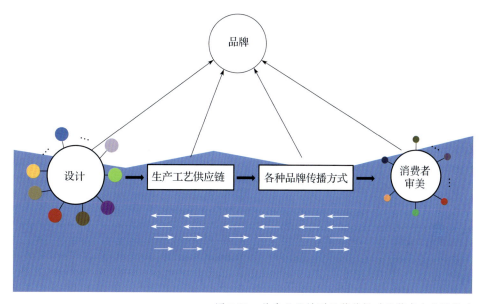

图 7-11　从产品设计到品牌传播对品牌产生重要影响

品牌传播接触点的不同组合或不同媒体对消费者的影响是不同的：报纸和广播可以最大程度地引导反馈，网络搜索可以增加访问量，视频有助于认知品牌……企业需要根据品牌定位将各种品牌信息加载在不同传播平台上，从而最大化地触及潜在消费者。

7.2.1　奢侈品品牌传播方式的独特性

品牌传播的类型通常可以根据品牌等级进行划分：大众品牌传播、中/高端品牌传播以及奢侈品品牌传播。每一级别品牌的特殊性、不同的市场层次侧重于不同的传播方式。在大众市场中，媒体广告是最主要的方式，随着品牌等级上升，广告所起到的作用越来越少；而对于奢侈品公司来说，广告已经成为非常次要的传播方式，成品系列发布、艺术秀、品牌大使、慈善活动、公关活动等才是首要之选，如图 7-12 所示。

奢侈品品牌与大众品牌传播的区别在于：大众品牌需要通过迎合消费者的需求与品位来进行品牌传播，而奢侈品则是引领消费的热点与时尚的潮流。19 世纪英国经济学家沃尔特·巴杰特（Walter Bagehot）曾说过："对于文人雅士来说，在日常生活中，细微而无意识的奢侈是不可或缺的；它就像宜人气候的一阵和风，能给人带来持久的愉悦。"奢侈品的传播是以一种"润物细无声"的方式，让人们渐渐将品牌文化融入生活的。

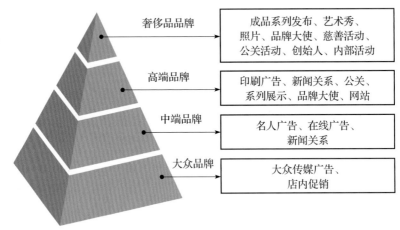

图 7-12　不同等级的品牌传播类型对比

奢侈品品牌的传播对象主要集中在高端消费人群与社会精英。为了保持奢侈品的独特性，奢侈品品牌传播应该限定在合适的范围，如果品牌曝光率过高，则会降低奢侈品自身的价值。低调的奢华远比大肆宣传更适合奢侈品，"犹抱琵琶半遮面"的效果表达了非凡的价值，这正是奢侈品消费者所追求的。

奢侈品品牌的传播内容一般以更高层面的品牌文化为主。高价位、高品质、高品位是奢侈品本身的特点，故奢侈品品牌传播的重点不应限于产品本身，提高消费者对品牌忠诚度的关键是品牌文化。随着越发激烈的市场竞争以及顾客消费心理的成熟，人们开始更加关注品牌背后的历史、文化与故事，寻求一种独特的、通往内心的深层探索。奢侈品品牌传播，通过对品牌价值观、品牌文化、历史传承以及品牌故事的传播，能够深入人心，以情动人，满足消费者的预期，帮助消费者认识自我、发现自我。

7.2.2　品牌活动传播

一般地，奢侈品公司非常重视在新品发布、品牌门店开业的过程中进行品牌传播，开业活动、时装秀、邀请明星互动、鸡尾酒会等是绝好的传播平台。场地的选择极其考究，只有顶级商场、高雅街区的艺术宫、博物馆、旗舰店或精品店等才是奢侈品公司心仪的场所。

例如，Hermès、Salvatore Ferragamo 和 Damiani 在专卖店举行发布会、开幕剪彩或鸡尾酒会，现场往往还会展示传播品牌文化和精湛的手工艺（如图 7-13～图 7-15 所示）；Louis Vuitton、Prada、Dior 让顶级购物中心成为它们的秀场（如图 7-16 所示）；Aston Martin 开设创意讲堂，Gaggenau 举办世界侍酒师大赛，不仅将时尚文化和葡萄酒知识带给消费者，也让奢侈品品牌进一步树立优雅高端的形象（如图 7-17、图 7-18 所示）。

图 7-13 Hermès 成都远洋太古里专卖店开业剪彩

图 7-14 Salvatore Ferragamo 上海尚嘉中心女童鞋履系列新品发布会

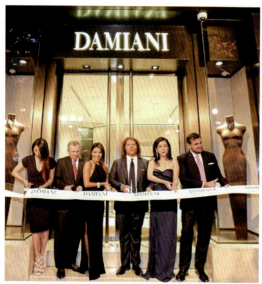

图 7-15 Damiani 新品发布会

图 7-16 Prada 眼镜新品预览活动

图 7-17 Aston Martin 开设创意讲堂

图 7-18 Gaggenau 世界侍酒师大赛

当奢侈品品牌的高级定制发布时，全世界时尚达人都会关注，公众的热情甚至不亚于四大时装周。因此，发布会往往在符合发布会主题、品牌文化、国家文化的经典场所举办。如 Chanel 大多数高级定制秀场选择在巴黎大皇宫（见图 7-19）；2008 早秋手工工坊系列秀，Chanel 选择在伦敦菲利普斯拍卖行总部；2009 早秋手工工坊系列秀，

图 7-19 Chanel 大多数高级定制秀场地：巴黎大皇宫

选择在巴黎朗尼拉剧院；2009早春度假系列秀在塞纳河的奢华游轮上举办；2010早春度假系列秀移至威尼斯丽都（Lido）海滩搭建了豪华发布会，这里曾是嘉柏丽尔·香奈儿经常去的地方，是她最爱的度假胜地（见图7-20）……

图7-20　Chanel也在菲利普斯拍卖行总部、朗尼拉剧院、塞纳河奢华游轮、威尼斯丽都海滩举办发布会（从左至右）

当然，Chanel选择在大型超市发布2014秋冬高级定制是极为罕见的例子，如图7-21所示。

7.2.3　时尚杂志与新媒体传播

奢侈品与物质和感官上的愉悦紧密相连，起初这种联系遭到排斥，但后来如同当代广告业展示的那样，逐渐成了"真、善、美"的代名词。奢侈品通过艺术化图像的"催眠"、神话思维式的内在逻辑和消费社会的符号化现实传播了品牌的极致魅力，强化了潜在消费者的欲求向往，从而产生可能的消费行为和品牌的偏好。与此同时，高端时尚杂志和新媒体纷纷涌现，成为奢侈品品牌视觉传播的经典文本。奢侈品品牌的塑造与其纯熟的视觉传播艺术密不可分，时尚杂志运用丰富的视觉传播手段让奢侈品与艺术品的界限变得模糊，通过视觉文化的心理暗示让消费者成为品牌的忠实拥趸。

图 7-21　2014 年巴黎时装周 Chanel 秋冬高级定制秀

《时尚服饰与美容》(*Vogue*)、《尚流》(*Tatler*)、《时尚芭莎》(*BAZAAR*)、《世界时装之苑》(*ELLE*)、《嘉人》(*Marie Claire*)、《时尚》(*Cosmopolitan*)、《望》(*Noblesse*)、《华丽志》(*Luxe. Co*)等成为专为奢侈品品牌进行传播的杂志和数字媒体（如图 7-22 所示）。

这些杂志与数字媒体通过系列广告图片或者戏仿文学名著的手法来描述故事情节，在情境的营造中，影像元素、戏剧手法、舞台布景方式被大量运用。在时尚杂志和新媒体传播中，奢侈品品牌的"象征性社会附加值"和"体验性心理附加值"成为传播的诉求点，而产品自身的"功能性价值"被极大地弱化或掩盖。

7.2.4　影视传播

奢侈品品牌传播的另一个重要途径是通过电影或电视机屏幕向观众传达。影视传播的目的并不是为了宣传某款新产品，而是通过一部全球热映的电影或电视剧来达到提升品牌形象的目的。仔细留意可以发现，如今奢侈品品牌在影视剧（尤其是电影）中出现的频率越来越高。奢侈品品牌与电影的密切合作由来已久，如奥黛丽·赫本在

《蒂芙尼的早餐》中穿着 Givenchy 小黑裙，凯瑟琳·德纳芙（Catherine Deneuve）在《白日美人》中脚踏 Roger Vivier 方扣鞋，肖恩·康纳利（Sean Connery）在 007 系列中的超级座驾 Aston Martin 等，电影让这些品牌伴随这些不朽的经典成为永恒。

图 7-22　奢侈品杂志与数字媒体

图 7-23　（从左至右）经典的影视品牌形象：Givenchy 小黑裙、Roger Vivier 方扣鞋和邦德特工的 Aston Martin

奢侈品公司也会用电影的形式阐述品牌成长，与创始人传记结合，既有剧情，也包含了艺术创造力，以引领时尚潮流并传播品牌形象。

1.《时尚先锋香奈儿》(Coco Avant Chanel)

法国女星奥黛丽·塔图（Audrey Tautou）亲身演绎了嘉柏丽尔·香奈儿的成名之路，尤其是她从少女时期直至在时装界初露锋芒时的遭遇。与其说这是一部时尚片，不如说是剧情片、传记片和品牌宣传影片（见图7-24）。

图7-24　奥黛丽·塔图主演的电影《时尚先锋香奈儿》

一个被父亲抛弃、在孤儿院长大的少女为了生计在酒吧表演，因为爱上了军官、结识了上流阶级，一路从针织女工到经营帽子商店再到创办设计工作室。在嘉柏丽尔·香奈儿的人生中，爱情和事业永远不可分割，她一生中情人不断，但却始终未嫁，专注设计造就了如今的时尚经典。影片把那个时代女性革新的标志传递给观众：她最酷的地方不在于穿西装剪短发，而是她始终崇尚爱情，但绝不依附爱情，将自己的价值托付他人，始终拥有自由和独立，正如Chanel那样。

2.《伊夫圣罗兰传》(Yves Saint Laurent)

如果说Chanel带给女性的是自由，那么Saint Laurent则带给了女性力量。这份力量，就源自于22岁就执掌人生第一场大秀的设计师伊夫·圣罗兰，一个敏感、脆弱、叛逆，但同时也感性细腻，像个孩子一样的男生。伊夫·圣罗兰的标签很多，有"与卡尔·拉格斐齐名的天才设计师""克里斯汀·迪奥先生的继承人"和"同性恋人"。

《伊夫·圣罗兰传》是一部讲述伊夫·圣罗兰感情史的文艺片，电影中他卸下世人眼中的星耀光芒，陷入与另一半的爱恨纠葛，会亲吻吵架，甚至自暴自弃，展现出了一个活生生的、有血有肉的人（见图 7-25）。他性格的多面性、人生的起伏跌宕并没有影响到他的设计。

图 7-25 《伊夫圣罗兰传》的电影海报

Saint Laurent 通过这部电影向观众展示的是服装拥有创造性和想象力的艺术。伊夫·圣罗兰设计透视装、创造吸烟装，推出很多系列将绘画艺术和服装艺术融为一体。在 20 世纪 60～70 年代，伊夫·圣罗兰的每一场时装秀都给这个世界带来了惊喜。

3.《蒂芙尼的早餐》(Breakfast at Tiffany's)

《蒂芙尼的早餐》改编自美国作家杜鲁门·贾西亚·卡波特（Truman Garcia

Capote）1950 年出版的同名小说，讲述了农家少女一心想过上上流社会的生活，经历了种种变故，最终在平凡生活中找到幸福的故事（见图 7-26）。

《蒂芙尼的早餐》主人公霍莉塑造得丰满而又成功。Tiffany 象征追求上流社会生活的美好愿望，也反衬了爱情的重要性，升华了爱情主题。电影的种种细节暗示女主人公性格中的高傲而现实、孤独又冷静、柔弱又坚强的双面性。成功的形象塑造不仅使 Tiffany 成为爱情的象征，奥黛丽·赫本所穿的 Givenchy 小黑裙也成了永恒的经典。

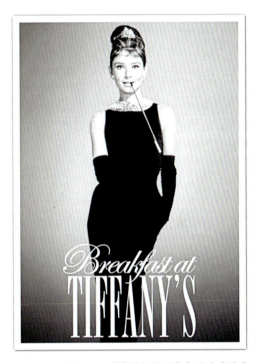

图 7-26 《蒂芙尼的早餐》的电影海报

4.《穿普拉达的女王》（*The Devil Wears Prada*）

影片《穿普拉达的女王》是根据劳伦·魏丝伯格（Lauren Weisberger）的同名小说改编（见图 7-27）。影片讲述一个刚离开校门的女大学生，进入一家顶级时尚杂志社当主编助理的故事，她从初入职场的迷惑到从自身出发寻找问题的根源，最后成为一个出色的职场与时尚的达人。影片不仅传播了 Prada 品牌无穷的魅力，更上升到社会的高度，体现了白领阶层所关心的话题，如初次择业、职场奋斗、事业与家庭、个人形象提升，甚至连减肥都可以在影片中找到相应的情节。

每个年轻人、每个女性观众都能从影片中找到自己的影子，找到自己老板的影子，在时尚圈人士和年轻女性白领中产生强烈共鸣，被奉为"办公室生存宝典"，成为都市白领与各色老板相处的热门话题。影片中大量时尚潮流元素也为女性在办公室这个大竞技场中争奇斗妍提供了相当多的借鉴，成为一部引领风潮的影片。轻松幽默的影片基调、积极向上的人生态度以及精致的影片质量使之成为同类型影片中的佼佼者。

图 7-27 《穿普拉达的女王》的电影海报

5.《迪奥与我》(Dior and I)

自 1946 年 Dior 成立以来，无论是高级定制，还是皮具、香水，Dior 的血液里都自带着来自法国女人的高贵和优雅。《迪奥与我》作为一部时尚纪录片，让观众直接走进设计师的办公室（见图 7-28）。

图 7-28 影片《迪奥与我》中的时装秀片段

这部影片记录了 Dior 第六代首席设计师拉夫·西蒙斯（Raf Simons）入主 Dior 后推出第一季高级定制时装的全过程，展现了真正的时尚从业者们对待时装设计和织造的热忱，传递了 Dior 追求完美和优雅的价值观，是对高级时装屋的完美致敬。

6.《华伦天奴：末代帝王》(*Valentino：The Last Emperor*)

Valentino 的创始人华伦天奴·格拉瓦尼（Valentino Garavani）在自己的 45 周年聚会上，在身穿 Valentino 标志红裙的舞者们和无数名流的簇拥下，吊着威亚游弋于古罗马斗兽场的上空。那个令人震撼的影片场面，让观影人感受到华伦天奴·格拉瓦尼在时尚界的地位（见图 7-29）。

图 7-29 《华伦天奴：末代帝王》的电影海报

这部影片是对 Valentino 的献礼，长达两年的拍摄期，从 270 分钟的视频中剪辑出了这部描述华伦天奴·格拉瓦尼一生的纪录片。这部纪录片里除了华伦天奴·格拉瓦尼，Chanel 和 Fendi 首席设计师、Karl Largefeld 品牌创始人卡尔·拉格斐，Giorgio Armani 品牌创始人乔治·阿玛尼，《时尚服饰与美容》杂志美国版主编安娜·温图尔（Anna Wintour），美国顶级时尚品牌 DVF 创始人黛安·冯·弗斯滕伯格（Diane von Fürstenberg），曾任 Gucci、Saint Laurent 创意总监、Chloé 设计师和 Tom Ford 创始人的汤姆·福特等名人悉数登场，却在这部影片中甘当配角。

7.2.5 艺术跨界传播

与一般品牌不同的是，奢侈品公司会与艺术跨界结合，融入文化、美术、古物、当代艺术，通过建立博物馆、设立基金会的方式传播品牌。奢侈品的艺术之美与奢侈品品牌的审美价值决定了它们不是纯粹的商业世界的产物。博物馆和基金会代表了人类文明的精华和公序良俗的标杆，那些具有悠久历史和深厚底蕴的奢侈品品牌也从拜物教的贬义崇拜引申为"呕心沥血制成的有形之物的品质"，甚至是一个时代的生活方式。博物馆慢慢开始包容奢侈品品牌成为其展品，奢侈品公司也将博物馆视为重要的品牌传播方式之一，人们也越来越认同奢侈品公司通过建立基金会传递文化与价值观。

1. 通过博物馆传播

众多奢侈品公司已经在全球各地的重要博物馆举行过展览，它们不仅借助博物馆展览为自己打上文化遗产的印记，还耗费巨资建立藏品档案，雇用专业策展人设计店铺陈列，将文博艺术机构纳入合作伙伴，与博物馆共享 VIP 客户资源。仅以中国为例，Louis Vuitton "时空艺术之旅"，Chanel "文化 Chanel：法国设计先锋与艺术大师们的对话"，Bulgari "125 年意大利经典设计艺术展"，Hermès "骓本溯源"文化展先后在中国国家博物馆、上海震旦博物馆、上海当代艺术馆和上海爱马仕之家开展。

（1）Louis Vuitton

Louis Vuitton 是第一个进入中国国家博物馆举办展览并进行传播的奢侈品品牌。2011 年 5 月 30 日，Louis Vuitton 在中国国家博物馆内举办了名为"时空艺术之旅"的艺术展。为了庆祝 Louis Vuitton 进入中国第 20 年，该公司特别挑选了自 1854 年品牌建立 157 年内近 200 件原创精品，包括影响旅行历史的代表性原创与体现艺术情感的各种设计，也包含一系列承载了品牌历史与文化的珍贵文献手稿与名人物件（见图 7-30）。

在这次艺术展上，Louis Vuitton 与中国艺术家展望合作，首次发表了艺术作品"我的宇宙——初始"，呈现了品牌发展长河中的经典时刻，体现出艺术设计大师们与 Louis Vuitton 的互动与对话。

图 7-30 Louis Vuitton "时空艺术之旅" 艺术展

（2）Chanel

2011年11月，Chanel在中国美术馆的展览由当代艺术界知名策展人尚-路易·弗蒙（Jean-Louis Froment）精心策划出演。四百多件展品从世界各地汇集在一起，包括油画、素描、照片、影像短片、雕塑、手稿以及时装设计、香水珠宝等。这些珍贵展品有些来自私家珍藏，有些来源于世界各地的国家级博物馆。通过这些展品可以清晰地了解Chanel从开创到传承，从创始人嘉柏丽尔·香奈儿女士到卡尔·拉格斐，再到现任创意总监维吉妮·维雅（Virginie Viard），传播的是Chanel品牌文化继往开来，生生不息（见图7-31）。

图 7-31 文化 Chanel 艺术展：法国设计先锋与艺术大师们的对话

嘉柏丽尔·香奈儿说过："我要走在时代最前端。"正是这种态度使得她所有的作品展现出一种超然于当下时尚的风格，一种闻所未闻、见所未见的现代风格。Chanel独有的一些元素和符号使它成为独一无二的奢侈品品牌，通过文化艺术展，Chanel传播并解读了这些元素和符号的丰富内涵。

（3）Bulgari

2012年2月，Bulgari选择在上海震旦博物馆举办"125年意大利经典设计艺术展"。选择上海的原因不仅是上海的现代时尚气息与Bulgari不断以现代的设计理念诠释经典的风格相得益彰，更是希望通过博物馆传播促进意大利设计艺术与中国当代艺术的交流。精心甄选的每一件展品都代表了Bulgari自1884年品牌创立之初至2012年每一个重要历史时期的设计风格和特色，堪称意大利文化艺术以及珠宝设计领域中的不朽杰作。而能够集结多达600件的杰出作品在中国展出，则树立了迄今为止在中国举办的艺术珍品展览的新标杆与新高度（见图7-32）。

图7-32　Bulgari "125年意大利经典设计艺术展"

Bulgari艺术展按时间顺序依次分成七个部分，珠宝、腕表与艺术品杰作讲述了Bulgari从希腊银匠索帝里欧·宝格丽（Sotirio Bulgari）开创品牌起的传奇故事。索帝里欧·宝格丽早期硕果仅存的银器典范之作也在艺术展中呈现，它们由内而外流露经典的不朽，充分演绎了土耳其和拜占庭式风格（见图7-33）。

令人惊喜的是，Bulgari在此次艺术展中特别呈献了一份惊世之作——好莱坞传奇影星伊丽莎白·泰勒私人珍藏的数件Bulgari珠宝。这些传世之作是宝格丽家族2011

年12月于伊丽莎白·泰勒生前收藏的珠宝拍卖会上购得，首次亮相于中国内地。在专设的伊丽莎白·泰勒珠宝展厅，观众将能够目睹这位传奇艳后与Bulgari的不解之缘。

图7-33 索帝里欧·宝格丽早期的银书皮、银盒和银盘

（4）Hermès

2017年10月，爱马仕在上海爱马仕之家举办了"爱马仕精神"文化展——骓本溯源（如图7-34所示）。

图7-34 2017上海爱马仕之家"骓本溯源"文化展

展览以"华丽的缰辔""骏马与盛装""马鞍""环扣系列""皮革与皮带"五大主题划分，通过来自蒂埃里·爱马仕之子查尔斯-埃米尔·爱马仕（Charles-Emile Hermès）的私人藏品系列、爱马仕档案馆系列、Hermès收藏系列的珍贵藏品传播了

爱马仕集团文化深处的坚定信念。文化展上展出的马笼头，阿尔弗雷德·德·德勒的画作 Duc attelé、groom à l'attente，2014 年款华丽的缂毯项链和 Hermès 皮带，每一份设计都令人印象深刻（见图 7-35）。

图 7-35　马笼头、画作 Duc attelé, groom à l'attente、缂毯项链和 Hermès 皮带

除此以外，地处内陆的成都也因其强大的奢侈品消费能力，吸引了 Cartier 在四川博物院举办"艺境天工——中西方珍宝艺术展"。

2. 通过设立基金会传播

Cartier、Prada、Louis Vuitton 和 Gucci 都设立了自己的基金会，不仅可以通过这种方式呼吁世界保护文化遗产、重视宝贵技艺和知识，同时也是传播品牌形象最好的方式之一。

（1）Cartier

20 世纪 70 年代，时任卡地亚国际公司总裁的阿兰·多米尼克·贝兰（Alain Dominique Perrin）以其敏锐的洞察力，预见到现代艺术将成为传达当代社会心声的一个重要途径，由此产生了赞助现代艺术发展的念头。当时，整个法国乃至欧洲都从未有过类似先例，办理有关手续困难重重。"卡地亚当代艺术基金会"（Cartier Foundation）最终在 1984 年成立，致力于在全球范围寻找原创性当代艺术作品，资助现代艺术家的创作、交流与展示，以此彰显卡地亚的创新精神和对艺术的执着追求。

从 1994 年起，卡地亚当代艺术基金会从凡尔赛宫附近搬至巴黎市中心，其整体建筑由建筑师让·努维尔（Jean Nouvel）设计。建筑虽然离城市中心的热闹街道很近，但与围绕它的公园的完美交融，使得它像一片位于城市中心的绿洲。建筑的玻璃结构由许多窗户和镜子组成，这种结构可以反射出布置在室内的艺术品，也能反射室外的天空。随着时间、气候和天空的变化,玻璃结构也会改变其色调。室内外的交流和平衡关系,使得基金会被称作"镜子之宫廷"(见图 7-36)。

图 7-36　卡地亚当代艺术基金会建筑

卡地亚当代艺术基金会的展览涵盖当代艺术的所有领域,涉及设计、摄影、绘画、影像、时尚和表演。基金会由此彰显了其在当代艺术上的造诣与立场,严谨有度,同时兼容并包,力求使当代艺术更加开放和普及化。从 1984 年成立起,基金会就开始支持艺术家的创作,到现在已经有许多艺术家参与。基金会也特别重视中国当代艺术家,除了与蔡国强的合作项目外,还为岳敏君举行大规模回顾展。收藏艺术品也是卡地亚当代艺术基金会的主要任务。最初基金会的藏品只局限于健在的艺术家的作品,以此反映当下社会和艺术界的不同方面。如今,卡地亚当代艺术基金会已收藏上千件作品,出自四十多个国家的三百多位艺术家之手。

(2) Prada

普拉达艺术基金会(Fondation Prada)由缪西娅·普拉达创立于 1993 年,最初选址文艺复兴时代的繁华水城威尼斯。这个时尚界公认的女文青通过这个项目为当代艺术、建筑、电影和哲学打造了一个完美的平台。普拉达艺术基金会是一个十足开放灵活的结构,策展人、作家、电影导演和思想家等都受邀参与到新项目的阐释和创作中去。

普拉达艺术基金会的米兰新馆于2015年米兰世博会期间对外开放。在此之前,普拉达艺术基金会在威尼斯有一个老馆(见图7-37)。2015年春夏,这两个场馆举办了主题紧密相关的古代艺术展,均由艺术家塞尔瓦托·塞提斯(Salvatore Settis)进行策划设计。用缪西娅·普拉达的话来说:要将这个时代最深奥和发人深省的艺术项目呈现在世人面前。

图7-37 普拉达艺术基金会威尼斯馆(左)和米兰新馆(右)

基金会的米兰新馆由大都会建筑事务所(OMA)负责构思设计,由总建筑师雷姆·库哈斯(Rem Koolhaas)领衔。这个项目拓展了建筑空间类型,使得艺术不仅可以陈列展出,还能与公众共享。米兰新馆是在20世纪初原酿酒厂基础上改造而成的。该酿酒厂位于米兰南部的拉哥伊萨尔科,总建筑面积为19 000平方米,其中11 000平方米用于展览。

(3)Louis Vuitton

由路威酩轩集团董事长贝尔纳·阿尔诺创立的路易威登基金会(Fondation Louis Vuitton)于2014年10月向公众开放。基金会大楼坐落于巴黎布洛涅森林公园北部,形似一朵玻璃云(如图7-38所示)。整座建筑占地11 000平方米,包括7 000平方米的公共场地。它由美国著名建筑师法兰克·盖瑞(Frank Gehry)设计。

图 7-38　路易威登艺术基金会建筑外观

建筑材料的选择表达了盖瑞对于透光的理念：一个玻璃壳体，覆盖了建筑的主体部分；壳体也是多个玻璃块的集合，称为"冰山"。盖瑞说过："我们希望建筑物随时光流逝和光的变幻而演变，从而创造出一种转瞬即逝、变化不定的印象。"这个挑战的成功，使这座建筑成为 21 世纪标志性建筑成就之一。

充满激情的艺术爱好者和严肃谨慎的艺术品收藏家贝尔纳·阿尔诺设立了基金会宗旨：鼓励和推动法国及世界的当代艺术创作，因此设立了 11 个画廊，用于展示各种收藏品、艺术家捐献品和每年两次的临时特展。馆内展品来自世界各地的艺术家——既有不知名的年轻艺术家，也有蜚声国际的名家大腕，展品的规模和艺术媒介也是丰富多样，唯一的共同点是，它们均创作于 20 世纪至 21 世纪期间。

（4）Gucci

2011 年，为庆祝 Gucci 成立 90 周年，古驰博物馆在佛罗伦萨正式开幕（如图 7-39 所示）。这座建筑可以追溯到 1337 年，至今仍是佛罗伦萨艺术和精湛工艺的象征。为了既体现 Gucci 的特质，又充分尊重这栋豪华宫殿的历史风貌，Gucci 对其进行了细致的内部修复，极具现代感的线条应用和极简的当代色调与建筑的原始特色——如拱形天花板、古老的石雕和壁画——无缝融合在一起。

图 7-39　古驰博物馆建筑外观

博物馆占地 1 715 平方米，共计三层，根据 Gucci 的各项经典标识和品牌特征划分成不同的主题空间。底层和上两层的展品面向公众，地下室存放着 Gucci 的经典收藏。当代艺术空间位于一楼，不定期展示当代艺术家的杰出作品。位于二楼的"Logomania"藏品常年展区，呈现了双 G 字母组合的演变历程，追溯了其历史故事。

旅行是古驰博物馆的主题，在博物馆，包括各种尺寸的旅行箱包和为 20 世纪 50～70 年代欧洲精英客人定制的物品在此展示。

7.3　奢侈品公司危机管理

任何一个品牌在发展过程中，即使是运营十分谨慎的奢侈品公司，也会遭遇对品牌声誉、产品销售和公司业务产生潜在或实际威胁的事件，这类事件便称为品牌危机（brand crisis）。危机负面报道将导致销售下滑、内部人员流失、供应链受阻等严重的后果。品牌作为企业的一项无形资产，如何不让危机波及企业的品牌？这就涉及危机中的品牌危机管理，即在发生危机时，公司对品牌进行及时、有效的管理，让品牌资产保值、增值。

7.3.1 危机的形成与类型

所有品牌危机都是从一个事件（issue）开始的。一般而言，事件的威胁强度和感知程度较低，会对公司及品牌造成潜在威胁，但消息传播往往局限于公司管理层和有限的利益相关者。但很快，如果不进行及时处理，事件将演变成风险（risk），此时的威胁强度和感知程度明显提高，消息已被内部和外部的一些利益相关者得知，对声誉及品牌的危害可能被公众逐渐了解，存在明显的潜在后果。若再不加以及时、快速的解决，风险将变为危机，威胁强度和感知程度达到最大，给品牌和公司带来的负面影响也最大。

危机的强度通常与以下因素密切相关：媒体报道的程度，政府或政治关注度，客户、消费者反应或兴趣，以及公众反应或兴趣。

对于奢侈品公司而言，其品牌已积攒了良好的品牌声誉，在消费者之中赢得了良好的口碑，但这并不代表奢侈品品牌就没有危机。相反地，奢侈品和其他任何产品一样都存在品牌危机，并且，由于其特殊性，奢侈品品牌危机往往集中于赝品危机、质量与服务危机、品牌代表人物危机、原产地危机和品牌衰落危机。

1. 赝品危机

奢侈品高昂的价格使很多消费者望而却步，这让奢侈品往往成为仿冒者青睐的对象。赝品（包括俗称的"A 货""高仿"等）的价格可能只有正品的 10% 甚至更少。Hermès、Louis Vuitton、Gucci、Valentino 都出现过赝品危机。

进入电商时代后，在线交易越来越普及，赝品商更不会放过这一售卖渠道。淘宝曾被诟病为假货的天堂，eBay 也曾因网站上出售仿冒奢侈品而被重罚 3 860 万欧元。奢侈品的仿冒产品如果过多，势必会对其产品销售造成不小影响，危及品牌声誉。

2. 质量与服务危机

奢侈品作为一种高端消费品，产品质量、服务质量一旦出现瑕疵，就会造成消费者的极度不满，远超普通品牌质量问题的严重程度。如果不妥善解决，往往会演变为一场品牌危机。

以 Benz 为例。2019 年 2 月 25 日，西安投诉人某女士与西安利之星汽车有限公司签订了分期付款购买全新进口 Benz CLS300 购车合同；3 月 27 日，提车后因认为发动机存在问题，与利之星 4S 店自行协商退换车辆未果。此后，她多次与 4S 店沟通解决，却被告知无法退款也不能换车，只能按照"汽车三包政策"更换发动机，该女子被逼无奈，到店里维权。

2019 年 4 月 9 日，投诉人到利之星 4S 店继续和店方协商，当晚要求利之星 4S 店签订退车退款书面协议；4 月 11 日，"奔驰女车主哭诉维权"的视频在网络上流传后，迅速引发舆论关注；4 月 13 日，Benz 官方声明表示，已派专门工作小组前往西安，将尽快与客户直接沟通；4 月 15 日，最高人民法院司法案例研究院官微曝出一则消息：二审判决杭州中升之星奔驰"退一赔三"，赔偿车主 270 万元；4 月 16 日，西安市场监管部门成立专案组调查，同时税务机关也进入现场，对所有收据进行核实。当晚，据西安市市场监督管理局消息，这位哭诉维权的西安奔驰女车主和西安利之星汽车有限公司达成换车、补偿的和解协议。

3. 品牌代表人物危机

品牌代表人物包括公司高层管理者（如设计总监）和品牌大使等。

设计总监几乎是品牌的化身，他的一举一动反映了品牌风格与公司形象，稍有不慎便会带来巨大损失。

如著名的约翰·加利亚诺（John Galliano）反犹太言论事件。2011 年 2 月，时任 Dior 创意总监的约翰·加利亚诺因醉酒闹事及歧视犹太人言语被拘留，品牌随即对外宣布暂停其职务，时任 Dior 首席执行官西德尼·托勒达诺（Sidney Toledano）随即发表简短声明称暂停将继续有效，直到警方出示调查结果。同年 3 月警方调查证实后，Dior 于媒体上公开表示，约翰·加利亚诺在录像中所持的言辞令人发指，品牌已宣布将其辞退。托勒达诺则在一份公告中表示 Dior 强烈反对约翰·加利亚诺所持的与品牌价值观背道而驰的言论。从 Dior 对此次危机的处理方式可以看出，品牌在必要时要及时发声，能对整个事件起到关键的推动作用，但必须真实向消费者表明品牌的态度。

对于品牌大使，如前所述，让明星成为奢侈品品牌的代表是把双刃剑。一些年轻明星不符合品牌原有的气质,一些明星深陷丑闻,这些都对奢侈品品牌造成极其严重的负面影响,如 Lancôme"何韵诗"事件。

2016 年 6 月,欧莱雅集团旗下化妆品品牌 Lancôme 邀请"港独"艺人何韵诗出席香港品牌推广活动,消息发布后立刻引起争议,网友纷纷表示抵制。此后的公关处理中,Lancôme 大玩"文字游戏",最终引发大量激进消费者在连卡佛商场的 Lancôme 专柜贴上抗议信和标语,扰攘近半小时后离开。

按常规,国际大品牌与艺人合作,都会对个人生活品德和政治立场做背景调查,会筛除不合适的人。Lancôme 之所以遭到中国网民的不满与抵制,与其在请艺人做推广活动之前未进行详细调查不无关系。此外,第一时间回应时应"全面考虑"网民的感受。Lancôme 初次发布渠道仅仅是内地受众较多的微博,而后迫于舆论压力在 Facebook 上发布繁体中文版和英文版声明,被香港地区网民质疑太过考虑内地网民的感受。再者,Lancôme 的三度声明中,皆被认为是在推卸责任,给外界一种极其明显的逃避态度。在应对舆情时,撇清关系的做法不可取,承认事实,往往比模棱两可的态度更能让网民感受到诚意,也更能有效平息众怒,抑制舆情扩大。

4. 原产地危机

近些年来,由于西方高昂的人力成本,一些奢侈品品牌决定把自己历史悠久的工厂搬迁到人力成本低廉的中国。然而,奢侈品品牌形象与原产地是紧密相连的,在消费者眼中,搬迁搬走的不仅是场地,还搬走了这个品牌的一切。

5. 品牌衰落危机

奢侈品凭其高昂的价格及奢华外表长期受到追捧、青睐,但往往随着设计总监的离职、时尚与轻奢品牌逐渐走强而面临严峻考验。

7.3.2 品牌危机处理

奢侈品品牌经过历史的洗礼,最终得到了消费者对其产品价值的普遍认可。但是,这并不代表奢侈品品牌就没有危机。在社交媒体时代,对难以避免品牌形象危机的时尚行业而言，为了安抚消费者情绪，品牌往往选择第一时间对负面新闻做出回应。危机发生时，如果处理得当，凭借奢侈品公司长久积累下的品牌声誉，危机不但不会对品牌声誉造成负面影响，还可以增加消费者对此品牌的信赖感。由此可见，正确应对危机对奢侈品品牌而言尤为重要。

1. 危机预防与处理的五大要素

如今，各种各样的品牌危机随时都有可能发生，尤其对于奢侈品品牌，只有不断强化危机管理意识、提升防范危机能力和建立危机处理机制，才是品牌顺利发展的有力保障。每个品牌经营者都有其内部的处理流程，但成功的处理原则始终包含以下五个关键要素。

（1）态度

处理危机事件，事实虽然重要，但态度才是关键。品牌在运营过程中犯下这样或那样的错误在所难免，关键是错误出现以后，品牌管理者以何种态度面对错误。

许多企业担心危机事件曝光后会毁掉自己苦心经营的品牌形象，采取隐瞒、掩盖、敷衍、"无可奉告"等愚蠢的做法，其结果只能是适得其反，雪上加霜。品牌管理者应该明白，在危机时刻，公众对企业的反应高度敏感，任何敷衍、傲慢、推卸责任的言行都可能激起公众的愤慨之情，使事态进一步恶化，而一个被消费者憎恶、抛弃的品牌将一文不值。几乎所有品牌危机处理失败的案例都存在着态度上的失误。

危机爆发后，品牌可能会"四面楚歌"，媒体曝光、公众质疑等纷至沓来。此时，品牌最明智的做法是，正视问题，以诚相待，采取积极主动的姿态，敢于公开真相，积极承认错误，勇于承担责任，并且"闻过即改"，做出相应的改进举措，争取赢得公众的谅解和同情。品牌不妨把危机公关进程对公众做出说明，并在实施过程中杜绝本末倒置、隔靴搔痒的现象，如实反映事情的真实本源并切实体现出品牌最真诚的一面，通过这些积极的努力来赢得消费者的谅解与信任。

上一节的"Lancôme事件"是一个很好的反例。虽然媒体、媒介建立起了与消费者直接对话的渠道，但互联网加快了信息的传播速度和影响范围，品牌难以控制舆论的发展方向，任何轻微的不正确举动都可能形成"话题"而迅速扩散。既然无法回避社交媒体的"双刃剑"效应，值得奢侈品品牌反思的问题是反对的声音背后，是消费者希望看到品牌如何行动，而不是玩弄文字游戏。

（2）速度

在如今信息爆炸的时代，传统媒体和新媒体相互影响，传播面迅速扩大，公民媒体和自媒体时代已经来临，关键意见领袖（key opinion leader，KOL）更会"推波助澜"，导致事件升级。因此，品牌危机演变速度之快和范围之广，早已严重压缩品牌的准备应对时间，并且很容易造成"事实法庭"与"舆论法庭"的严重背离。

在这种时代背景下，危机处理的难度是与危机处理的速度成反比的，速度越快，损失就越小。一般而言，危机发生后，企业应该在六小时内及时做出反应。当然，企业迅速正确的反应，必须建立在充分准备的基础上。

危机一旦爆发，品牌往往会成为公众和媒体关注的焦点，如果此时品牌反应迟钝，不能迅速查明真相并在第一时间给公众和媒体一个解释，就会造成两方面的恶果：一方面，会让公众感觉企业管理效率低下，不敢直面危机甚至逃避责任；另一方面，信息真空就有可能会被误解、猜测、流言所占据，使问题更加复杂。而且，时间上的失控会导致各种不测因素也随之增加，通常是屋漏偏逢连夜雨。

相反，如果品牌能在第一时间做出正确的反应，则会最快地表明姿态，化解公众的不满情绪，进而获得公众的理解和信任。另外，以最快的速度扼制危机，往往成本较低，效果也较理想。

（3）统一口径

危机发生后，奢侈品品牌应该明确由谁发表声明，并确定声明的内容。内部应确定一个发言人，让品牌统一口径、统一行动，以一个声音对外说话。品牌多个声音、多种口径对外，往往会失控、失序，甚至自相矛盾，加重公众的疑惑，使问题复杂化。

所有问题均在发生当天进行汇报。如发现任何对消费者、员工、公司声誉及业务可持续性产生潜在影响的问题，必须立即向直接主管及相关管理委员会成员汇报（如图7-40所示）。

发言人最好由公关部经理或负责复杂事件处理（complex event processing，CEP）的副总裁担任，这样能为企业留出回旋和调整观点的余地，除非大局已定或者情况非常严重，一般不主张作为企业最高领导的董事长或者首席执行官出面。

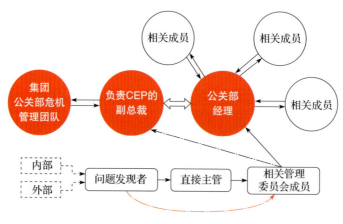

图 7-40　品牌危机处理汇报流程

（4）媒体媒介

社交媒体更多的是情绪的传染。最容易引发社交媒体持续关注的行业，除了食品健康类，即为奢侈品品牌，这是因为其消费者在很大程度上是为高附加的品牌形象价值买单。当这种远高于普通商品的价格未能得到同等的优质服务或产品回报时，消费者的负面情绪极易被点燃。于是，长期依赖于曝光度提升品牌形象的奢侈时尚品牌无可避免地成为关注的焦点。

在品牌危机事件发生后，建立畅通的信息传播渠道是解决危机的关键措施之一。危机发生使得品牌成为社会舆论与公众关注的焦点，社会公众迫切想知道危机的真相以及品牌处理危机的态度与措施；而且在信息不对称的情况下，社会公众极容易滋生误解、猜疑的情绪，从而加深危机对品牌的危害。在危机事件处理过程中，品牌只有建立畅通的信息传播渠道，才能澄清歪曲失实的流言，让公众了解事实真相。品牌可以通过各种信息渠道，如品牌网站、博客、网络社区、海报、告示等，发布品牌官方信息，并与报纸、电视台、新闻网站等媒体合作，建立起高效的大众信息传播渠道，加强与新闻媒介、社会公众、政府部门的沟通。特别要密切沟通新闻媒介，因为它们在引导社会舆论方面发挥着重大作用。实际上，很多品牌会犯这个错误，尤其是当媒体站在受害者的一方而态度对立时，而最终受伤害的只能是品牌自身。如果条件成熟的话，可以邀请消费者代表赴企业参观，尤其是那些忠实老顾客，让品牌自身实力说话，并通过他们之口影响到品牌无法控制的人际传播范围。

在新媒体时代，品牌（尤其是奢侈品品牌）必须懂得如下媒体互动的原则：

① 勿在社交类网站上对公司服务或产品进行负面的评论，或与其他人就有关工作职务相关事宜进行讨论。

② 勿对品牌公司竞争对手的产品或业务进行评论。

③ 与其在互联网上发表怨言，不如直接与同事或经理交谈以解决投诉或不满。

④ 勿使用公司的标识、商标、公司所在办公楼或产品的专有图形或图片。

⑤ 除非得到授权，切勿通过社交媒体对品牌公司的产品进行商业推广。

⑥ 除非得到授权，切勿在社交或职业社交网站以品牌公司或者品牌公司雇员的身份，或者以可能被识别、认定为品牌公司或者品牌公司的雇员之行为的方式，对公司的雇员或前雇员进行评论。

（5）权威机构

企业身陷危机之后，特别是"质量门"危机，第一反应都是想尽快澄清事实，还我清白。然而，自我辩解往往难以证明清白之身，有时还会越描越黑，引起公众的反感。任何危机事件当事人的自我辩解都有罔顾真相的嫌疑，包括利益相关者，如品牌大使、母公司集团等。真正能澄清事实的是权威机构的表态。权威机构以其自身的威信以及第三方的身份，足以消除公众的所有疑惑。这些权威机构有质量检测部门、主管机构、监管机构等，新闻发布会有权威机构的参与才最有说服力。

对一部分品牌来说，即使无法得到权威机构的声音，也可以配合权威机构的调查，撤回问题产品，这样比起徒劳的自证清白更能取信于人。

2. 危机管理的主要对策

作为奢侈品品牌，与大众化品牌相比，更要有完整的危机管理机制。把潜在危机消灭在萌芽状态，把必然发生的危机损失减少到最小的程度，是考验这套机制是否完善的试金石。虽然危机具有偶然性，但是危机管理对策并不是无章可循。

（1）危机处理组织保障

首先，品牌危机处理必须要有相应的组织保障，如××危机领导小组、××危机工作部等，可根据实际情况而定。一般而言，危机处理机构由三大系统组成，即决策系统、信息系统和操作系统。

决策系统可由一名首席危机处理官和若干名危机处理官组成。首席危机处理官应该由品牌的高层管理者担任，一方面其对品牌有全面的了解，另一方面有决策的权威，最好是由品牌领袖直接担任。危机处理官应经过一定的危机处理培训，具有在高度压力和信息不充分的条件下做出科学决策的能力。

信息系统包括信息收集和整理等方面，应专门配备训练有素的信息收集人员，广泛收集各种信息情报，尤其是意见领袖们的看法，也包括向有关危机处理专家咨询，以便获得相关的建议和意见，并对危机相关信息进行识别、分类和记录，供决策者使用。

操作系统主要负责具体的危机处理方案的实施，包括负责危机现场指挥、媒体的联络与协调、危机处理资源的保障等。

（2）品牌危机的追根溯源

当组织机制建成后，品牌危机的处理便正式启动。

首先，品牌管理者要找出危机的根源，在科学、全面调查的基础上找出危机发生的根本原因以及整个危机事件的真实情况。只有找到了危机的根源才能为制定有的放矢的解决对策提供依据。同时，全面评估危机事件对品牌的危害，不仅包括现实的危害影响，还要包括潜在的危害影响。

通常，危机可划分为普通事件、重大事件和极端事件三大级别。在全面的危机评估之后，品牌最高管理层就要根据危机的级别制定相应的处理方案和主攻方向。评估的准确性非常关键，错误地估计危机的危害程度可能会给品牌带来灾难性的后果。

曾经沸沸扬扬的"Balenciaga辱华事件"，是一则经典的反例。

法国巴黎春天百货2018年4月25日发售Balenciaga爆款"老爹鞋"引发排队热潮，一名中国女性消费者因指责外国插队者而遭到后者威胁，当女子的儿子赶到时，两人被多位外国插队者围殴，随后到场保安并未对插队者予以制裁，反而放任其购买到新款鞋履。Balenciaga店员还侮辱规矩排队的中国人，大声呵斥："滚出去，再也不要来买鞋了。"整个事件被部分参与排队的中国消费者录制视频上传至微博等多个社交媒体，中国网友大量转载相关视频，并在Balenciaga多个官方社交平台下发表不满情绪，纷纷发出抵制Balenciaga的呼吁。数小时内，由网友在微博发起的#抵制巴黎世家歧视华人#的话题迅速获得超过4 000万阅读量，引起讨论2.5万次。

此次"排队事件"经舆论发酵一天后，Balenciaga官方微博和官方微信发布声明，仅谈及对该事件表示遗憾和歉意。很多网友对这个声明不满，发起新一轮的抵制。

4月28日凌晨，Balenciaga再次就"排队事件"发布声明，表示采取了四项措施，包括正在积极开展调查、对涉事人员停职、制定新的作业标准以及逐一向受影响的中国消费者致歉。值得注意的是，两份声明均同时在中国社交媒体微博和微信上发出，而Balenciaga国际社交媒体Twitter则在4月26日晚迟于前述媒体平台两小时后才发布。此外，该声明在品牌官方Instagram账号上仅以讲故事形式存在24小时后便消失。

在其官方推特发表的声明中，评论区被华人网友迅速占领，大家纷纷表示期待品牌展现真诚的态度。真诚与否，消费者都将第一时间感知，尤其是社交媒体成为扩音器的今天，奢侈品公司的危机公关没有任何捷径。Balenciaga第二份声明中，对于引起争议的事件真相，品牌给出的答复为"正在积极调查"，既未对调查过程的监督进行说明，也未公布调查的进度。不仅对被停职的"涉事管理人员"交代不明，在最为重要的防止措施方面，也使用了含糊不清的"新机制"代称。

随着社交媒体的发展，多样化的选择带来的是产品可替代性持续升高和消费者的忠诚度不断降低。作为全球时尚奢侈品行业主要购买力的中国消费者，如今越发受到各大奢侈品品牌的重视，如何建立与中国消费者的良性互动关系已成为品牌能否持续发展的关键。应对危机公关是一门重要的学问，处理不当，容易让原本棘手的危机公关变成"危机公关危机"，企业将面临更大的麻烦。

| 结尾案例 |

Dolce & Gabbana：可否再续辉煌

当提到Dolce & Gabbana，不少奢侈品喜爱者随即联想到它极其绚丽多彩的设计风格。这个于1985年创立于米兰的年轻品牌，与Gucci、Prada、Giorgio Armani和Versace等共同振兴了意大利的时装工业，更和Versace构成了巴洛克和洛可可风格世界，向两种经典的艺术表达方式致敬。

巴洛克一词最早来源于葡萄牙语"Barroco"，原指外形不规则、怪异的珍珠；在意大利语中，"Barocco"意为奇特、古怪、变形；法语变体"Baroque"意为俗丽凌乱。结合当时的社会背景不难看出，古典主义认为巴洛克风格是一种过分炫耀华丽的风格，是对文艺复兴的"侮辱"。巴洛克艺术最早产生于意大利罗马，风格为华丽、享乐主义。

Dolce & Gabbana 便是最擅长表现巴洛克风格的品牌：在艺术表现形式上巴洛克风格往往富有宗教色彩，同时具有享乐主义精神；同时又表现了非理性，具有浓郁的浪漫主义色彩，强调想象力、动态、变化、空间感和立体感。因此，Dolce & Gabbana 的服装并没有修身的要求，反而是偏向于宫廷、宽松和华丽，总能给人一种圆润的印象。羽毛、大檐帽、蕾丝、花袖等都是巴洛克的经典元素（见图 7-41）。

图 7-41 Dolce & Gabbana 服装的巴洛克元素

此外，金色、银色、宝石般的红黄蓝绿经常出现在其颜色构成中，象征王权、桂冠与权杖。体现在时装秀中，Dolce & Gabbana 最擅长的是人海战术，衣着华丽的模特们像高贵冷艳的天鹅，给人一种强烈的视觉冲击（如图 7-42 所示）。

图 7-42 Dolce & Gabbana 的巴洛克风格时装秀给人强烈的视觉冲击

Dolce & Gabbana 同样具有洛可可（Rococo）风格。洛可可由法语"Rocaille"（贝壳工艺）和 Barocco（巴洛克）合并而来，起源于17世纪的法国，后蔓延至整个欧洲，在路易十五统治时期达到顶峰。当时有很多人认为洛可可风格是巴洛克风格的晚期，即巴洛克的瓦解和颓废阶段。固然洛可可与巴洛克有一定联系，但它们之间还是有一定区别，可以形象地表达为：巴洛克风格服务于帝王，代表了帝王将相的霸气宫廷；洛可可宫廷奢华享乐风慢慢传入了法国上层社会，代表的是华丽忧郁的富家小姐。

在服装表现方面，洛可可艺术的特点就是极致的优雅和精致。Dolce & Gabbana 沿袭了洛可可经典风格，打破了文艺复兴时期提倡的对称美，创造了一种非对称、轻快、优雅、热情奔放，却又烦琐、精致的装饰样式。洛可可与巴洛克都偏爱繁杂的装饰纹样，但洛可可更偏爱白色、粉色等一些秀气的颜色（如图 7-43 所示）。

图 7-43　Dolce & Gabbana 的洛可可元素

Dolce & Gabbana 向西方文化致敬，但同时形成强烈反差的是，品牌忽视了对中国文明的尊重，让这个年轻的奢侈品品牌最终付出了代价。

2018 年 11 月，Dolce & Gabbana 拍摄了一个把中国传统文化与意大利经典饮食相结合的广告宣传片，标题为"起筷吃饭"（见图 7-44）。片中的旁白所用的"中式发音"、傲慢的语气以及中国模特用奇怪的姿势使用筷子吃比萨、意式甜卷等片段，被很多时尚界人物质疑存在歧视中国传统文化的嫌疑，随即引发了广泛争议。

图 7-44　备受争议的 Dolce & Gabbana 广告宣传片

虽然 Dolce & Gabbana 官方微博及时把相关视频删除，但该视频依旧在 Instagram 和 Facebook 上保留，导致舆论持续发酵。此后，一名网友在 Instagram 发布质疑品牌做法的内容后，引来 Dolce & Gabbana 创意总监斯蒂芬诺·嘉班纳（Stefano Gabbana）私信回复种族歧视言论："未来在接受国际刊物的采访时都要贬低中国……品牌没有中国也可以活得很好……"，还针对中国说出了极具侮辱性的言论。对话截图立即被投稿给被称为"时尚界的名侦探"、Instagram 知名亚裔博主戴亚特·普拉达（Diet Prada），遂在国内外社交媒体广泛传播。该言论立刻引发轩然大波，遭到国内消费者的猛烈抨击。事件更恰逢 Dolce & Gabbana 原定于 11 月 21 日在上海举办的大秀"The Great Show"。

聊天记录曝光后，品牌官方表示创始人和公司的官方账号均被盗号，但媒体、模特及明星嘉宾纷纷拒绝出席秀场，甚至单方面终止所有相关合同条款。时装秀被迫取消。在大秀取消后的 12 小时内，国内电商平台和部分时尚电商已迅速开始对 Dolce & Gabbana 做出抵制动作，下架所有产品，意味着其中国市场重要电商销售渠道几乎全部被切断。

2018 年 11 月 23 日下午，Dolce & Gabbana 官方发布道歉视频（如图 7-45 所示）。视频中两位创始人表示，面对他们在文化上理解的偏差，希望得到中国消费者的原谅，并在最后用中文说出了"对不起"：

"我们原本梦想着，把一场专为中国而设，可以展现我们品牌与想象力的活动带到上海。这不仅仅是一场时装秀，而是我们怀着对中国以及全球所有喜爱 Dolce & Gabbana 的人的爱与热情，所创造出来的产物。今天发生的一切不仅对我们来说非常不幸，对为把这场秀带到现实中而日日夜夜工作的所有人来说，都很不幸。我们发自心底地感谢所有的朋友和客人。"

图 7-45　Dolce & Gabbana 官方发布道歉视频

两年之间，中国消费者的成长是飞速的。伴随着频繁的出国旅行和不断开阔的眼界，新一代年轻消费者正在摆脱被冒犯而不自知的局面，开始有能力识别社会营销中的不公正现象，并借助社交媒体发声。按照很多国内外时尚媒体所言，"Dolce & Gabbana 傲慢和浮躁的品牌态度，对于千禧一代的狭隘理解，一成不变的产品设计，游走在敏感边缘的品牌行为，都将成为品牌拥抱'未来'的阻力。品牌的危险往往像定时炸弹一样，藏在集体狂欢的喧嚣中。"

第 8 章

全球奢侈品公司透视

不应该要求女人的身体去将就衣服的曲线,而应该要衣服去迎合女人的身体。

The dress must follow the body of a woman, not the body following the shape of the dress.

——于贝尔·德·纪梵希(Hubert de Givenchy)

| 开篇 |

Bulgari 的奢华联姻

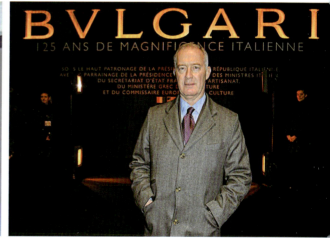

图 8-1　贝尔纳·阿尔诺（左）与弗兰西斯科·特拉帕尼（右）

意大利珠宝品牌 Bulgari 与 Cartier、Tiffany 并称世界三大珠宝品牌，成立于 1884 年。创始人索帝里欧·宝格丽（Sotirio Bulgari）生于希腊，带领全家移民意大利那不勒斯后，在罗马开了一家银器店，当时主要出售一些精美的银制雕刻品，这便是 Bulgari 品牌的起源。

Bulgari 最终成为世界级珠宝品牌，要归功于索帝里欧的两个儿子，乔吉奥（Giorgio）与科斯坦提诺（Costantino），他们将自己的热情投注于珍贵宝石与珠宝事业之中。在 20 世纪 60 年代，法国学院派严谨的规范占据主导地位，但 Bulgari 在设计珠宝产品上恰恰跳出了其约束，并将希腊文化和罗马古典主义的精髓融合在一起，在意大利文艺复兴和 19 世纪罗马金匠学派的影响下，渐渐形成自己独有的风格。随着珠宝业务的成熟，1977 年 Bulgari 推出了腕表系列，1992 年推出了香氛品类。

作为奢侈品世界"第一势力"路威酩轩集团的掌门人，贝尔纳·阿尔诺（Bernard Arnault）的精于算计和耐心众所周知，他早早将目光锁定在了 Bulgari 身上。尽管他对包括 Bulgari 在内的奢侈品品牌有狂热的爱好，但不等到经济低谷或者品牌估价处于低位时，他鲜有出手——收购 Loewe 如此，收购 Fendi 也不例外，总是以最小的代价完成收购。精明的阿尔诺对收购 Bulgari 筹谋十年之久，一直默默等待着 Bulgari 遭遇挫折。他的耐心获得了回报。自 2008 年起的金融危机三年间，宝格丽的销售下降了 67%；2009 年，Bulgari 的业务变得格外艰难，亏损 6.5 亿美元；2011 年，Bulgari 已经举步维艰，跌入谷底。阿尔诺立即出手了，但这次出手不同以往，堪称阿尔诺收购历史上最奢侈的联姻。

2011 年 3 月 3 日，阿尔诺在可以看到罗马城天际线的餐桌边，和宝格丽家族的领导者保罗·宝格丽（Paolo Bulgari）夫妇和他们的侄子弗兰西斯科·特拉帕尼（Francesco Trapani）坐到了一起（见图 8-1）。为了这顿午餐，阿尔诺甚至推掉了巴黎时装周，缺席了 Dior 的时装秀。尽管宝格丽家族在 2010 年声称公司绝不会出售，阿尔诺还是找到了说服宝格丽股东们的方法：给 Bulgari 股东 LVMH 的股票，提供给特拉帕尼集团腕表和珠宝部总监的职位。在那顿午餐上，阿尔诺表现得像一个圣诞老人。时任路威酩轩集团常务董事安东尼奥·贝洛尼（Antonio Belloni）形容那一餐为："你可以感觉到当时的气氛非常好，这是目前为止我们最重要的时刻，它给我们与他们之间带来了友谊。"另一方面，特拉帕尼也毫不吝啬自己的赞美："贝尔纳·阿尔诺才是完美的合作伙伴。"

2011 年 3 月 7 日，阿尔诺豪掷 37 亿欧元收购了 Bulgari，并发行 1 650 万股，换取后者经营家族持有的 1.525 亿股，从而购入后者 50.4% 的股权；宝格丽家族相应获得价值 19 亿欧元的路威酩轩集团股份，此后路威酩轩集团将以每股 12.25 欧元收购 Bulgari 余下股份。为了成功收购，阿尔诺从未开出如此优厚的条件。尘埃落定，已经坐拥 Louis Vuitton、Fendi、Guerlain、Hennessy 等数十个奢侈品品牌的阿尔诺家族又添加了一颗意大利"明珠"。获得路威酩轩集团 3% 股权的宝格丽家族成为阿尔诺及其亲属之后集团的第二大股东，并且在董事会拥有两个席位。

阿尔诺之所以一改过去的收购风格，豪取 Bulgari，有着寻求集团业务更为均衡发展的盘算，希望在酒水与饮料、服饰与皮具之外将钟表与珠宝业务打造成集团的第三极。尽管钟表珠宝一直是路威酩轩集团的"短板"，但其经营利润水平却在五大业务中排在第三位，略优于香水化妆品和零售。而且，后两个板块的经营利润水平已明显高于同业，提升空间有限。反观斯沃琪集团和历峰集团的钟表与珠宝业务，经营利润率分别稳定在 20% 和 25% 左右，且在金融危机之前，Bulgari 的经营利润水平也多在 15% 以上。阿尔诺通过与 Bulgari 联手，形成更大的集团化优势，提高了盈利能力，并在 2019 年 11 月宣布将美国珠宝品牌 Tiffany 收入囊中，进而形成钟表与珠宝、酒水与饮料、服饰与皮具的"金三角"。

爱马仕集团创意总监皮埃尔-亚历克斯·杜马说过:"在我们集团的文化深处,有着这样的坚定信念——每一个设计都会被人铭记。这些记忆不会阻碍我们前行,它们滋养并启迪着我们,促使我们不断前进。"这就是爱马仕精神文化的核心之一。从爱马仕公司成立以来"变"与"不变"的战略核心中,可以透视整个奢侈品行业如何选择符合公司特质的商业模式,路威酩轩集团、历峰集团、开云集团、香奈儿公司等都是如此。第 4 章 4.1.2 节也揭示了每个集团或独立公司的商业模式在实际运营上并不是纯粹的"核心产品模式""金字塔延伸模式"或"星系延伸模式"那样简单。

奢侈品行业主要的市场参与者为上市公司。自诞生之日起,时尚行业的并购活动就从未停止过。如今,越来越多的奢侈品品牌被大集团收入囊中,其中尤以路威酩轩集团、历峰集团和开云集团最具代表性,它们都早已是上市公司。其他已经上市的奢侈品集团还包括雨果博斯公司、蒂芙尼公司、爱马仕集团、博柏利集团、托德斯公司、普拉达集团和菲拉格慕集团(如表 8-1 所示),而香奈儿集团、阿玛尼集团、华伦天奴公司和杜嘉班纳集团至今依然保持独立。

表 8-1 奢侈品(集团)公司上市列表

奢侈品(集团)公司	上市时间	上市的证券交易所
雨果博斯公司	1985 年[①]	法兰克福
蒂芙尼公司	1987 年[②]	纽约

（续）

奢侈品（集团）公司	上市时间	上市的证券交易所
爱马仕集团	1993 年	巴黎
托德斯公司	2000 年	米兰
博柏利公司	2002 年	伦敦
普拉达集团	2011 年	香港
菲拉格慕集团	2011 年	米兰

① 雨果博斯公司于1991年被意大利马佐托集团（Marzotto）收购。
② 2019 年 11 月 24 日，路威酩轩集团和蒂芙尼公司双方董事会共同确认，前者将以每股 135 美元的价格全现金交易完全收购后者，预计 2020 年年中完成全部收购工作。

8.1 四大奢侈品集团

传统意义上，规模最大的四家奢侈品集团——路威酩轩集团、历峰集团、开云集团和斯沃琪集团被公认为四大奢侈品集团（如图8-2所示）。其中，路威酩轩集团和开云集团来自于法国，历峰集团和斯沃琪集团来自于瑞士。

图 8-2　四大奢侈品集团

8.1.1　路威酩轩集团——阿尔诺家族

路威酩轩集团全名 Louis Vuitton Moët Hennessy（LVMH），1987 年由贝尔纳·阿尔诺（Bernard Arnault）将路易威登公司与酩悦轩尼诗（Moët Hennessy）公司合并而成。随后，路威酩轩集团不断扩张，通过资本运作兼并了许多奢侈品品牌，逐渐在奢侈品行业树立了霸主地位。集团主要业务包括以下五个领域：葡萄酒及烈酒（wines & spirits）、时装及皮具（fashion & leather goods）、香水及化妆品（perfumes & cosmetics）、钟表及珠宝（watches & jewelry）、精品零售（selective retailing）和其他业务（other activities），至 2019 年 12 月，旗下品牌已达 81 个。

（1）葡萄酒及烈酒共 28 个品牌，如图 8-3 所示。

CLOS DES LAMBRAYS
Since 1365

CHÂTEAU D'YQUEM
Since 1593

DOM PÉRIGNON
Since 1668

RUINART
Since 1729

MOËT & CHANDON
Since 1743

HENNESSY
Since 1765

VEUVE CLICQUOT
Since 1772

ARDBEG
Since 1815

CHÂTEAU CHEVAL BLANC
Since 1832

GLENMORANGIE
Since 1843

KRUG
Since 1843

MERCIER
Since 1858

图 8-3　路威酩轩集团旗下葡萄酒及烈酒品牌

CHANDON ARGENTINA
Since 1959

CAPE MENTELLE
Since 1970

CHANDON CALIFORNIA
Since 1973

CHANDON BRAZIL
Since 1973

NEWTON VINEYARD
Since 1977

CLOUDY BAY
Since 1985

CHANDON AUSTRALIA
Since 1986

BELVEDERE
Since 1993

BODEGA NUMANTHIA
Since 1998

CHEVAL DES ANDES
Since 1999

TERRAZAS DE LOS ANDES
Since 1999

CHANDON CHINA
Since 2013

图 8-3 （续）

AO YUN
Since 2013

CHANDON INDIA
Since 2014

CLOS19
Since 2017

VOLCAN DE MI TIERRA
Since 2017

图 8-3 （续）

（2）时装及皮具共 17 个品牌，如图 8-4 所示。

LOEWE
Since 1846

MOYNAT
Since 1849

LOUIS VUITTON
Since 1854

BERLUTI
Since 1895

RIMOWA
Since 1898

PATOU
Since 1914

图 8-4　路威酩轩集团旗下时装及皮具品牌

LORO PIANA
Since 1924

FENDI
Since 1925

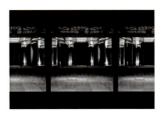
CELINE
Since 1945

CHRISTIAN DIOR
Since 1947

EMILIO PUCCI
Since 1947

GIVENCHY
Since 1952

KENZO
Since 1970

PINK SHIRTMAKER
Since 1984

MARC JACOBS
Since 1984

NICHOLAS KIRKWOOD
Since 2004

FENTY
Since 2019

图 8-4（续）

（3）香水及化妆品共 14 个品牌，如图 8-5 所示。

GUERLAIN
Since 1828

ACQUA DI PARMA
Since 1916

PARFUMS CHRISTIAN DIOR
Since 1947

图 8-5　路威酩轩集团旗下香水及化妆品品牌

GIVENCHY PARFUMS
Since 1957

PERFUMES LOEWE
Since 1972

BENEFIT COSMETICS
Since 1976

MAKE UP FOR EVER
Since 1984

KENZO PARFUMS
Since 1988

FRESH
Since 1991

KAT VON D BEAUTY
Since 2008

MAISON FRANCIS KURKDJIAN
Since 2009

MARC JACOBS BEAUTY
Since 2013

CHA LING
Since 2016

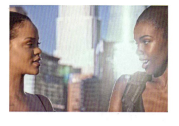

FENTY BEAUTY BY RIHANNA
Since 2017

图 8-5 （续）

（4）钟表及珠宝共 6 个品牌，如图 8-6 所示。

CHAUMET
Since 1780

TAG HEUER
Since 1860

ZENITH
Since 1865

BVLGARI
Since 1884

FRED
Since 1936

HUBLOT
Since 1980

图 8-6　路威酩轩集团旗下钟表及珠宝品牌

（5）精品零售共 5 个品牌，如图 8-7 所示。

LE BON MARCHÉ
RIVE GAUCHE
Since 1852

LA GRANDE
EPICERIE DE PARIS
Since 1923

STARBOARD
CRUISE SERVICES
Since 1958

DFS
Since 1960

SEPHORA
Since 1969

图 8-7　路威酩轩集团旗下精品零售品牌

（6）其他业务共 11 个品牌，如图 8-8 所示。

COVA
Since 1817

ROYAL VAN LENT
Since 1849

JARDIN D'ACCLIMATATION
Since 1860

LA SAMARITAINE
Since 1870

LES ECHOS
Since 1908

LE PARISIEN
Since 1944

CONNAISSANCE DES ARTS
Since 1952

INVESTIR
Since 1974

BELMOND
Since 1976

RADIO CLASSIQUE
Since 1983

CHEVAL BLANC
Since 2006

图 8-8 路威酩轩集团旗下其他业务品牌

得益于 Louis Vuitton、Bulgari、Fendi、Parfumes Christian Dior、Loro Piana、Hublot 和 TAG Heuer 的强劲业绩，以及 Rimowa 和迪奥成衣部门收购后的持续增长，2018 财年路威酩轩集团收入达 468.26 亿欧元，同比增长 10%，经营利润同比增长 21% 至 100.03 亿欧元，净利润同比增长 18% 至 63.54 亿欧元（见表 8-2 和表 8-3）。

表 8-2　2016～2018 财年路威酩轩集团的主要财务情况　　（单位：百万欧元）

	2018 财年	2017 财年	2016 财年
营业收入	46 826	42 636	37 600
经营利润	10 003	8 293	7 026
净利润	6 354	5 129	3 981
总资产	74 300	69 755	59 616

表 8-3　2016～2018 财年路威酩轩集团销售额情况　　（单位：百万欧元）

	2018 财年	2017 财年	2016 财年
葡萄酒及烈酒	5 143	5 084	4 835
时装及皮具	18 455	15 472	12 775
香水及化妆品	6 092	5 560	4 953
钟表及珠宝	4 123	3 805	3 468
精品零售	13 646	13 311	11 973
其他业务	（633）	（596）	（404）
总计	46 826	42 636	37 600

在打造并管理集团时，路威酩轩集团管理者形成了自己一套独特的并购逻辑及并购后的经营技巧，其精髓与 1987 年合并之时所奠定的并购术一脉相承。贝尔纳·阿尔诺不仅是集团掌门人，也是集团并购策略的推动者，并购历程中的灵魂人物。"没有不好的品牌，只有不合格的品牌经理"，作风强硬的贝尔纳·阿尔诺对于自己集团的并购战略充满自信和坚定，其引人瞩目的成就使得路威酩轩集团的并购策略自成风格，成为奢侈品行业历来关注的重点。

（1）把握并购时机

路威酩轩集团善于把握并购时机，在行业和公司低处出手，控制并购成本。选择公司价值比较低时并购是常用方法，路威酩轩集团恪守此规则。历史上，路威酩轩集团有两次较大的并购风潮，均发生在经济低潮期，分别是 1987～1988 年和 2000 年前后。在并购巅峰的 1999 年，路威酩轩集团全年共吞下 15 个世界知名奢侈品品牌，或利用经济周期处于低谷进行收购，或针对标的公司的资本结构或者制度设计漏洞发动袭击，或在标的公司家族矛盾激化时出手，路威酩轩集团在并购成本上的控制为集团带来了良好的并购效益。

（2）出色地管理品牌

低谷并购决定了集团买入的品牌当前正面临着各种各样的问题，将其培育至利润丰厚、具备较大影响力的品牌绝非易事，而品牌管理能力正是路威酩轩集团所擅长的。路威酩轩集团并购后的经营技巧可以总结为五部曲：① 挖掘品牌历史；② 勾勒品牌特质；③ 寻找合适的设计师表现品牌基因；④ 理顺销售渠道；⑤ 塑造品牌形象。前三步是管理技术的核心，让消费者重新认识这个品牌，提升品牌层次，带来新的增长点，这个过程中设计师处于核心地位，本质上是由这些设计师实现对品牌形象和概念的重新塑造，为它们带来涅槃重生。

法国品牌 Celine 是经典的例子。路威酩轩集团接手前，Celine 亏损达到 1 600 万美元，集团任命 Louis Vuitton 二号人物让-马克·卢比耶（Jean-Marc Loubier）负责 Celine 的运营。他挖掘出该品牌在 1945 年开业时曾是巴黎的高档鞋零售商的历史，于是他赋予了 Celine 巴黎和欧洲复兴的象征意义，随即把 Celine 包装成现代奢侈品品牌，同时将其产品转化为利润率更高的皮具，提升了存货周转速度，从此 Celine 盈利能力大增，走上正轨。同样的手法路威酩轩集团在 Givenchy、Emilio Pucci、Ruinart、Zenith 等不同品类品牌上屡试不爽。

虽然并购数量着实不少，但绝大多数品牌都在被路威酩轩集团收购后得到长足发展。在三十多年的并购历史中，算不上成功的只有对 Hermès、Gucci、Christian Lacroix、Donna Karan 等寥寥数个，极高的收购成功率令人惊讶。

（3）构建奢侈时尚生态圈

虽然大多数奢侈品品牌在低位时被卖给路威酩轩集团，但历史渊源和最初定位决定了它们重生的可能。路威酩轩集团的并购恪守"不求最昂贵，但求最高贵"的黄金律，只要有贵族血统，即使家道中落，即使散落于世界各地，也是集团追求的目标。

路威酩轩集团旗下品牌几乎全是奢侈品品牌，因此，在消费效应上能产生巨大的协同效果。拉 Rimowa 的行李箱、挎 Louis Vuitton 的包、穿 Fendi 的大衣、佩戴 Chaumet 的珠宝、披上 Loro Piana 的围巾、脚踏 Givenchy 的高跟鞋、抹 Guerlain 的香水、用 Dior 的护肤品、小酌 Krug 香槟酒、在 DFS 内购物……路威酩轩集团强大的实力得以追求构建奢侈时尚生态圈的目标。

（4）保持品牌独立性

路威酩轩集团在并购管理上最独特也是最明智的做法是尽量保持购进品牌的独立性，做到购而不并。从旗下品牌的角度看，路威酩轩集团让旗下独立品牌充分自治，独立经营，各自发挥创造力。

首先，路威酩轩集团保持各子公司的家族管理体系，并不把自己的集团管理风格强加到下属品牌上，允许旗下品牌拥有自己的设计师，让它们凭借各自独立的风格和特性吸引消费者，集团首席设计师的职位并不存在。

其次，集团层面的整合体现在整体资源如销售渠道、品牌推广以及人力资源（经营管理人员）方面。旗下品牌共享路威酩轩集团强大的零售渠道，对于销售的促进是显而易见的。同时，路威酩轩集团对各品牌的打造能产生极强的品牌间协同效应，某些明星品牌能够拉动其他品牌价值成长。而集团在管理层面非常注重将成功的品牌经验在其他品牌间输送，这决定了具备跨品牌经营能力的人才属于集团整体资源之列。

不少消费者可能并不了解 Dior、Fendi、Guerlain、Bulgari 等品牌均是出自路威酩轩集团，这也正是集团为了保持品牌相对独立性而故意隐去。对外，路威酩轩集团不宣传自己庞大的品牌群；对内，品牌经理们不仅有背靠大树的安全感，还充分享有自由、激励和支持。这正是路威酩轩集团将自身定位为所有这些大品牌的拥有者的原因，也是其并购之道成功的诀窍。

8.1.2 历峰集团——鲁伯特家族

历峰集团（Richemont Group）是瑞士奢侈品公司，它由南非亿万富翁安顿·鲁伯特（Anton Rupert）在1988年建立。公司涉及的四个商业领域是：珠宝、手表、配饰以及时装；至2019年，旗下共有品牌18个，如表8-4所示。从2004年起，按奢侈品业务的营业额计算，它是世界第二大奢侈品公司，仅次于路威酩轩集团。截至2019年3月31日的2019财年，历峰集团旗下的珠宝、皮革制品和书写工具销售明显增长，中国、韩国和英国市场增长十分强劲，美国市场也恢复了增长，净利润从2018财年的12.21亿欧元迅速增长至27.87亿欧元，增幅达128.26%（见表8-5）。

表 8-4　历峰集团旗下品牌

成立年份	品牌	主营产品	成立地点
1755	Vacheron Constantin	钟表	瑞士日内瓦
1814	Purdey	高级枪械	英国伦敦
1830	Baume & Mercier	钟表	瑞士日内瓦
1833	Jaeger-LeCoultre	钟表	瑞士勒桑捷
1845	A. Lange & Söhne	钟表	德国格拉苏蒂
1847	Cartier	珠宝	法国巴黎
1860	Officine Panerai	钟表	意大利佛罗伦萨
1868	IWC	钟表	瑞士沙夫豪森
1874	Piaget	钟表	瑞士日内瓦
1876	Lancel	皮具	法国巴黎
1893	Alfred Dunhill	成衣	英国伦敦
1906	Van Cleef & Arpels	珠宝	法国巴黎
1906	Montblanc	文具	德国汉堡
1952	Chloé	皮具	法国巴黎
1983	Azzedine Alaïa	成衣	法国巴黎
1995	Roger Dubuis	钟表	瑞士日内瓦
2001	Peter Millar	成衣	美国纳罗利
2013	Giampiero Bodino	珠宝	意大利米兰

表 8-5　2017～2019 财年历峰集团的财务情况　（单位：百万欧元）

	2019 财年	2018 财年	2017 财年
销售额	13 989	11 013	10 647
销售成本	(5 344)	(3 829)	3 848
总利润	8 645	7 184	6 799
净营业成本	(6 702)	(5 304)	5 035
营业利润	1 943	1 844	1 764
税前利润	3 168	1 653	1 570
净利润	2 787	1 221	1 210

1916 年，安顿·鲁伯特出生在南非东开普省古老的小镇赫拉夫-里内特（Graaff-Reinet），完成学业后迁居至斯泰伦波斯，开始了家族生意。随着卷烟的风靡，安顿·鲁伯特瞅准商机，在 1941 年投资了 10 英镑生产香烟，最初公司名叫"Voorbrand"，不久改名为伦勃朗（Rembrandt）公司，很快就把自家烟草生意扩大到整个南非。后来，该公司控制了南非烟草业的 90%，在英国烟草企业乐福门公司（Rothmans）和英美烟草公司（British American Tobacco）也都有股份。1967年，伦勃朗瞅准了 Alfred Dunhill 的香烟、打火机以及烟斗，于是通过乐富门公司

收购了 Alfred Dunhill 51% 的股份。随后，伦勃朗集团又瞄准了以制造钢笔为主的 Montblanc，并历时近 10 年，将 Montblanc 全部股权揽入囊中。在安顿·鲁伯特将 Alfred Dunhill 和 Montblanc 收入麾下后，他看到了烟草与奢侈品之间的内在关联，并开始增加对奢侈品收购的关注。

与此同时，南非依旧笼罩在种族隔离制度的阴影之下，白种人虽然享有种种特权，但也存在被推翻和绞杀的风险。风险意识强烈的安顿·鲁伯特开始为家族准备后路，源于避险的需求，伦勃朗公司的海外业务被剥离，1979 年在卢森堡成立国际矿业与资源集团（即 IMR 集团），独立管理鲁伯特家在海外的资产。随着集团的拆分，安顿·鲁伯特的儿子约翰·鲁伯特（John Rupert）开始在公司中扮演越来越重要的角色，同时，集团业务层面开始慢慢转换。

约翰·鲁伯特对奢侈品的兴趣远比父亲要浓厚。20 世纪 70 年代中期，约翰·鲁伯特从开普敦的斯坦林布什大学辍学后，并没有进入家族企业工作，而是在美国大通银行工作了五年，为日后自己创业做准备。在美国期间，他遇到了 Cartier 一位股东的女儿，当时 Cartier 正在寻求新的投资，约翰·鲁伯特便说服父亲买下了一些股票。

1979 年，约翰·鲁伯特回到家乡南非，先后创立了兰特商业银行和兰德综合投资公司，还管理南非最著名的两个葡萄园 Rupert & Rothschild 和 L'Ormarins。1984 年，约翰还是决定听从父亲的召唤，把自己创立的两家公司合并，回到了伦勃朗集团。有了在资本圈积累的经验，约翰为公司做的第一件事就是整合各类资产。他亲自上阵，将海外资产从家族企业中剥离出来，并把集团重心转移到南非以外的奢侈品业务上，以防止家族产业受到国际上对南非种族隔离政权制裁的影响。1988 年，IMR 集团更名为历峰公司，约翰·鲁伯特出任董事会主席，并一手促成了其在瑞士证券交易所的上市。

约翰·鲁伯特在参与家族资产剥离、重组，以及历峰在瑞士证交所挂牌上市等工作中，充分展示了他的经营天赋，也让父亲放心地把家族生意交托给他。当时的历峰集团业务多元化并且复杂，安顿·鲁伯特的思路很简单，什么业务赚钱就投资什么，烟草、金融投资、矿业资源、消费品、奢侈品业务都有涉猎。持股方式也很散乱，历峰集团直接持有 Cartier 的股份，通过 Cariter 持有 Piaget 和 Baume & Mercier；还通过乐富门烟草公司间接持有 Cartier 股份以及 Alfred Dunhill，包括 Alfred Dunhill 持有的 Montblanc 和 Chloé。奢侈品帝国的雏形已经显现。约翰通过换股方式把奢侈品与香烟部门分开经营，设立了旺多姆奢侈品集团经营奢侈品，而原来的乐富门国际公司继续经营香烟业务。烟草的丰厚收入给历峰集团输送了大量现金流，为收购做好了充足的准备。

20世纪90年代是历峰公司的黄金时期，营业额仅次于路威酩轩集团，年销售额高达四十多亿美元，用约翰·鲁伯特的话来说，"公司就像在电梯里，你就是站着不动，它也会一直上升。"1999年，约翰·鲁伯特买下了Van Cleef & Arpels。翌年，他又从也参与收购竞标的竞争对手贝尔纳·阿尔诺手里夺走了三个腕表品牌：Jaeger-LeCoultre、A. Lange & Söhne和IWC。至此，历峰集团坐拥数十个奢侈品品牌，在奢侈品王国里光芒四射。

然而，好时光不可能也不会永远持续下去。2002年，历峰集团问题成堆，运营成本失控，资金问题反过来拖住了产品创新的后腿。面对重重问题，约翰·鲁伯特开始进行大刀阔斧的改革。他首先将目光放在了削减成本上，关闭了多家专卖店，还取消了一些浪费过多的报销款项。他将部分英美烟草公司的股票套现，偿还了近10亿美元的债务。他还招聘了新的首席运营官、首席财务官以及几个品牌经理，让他们关注创新。此后，Cartier推出了新款系列女表及珠宝，还有一些较便宜的产品，其他品牌也纷纷效仿，很快上市新品的销售额就占据了集团销售额的20%以上。在约翰·鲁伯特的带领下，公司两年内便扭转了困境。

约翰·鲁伯特经常活跃于公司的产品创意和宣传部门（监督和控制产品发布和每个品牌的宣传）。他投资并主导战略性的品牌并购，以此来培育历峰旗下的品牌族群。进入21世纪后，他先后收购了瑞士腕表品牌Roger Dubuis和法国时装品牌Azzedine Alaïa，成立了Ralph Lauren手表和珠宝合资公司，还投资于电子商务品牌YOOX Net-A-Porter。他一直运筹帷幄，掌握执行官们的品牌管理情况，如果某个品牌进入关键的转折时期（如一个大型并购或主要管理人员离任等），他就会亲力亲为，出面控制这个品牌的管理和宣传。

同样是通过并购实现扩张，历峰集团的策略和模式与路威酩轩集团有所不同。历峰集团的特点是"核心业务＋现金流"：在专注核心业务如钟表、珠宝及书写工具的同时，利用非奢侈品业务产生的稳定现金流以及出让、淡出非核心业务，为收购核心的奢侈品品牌提供资金。与路威酩轩集团"生猛收购，松散管理"的宗旨不同，同为掌舵人的约翰·鲁伯特更奉行"精耕细作"的标准。他曾经明确地说过，"历峰集团将保持组成这座大厦每一部分的特性与风格,我们相信多样性的力量。"历峰集团在规模扩大的过程中,十分精准地对品牌进行了"舍与得"的取舍,逐步剔除了表现低迷的、与集团核心业务不相符的品牌,但对于那些经典品牌,即便在集团最困难的时候,约翰依然拒绝出售。在他看来,每一个品牌都有自己独特的历史与文化,如果只因为它们一时的不佳表现就决定放弃,也许会毁掉一段传奇。

约翰·鲁伯特的成就注定了他的生活是忙碌的,但是,他始终认为只有惬意而悠闲的生活才能充分体现他商业上的成功与荣耀,因为生活的目的并不是工作。他对高尔夫运动情有独钟,不遗余力地赞助高尔夫赛事,拓展高尔夫市场,在奢侈品与高尔夫之间享受着成功与喜悦。他以不懈的坚持让旗下那些经典品牌不断演绎着辉煌,使家族生意节节攀升,也因此被评选为南非十年间最优秀的商业领袖,《财富》杂志则称赞他是"未来的奢侈品之王"。

8.1.3 开云集团——皮诺家族

开云集团(Kering Group)由弗朗索瓦·皮诺(François Pinault)创立于1963年,前身是皮诺–春天–雷都集团(Pinault-Printemps-Redoute Group,PPR),是一家国际控股的法国奢侈品集团公司。2018年起,开云集团陆续将旗下时尚奢侈品品牌Stella McCartney和Christopher Kane、小众腕表品牌JeanRichard,以及包括Puma在内的所有运动及生活时尚品牌剥离于集团外,目的是更专注于Gucci、Bottega Veneta、Saint Laurent和Balenciaga这四个核心奢侈品品牌。现开云集团旗下共13个品牌,如表8-6所示。

表8-6 开云集团旗下品牌

成立年份	品牌	主营产品	成立地点
古驰集团旗下品牌			
1858	Boucheron	珠宝	法国巴黎
1919	Balenciaga	成衣、皮具	法国巴黎
1921	Gucci	成衣、皮具	意大利米兰
1962	Saint Laurent	成衣、皮具	法国巴黎
1966	Bottega Veneta	成衣、皮具	意大利威尼托
1992	Alexander McQueen	成衣	英国伦敦
2006	McQ	成衣	英国伦敦

（续）

成立年份	品牌	主营产品	成立地点
其他奢侈品品牌			
1791	Girard-Perregaux	钟表	瑞士日内瓦
1846	Ulysse Nardin	钟表	瑞士力洛克
1945	Brioni	成衣	意大利罗马
1976	Pomellato	珠宝	意大利米兰
1994	DoDo	珠宝	意大利米兰
2004	麒麟	珠宝	中国香港

2017财年，得益于Gucci的强势复苏和Saint Laurent的创新崛起，开云集团的营业收入和净利润均获得两位数高增长，奢侈品业务的销售收入为107.96亿欧元，同比有机增长29.9%；所有业务销售收入为154.78亿欧元，同比有机增长率为27.2%。2018财年，由于开云集团剥离了运动及生活时尚品牌，集团销售额有所下降，但奢侈品业务销售额猛增24.51欧元，同比上升22.7%（如表8-7所示）。

表8-7 2016～2018财年开云集团的销售情况　　（单位：百万欧元）

	2018财年	2017财年	2016财年
奢侈品品牌	13 247	10 795.8	8 469.4
—Gucci	8 285	6 211.2	4 378.3
—Saint Laurent	1 744	1 501.4	1 220.2
—Bottega Veneta	1 109	1 176.3	1 173.4
—其他奢侈品品牌	2 109	1 906.9	1 697.5
运动及生活时尚品牌	N/A	4 381.9	3 883.7
—Puma		4 151.7	3 642.2
—其他运动及生活时尚品牌		230.2	241.5
集团公司其他收入	418	300.0	31.8
总计	13 665	15 477.7	12 384.9

全球前三大奢侈品集团中，开云集团算是后起之秀。相比路威酩轩集团的高贵血统，开云集团的诞生就要平凡许多。

1963年，弗朗索瓦·皮诺创立了皮诺集团，开始主要从事木材交易，后来扩展到建材。1992年，公司收购了百年老字号巴黎春天百货，将战略调整瞄准零售业。1999年公司控股Gucci，标志着正式进军奢侈品行业，此后陆续收购Saint Laurent、Bottega Veneta等十余个奢侈品品牌。2003年后，集团开始着手剥离木材加工业和零售业。2004 年，皮诺集团收购 Gucci 标志着集团更专注于奢侈品品牌和体育休闲、生活用品的运营。

2005 年，由于新股东的加入，集团名改为皮诺-春天-雷都集团。2013 年，集团董事长兼首席执行官、弗朗索瓦·皮诺之子弗朗索瓦-亨利·皮诺（François-Henri Pinault）宣布，集团更名并更新集团标识：更名为"开云集团"，新标识是两片树叶的手形托着一个心形笑脸的猫头鹰图案，系法国品牌战略与设计公司卓更（Dragon Rouge）进行的设计（如图 8-9 所示）。猫头鹰是开云集团的吉祥物，也是集团董事会主席弗朗索瓦-亨利·皮诺喜欢的一种动物。开云集团对于标识创新，是将品牌的吉祥物加入其中，这个吉祥物同时代表着品牌的理念：智慧、保护与远见。

图 8-9 开云集团的旧标识（左）与新标识（右）

在前期不断瘦身的过程中，开云集团营收规模受到影响，从 2008 年的 200 多亿欧元下降到 2013 年集团正式转型完毕的 97.5 亿欧元。此后两年集团内部进行多种调整，主品牌销售出现复苏迹象，整体业绩有所提升。毛利率从 2009 年随着业务剥离、成本费用降低而一路上升，不过从 2013 年开始，开云集团专注奢侈品和运动品类之后出现波动，在 12% 上下徘徊。开云集团旗下的两大主品牌遇到了挫折，Gucci 体会到了品牌推广大众化倾向造成的消费者评价降低的负面效果，2014 年连续两个季度盈利萎缩，净利润下跌 5.1%；同样地，Puma 的营收也下跌了 5.2%。但可喜的是，相对小众的奢侈品品牌支撑起了集团业绩，Saint Laurent 在 2014 年上半年营业利润大涨 50%，Bottega Veneta 的营业利润也上涨 11.3%。

此后，开云集团经历了一系列人事变动，如任命时尚界备受赞誉的亚历桑德罗·米歇尔（Alessandro Michele）为 Gucci 新任创意总监。Gucci 在 2015 年迎来复苏，全年销售额 38.98 亿欧元，同比增长 16.4%。Puma 也有 13.8% 的增长。其他品牌也继续增长，Saint Laurent 的营收上升了 37.7%。2016 年，Gucci 继续高歌猛进，同比增长近 7%。两大明星品牌营收看涨稳住了集团业绩下降趋势。

毋庸置疑，开云集团商业模式的转型需要依靠集团自身的并购政策。虽然奢侈品行业里将其与路威酩轩集团、历峰集团并称，但显然三者的并购思想存在差异。开云集团在并购市场上的形象并不像路威酩轩集团那样，"大众"和"小众"两个词可以概括其并购特点。

起初，开云集团旗下品牌家族的标的选择覆盖更加全面，还包含运动及生活时尚类，如 Puma。因此，开云集团旗下的品牌比路威酩轩集团旗下的品牌更大众化一些，这些品牌能够填补顶级奢侈品品牌到高端品牌之间的档位。这与皮诺家族从事零售业务的背景有一定的关系。

公司品牌战略也决定了这种大众化倾向。实际上，开云集团视 Gucci 为其奢侈品业务的绝对核心品牌，集团计划收购的相关品牌均不得与 Gucci 存在实质上的竞争关系。不过"奢侈"与"大众"始终是一对矛盾，大众化不宜应用在奢侈品品牌上。前几年，开云集团甚至想把 Gucci 进行大众化改造，例如增加了入门级产品的数量，并在中国急速扩张、区域性打折、大量进驻奥特莱斯等，Gucci 作为奢侈品品牌的稀有性、专有性特性逐渐模糊，消费者对 Gucci 的欲望消退不少，导致了 Gucci 销售收入的下滑。2015 年，亚历桑德罗·米歇尔作为新任设计总监走马上任，天马行空地运用中世纪美术元素重塑了 Gucci 的设计风格，才终于帮助 Gucci 挽回颓势（第 5 章中详细阐述了 Gucci 产品设计的创新）。

更趋大众化的经营取向使开云集团无法建立与路威酩轩集团一样的奢侈生态圈，只能通过差异化的品牌定位锁定更加宽泛的目标人群。这也让其他品牌面向的可承受其价格的消费者更多，消费群体更大，这是开云集团并购政策的一个优势所在。弗朗索瓦 – 亨利·皮诺曾表示："对于更高端的产业，如私人飞机、游艇等领域将绝不会列入收购目标。"

但随着业务扩张、旗下品牌管理层频频变动等因素的影响，开云集团在 2018 年决定更专注于 Gucci、Bottega Veneta、Saint Laurent 和 Balenciaga 这四个核心奢侈品品牌。同时，为了延续 Bottega Veneta 品牌的核心价值、精湛工艺、卓越品质与经典隽永，并融入全新的设计观点，更贴近当下的时尚趋势，开云集团任命年仅 32 岁的英国设计师丹尼尔·李（Daniel Lee）接替托马斯·迈耶（Tomas Maier）担任品牌创意总监。此外，开云集团继续低调地运营特征鲜明的小众奢侈品品牌，如 Brioni 和

Pomellato，将 Stella McCartney、Christopher Kane、JeanRichard、Puma 等时尚和运动品牌剥离于集团外。对于开云集团而言，个性鲜明的小众品牌存在较大的发展潜力，不会与集团现有品牌出现交叉，可以形成良好的互补效应，有利于开云集团以产品组合的方式打入市场，未来盈利空间更大。

除此之外，开云集团也鼓励旗下品牌根据自身的特性和需求来树立品牌的独创性，推行品牌自主经营，这又与路威酩轩集团和历峰集团是共通的。

8.1.4 斯沃琪集团——海耶克家族

斯沃琪集团（Swatch Group）是尼古拉斯·海耶克（Nicolas Hayek）对原瑞士钟表工业公司（Allgemeine Gesellschaft der Schweizerischen Uhrenindustrie，ASUAG）和原瑞士钟表总公司（Société Suisse pour l'Industrie Horlogère，SSIH）进行了历时四年多的重组，最终在 1985 年促成两家钟表公司合并成立的。英文名"Swatch"中的"S"不仅代表产地，而且含有"第二块表"（the second watch）之意，表示人们可以像拥有时装一样，同时拥有两块或两块以上的手表。这是海耶克想传递的概念：手表不再只是一种昂贵的奢侈品和单纯的计时工具，而是一种"戴在手腕上的时装"。

在 1983 年尼古拉斯·海耶克推出新式手表以前，多数人是买一块表用一辈子。海耶克给手表注入情感，使它成为像耳环、领带一样招人喜欢的装饰品。这一切的变化，缘于海耶克设计的从低价位到高价位排列的产品金字塔，并将商业模式的打造分为三个阶段。

斯沃琪集团旗下拥有众多腕表与珠宝品牌（如图 8-10 所示），其中包括大众时尚品牌 Swatch 和 Flik Flak，高端品牌 Certina、Mido、Hamilton、Calvin Klein 手表与珠宝系列、Balmain 和 Tissot，入门级奢侈品品牌 Longines、Rado 和 Union Glashütte，主流级奢侈品品牌 Léon Hatot 和 Omega，威望级奢侈品品牌 Harry Winston、Glashütte Original、Jaquet Droz、Breguet 和 Blancpain。2018 财年，由于中国腕表和珠宝需求旺盛，Harry Winston、Omega 增长强劲，入门和主流级奢侈品品牌都取得了良好增长，按实际汇率计算，斯沃琪集团净销售额同比增长 6.1% 至 84.75 亿瑞士法郎，净营业利润为 11.54 亿瑞士法郎，同比增长 15.2%（见表 8-8）。

图 8-10 斯沃琪集团旗下品牌

表 8-8 2016～2018 财年斯沃琪集团的财务情况 （单位：百万瑞士法郎）

	2018 财年	2017 财年	2016 财年
净销售额	8 475	7 989	7 553
净营业利润	1 154	1 002	805
净收入	867	755	593
业务活动现金流	943	1 264	1 010
权益价值	11 274	11 289	11 073

斯沃琪集团商业模式的第一阶段是通过并购的方法，收购了大量的手表品牌，从低端到高端建立了一个完整的产品线，无论客户的收入是高还是低，只要客户想买表，总能买到适合自己的。

第二个阶段是斯沃琪集团再次通过并购的方法，不断向上游扩展，控制了机械机芯等关键部件 75% 的市场，对整个产业链形成控制，包括 Rolex、Vacheron Constantin、Patek Philippe 等品牌都要从斯沃琪集团购买机械机芯。之后，斯沃琪集团又通过限制甚至停止机械机芯供货的方式与这些竞争对手达成一定的利益共识。为了更好地控制竞争对手并传递集团核心价值，斯沃琪集团要求厂商注明机芯的品牌，希望通过这个方式提醒顾客这是斯沃琪集团的。

在控制了上游关键环节之后，斯沃琪集团又开始了第三个阶段，进入下游的钟表零售市场。海耶克家族通过入股的方式成为亨得利表行的股东（12.5% 的股份），因此，在全球的手表专卖区，顾客经常能看到斯沃琪集团旗下的品牌。通过建立产品金字塔，斯沃琪集团覆盖了足够多的客户，使自己能在不同级别的产品线上赚钱，再通过并购的方法，掌握上下游价值链的关键资源，成为钟表行业最具影响力的产业霸主。

此外，由于钟表的特殊性，维修与售后服务也成为斯沃琪集团战略的关键组成部分。以中国为例，斯沃琪在中国设立了庞大的客户服务系统，包括上海、北京、成都、广州和沈阳五家分公司，品牌直营服务中心、授权服务中心都为这个系统的核心"客户服务综合中心"（Customer Service Competence Center）运作。

综合中心每月的腕表维修量约 16 000 枚，其中 80% 的维修服务免费，20% 是收费定制服务。除 Omega 外的奢侈品腕表品牌占 1%。顶级的钟表质量是斯沃琪集团客户满意度的保证，优质的售后服务是品牌资产增值的重要方式之一，也是斯沃琪集团位列四大奢侈品集团、赢得诸多消费者美誉和信任的原因。

8.2　独立奢侈品公司

除了四大巨头集团外，一些独立品牌集团和公司拥有自己独特的经营理念，如爱马仕集团、香奈儿集团、阿玛尼集团、托德斯公司、普拉达集团、菲拉格慕集团、华伦天奴公司、博柏利集团、杜嘉班纳公司、蒂芙尼公司[⊖]和雨果博斯公司等。事实上，上述不少公司被四大集团觊觎已久，但是一直保持独立，传承着家族精神。

8.2.1　爱马仕集团

爱马仕集团是世界最著名的奢侈品公司之一。集团旗下包含法国顶级奢侈品品牌 Hermès、法国水晶灯品牌 Saint-Louis、法国银器制造品牌 Puiforcat、英国顶级鞋履品牌 John Lobb 和中国时尚生活品牌「上下」。

1837 年，Hermès 品牌由蒂埃里·爱马仕先生创立于法国巴黎，早年以制造高级马具起家，迄今已有 182 年的悠久历史。从在巴黎开设首家马具店以来，一直以精美的手工和贵族式的设计风格立足于经典服饰品牌的巅峰。Hermès 奢侈、保守、尊贵，整个品牌由整体到细节、丰富的产品线（如图 8-11 所示），再到它的专卖店，都弥漫着浓郁的以马文化为中心的深厚底蕴，让爱马仕集团拥有不可撼动的市场地位。

⊖　2019 年 11 月 24 日，路威酩轩集团和蒂芙尼公司达成总计约 162 亿美元的收购协议，后者将成为前者旗下的一员。

图 8-11 Hermès 的产品线

爱马仕 2017 年全年销售额按不变汇率计算，同比增长 8.6% 至 55 亿欧元，按实际汇率计算同比增长 6.7%，一般性营业利润同比增长 13% 至 19.2 亿欧元，营业利润率为 34.6%，创集团历史新高，净利润同比增长 11% 至 12.2 亿欧元。2018 财年，爱马仕集团销售业绩非常强劲，带动了整个奢侈品行业的复苏（如表 8-9 所示）。

表 8-9 2016～2018 财年爱马仕集团的财务情况 （单位：百万欧元）

	2018 财年	2017 财年	2016 财年
销售额	5 966	5 549	5 202
按实际汇率的增长率	7.5%	6.7%	7.5%
按不变汇率的增长率	10.4%	8.6%	7.4%
一般性营业利润	2 045	1 922	1 697
营业利润率	34.3%	34.6%	32.6%
归属于本集团所有者的净利润	1 405	1 221	1 100
经营活动产生的现金流	1 683	1 580	1 439
投资（不包含金融资产投资）	312	265	285
股东权益	5 503	5 039	4 383
现金净值	3 465	2 912	2 320
净现金修正值	3 615	3 050	2 345
员工人数	14 284	13 483	12 384

按品类来看，按不变汇率计算，2017 财年爱马仕集团皮具销量增长了 9.7%，其中包括了 Bolide Shark、Hermès Cinhetic 和 Opli 等畅销款式，时装和配饰增长了 9.4%，丝绸纺织品上涨了 5.7%，香水销量也上升了 10.1%，Twilly d'Hermès 是最大的功臣。2018 财年，其皮具、时装和配饰，以及香水都强势增长（如表 8-10 所示）。

表 8-10　2016～2018 财年爱马仕集团各品类销售情况　（单位：百万欧元）

	2018 财年	2017 财年	2016 财年
皮革与马具制品	2 957.8	2 800.3	2 603.7
成衣与时尚配饰	1 310.4	1 181.1	1 099.1
丝绸与纺织品	539.6	534.3	515.3
香水	424.7	287.5	261.9
腕表	311.7	157.5	157.9
其他 Hermès 产品线	168.6	365.0	336.0
集团其他品牌	238.0	223.4	228.3
总计	5 966.1	5 549.2	5 202.2

Hermès 有一张经典的图，如图 8-12 所示，它展示的是一段法语，意思是：Hermès 要一直对产品质量负责，对材料质量负责。

图 8-12　Hermès：一直要对质量负责

在帕特里克·托马斯刚担任 Hermès 首席执行官时，有位女士拿着一个马鞍找到他，表示她的马鞍出现了一些重复的缝合，认为是工艺水平的下降。然后，帕特里克·托马斯马上带她在 Hermès 的生产记录本中寻找这款马鞍，却没有找到。很久以后才发现，这款马鞍早在 1937 年就生产出来了，是这位女士的外祖母购买的，中间维修过一次，所以出现了重复的缝合。这位年轻的女士认为 Hermès 产品即使过了 80 年也不应该出现质量问题，要求重新缝一缝。修好后，Hermès 手工匠专门写了一封信给她，信中说："女士，给您造成的不便非常抱歉，经过这次维修，我们可以确保这款马鞍能继续传给你的后代而不会坏掉。"从这件小事中，我们可以看到 Hermès 对于产品品质的执着追求。

Hermès 的历史上出现过 "坏小子" 让-保罗·高提耶（Jean-Paul Gaultier）和马丁·马吉拉（Martin Margiela）师徒、法国天才克里斯托弗·勒梅尔（Christophe Lemaire）、鞋履大师皮埃尔·哈迪（Pierre Hardy）等顶级设计师，这些作品在当时的审美观下都是最好看的，但更重要的是保持了 Hermès 一贯的风格。Hermès 坚持在自己风格的基础上再"发明"自己的风格。如果爱马仕集团更换了艺术总监，设计出的产品依然漂亮，但不是 Hermès 的风格，这样的产品集团只会收藏在样品库里，不会向市场推出。

在一个快速变化的时代，Hermès 品牌从 1837 年成立以来，始终家族传承并保持独立，如图 8-13 所示，至今已经传承至第六代。

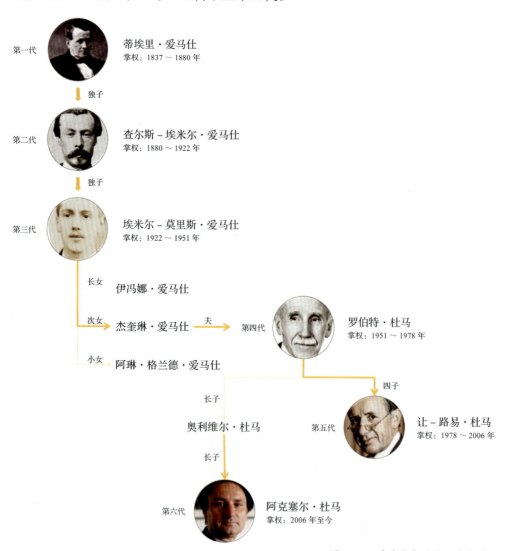

图 8-13 爱马仕集团的六代传承

第五代掌门人让－路易·杜马治理下的爱马仕集团股权被分割到一个俄罗斯套娃式的、由7家控股公司组成的集团，具有巧妙的双层管理结构：一层更侧重于所有权，Emile Hermès SARL 这个以家族祖先命名的实体由家族成员组成，负责决定预算、批准贷款以及行使否决权（如图8-14所示）。另一层爱马仕国际（Hermès International），则负责公司日常管理以及跟外部展开合作（在其11名董事会成员中，非家族成员目前占据了4个席位）。

图 8-14　让－路易·杜马治理下的爱马仕集团股权结构

即使现在 Hermès 已经被很多人熟知，但它依然希望保持高端、神秘与稀有，以其一贯坚持的商业模式维护品牌核心。这种特有的商业模式使 Hermès 呈现出逆潮流的品牌特征。

爱马仕集团始终可以在奢侈品市场不景气时维持着稳定业绩——即使在 2008 年金融危机、全球奢侈品销售锐减时，它的股价仍继续上涨 25%。爱马仕集团的成功源于其更高端的品牌定位，与逆潮流的品牌经营：它高于一般奢侈品的定价，定位在了奢侈品领域一个非常小众的细分市场，抓住了奢侈品消费群体中最顶端的消费者，同时用价格相对较低的副线产品吸引富裕的中产阶级，由此达成了"类别隔离"的目的。

Hermès 手工、稀有的品牌形象已深入人心，皮具和马具作为形象的载体始终是爱马仕集团最大的营收来源，其他品类的增长也谨慎地维持在 1% 左右。以"慢而有节奏"为生产理念的 Hermès 也尝试开始增加产量，2015 年至今，爱马仕集团增设了三座皮具生产与创新工厂：位于夏朗德（Charente）和伊泽尔（Isère）的工厂于 2015 年投入运营，全部用于生产皮革手工制品；位于弗朗什–孔泰（Franche-Comté）的工厂于 2016 年开工，专门生产 Hermès 标志性产品之一的 Kelly 包。

爱马仕集团尝试小幅增加 Birkin 与 Kelly 包产量的同时，通过卖出更多标志性手袋以及售价较低的新款手袋来扩张品类与产量，以此拉动皮具部门的增长。

除了维护核心品类的销售增长外，爱马仕集团也在不断寻找新的增长点，如香水。爱马仕于 2015 年在曼哈顿市中心开设了独立的香水门店，2016 年推出的 Galop d'Hermès 及 Eau Des Merveilles Bleue（如图 8-15 所示）两款香水颇为成功，使香水成为爱马仕集团在 2016 年表现最好的品类之一。

图 8-15　Galop d'Hermès 香水（左）和 Hermès Eau Des Merveilles Bleue 香水（右）

尽管奢侈品消费正在逐渐年轻化，香水是更能接近年轻人、潜力颇大的品类，爱马仕集团仍不对奢侈品消费的年轻化做出妥协。前首席执行官帕特里克·托马斯说："我们对这部分消费者不感兴趣，那些喜欢浮华、炫耀型商品的消费者不是我们的目标客户。"爱马仕家族的第六代传人阿克塞尔·杜马（Axel Dumas）在访谈中也几乎不曾主动提及年轻人。

不过，爱马仕集团的保守仅仅表现于目标消费群体，对于产品设计也有过非常激进的改革。当时在任的首席执行官、阿克塞尔·杜马的叔叔让–路易·杜马（Jean-Louis Dumas）为了改变 Hermès 品牌发展停滞的局面，引入新锐设计师艾瑞克·伯尼（Eric Bergere）和博纳德·桑兹（Bernard Sanz），翻新成衣设计风格，同时增加机车夹克、鸵鸟皮牛仔裤，试图改变消费者对 Hermès 仅仅是"马具品牌"的陈旧印象。Birkin 包即诞生于这一激进的改革时期。

如今，爱马仕集团很少再对产品销售做出重大调整。最大的变化仅仅是 2016 年开设了多家免费丝巾自助清洗店，同时在清洗店里出售 Hermès 的标志性丝巾。这一举措也是为了宣传丝巾文化，让更多顶级消费者了解丝巾。

了解 Hermès 的人会将 Hermès 称为奢侈品界中的"慢"品牌，讲究精工细作是它的灵魂所在。即使爱马仕在市场变化下对商业模式做出了一些调整，它的品牌核心始终保持不变。它选择保持奢侈品的神秘感，继续采取保守的品牌战略。没有营销部门的爱马仕其实已将所谓的"营销"融入了销售体系：直到现在，Hermès 门店依然严格限制客流——以两层楼的宽阔空间为例，客流限制为 10 人左右。如果一个顾客并非爱马仕的 VIP 常客，那也无法在门店中直接买到 Birkin 或 Kelly 包。以前，在这个顾客提交申请后，店员会把他列在一串等候人的末尾，并告知这款包可能需要两年后才能到货，而鳄鱼皮 Birkin 包更是仅向极有限的顶级客户开放。如今，Hermès 已经取消了这个等候名单制度，因为可能要让顾客等上十年之久。就像爱马仕集团首席执行官帕特里克·托马斯所言："我们需要控制速度，不能因发展过快而伤及我们的基本价值观——工艺精湛、材质优良、创意无限。过去我们就曾为保住核心价值观而抑制发展速度……注重的是价值观，增长就不再是唯一的选项。"

如果客户的影响力有限，而又想买到那只梦寐以求的 Hermès 包，唯一确定的方式就是在拍卖市场竞标。Hermès 包的升值潜力非常惊人，那些由稀有皮革制成的包更是如此。2013 年，在宏吉拍卖公司（Heritage Auctions）举行的拍卖会上，一组 Birkin 包的成交价达到了预估价的 3～5 倍，拍卖纪录价为 203 150 美元。2015 年 6 月 1 日中国香港佳士得拍卖会上，一只 Hermès 紫红色亮面鳄鱼皮 Birkin 包拍出 22.29 万美元（约合人民币 138.12 万元），刷新拍卖史上手提包的最高价成交纪录。

这也是爱马仕集团坚持的商业模式，产量控制、品类隔离，把最核心的皮包产品分离出来，保持高价及绝对的稀有性，以维护品牌定位。同时，爱马仕公司提供围巾、纺织品类等价格稍低的产品来提升销量。爱马仕在市场波动时的稳定业绩很大程度上来源于它在全球的平衡投资，以及谨慎的扩张。即使在盈利势头颇好的 2011～2012 年，爱马仕也在维持全球的零售网点总数，同时重新装修、扩大现有门店；而每个门店总监除了自由选货外，还可以根据本地需求来创作橱窗，以保证每个门店的活力。

销售业绩最后还是要回归到产品本身。爱马仕集团在维持经典款的同时，也在其他产品上做创新。设计师们行事低调，带来的产品维持着不错的口碑——门店总监可自由选货的机制，使设计师需要为其设计承担风险，这一机制也鼓励设计师注重创新。对于爱马仕公司特有的商业模式，阿克塞尔·杜马是这样解释的："我希望我们是一个推出产品的公司，不是一个做市场的公司，这是我们保持增长的秘诀之一。"

然而，一旦产品和市场营销计划通过了审核，副手们将被赋予很高程度的自主权来执行决策。阿克塞尔·杜马的嫡亲堂兄、爱马仕创意总监皮埃尔-亚历克斯·杜马（Pierre-Alexis Dumas）负责定下基调，调香师让-克劳德·艾莱纳（Jean-Claude Ellena）作为爱马仕的"鼻子"，在苏格兰格拉斯哥（Glasgow）郊外的家中运营着一个实验室，负责为爱马仕调配香水产品。阿克塞尔·杜马的另一名堂姐帕斯卡莱·米萨尔（Pascale Mussard）是 PetitH 的主管，这是阿克塞尔·杜马创立的一个利用边角料或丝绸碎料制造独一无二单品的部门。爱马仕的活动组织团队一旦收到行动指令，他们就会让自己的奇思妙想肆意驰骋，这一点已经通过"转角"大楼的活动得到证明。爱马仕美国分公司的首席执行官罗伯特·查韦斯（Robert Chavez）如此表述："我们一直说，在爱马仕公司里面，我们不太把自己当回事。"

在零售层面，他们的自主权还要更大。上千名零售店代表每年两度聚首巴黎，参加一项名为"平台"（Podium）的活动，他们将在那里挑选自己零售店将要销售的产品。爱马仕家族下令，每家旗舰店都必须从 11 个产品类别中各自挑选一件东西，从而推动他们在手袋、丝巾和领带以外增加香水、珠宝、手表以及家居饰品的选择。通过让这些门店经理拥有一份可供选择的精选货单，每家零售店的产品组合都是独一无二的。构成 Hermès 客户群的那些富有的环球旅行者们经常发现，他们是在全球范围内进行一场寻宝探险。举例来说，他们只有在比弗利山庄（Beverly Hills）才能找到售价 12 900 美元的 Hermès 篮球，而 112 000 美元的 Hermès 橙色皮革书柜只在加利福尼亚州科斯塔梅萨（Costa Mesa）的门店独家销售。因此，如果他们喜欢上那辆 11 300 美元的 Hermès 自行车，要想得到它可不容易，因为尽管爱马仕公司网站领先于很多同行竞争对手，但是上面只提供旗下少数几个产品线的信息。

事实上，在阿克塞尔·杜马看来，他只是不断完善爱马仕集团商业模式的勤劳的工作者，他说："家族希望一些第七代的成员踏入公司……（我）不会试着去游说他们……并延续不断追求卓越产品和销售魔术的传统。我只是家族下一代事业的保管者。"

8.2.2 香奈儿集团

法国奢侈品品牌 Chanel 于 1910 年在巴黎创立，创始人是设计师嘉柏丽尔·香奈儿（Gabrielle Bonheur Chanel）。Chanel 品牌最让人熟知的是绰号"Coco"的香奈儿女士本人，Chanel 5 号香水以及自 1983 年担任设计总监直至 2019 年病逝、几乎不在公众场合摘下墨镜的"老佛爷"卡尔·拉格斐（Karl Lagerfeld），如图 8-16 所示。

图 8-16　嘉柏丽尔·香奈儿（左）、Chanel 5 号香水（中）和卡尔·拉格斐（右）

成立 109 年以来，香奈儿集团在 2018 年 6 月首次公布了公司财报：2017 财年收入为 96.2 亿美元，同比增长 11.5%，净利润同比增长 19% 至 18 亿美元。欧洲依然是

Chanel 最大的市场，销售额为 39 亿美元；包括中国的亚太区销售额同比增长 16% 至 37.5 亿美元，是其第二大市场。Chanel 目前没有债务，且拥有 16 亿美元的现金。

自 20 世纪 20 年代创始人首次虚构出品牌的幻境美梦，Chanel 品牌的风格至今都很好预测。对这样的品牌来说，这无疑是一个新世界。1971 年，一生未婚的嘉柏丽尔·香奈儿去世，翡丽·吉布尔热（Philippe Guibourge）、让·卡佐邦（Jean Cazaubon）和伊冯娜·杜德尔（Yvonne Dudel）联手担任 Chanel 的设计师，并在 1983 年，将设计总监一职移交给卡尔·拉格斐。此后，卡尔·拉格斐成功振兴 Chanel 时装屋，Chanel 以及长期品牌所有者韦斯海默（Wertheimer）家族通过驾驭不断发展变化的奢侈品产业，试图传达信息的各个层面——从 Chanel 指甲油的旋转开启设计，到在每家由彼得·马里诺（Peter Marino）设计的品牌门店天花板上灯具的排列方式。韦斯海默家族成功地与卡尔·拉格斐缔结了稳定良好的工作关系，使 Chanel 时装屋依旧保有强大的品牌认同。

品牌风格的一致性，加上卡尔·拉格斐对新事物的强烈嗜好，以及在市场传播上往往超过其他时装公司的巨额预算，数十年间共同产出了令人羡慕的结果。很长一段时间内，Chanel 始终是其他奢侈时装屋的灯塔。而在 2017 年，Chanel 就是最终极意义上的人生目标。

对不少女性而言，Chanel 继续代表着某种类似"成人礼"的过程与仪式。不少女性将 Chanel 香水视为她们"长大后的第一香"：Coco Mademoiselle、Chance Eau Tendre 以及 5 号香水。在 2010 年至 2015 年间，前述每一支香氛都能在美国最热卖的香氛产品中跻身前五。

"长大了"也可以意味着收集那些单价 28 美元的 Chanel 指甲油或是购买她们人生中第一只包——往往是首次在 1955 年 2 月问世、卡尔·拉格斐在 1990 年进行改良的 2.55 手袋，还有在 2011 年推出、更结构化的 Chanel Le Boy 手袋。而 Chanel Gabrielle 手袋，则是香奈儿集团邀请克里斯滕·斯图尔特（Kristen Stewart）、卡罗琳·德·麦格雷特（Caroline de Maigret）、菲瑞尔·威廉姆斯（Pharrell Williams）和卡拉·迪乐芬妮（Cara Delevingne）出镜的重要广告大片主打的包型，是品牌推出的升级简洁版手袋。随意走在巴黎最时髦的街区，人们不难看到斜挎着 Chanel 包的学生与优雅的老妇人。

在 2016 年，受到欧洲政治与经济形势的影响，香奈儿公司面临了一些挑战，但

Chanel 品牌依旧是行业的领导者。Chanel 时尚总裁布鲁诺·帕夫洛夫斯基（Bruno Pavlovsky）说："人们对 Chanel 时装发布会的强大兴趣就反映出这点。但我们也清楚，品牌需要进化演变，才能走得下去。Chanel 5 号香水与 Chanel Gabrielle 手袋，就是这场新保卫战的关键武器。我们把品牌想做的以及人们对品牌的认知结合起来。为了能对新一代产生更大的影响，我们必须要提供超越品牌自我愿景的东西。"

世界在变，香奈儿公司因此也相应地做出了一些变化。尽管作为一家私营企业无须公开财务状况，但香奈儿公司在 2018 年反传统地主动发布详细财务数据，不仅颇有揭秘的性质，也被行业认为其中被赋予了更重要的表征性意义。香奈儿首席财务官菲利普·布隆迪奥（Philippe Blondiaux）解释说："我们意识到是时候把真相摆到桌面上了——公司目前的财务状况非常稳健。Chanel 不仅不会被出售，也不会寻求上市。我们的财务实力使我们能够保持独立，并关注长远。我们对自己的生意感到很满意，而且也很清楚下一步要达到怎样的目标。"

除此之外，香奈儿集团也在一直尝试开新店以及开启电商的新商业模式，但布鲁诺·帕夫洛夫斯基始终保持谨慎的态度："我们或许是最后一家采用基于创意的商业模式的了……不是说哪天我们连电商都不做了，只是说我们不急……我们只想提供最好的体验。如今购买 Chanel 配饰与成衣的顾客，也开始懂得欣赏仅在 Chanel 实体门店购物的独特性了……你可以随便点开什么内容就看，可以在电商网站买到任何你喜欢的东西。如果你还是在一家很棒的零售商那里买的，付款之后 90 分钟你就能收到商品了。我们认为，我们在香奈儿可以统一向同一个方向进发，但是我们并没有义务去做那些别人在做的事情。"——这正是 Chanel 品牌始终坚持的精神。

8.2.3 阿玛尼集团

The most magnificent is, actually, the simplest. ——Giorgio Armani
简单即是美。——乔治·阿玛尼

在设计上奉行"简单即是美"的乔治·阿玛尼先生（Giorgio Armani）在经营 Giorgio Armani 品牌上却走了一条相对"复杂"的道路。1934 年 7 月 11 日出生在米兰附近皮亚琴察小镇的乔治·阿玛尼是世界顶级服装设计师之一。1975 年，他创立品牌 Giorgio Armani，1981 年首开品牌延伸先河，以服装设计起家，纵向跨越从高级成衣到街头时尚的不同市场地位,完成了品牌金字塔的构建,更将产品线拓展至领带、眼镜、丝巾、皮革用品和香水等一切可能的领域;今天,阿玛尼的名字甚至和咖啡店、家具甚至酒店联系在一起(如图 8-17 和图 8-18 所示)。

图 8-17　阿玛尼集团的产品线

	服装	拎包	鞋履	包袋	配饰	手机	美妆	腕表	家具	甜品	花店	餐厅及咖啡屋	酒店	俱乐部	展览空间
Giorgio Armani Privē	○														
Giorgio Armani	○	○	○	○	○	○									
Armani Collezioni	○				○										
Emporio Armani	○	○	○	○	○			○				○			
AJ|Armani Jeans	○	○	○	○	○										
A|X Armani Exchange	○														
Armani Junior	○														
EA7 Emporio Armani	○				○										
Armani Beauty							○								
Armani Casa									○						
Armani/Dolci										○					
Armani/Fiori											○				
Armani Ristorante												○			
Armani Hotels & Resorts													○		
Armani Club														○	
Armani/Silos															○

图 8-18　阿玛尼集团的产品延伸与品牌延伸

注:Giorgio Armani Privē 产品已并入 Giorgio Armani;Armani Collezioni 产品已并入 Emporio Armani;AJ|Armani Jeans、Armani Junior、EA7 Emporio Armani 产品已并入 A|X Armani Exchange;Giorgio Armani 手机已经停产。

白手起家、自学成才的天才阿玛尼虽已年近古稀,却依然对工作狂热,要求严谨,事必躬亲。他说过:"工作就是我的生活,我没有闲暇留给他人。"也有人说他和他的时装在一起时,竟有一点寂寞的感觉。时装可能对于阿玛尼来说就像空气一样,没有的话他会窒息。他曾在14年内赢得了包括奈门马科斯奖、美国国际设计师协会奖等全球三十多项服装大奖。

时至今日，阿玛尼公司的业务已遍及一百多个国家和地区，其产品种类无不讲求精致的质感与简单的线条，透露着阿玛尼式的"随意优雅"。

2017年，全球时尚零售市场的急剧变化也令阿玛尼的奢侈品集团处在十字路口，在社交媒体和消费变化的冲击下开始进行结构性改革。一系列的调整主要是由于集团在2016年陷入了低迷。阿玛尼在一份声明中表示，2016年对于时尚和奢侈品行业是非常艰难的一年。2016年，阿玛尼集团收入跌至25.1亿欧元，是10年来的首次下跌——集团在2015年的销售额有4.5%的增幅，而2014年则是增长16%。集团净利润也从2015年的2.41亿欧元下滑至2.11亿欧元。不过，阿玛尼集团至今保持私有化，未公布更多财报细节。

乔治·阿玛尼一直创造着时尚。在两性性别越趋混淆的年代，乔治·阿玛尼是打破阳刚与阴柔的界线，引领时尚迈向中性风格的设计师之一。他的设计创造并非全凭空想，而是来自于观察，他在街上看见别人优雅的穿着方式，便用他的方式重组，再次创造出他自己的、属于Giorgio Armani风格的优雅形态。Giorgio Armani时尚、高贵、精致、中性化，充分展现了都市人简洁、优雅、自信的个性，故此深受理查德·基尔（Richard Gere）、沃伦·比蒂（Warren Beatty）和莎朗·斯通（Sharon Stone）等世界超级巨星的青睐和追捧。许多年来，乔治·阿玛尼总是以休闲但是一丝不苟的个人形象出现，灰色的头发整齐地梳着，穿一件海军蓝的羊毛开衫，配一件简单的T恤衫和卡其布男裤。他既不吸烟也不喝酒，据说，他的刀叉餐具都是层层包裹好的。他拒说英语，意大利语不离口，因此他一直被媒体形容为一个沉默寡言、害羞而骄傲的人。

作为设计师，他引领了40年来的时尚潮流，并一手打造出诸多全球奢侈品品牌。作为公司主席、行政董事，他与创业伙伴塞尔吉奥·加莱奥蒂（Sergio Galeotti）联手构建起一家奢侈品帝国，通过平衡传统与创新式的内生增长，保持一贯美学水准的跨界扩展，以及审慎并围绕核心业务的并购，缔造了一个服装时尚业的商业奇迹。

品牌创立之初，乔治·阿玛尼推出的第一个男装系列就赢得了普遍赞誉，外套斜肩、窄领、大口袋。到20世纪70年代末，乔治·阿玛尼又将男西装的领子加宽，并增加了胸、腰部的宽松量，创新推出了倒梯形造型。经历了"嬉皮士""朋克"的纷杂混乱、变幻莫测，人们对那种光怪陆离的打扮方式也心存倦意，Giorgio Armani 高雅简洁、庄重洒脱的服装风格，十足的意大利大家风范，恰好满足了人们新的时装需求，使人耳目一新。

80 年代初，女装界流行修身的窄细线条，而乔治·阿玛尼大胆地将传统男西服特点融入女装设计中，将其身线拓宽，创造出划时代的圆肩造型，加上无结构的运动衫、宽松的便装裤，给 20 世纪 80 年代的时装界吹来一股轻松自然之风。

进入 90 年代，乔治·阿玛尼的创作更趋成熟，他认为浮华夸张已不是潮流，即使是高级晚装也应保持含蓄内敛的矜持之美。他的设计并不启发人们童话式的梦想，他追求的是自我价值的肯定和实现，他的服装给予女人的是自信，并使人深切地感受到自身的重要。

进入 21 世纪后，在设计风格上，Armani 既不潮流亦非传统，而是二者之间很好的结合，其服装似乎很少与时髦两字有关。事实上，在每个季节，Armani 都有一些适当的可理解的修改，全然不顾那些足以影响一个设计师设计风格的时尚变化，因为设计师阿玛尼相信服装的质量更甚于款式更新。阿玛尼品牌定位在柔和、非结构性款式，操弄一些层次及色彩，经常调整比例。

事实上，时装界在意大利两个著名的设计师之间也同样存在着激烈的竞争。詹尼·范思哲（Gianni Versace）素以设计的性感服装、一贯的个人的生活方式并因其意外的死亡而为世人瞩目。乔治·阿玛尼的服装每件都是精品，具有广泛的可配套性，这使得单品组合成了它的又一风格特性。衣装尽管昂贵，但都有着独特的魅力而不是过分夸张。

乔治·阿玛尼曾说他的设计遵循三个黄金原则：① 去掉任何不必要的东西；② 注重舒适；③ 最华丽的东西实际上最简单。即使不再是最时髦的，但却永远不会落伍。"平衡"是乔治·阿玛尼最看重的元素，这是 Giorgio Armani 品牌始终保持优雅的秘诀。这种美学意识可归纳为：得益于孜孜不倦地探索优雅和创意之间的平衡，感应古老和现代的召唤。"平衡"的策略手段背后，是一种"坚持"的立场。坚持不上市，坚持独立性的管理风格，坚持自己的商业理念，这才是阿玛尼与公司成为"常青树"的根本所在。

乔治·阿玛尼在创建公司时始终秉持长远眼光，杜绝投机取巧，时刻专注于品牌承诺、未雨绸缪的风险管理以及对工作的无限热爱，认定一条独树一帜、坚持不懈的道路。乔治·阿玛尼的营商之道与设计风格一致——清晰、简洁、具体而内敛，也与Giorgio Armani"不喧哗、不夸张、不炫耀"相匹配。

保持财务独立并维持一致的品牌个性是阿玛尼集团成功的重要原因。从Giorgio Armani建立之初到现在，乔治·阿玛尼是唯一的股东。另外，他也没有动用任何银行贷款。阿玛尼集团也是少数几家获得如此良好的运营收益的公司之一。从1999年起，乔治·阿玛尼花费了约7亿欧元进行再投资，财务独立极大帮助了他进军不同领域，而无须承担股东的压力，也无须为面对季度性目标而烦恼。

但在将来，乔治·阿玛尼还想继续"一个人公司"是有困难的。许多产业都发生了合并，奢侈品、时尚行业一旦发生合并，对乔治·阿玛尼的行事风格和持续成功将是一大挑战。如前所述，挑战在2016年就发生了。

如今年已85岁的乔治·阿玛尼已经着手准备自己的身后计划。他没有子女，他的潜在继承人包括在阿玛尼集团工作的侄女罗伯塔·阿玛尼（Roberta Armani）和西尔瓦娜·阿玛尼（Silvana Armani），最近离职但仍是集团董事会成员的侄子安德烈·卡梅拉纳（Andrea Camerana）以及长期合作伙伴、基金会董事会成员潘塔莱奥·戴欧克（Pantaleo Dell'Orco）。2016年，乔治·阿玛尼成立了同名基金会Giorgio Armani Foundation，目的是鼓励继承人们和谐相处，同时不会向公司的管理层授予股份，避免其时尚帝国被收购或分裂，在自己退休前为阿玛尼集团的未来发展做好准备。

8.2.4 托德斯公司

托德斯旗下的品牌包括意大利奢侈品品牌Tod's和Fay、巴黎高端鞋履品牌Roger Vivier，以及意大利时尚鞋履品牌Hogan（如图8-19所示）。受到批发渠道及其核心鞋类受延迟交付和公司商业模式调整的影响，托德斯公司2018财年销售额同比下跌2.4%至9.41亿欧元，净利润同比下滑33.6%至4 710万欧元，经营利润同比下滑35.8%至7 170万欧元。

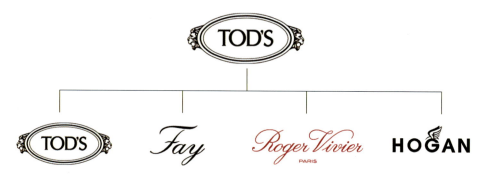

图 8-19　托德斯公司与旗下品牌

　　Tod's 品牌的诞生时间不过二十多年，但是创立 Tod's 品牌的迪亚哥·德拉·瓦莱（Diego Della Valle）家族却已经拥有百余年的制鞋历史了。品牌原名"J.P.Tod's"，该名字并不是创始人的名字或昵称，而是迪亚哥·德拉·瓦莱在翻阅波士顿电话簿时看到的一个词，觉得这个词的发音在任何语言里都很好听，而且有点传统英语腔调，容易让人产生跟英国贵族有关的联想，于是选定这个词为品牌名称。几年后，"J.P."两个字母被去掉，成了如今大家更为熟悉的 Tod's。为配合这个名字，Tod's 的品牌标识上画了两只形象化的狮子，给人以更清楚的皇家贵族想象。

　　Tod's 把传统及现代的设计融为一体，制作高品质、高创意及多用途的产品。Tod's 所有产品均以人手制造，而且是由一级的工匠所精制，在机械化的时尚世界中坚持传统的步调。

　　Tod's 每双鞋由 35 块皮面组成，因此非常重视皮革显色度与厚薄裁切的一致性。一款 Tod's 鞋的制作过程便有超过 100 个工序，这些精细而复杂的过程则十分依赖技工的经验和技术。Tod's 在意大利马尔凯（Marche）拥有自家的工厂，包括制鞋工厂、皮革工厂及超过 2 700 个技术研究所，令产品愈见完美。

　　托德斯公司在 1978 年制造出第一双拥有 133 颗橡胶粒的软底"豆豆鞋"——Tod's Moccasin Gommino，在过去二十多年间，因应各种颜色搭配，便出现过 150 种以上的变化。

　　Tod's 不仅仅是皮具品牌，从 2001 年至今，托德斯公司与法拉利公司合作推出一系列限量高级皮具及经典的开车鞋，命名为"Driving Shoes"。托德斯公司也时常与时尚艺术大师合作推陈出新，最著名的莫过于迈克尔·罗伯茨（Michael Roberts），他设计了新系列 Tod's "T-logo"，是以 Tod's 的经典开车鞋 Tod's Gommino 为灵感，主要采用帆布质料,以他拿手的图案代替 Tod's 标识用于产品上。除了鞋履外,更推出了丝巾、太阳帽、皮具,令这个系列更多元化。托德斯公司也为这位给集团做出巨大贡献的艺术家在米兰当代艺术空间开设了展览,让更多 Tod's 的爱好者了解这位多才多艺的传奇人物。

8.2.5 普拉达集团

普拉达集团是全球奢侈品行业的领先企业之一。普拉达集团采用新型业务模式,成功地将工业化生产流程与精湛的制作工艺和卓越的手工产品相结合。如图 8-20 所示,普拉达集团的旗下品牌包括 Prada、Miu Miu(缪西娅·普拉达创造的风格张扬、炫酷、成熟、自由而前卫的品牌)、Church's（1873 年创始于英国北安普敦地区的高端鞋履品牌，2006 年被普拉达集团收购）和 Car Shoe（成立于 1963 年，是驾驶用软皮鞋的首家生产商，Car Shoe 皮鞋采用专利软鞋跟,带有橡胶饰钉）。2018 财年,普拉达集团销售额同比增长 6% 至 31.42 亿欧元,零售渠道同比增长 7%,批发渠道同比增长 1%,该渠道在所有地区所有品类均实现增长。引人注目的是,这是普拉达四年来首次实现增长,缪西娅·普拉达改革计划的成效开始显现。

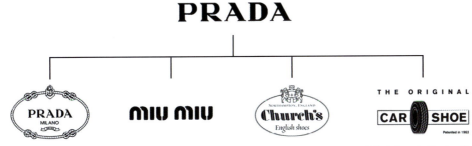

图 8-20　普拉达集团与旗下品牌

Prada 无疑是普拉达集团中最亮眼的明星品牌。Prada 是 1913 年由马里奥·普拉达（Mario Prada）先生在米兰创建。坐落于米兰伊曼纽尔二世长廊的 Prada 精品店,专门销售甄选优质原材料并以精湛工艺制作而成的优质奢华旅行用品和配饰。

很快,该店就成为欧洲贵族和上流社会以及追求品质生活人士最爱光顾的场所。1919 年,Prada 品牌被指定为意大利皇室的官方供应商,也因此被授予塞沃（Savoy）家族的盾徽和结绳标记的使用资格,成为 Prada 品牌标识中的组成元素。

70 年代末,马里奥·普拉达的孙女缪西娅·普拉达和帕特里齐奥·贝尔泰利

（Patrizio Bertelli）开始了彼此之间的合作，共同推动 Prada 品牌的国际化步伐。帕特里齐奥·贝尔泰利在奢侈品行业率先引入全新商业模式，在整个生产链条中实施完美无瑕的质量标准，并对整体流程加以持续而严格的控制。缪西娅·普拉达利用她出色的创造力，巧妙地将她在日常生活中积累的经验和对环境的细微观察代入工作之中，她以这种方式预测时尚潮流，同时坚守品牌的质量核心价值观与传统精湛工艺。这种巧妙的平衡使 Prada 成为全球著名品牌，并跻身于 Interbrand 全球最具价值的百强品牌之列。

Prada 品牌的主要特质之一是创新能力。作为在零售网络中引入新方法的先驱，Prada 是全球首个推出全新革命性店铺概念的品牌，即 Prada Epicenter 店，由国际知名建筑师雷姆·库哈斯（Rem Koolhaas）和建筑事务所赫佐格 – 德梅隆（Herzog & de Meuron）联袂设计。后来，这一做法被业界其他大品牌纷纷仿效。

今天的 Prada 包括男款与女款皮具、成衣和鞋类产品，将创新、精致而新潮的设计与手工产品特有的卓越品质融为一体。此外，Prada 还活跃于眼镜、香水和手机等领域。

缪西娅·普拉达的视野并没有局限在时尚产业之内，艺术、建筑、电影和哲学也都是 Prada 品牌核心价值中不可或缺的组成部分。1993 年问世的普拉达基金会致力于展现"当代艺术与文化领域最为激进的学术挑战"。它经常组织当代艺术展览和其他文化活动，在国际范围内享有很高的认可度。缪西娅·普拉达与雷姆·库哈斯合作的首尔 Prada "Transformer" 文化艺术馆正是这种理念的最新代表作品之一。2011 年 3 月 28 日，普拉达基金会宣布将威尼斯王后宫（Ca' Corner della Regina）打造成全新的专属展览空间。此栋建筑是大运河畔史上有名的豪华宅邸，经过全面修复后，致力于为威尼斯城内外呈现艺术领域的精彩活动。此后数年间，威尼斯王后宫向公众开放，其首个展览展示了普拉达基金会的多项活动，其中包括由雷姆·库哈斯设计的米兰全新空间。

8.2.6　菲拉格慕集团

Salvatore Ferragamo 被誉为"意大利的女鞋王国"，1927 年诞生，它的风格华贵典雅，实用性和款式并重，以传统手工设计和款式新颖誉满全球。如今，菲拉格慕集团旗下的产品线已从鞋履延伸至手袋、首饰、香水等（如图 8-21 所示）。2018 财年，菲拉格慕集团任命前古驰执行副总裁米凯拉·勒·迪维勒科·雷米（Micaela Le Divelec Lemmi）为首席执行官，进行战略改革，卓有成效，但带来的额外成本使得销售额同比下滑 3.4% 至 13.47 亿欧元，营业利润 1.5 亿欧元，下跌 19.5%。

图 8-21　菲拉格慕集团旗下产品线

创造力、激情和韧性是菲拉格慕家族恒久不变的价值观，并代代相传。创始人萨瓦托·菲拉格慕（Salvatore Ferragamo）从小就有做鞋的天赋，他感觉自己前世就是个鞋匠。9 岁时，他用一些边角料为两个妹妹做了两双小白鞋，13 岁尝试以本人的姓名命名开鞋店，之后凭着做鞋的手艺去美国闯荡。20 世纪 20 年代，美国正是工厂化的前沿，工厂大批量模版制鞋热销。年轻的萨瓦托·菲拉格慕抵制工厂化制鞋，坚持手工做鞋——先是为电影工作室做道具鞋，然后稍微有了些名气，一些好莱坞的明星慕名前来找他做好看的鞋子。于是，这位 20 岁出头的小鞋匠的粉丝群中多了好莱坞的明星或是社会名流：奥黛丽·赫本、索菲亚·罗兰、玛莉莲·梦露、温莎公爵夫人等。他单为玛莉莲·梦露就设计了 40 双形式各异的高跟鞋，鞋跟高度精确为 10.16 厘米，萨瓦托·菲拉格慕认为"女神"穿这一高度的高跟鞋时最性感。

手工定制很难扩大生产，当时美国熟练的手工制鞋师傅更是没有。最终，萨瓦托·菲拉格慕返回意大利，在佛罗伦萨二次创业，大批定制女鞋再销往美国市场。之后，萨瓦托·菲拉格慕艰难地熬过 30 年代的大萧条。"二战"前后，铁片短缺，他没法继续用铁片加入鞋的拱位处，就设计出凹陷的水松木鞋跟——"松糕鞋"现在几乎随处可见。创业 30 年间，萨瓦托·菲拉格慕创作超过 20 000 种设计，注册了 350 个专利。

1960 年，62 岁的萨瓦托·菲拉格慕因癌症去世，成为菲拉格慕家族的一个大转折。去世前，萨瓦托·菲拉格慕与当年只有 39 岁的妻子蔓达·菲拉格慕（Wanda Ferragamo）仔细讨论了公司该何去何从。他给妻子定了两个规矩：首先，六个孩子成年后都要为公司效力（见图 8-22）；其次，公司以后的商业模式不仅要做女鞋，还要做齐全系列，包括男鞋、男装、女装、皮包、围巾和饰品。

蔓达·菲拉格慕没有任何做生意的经验，也不曾受过相关专业高等教育，但她认定把丈夫的事业延续下去是自己的职责。于是，当孩子们逐一成年，他们开始在母亲的敦促下一个个进入家族企业工作。

图 8-22　菲拉格慕家族三代

萨瓦托·菲拉格慕逝世后，被时尚界公认的才女——萨瓦托·菲拉格慕的长女菲玛·菲拉格慕（Fiamma Ferragamo）在 1978 年设计了蝴蝶结芭蕾鞋 vara，至今仍在生产，是全球销量最多的一双女鞋。很多亚洲消费者就是通过这样一双皮质芭蕾鞋认识了 Salvatore Ferragamo 这个品牌。

其后，Salvatore Ferragamo 品牌发展至一个时装集团，在 1996 年取得法国时装品牌 Emanuel Ungaro 的控制权，1997 年又与 Bulgari 合作，发展香薰与化妆品。1998年，菲拉格慕集团与陆逊梯卡集团合作推出眼镜系列，令集团业务更多元化。

1998 年，菲拉格慕集团举办了第一届世界青年鞋款设计选拔大赛，鼓励对鞋款设计有兴趣的年轻学生继续朝设计方向努力。萨瓦托·菲拉格慕的长子、集团首席执行官费鲁齐奥·菲拉格慕（Ferruccio Ferragamo）是足球迷，为了向世界杯足球赛致意，菲拉格慕集团在 2002 年韩日世界杯上首次制作世界杯限量纪念商品，供足球迷们收集典藏。同年，前 Giorgio Armani 年轻设计师格雷姆·布莱克（Graeme Black）加入了菲拉格慕集团，令 Salvatore Ferragamo 的时装系列更趋年轻时尚，一改品牌风格，为经典的 Salvatore Ferragamo 注入年轻活力，带来一个新开始。如 2006 年春夏系列以海洋为题材，新装色调及设计均由轻松愉快的感觉出发，营造了清新的意境。

从 20 世纪 90 年代至今的三十多年内，Salvatore Ferragamo 的名字一直响亮不衰，往往带领潮流把企业扩展至其他地区，如于 90 年代韩国经济最低迷的时候，进入了韩国市场；1994 年便进入中国；而 1997 年亚洲金融风暴时，更大胆进驻马来西亚。其实，费鲁齐奥·菲拉格慕一直为鞋业发展及推广不遗余力，不仅希望把他的制鞋知识与经验传承给他的家族及企业，更希望可以和世界分享他对鞋子的热忱。

8.2.7 华伦天奴公司

Valentino 是意大利高级定制和高级成衣奢侈品品牌，成立于 1960 年，创始人是著名设计师华伦天奴·格拉瓦尼（Valentino Garavani）。华伦天奴公司旗下有三个品牌：
Valentino、Valentino Garavani 和 Red Valentino（如图 8-23 所示）。Valentino Garavani 是华伦天奴公司的主打品牌，Valentino 为女装高定系列，Red Valentino 更偏时尚与年轻。首席执行官斯坦法诺·沙西（Stefano Sassi）披露了华伦天奴公司 2018 财年的销售数据：收入为 12 亿欧元，同比增长 3.4%，并表示"呈现了积极的态势，对实现强劲增长有信心"。

图 8-23　华伦天奴公司与旗下品牌

在华伦天奴公司的商业模式中，Valentino 作为高级定制服和高级成衣品牌，融合意大利手工艺和现代美感，演绎了全新的时尚魅力。以 Valentino Garavani 命名的男女配饰系列包括手袋、皮鞋、小型皮具、腰带以及首饰。年轻的产品线品牌 Red Valentino 充满值得玩味的时尚元素、精美无匹的用料、优雅的润饰，成就了一个现代式的童话故事。

在中国，Valentino 始终不能和顶级奢侈品品牌挂钩的直接原因在于家族式管理，其中的经验教训很值得所有品牌管理者回味。

事实上，Valentino品牌在1908年已经面世，创始人是文琴佐·华伦天奴（Vincenzo Valentino），他在意大利那不勒斯创立了Valentino品牌。自此，Valentino成为意大利皇室贵族及社会名流的拥戴品牌。

1954年，文琴佐·华伦天奴的第二代继承人马里奥·华伦天奴（Mario Valentino）设计的Mario Valentino珊瑚凉鞋在《时尚服饰与美容》杂志封面作隆重介绍，作为20世纪工业设计的典范之作，陈列于瑞士鞋靴博物馆。

1956年，文琴佐·华伦天奴的第三代子孙吉奥瓦尼·华伦天奴（Giovani Valentino）又创立以"Giovani Valentino"命名的全新Valentino品牌。这一品牌在中国构建了皮鞋、皮具、男装、女装、内衣五大专卖体系，以会员制消费模式全力满足追求品质、品位生活的各界精英的需求。

1960年，文琴佐·华伦天奴的另一位第三代子孙华伦天奴·格拉瓦尼在荷兰注册了另一个Valentino品牌，并在欧洲一举成名。因此，华伦天奴·格拉瓦尼被认为是高级女装业中的精英人物。这个品牌成为意大利的服装奢侈品品牌，尤其以生产高档女装而著名。

于是，在全球范围内和"Valentino"有直接关系的品牌就有三个，分别是Mario Valentino、Giovani Valentino和Valentino Garavani。

为了让这些Valentino品牌不产生矛盾，1978年，华伦天奴家族内部达成协议，两方将划江而治，华伦天奴·格拉瓦尼在服装类产品上拥有"Valentino"商标专用权，马里奥·华伦天奴在皮鞋以及皮具类产品上拥有"Valentino"商标专用权，吉奥瓦尼·华伦天奴既可以生产鞋类皮革制品，也可以生产服装，但是产品必须用商标全称"Giovanni Valentino"。

可惜的是，混乱的品牌治理在1987年进入中国市场后遭遇到了危机，让人眼花缭乱的"Valentino"以低廉的价格充斥在城市里各个繁华的闹市街区，在中国，仿冒"Valentino"品牌的商标不下200种，其中皮鞋就多达百种（见图8-24）。

华伦天奴公司之所以在中国市场不愿意采取严厉措施，有很大一部分原因在于其家族内部对品牌的分而治之，华伦天奴家族的发展在现阶段其实是在由三个部分鼎力支撑的，即马里奥·华伦天奴、吉奥瓦尼·华伦天奴和华伦天奴·格拉瓦尼。由于三方独立经营，造成他们认为品牌权的使用理所应当，但是当品牌被随意滥用后需要维护时，却让几个家族成员的思想产生了推脱和懈怠。

图8-24 在中国市场泛滥的仿冒"Valentino"

经过多年起伏，华伦天奴·格拉瓦尼于2007年宣布退休，2008年发表了他个人最后一次Valentino高级定制秀与女装成衣系列。亚历桑德拉·法奇内蒂（Alessandra Facchinetti）从Gucci离职接任华伦天奴·格拉瓦尼。但由于种种原因，法奇内蒂迅速被Valentino解雇。与此同时，天才设计师比尔保罗·皮乔利（Pierpaolo Piccioli）和玛丽亚·格拉齐亚·基乌里（Maria Grazia Chiuri）加盟了Valentino，为全新的配饰系列投入热情（见图8-25）。一场挑战就此拉开序幕：从连衣裙到其他Valentino高定系列，传承品牌精神，延续创始家族的传统、技艺与创意。永无止境的探索精神体现在各方各面：Valentino迎来了新的时代。

图8-25 Valentino三位划时代的创意总监华伦天奴·格拉瓦尼（左）、比尔保罗·皮乔利（中）和玛丽亚·格拉齐亚·基乌里（右）

皮乔利说："从就职第一天起，传承 Valentino 精髓的首要任务便是升华品牌蓝图、理念和精髓，而非对其历史原创的单纯改造。高定工作室一直遵循着充满创造力的工作流程。换而言之，是对每个细节的精益求精。从时装秀到合作设计，再到精品店的呈现，皆是如此。"

仅仅几年内，Valentino 就再次跻身时尚产业的经典品牌，并树立国际风典范。2016 年，随着玛丽亚·格拉齐亚·基乌里在 Dior 开始了新的职业生涯，皮乔利独自担任 Valentino 唯一的创意总监。皮乔利解释说："我对人文主义颇感兴趣，它滋养了创造力。对我而言，构建时装屋的人文纽带是尽可能配备卓越的团队。我在这里深刻意识到，没有对传统的深入了解，就没有创新。与此同时，我清楚从这种认知衍生的限制感会赋予你思索如何驾驭它的自由。综上所述，这将成为 Valentino 新的发展方向。一种人性化的叙事即将被书写，它既充满个性又不失普世内涵。"

8.2.8 博柏利集团

Burberry 是极具英国传统风格的奢侈品品牌，创办于 1856 年，是英国皇室御用品。2018 财年，博柏利集团收入为 27.2 亿英镑，调整后的营业利润达 4.38 亿英镑，与 2017 财年持平。

早期的 Burberry 走的是实用路线。1880 年，托马斯·博柏利（Thomas Burberry）研究出了一种名叫"Gabardine"的布料，防水、结实又透气——英国人非常爱穿雨衣，下雨很少会打伞。这个专利发明引起了英国军方的注意，爱德华七世下令将 Burberry 雨衣作为军用衣物使用。于是，Burberry 开启了自己的军用服装路线，生产了大量的风衣。

在这之后，Burberry 还见证了许多重要的场合，英国著名的飞行员克劳德·格雷厄姆·怀特（Claude Grahame White）穿着 Burberry 大衣在 24 小时内从伦敦飞到了曼彻斯特，并打破了纪录。Burberry 的这些历史意义树立起了高端的品牌形象。

由于战争的影响，英国军队穿着 Burberry 的风衣在战场厮杀，Burberry 这个品牌深入大众人心。这一时期，Burberry 设计了独特的品牌标识——骑士商标：一

图 8-29 杜梅尼科·多尔奇和斯蒂芬诺·嘉班纳在 2019 年 7 月西西里岛神殿之谷 *Alta Moda* 发布会

作为品牌创始人,他们也在考虑品牌的接班人与身后计划。在接受意大利媒体《晚邮报》(*Corriere della Sera*)的采访时,杜梅尼科·多尔奇明确表示他们拒绝了所有收购报价,但不愿透露更多细节。在谈到品牌未来的"继承权"问题时,斯蒂芬诺·嘉班纳表示:"当我们死去的时候,我们的品牌也会一同消亡。我不希望以后会由一个日本设计师来为 Dolce & Gabbana 设计服装。"对于未来的身后计划,借鉴乔治·阿玛尼的做法,他们建立了一个独立的信托基金作为保障措施。斯蒂芬诺·嘉班纳对此的解释是:"如果我们中的一个发生了什么意外,那么另一个就需要面对一个继承了我们财产,但是对业务完全陌生的合伙人,比如我的侄子,这对品牌的发展会非常糟糕。所以,我们已经把持有的品牌股权拆分并建立了一个完全独立于我们两个的信托基金。"

8.2.10 蒂芙尼公司

1837 年 9 月 18 日,查尔斯·刘易斯·蒂芙尼(Charles Lewis Tiffany)与约翰·杨(John Young)在纽约百老汇大街 259 号创建了蒂芙尼公司(Tiffany & Co.),首日营业额为 4.85 美元。起初它只是一家小小的文具饰品店,但查尔斯却有伟大的理想和抱负,希望 Tiffany 能成为世界一流品牌。在当时,欧洲宫廷的王室珠宝品质优良,乃珠宝界中的精品。日渐富裕起来的美国人渴望拥有象征上流社会的王室珠宝作为对自己价值的肯定,以此来表明自己新的经济和社会地位。

1878 年,查尔斯购买了一颗 287 克拉的黄钻。它被切割至 128.54 克拉,并命名为 Tiffany Diamond。此后,他推出了著名的 Tiffany Setting 订婚钻戒,该款钻戒至今仍是山盟海誓与真挚爱情的不朽象征。1886 年,Tiffany 彻底改变了钻戒的设计,将钻石高高托起在戒环之上,以最大程度地展现钻石耀眼的光芒。

进入 20 世纪,查尔斯之子路易斯·康福特·蒂芙尼(Louis Comfort Tiffany)成为公司第一任设计总监。Tiffany 巨大的影响力也使美国决定采用 Tiffany 铂金纯度标准(95%)作为通行全美国的官方标准。

1956 年著名设计师让·史隆伯杰(Jean Schlumberger)的加盟和奥黛丽·赫本在影片《蒂芙尼的早餐》中淋漓尽致展现的纽约风情使 Tiffany 迅速风靡全球,也吸引了艾尔莎·柏瑞蒂(Elsa Peretti)和巴勃罗·毕加索(Pablo Picasso)的长女帕洛玛·毕加索(Paloma Picasso)在 20 世纪后期进入蒂芙尼公司担纲设计重任。蒂芙尼公司用各种颜色的宝石铺满了帕洛玛·毕加索的工作台,为她提供了无尽的创意空间。帕洛玛·毕加索非常兴奋地沉浸在这些宝石中间,她曾经说道:"珠宝设计就是我和宝石之间的私密对话。"

Tiffany 通过 1885 年修改美国的国徽、1967 年设计 Super Bowl 奖杯以及 2004 年设计 NASCAR 奖杯来巩固自身在美国文化中的地位——在美国,钻石即 Tiffany。

时至今日,蒂芙尼蓝已经成为一种辨识度超高的品牌专属色。1998 年,出于保护知识产权的考虑,蒂芙尼公司把蒂芙尼蓝注册为国际通用标准色卡,成为其注册颜色商标。它成了一种特别颜色的代名词。不少服装品牌在推出新品时也会用到蒂芙尼蓝,举办一场蒂芙尼蓝色调的婚礼,也是许多女孩心中的梦想。

创新和设计是蒂芙尼公司传承的两大基石。Tiffany 蓝色礼盒是永恒的经典,The Tiffany Setting 六爪镶嵌钻戒和黄钻戒指成就了品牌的经典标志(如图 8-30 所示)。

Tiffany 的情感诉求是"它将一生永随"。这也意味着当一个人入手 Tiffany 后,不仅仅是买了一件让自己变美的装饰品,更是在买一件给自己某种力量或情感内涵的"陪伴品"。Tiffany会陪伴相爱的两个人度过人生的各个阶段,经历人生的喜怒哀乐。也正因此,美国很多父母会在子女出生时给她们买Tiffany吊饰,之后随着她们年龄或经历的增长而添加,每一个都很有纪念价值。西方婚礼有一个传统,仪式上一定要"有陈有新,有借有蓝"。(Something old, something new, something borrowed, something blue.) Tiffany可以占领婚恋市场这么多年,很大原因就是这个源自英格兰的民俗。在很多人心中,蓝色代表了爱、祝福和忠诚,实在想不到有什么蓝色物件可用时,掏出一个蓝色的小盒子,一切烦恼就可以解决。

图 8-30　*Tiffany 经典的六爪镶嵌钻戒和黄钻戒指*

对于品牌管理而言,蒂芙尼公司不同于行业流行的外包管理模式,采用垂直的整合方式。如蒂芙尼公司拥有钻石矿产、独家钻石供应商,并拥有位于西南亚和南非的钻石切割及磨光设备,以及钻石检测、评估和度量系统。公司近60%的产品是在罗得岛州和纽约加工。采用供应链垂直整合方式基于以下两个原因:供应链垂直整合不仅能保证品牌的质量,而且能为公司创造更多的利润。

当然,随着奢侈品市场的发展,与其他奢侈品品牌一样,Tiffany也面临着年轻消费者流失、线上对实体店的销售冲击等问题。品牌既要维系中高端人群,要吸引年轻消费者,传承好的传统,还要给顾客带来更多的灵感和启发。为了增加消费体验,蒂芙尼公司开始跨界生活方式,且尝试了一些新的改变。

2017年,蒂芙尼公司推出了一系列生活艺术品,简单地将其命名为Tiffany家居与配饰系列,包括13 000美元的银质毛线球、1 500美元的花瓶、1 000美元的笔筒、1 300美元的几何三件套、650美元的漏斗、650美元的乒乓球拍、350美元的盐罐、350美元的中餐盒、250～350美元的镀金细管、300美元的溜溜球等,这个系列中甚至还包括一套约920美元的骨瓷材质的"纸杯"、165美元的回形针(如图8-31所示)。

图 8-31　Tiffany 家居与配饰系列

除此之外，蒂芙尼公司在时隔 15 年后再次推出香水系列，外包装依旧是经典蓝色。2017 年 10 月 1 日全球发售后，得到许多粉丝的喜爱，香水售价 75～132 美元，并同步发售身体乳和沐浴露。同时，蒂芙尼公司还邀请著名女星史蒂芬妮·杰尔马诺塔（Stefani Germanotta，即 Lady Gaga）代言宣传最新珠宝系列 Tiffany Hardwear，还拍摄了蒂芙尼公司史上第一个超级碗视频广告，进一步传播 Tiffany 婚戒品牌。

蒂芙尼公司在 2018 财年的净销售额同比上涨 7% 至 44.4 亿美元，可比销售额同比上涨 4%，净收益由 3.7 亿美元升至 5.86 亿美元。但 2019 年，蒂芙尼公司的业绩再度下滑，如最大的美洲市场在 2019 年上半年销售额同比下降 4%，同店销售额同比下降 5%……

8.2.11　雨果博斯公司

德国雨果博斯公司（Hugo Boss）成立于 1923 年，创始人是雨果·费迪南德·波士（Hugo Ferdinand Boss）。品牌建立之初，公司生产工作服和男士成衣，数年后因经济萧条几近破产。20 世纪 30 年代起，雨果博斯公司的管理层由于接到纳粹党徒的制服订单而得以翻身。Hugo Boss 的设计及形象男性化，以风格沉稳的男装开始，不鼓吹设计师风格，传达一种大众化的男装风格。1948 年，Hugo Boss 推出男装和童装系列，60 年代开始推出高级成衣系列。当时，Hugo Boss 的决策层从自己喜爱的中等价位品牌 Pierre Cardin 中得到启发，从德国乃至欧洲市场中找到 Hugo Boss 的市场定位，针对白领中产阶级，设计生产小批量、高品质、高档次而价格适中的服装，并很快就获得成功，Hugo Boss 品牌随之走向世界。发展至今，Hugo Boss 这个当年小规模家族品牌已经发展为时尚王国的一个顶级品牌，旗下拥有男女高级服饰、鞋靴、皮具、手表、眼镜和香水等众多产品，并一直以其品位、质量、时尚感和华贵的气质而备受推崇。

雨果博斯公司旗下有 Hugo Hugo Boss 和 Boss Hugo Boss 两个品牌，Hugo Hugo Boss 是针对年轻人的服装系列，它的设计较前卫时尚，采用最新型面料制作服装，适合追逐流行时尚的年轻男士。Boss Hugo Boss 的风格是建立在欧洲的传统形象上，带有浓浓的德国情调，消费群定位是城市白领，具体又细分为以正装为主的 Boss Hugo Boss Black、以休闲装为主的橙牌系列 Boss Hugo Boss Orange 和以户外运动服装为主的绿牌系列 Boss Hugo Boss Green（如图 8-32 所示）。

图 8-32　2016 年前雨果博斯公司与旗下品牌

2016 年，雨果博斯公司陷入了低谷，在第三季度营收为 7.03 亿欧元，同比下降 6%，净收入为 8 060 万欧元，同比下降 9%。掌门人克劳斯 – 迪特里希·拉尔斯（Claus-Dietrich Lahrs）离开 Hugo Boss 转投 Bottega Veneta，华人女装设计总监吴季刚辞职，专注发展个人品牌 Jason Wu。于是，新任首席执行官马克·兰格（Mark Langer）十分明确地改变了前任许多既定的品牌战略，取消了 Hugo Boss 女装系列在纽约时装周的走秀，决意重新回归高级男装品牌的根基。同时，他关闭了旗下两个品牌 Boss Hugo Boss Orange 和 Boss Hugo Boss Green，希望以削减副牌的方式吸引更多高端消费者。

2018 财年，雨果博斯公司销售额同比增长 2%，达 27.96 亿欧元，欧洲地区同比增长 4%，美洲地区销售额同比增长 4%，亚太地区销售额同比增长 7%，已接近了历史最高水平。经过瘦身后的 Hugo Boss 逐渐回到了正轨。

8.3 轻奢与时尚公司

我们已经总结了欧式和美式奢侈品品牌的构建方法。对于美国而言，历史相对短暂，受美国文化的影响，奢侈品行业的历史更短暂。如 Marc Jacobs、Donna Karen 或 Tiffany 等美国年轻的奢侈品品牌往往创造或讲述一个故事，更多以创新和购物体验来吸引奢侈品消费者。轻奢与时尚品牌出现在美国的大小街头，如 Coach、Ralph Lauren、Calvin Klein、Michael Kors、Tory Burch 和 Issey Miyake 等。

相比奢侈品品牌，轻奢与时尚品牌具有四大特征：① 高质量，但使用的材料并非最顶级；② 产品符合当下的流行趋势，和一般奢侈品品牌相比，轻奢每年要更换 4～6 次产品线，每季都会更新；③ 产品价格中等或中等偏上，目标客户是年轻人和中产阶级；④ 轻奢品牌门店往往很明亮，采用白色或淡色的装修主打色，亮丽、明快是门店装修的主要特点。

本节将聚焦于 Tapestry 集团、PVH 集团、拉尔夫·劳伦集团、Capri 集团、汤丽柏琦公司和三宅一生公司，一览全球主要轻奢与时尚公司。

8.3.1 Tapestry 集团

"Tapestry 集团"乍一看会让很多读者感觉非常陌生，事实上，它的前身就是"蔻驰集团"，后来更名为 Tapestry 集团。1941 年成立的 Tapestry 集团旗下有三大美国品牌：皮具品牌 Coach 和 Kate Spade、鞋履品牌 Stuart Weitzman（如图 8-33 所示）。

集团从"蔻驰"更名为" Tapestry"的最终目的是将集团打造成为轻奢界的路威酩轩集团，商业野心可见一斑。首席执行官维克托·路易斯（Victor Luis）将路威酩轩集团、历峰集团和开云集团列为潜在的竞争对手。更名后的 Tapestry 集团在年度报告中依然单独公布旗下三个品牌的业绩，而不是像路威酩轩集团和开云集团那样将部分品牌合为一体公布。

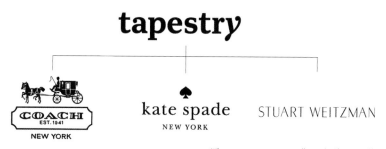

图 8-33 Tapestry 集团与旗下品牌

截至 2018 年 6 月 30 日的 2018 财年，Tapestry 集团受 2017 年 5 月收购 Kate Spade 品牌和 Coach 品牌良好表现的推动，总销售额同比增长 31% 至 58.8 亿美元，毛利率为 65.5%。其中，得益于更具有时尚创意的商品和北美市场的优异表现，Coach 的销售收入同比上升 3% 至 42.2 亿美元，毛利润达 69.4%。Kate Spade 受到批发业务及线上限时促销活动战略调整的影响，2018 财年销售额下降 7% 至 12.8 亿美元，而 Stuart Weitzman 受到产品开发及交付延误带来的不良影响，收入同比亏损 2 100 万美元，财年销售额则与去年大致持平，为 3.74 亿美元。Kate Spade 的创始人凯特·丝蓓于 2018 年 6 月在纽约家中自杀身亡，Kate Spade 和 Stuart Weitzman 各自出现了业务瓶颈，对 Tapestry 集团的运营表现更带来了巨大压力。

鉴于 Coach、Kate Spade 和 Stuart Weitzman 的轻奢品牌定位，品牌主要消费群体普遍为中产阶级，集团业绩增长将越来越依赖中国消费者的推动，在东南亚的市场还有很大潜力尚未被发掘。Tapestry 集团还计划进一步扩张俄罗斯市场，将在 2018～2023 年内开设四家精品店。

因此，可以预见的是，Tapestry 集团在战略上将继续通过减少促销活动、关闭部分业绩不好的门店来提升 Coach 品牌在北美批发商渠道的定位。同时，集团对 Stuart Weitzman 以往的业绩表现很满意，对 Kate Spade 未来的发展也相当有信心。然而，Tapestry 集团仍然处于转型阵痛期，它的收入受挫是因为公司为了维持品牌的高端定位，将产品从百货商店的货架上撤走，这意味着由于商业模式的变化，集团的收入增长将会受到抑制。

8.3.2　PVH 集团

美国 PVH（Philips-Van-Heusen）集团创建于 1881 年，是全球第二大服装集团，经营男女装、童装、家居及鞋类等多种自有和授权品牌商品。集团总部设于美国纽约，旗下拥有轻奢品牌 Calvin Klein、高端时尚品牌 Tommy Hilfiger，以及 Izod、Van Heusen、Bass、Speedo 和 Arrow 等代表性品牌。

其中，Calvin Klein 是美国的一个轻奢时装品牌，于 1968 年成立，创始者为同名设计师卡尔文·克莱恩（Calvin Klein），曾经连续四度获得知名的服装奖项，出身于著名的美国纽约时装学院。2018 财年，PVH 集团得益于前 Dior 设计总监拉夫·西蒙斯（Raf Simons）的加盟和中国市场的强劲销售表现，集团销售额同比上涨 8.3% 至 96.56 亿美元，创历史新高；Calvin Klein 得益于欧洲、亚洲以及北美批发业务的增长，销售额同比上涨 8% 至 37.3 亿美元。

卡尔文·克莱恩先生一直坚守完美主义，每一件 Calvin Klein 时装都显得非常完美。因为体现了十足的纽约生活方式，Calvin Klein 服装成为新一代职业女性品牌选择中的最爱。

卡尔文·克莱恩集团拥有高级时装、成衣、牛仔三大产品线，另外还经营休闲装、袜子、内衣、睡衣、泳衣、香水、眼镜、家饰用品等。

2016 年，拉夫·西蒙斯投入 Calvin Klein 旗下担任创意总监，Calvin Klein 迎来了创立以来最大规模及最高频率的革新。与通常意义上的创意总监不同，拉夫·西蒙斯是品牌首个负责包括男女士内衣、香水到牛仔、配饰和男女时装系列所有品类的设计师，拥有决策的绝对自由。除设计外，他还涉足卡尔文·克莱恩集团所有的市场广告和其他创意工作。

拉夫·西蒙斯上任后对卡尔文·克莱恩集团商业模式和品牌设计的改造和布局几乎是全方位的，包括对品牌标识的改变、首个针对明星的定制系列 Calvin Klein by Appointment 的推出以及为成衣系列命名。拉夫·西蒙斯为品牌成衣系列定下的新名字 Calvin Klein 205W39NYC，特别是对于美国以外市场的消费者而言较为难记，但事实上，这个名字更符合拉夫·西蒙斯对 Calvin Klein "去大众化"的新定位，而新标识"CALVIN KLEIN"在感觉上更有奢侈品品牌的气势，暗示原本定位于中高端市场的 Calvin Klein 要变得更具"奢侈"感。拉夫·西蒙斯的目的都在于让 Calvin Klein 从轻奢品牌向奢侈品品牌行列靠拢。

8.3.3 拉尔夫·劳伦集团

Ralph Lauren 品牌成立于 1968 年，带有一股浓烈的美国气息，在全球开创了高品质时装的销售领域，将设计师拉尔夫·劳伦（Ralph Lauren）的盛名和 Ralph Lauren 品牌的光辉形象不断发扬。2018 财年，拉尔夫·劳伦集团净销售额为 63 亿美元，同比增长 2%，毛利润为 39 亿美元，毛利率 61.6%，调整后的营业利润为 7.25 亿美元，营业利润率 11.5%，净利润为 4.31 亿美元。

Ralph Lauren 是服装界的经典品牌之一。1939 年，拉尔夫·劳伦出生于美国的平凡劳工家庭，他的父亲是一位油漆工人，母亲则是标准的家庭主妇，从其家庭背景而论，几乎与服装牵不上边。然而，拉尔夫·劳伦对于服装的敏锐度可说是与生俱来，从小便自己玩衣裳的拼接游戏，将军装与牛仔服饰融合为一，让衣服有其背后的故事性；而拉尔夫·劳伦对于皮革的鉴赏分辨力，亦是在孩童时期就已具备，每当下课放学，别的小孩出去玩乐嬉戏，拉尔夫·劳伦却是不停地打工，为的就是购买自己心爱的衣着，同时不断培养自己对服装的兴趣，以期日后能朝服装界发展。在中学毕业时，他在纪念册上写下他的愿望：成为百万富翁。日后，拉尔夫·劳伦先生完成了他的愿望，成为美国极具领导性的休闲品牌，创建了一个属于他个人的时尚王国。并非时装设计科班出身的拉尔夫·劳伦，踏进时尚领域的第一个工作，是波士顿地区的一个领带销售员。当时的领带花色都是千篇一律的深黑，了无新意。一次偶然的机会，拉尔夫·劳伦争取到了设计领带的机会。他大刀阔斧地为领带的外形做革新，不仅在宽度上加大了两倍，色泽也更为鲜艳多彩。他把价格提升了双倍，结果却出乎意料地大卖，并带起当时的流行风潮。此宽领带系列，即是拉尔夫·劳伦首度以"Polo"为命名的发端之作。

1968 年，拉尔夫·劳伦男装公司成立，并推出第一个品牌 Polo Ralph Lauren，这是针对成功的都市男士所设计的个人化风格服装，介于正式与休闲之间的款式，方便他们出入各种都会休闲场合。

三年后，拉尔夫·劳伦再推出女装品牌 ph Ralph Lauren，他的女装真正符合了美国精神——一种不因潮流而改变、永恒并具个人风格的穿着感。其后，拉尔夫·劳伦陆续推出 Polo Jeans Company 牛仔系列、Polo Sport 年轻休闲系列，以及专为上流社会女性打高尔夫球而设计的 Ralph Ralph Golf。此后，随着消费者需求的变化，Ralph Lauren 调整了旗下的品牌组合，通过不同着装场合来区分为不同产品线，包括 Polo Ralph Lauren、Double RL、Lauren、Collection 和 Purple Label 成衣产品线，以及 Ralph Lauren 餐厅、Ralph Lauren 咖啡厅、RL 杂志和 Ralph Lauren 腕表（参见 4.3.2 一节）。

半个多世纪以来，拉尔夫·劳伦从最初在帝国大厦柜台销售领带，一直到今天在全球时尚界引领潮流。拉尔夫·劳伦本人已成为现代美国文化的标志，而他创立的公司已成为高级服装、配饰、家居用品及香水行业设计、传播及经销领域的全球领导者。他的名字成为永恒设计、完美质量和细节至上的代名词。

8.3.4 Capri 集团

Capri 集团的前身即迈克·高仕集团，于 1981 年正式成立，总部设在纽约市。曾担任 Celine 首席设计师的迈克·高仕（Michael Kors）将奢侈品行业带入了一个新阶

段，成功塑造了崇尚自我表达和与众不同的生活化概念，并将品牌和美国过去的经典奢侈品品牌区分开来。Michael Kors 已经成为美式奢侈生活风格的代表品牌。在截至 2019 年 3 月 30 日的 2019 财年，Capri 集团得益于对新产品创新的有利反应和促销活动减少，带动北美数字旗舰店和时尚生活用品店的平均零售量增加，总销售额同比增长 10.9% 至 52.38 亿美元。

从品牌创立之初，迈克·高仕的设计重心一直是服务于上层女性。基于对纽约女性的了解，他的设计风格同时融合了"务实和放纵"，并赢得了这一阶层消费者的芳心。此后，随着社会的不断演进，时尚也开始变平了。窥视到这一机会，2004 年，迈克·高仕增加了 MICHAEL Michael Kors 和 KORS Michael Kors 两个产品线品牌，作为时尚品牌向二线消费者渗透。此后为了聚焦消费者，将 Michael Kors 的产品线重新定位为 MICHAEL Michael Kors 和 Michael Kors Collection。2017 年 10 月，Capri 集团正式以 12 亿美元收购了奢侈品鞋履品牌 Jimmy Choo；2018 年，Capri 集团以 18.3 亿欧元的价格全资收购了意大利奢侈品品牌 Vercase。在完成收购后，Capri 计划将 Versace 的年营收增长至 20 亿美元，新增 100 家门店至 300 家，加强电商渠道的发

展,并将配饰和鞋履对销售额的贡献从 2018 年的 35% 提升至 60%。可见,Capri 集团将 Versace 作为集团业务的核心,与 Tapestry 集团一样,也有了向奢侈品集团升级的计划(如图 8-34 所示)。

皮具品类的两个品牌各司其职,Michael Kors 负责传递和建立品牌的独特审美观,同类产品价格低于 Louis Vuitton 等奢侈品品牌。其中,MICHAEL Michael Kors 系列主攻皮具和配饰市场,同时还提供女性成衣等;

图 8-34 Capri 集团与旗下品牌

高端系列 Michael Kors Collection 的设计与选材则比 MICHAEL Michael Kors 系列讲究得多,价格也是后者的 2～5 倍。而 Versace 已成为 Capri 集团的核心品牌,担负着完成集团全新战略的使命;Jimmy Choo 为 Capri 集团打开了高端鞋履市场。此外,Capri 集团还陆续引入授权生产的特许商品,2003 年引入 Estée Lauder 生产的香水,2004 年引入 Marchon 眼镜和 Fossil 手表,2010 年引入 Fossil 珠宝。

时至今日,Versace 和 Michael Kors 品牌的手袋早已在美国主流市场占有一席之地,而其余各个类型的配饰也都拥有了各自的拥趸。

随着品牌阵营的壮大及受众范围的扩大,渠道战略也发生了改变。此前,Capri 集团多以专柜形式在精品百货销售,倚重批发渠道,现在则重点开拓零售店。增强零售渠道的开拓力度,一方面能够削弱品牌对百货公司的依赖;另一方面,零售网络处于公司完全控制下,既能够提高对购物环境、货品展示的掌控力,从而强化品牌形象,也方便根据本地化偏好进行店面调整以吸引消费者。更为关键的是,零售渠道为品牌贡献了更高的利润率。

值得一提的是,上市协议中规定迈克·高仕先生将一直在公司工作,直到有任何外界原因比如死亡、生病为止。尽管迈克·高仕在 Capri 集团中早已失去绝对控股权,但身为小股东的他同样受益颇丰。

当然,轻奢品牌也需要国际化。虽然迈克·高仕的设计带有浓厚的美式休闲风格,此前品牌一直扎根于北美市场,自 2010 年起才开始加快国际化的步伐,但是瞬间吸引了那些习惯 Coach 品牌的亚洲女性消费者。到了 2016 年,迈克·高仕也遇到了和 Coach 同样的问题，更多潮牌如 Tory Burch、Issey Miyake 等品牌的崛起，让红极一时的 Michael Kors 慢慢冷却了下来。不过，收购 Jimmy Choo 和 Versace 让集团在核心业务增长疲软的情况下，确立了新的核心品牌 Versace，获得新的增长动力，也面临着转型为真正大型奢侈品集团而带来的巨大挑战。

8.3.5 汤丽柏琦公司

Tory Burch 成立于 2004 年，它是一个实际可行的时尚生活方式品牌，源于经典的美国运动时装风格，充满无拘无束的活力与感觉，融  合了永恒、经典的设计元素与现代时尚的感情。Tory Burch 有广泛的产品线，包括手袋、成衣、鞋履、香氛和家居产品。在 2017 年公布的财务数据中，年轻的 Tory Burch 品牌仅成衣和配件销售额就超过 10 亿美元。

创始人汤丽·柏琦（Tory Burch）就是品牌最好的代言人，她系出名门，母亲是一名时髦的女演员，父亲是成功的投资人。母亲是好莱坞巨星马龙·白兰度（Marlon Brando）和史蒂夫·麦奎因（Steve McQueen）的前任，父亲赢得过摩纳哥王妃格蕾丝·凯莉的芳心，而她的未婚夫皮埃尔－伊夫·卢赛尔（Pierre-Yves Roussel）则是路威酩轩集团总裁的特别顾问。

汤丽·柏琦在 2004 年创立名品牌 Tory Burch 之前，曾在《时尚芭莎》（*Harper's Bazaar*）杂志部门工作，亦曾在西班牙奢侈品品牌 Loewe 担任过公关及市场等职务，因此她十分了解创立一个成功品牌需要的多维度视角及努力。如今，汤丽·柏琦的设计已经凭借其上东区的良好品位加上波希米亚式的艺术化自由风格，成为当代最知名、也最为市场认可的美国设计师之一，而融合了美式时髦的全球化风格正是她得以脱颖而出的关键。在零售渠道的扩张上，汤丽·柏琦也很早就有了打开亚太尤其是中国市场的意识。仅仅在其品牌成立一年之后，她就与 Lane Crawford 进行合作，进军大中华市场。经过了 12 年的经营，目前在亚洲已开设超过 70 间门店，其中 19 间位于中国，而其全球最大的旗舰店于 2014 年在上海落成。汤丽柏琦公司在中国 30% 的业务来自成衣，比在全球其他地方的都要多。

汤丽·柏琦始终认为"轻奢"泛滥的原因之一，就在于消费者的标识狂热还未散去，其能够拥有一个大牌标签的成本并不高。因此，在过去的五年内，她特地将带有标识的产品放缓一些投入市场。她曾以在中国市场新推出、以本人星座为灵感的 Tory Burch Gemini Link 手袋系列（如图 8-35 所示）举例："它对于我们的标识来说不是一个清除，而是加入了一些东西。当我自己观察我们的标识并围绕其工作进行设想时，我们想到的更多是实用性、对称性，这就是对标识文化和消费习惯的一个迭代。"

图 8-35　Tory Burch Germini Link 手袋系列

如今，Tory Burch 品牌前进的脚步还在继续迈进，汤丽·柏琦与她的兄弟、汤丽柏琦公司发展总裁罗伯特·伊森（Robert Isen）一起，花费了三年时间开发出 Tory Sport 系列，以体现运动精神。其中一个原因是汤丽·柏琦希望保持创业动力，同时在运动系列上浓缩创立至今所有知识、见解的精华。

8.3.6　三宅一生公司

在中国市场，短短十几年时间爆发了五个轻奢品牌的时尚浪潮。从 Ralph Lauren 到 Calvin Klein，从 Calvin Klein 到 Coach 和 Kate Spade，从 Coach、Kate Spade 到 Michael Kors，从 Michael Kors 再到 Tory Burch。2015 年，街头上又开始流行一款"米字格"手拎包（如图 8-36 所示），这就是三宅一生先生的经典作品 Bao Bao Issey Miyake。

图 8-36　Bao Bao Issey Miyake 的各款式产品

Issey Miyake 虽不是第一个为国际公认的日本时装品牌，却是根植于日本的民族观念、习俗和价值观，是日本资生堂集团（Shiseido）旗下的女装、手袋品牌。

三宅一生（Issey Miyake）出生在1938年的日本，受到第二次世界大战后被美军占领的影响，玛丽莲·梦露、米老鼠、电视和速冻食品给儿时的他刻下了深刻的印象，在他的记忆中刻下了此后东西合璧风格形成的轨迹。1968年，他与于贝尔·德·纪梵希一起做设计工作，并在两年后建立了同名品牌和工作室。由于1971年在纽约和东京举办时装秀的巨大成功，他步入了时装大师的设计生涯。

三宅一生的设计直接延伸到面料设计领域。他将自古代流传至今的传统织物应用了现代科技，结合他个人的哲学思想，创造出独特而不可思议的织料和服装，被称为"面料魔术师"。他善于立体主义设计，他的服装让人联想到日本的传统服饰，但这些服装形式在日本是从来未有的。三宅一生的服装没有一丝商业气息，有的全是充满梦幻色彩的创举，他的顾客群是东西方中上阶层前卫人士。

和三宅一生的名望相比，他的经济收益始终是个谜，销售情况总是被当作机密而鲜为人知。仅仅可以知道的是在1993年3月到1997年3月之间，仅Issey Miyake褶皱（Pleats Please）女装系列就售出了68万件外套，每年约有21万件其他系列的衣服在全世界售出。1997年，他就开出了13家专卖店，而使他的门店总数达到了109家。

| 结尾案例 |

竞合时代：Hermès、开云和路威酩轩集团

Hermès、Gucci和Louis Vuitton分别是爱马仕集团、开云集团和路威酩轩集团的代表性品牌，Interbrand和BrandZ榜单发布至今，这三个品牌始终在列，并位居奢侈品品牌的前茅，它们共同开启了奢侈品市场的竞合时代。

爱马仕集团设计、生产并销售奢侈品，而路威酩轩集团和开云集团是一种"极端"，它们通过资本运作方式大量收购奢侈品公司。尤其作为奢侈品"第一帝国"，路威酩轩集团旗下81个品牌构成了庞大的规模，无论是规模、销售额还是影响力，稳居全球奢侈品集团之首。表8-11和图8-37展示了三个集团的概况、特征与上市后的股价趋势。

表 8-11 爱马仕集团、开云集团和路威酩轩集团的对比

	爱马仕集团	开云集团	路威酩轩集团
旗下品牌数量	5	13	81
代表性品牌	Hermès	Gucci、Saint Laurent、Balenciaga 等	Louis Vuitton、Dior、Bulgari、Moët Chandon 等
主营品类	皮具	皮具、成衣、珠宝	皮具、成衣、化妆品、酒
资本运作方式	设计、生产并销售	资本收购	资本收购
传承方式	家族传承	家族传承	家族传承
上市日期	1993 年	1989 年	1987 年

图 8-37 爱马仕集团、开云集团和路威酩轩集团的历史股价对比

路威酩轩从合并建立至今三十多年间，已经进行了近百次并购交易，集团在其目标领域内采用"资本手段快速鲸吞式收购"举措，堪称奢侈品行业内"大杀四方"的巨人，一桩桩眼花缭乱的并购造就了路威酩轩集团，现今几乎实现奢侈品行业全品类覆盖。81 个奢侈品品牌共同构建了一个前所未有的"帝国"，这是路威酩轩集团商业模式和运营的核心。路威酩轩集团管理者形成了自己一套独特的并购逻辑及并购后的经营技巧，其精髓与 1987 年合并之时所奠定的并购术一脉相承。作为集团创始人兼掌门人，贝尔纳·阿尔诺也是集团并购策略的推动者、并购历程中的灵魂人物。"没有不好的品牌，只有不合格的品牌经理"，作风强硬的贝尔纳·阿尔诺对于自己集团的并购战略充满自信和坚定。不过，路威酩轩集团在收购之路上也遇到过不小的挫折，Gucci 和 Hermès 就是其中的两个。

1. Gucci

路威酩轩集团、Gucci和开云集团之间数十年恩恩怨怨的三角关系是奢侈品界的饭后谈资。故事要从20世纪80年代Gucci的没落说起。Gucci第三代继承人毛里奇奥·古驰（Maurizio Gucci）成为Gucci新掌门人后，由于家族金钱、权力斗争而濒临破产，无法带领Gucci走出困境。

于是，1987年，此前已对Tiffany完成了投资的巴林主权基金（Investcorp）逐步购入Gucci股份，但未介入经营。至1989年，巴林主权基金已经拥有了Gucci 50%的股份，另一半还留在毛里奇奥·古驰手中。此后，Gucci亏损四千多万美元，几近破产，巴林主权基金直接从毛里奇奥·古驰处收购了剩余的50%股份，由此对Gucci完全控股，而古驰家族则从此与Gucci品牌再无瓜葛。

1994年，巴林主权基金任命了新任首席执行官多米尼克·德·索雷（Dominique de Sole），并放手让后者决定Gucci创意总监的人选。德·索雷独具慧眼地任命了当时还并不出名的美国设计师汤姆·福特为创意总监，为Gucci起死回生打下了坚定的基础。同时，精明的巴林主权基金设置了著名的"毒丸计划"保护机制，在法律上赋予了Gucci管理层在遭遇恶意收购时可以向公司管理层增发新股份，向管理层提供无息贷款购买新股，并且用这些新股分红来偿还贷款。

1995年，Gucci的49%股份在阿姆斯特丹上市，剩下的51%股份次年在纽约证券交易所上市。上市伊始，路威酩轩集团就以每股55.84美元的价格极其迅速地购买Gucci股票，达到5%持股比例。一周后，路威酩轩集团再以68.87美元再次买入Gucci股票，持股比例提高到9.6%。在短短不到一个月的时间里，路威酩轩集团斥资约14亿美元，分四次收购了Gucci约34.4%的股份，并立即以大股东身份要求向董事会派出三名董事。Gucci管理层也主动向路威酩轩集团提出让后者收购全部股份，但路威酩轩集团只是想利用"荷兰法律没有规定收购方必须事先向被收购方的全体股东提交收购方案"的契机，用最低的投入强行进入董事会，控制Gucci。这让Gucci的管理层深感不安，便反戈一击，开启"毒丸计划"，向荷兰法院状告路威酩轩集团恶意收购。与此同时，Gucci向路威酩轩集团提出终止协议，要求后者签署保证Gucci的独立性和限制路威酩轩集团股份的文件，并授权基金会3 700万新股的认购权。路威酩轩集团34.4%的股权被稀释成25%，表决权完全被中和。

在谈判的同时，Gucci与皮诺集团（即开云集团的前身）结盟，向后者发行3 900万新股，数量为路威酩轩集团持股数的两倍，路威酩轩集团的股权被稀释至20%，皮诺集团的股权增至42%。路威酩轩集团随即向法院申请撤销Gucci向第三方发行新股的程序，但由于股份冻结原因，法庭拒绝路威酩轩集团的申请。在路威酩轩集团受挫之时，Gucci与皮诺集团达成战略协议，皮诺集团获得最多可以收购10.1%剩余股份的权力，获得董事会九名成员中的四个席位，拥有对主席的否决权。翌年，路威酩轩集团再次申请荷兰法院调查，但始终困难重重。2001年，路威酩轩集团不得不与Gucci妥协，将持有的所有Gucci股份转让给皮诺集团。2003年，Gucci也同时向除皮诺集团以外的所有股权派发股息。2004年，皮诺集团以101.5美元/股的价格收购Gucci剩余的所有股份，总额88亿美元。

至此，长达五年的 Gucci 之争宣告结束，路威酩轩集团铩羽而归，皮诺集团成了最大的赢家，并且开启了奢侈品品牌收购之路，最终可与路威酩轩集团和历峰集团分庭抗礼。

2. Hermès

路威酩轩集团在收购 Gucci 失败后，转而尝试收购 Hermès。于是，世界时尚之都巴黎的商战故事又为奢侈品帝国贡献了浓重一笔。2010 年起，路威酩轩集团和爱马仕集团掀起了一场精彩激烈的收购与反收购之争。

2010 年 10 月，路威酩轩集团突然发表声明，宣布借助金融衍生品工具，成功购入爱马仕集团 17.1% 的股份，总值高达 14.5 亿欧元。几周之后更是达到了 20.2%。随后，爱马仕集团强硬地组织家族人士反抗此"恶意"收购，并坚决表示："不需要任何形式的帮助和支持，强烈要求路威酩轩集团退出爱马仕股份，并同时要求法国证券监管机构介入调查路威酩轩集团操作的合法性。"

事实上，早在 20 世纪 80 年代，爱马仕集团的一些股东曾卖给路威酩轩集团约 10% 的股份，这些股份于 90 年代初在爱马仕家族的要求下被卖掉。21 世纪后，路威酩轩集团又想方设法陆续收购了爱马仕集团约 5% 的股份。贝尔纳·阿尔诺想故技重施，告诉公众路威酩轩集团不会寻求敌意收购，也不会谋求爱马仕的董事会席位，"我们会尊重爱马仕家族的独立性，为保存其家族和法国特色做贡献……""我不认为一个私人合伙公司有权力命令投资人放弃他的股份……我们对于 Hermès 的投资是长线的，既不针对社会也不受其家族牵制"。

根据法国金融市场监管条例，当单一股东持有一家上市企业股份超过 33%，需要向其他股东提出公开收购要约，才能取得对这家企业的控制权。爱马仕家族继承人共持有 73.4% 的股份，但单个继承人持有的股份均未超过 5%。如果任由路威酩轩集团继续收购股份，爱马仕家族将有可能失去对爱马仕集团一百多年来的控制权。当爱马仕集团获悉路威酩轩集团收购了其 17% 的股份后，立即召集管理层及监管董事会举行了联合会议。

阿尔诺的举动创造了爱马仕集团的新转折点。爱马仕家族成员团结到了一起，而不是套现离场。非家族成员的帕特里克·托马斯对此说出了那句非常著名的话："如果你想诱引一个漂亮女人，你总不会一上来就从背后对她施暴吧。"借此机会，爱马仕家族也一致表明了其长期掌控公司股份的坚定决心，并向公众发表了声明："爱马仕集团将坚持自己的文化、精神的传播和发扬，保持其独特性。在过去十年间，爱马仕集团创造了年均 10% 的净收入增长，现在集团拥有流动资金 7 亿欧元，资金实力雄厚。爱马仕家族成员股东拥有公司近 75% 的股权。他们紧密团结，对企业的发展抱有统一的愿景。公司有限合伙股份制度可以保证爱马仕家族成员股东拥有对公司的长期稳定控制，而且家族成员股东也确认他们无意大量出售股票。爱马仕集团公开上市的部分股票使有兴趣成为爱马仕股东的投资者成为小份额的股东。而作为一个家族企业，爱马仕集团将一如既往地对每一位股东报以最大的尊重。"

2011 年 3 月，蒂埃里·爱马仕的 50 位后人做出了另一项大胆举动，他们汇集手上的爱马仕股份，成立了一家名为"H51"的控股公司，股份总价值达到 160 亿美元。这些股份贡献者拥有爱马仕公司全部股份的 50.2%，他们订立合同约定，在未来 20 年不出售手中的股份。爱马仕公司的另外两名大股东、第五代家族成员伯特兰德·皮艾什（Bertrand Puech）

和尼古拉·皮艾什（Nicolas Puech）没有将各自的股份放到H51公司，但他们同样站在对抗路威酩轩集团的战线上，并同意在出售手中股份时给予家族成员优先取舍权。

按照这个计划，装入其中的股份在没有得到家族成员75%以上比例同意票的情况下，禁止向外出售。另外12.6%的股权并没有装入其中，以给予家族成员一定的减持套现空间，但一旦家族成员出售这部分股份，家族的股权托管基金将享有优先的购买权。这一安排保证了即便后人们打算出售公司股权，要想达到75%以上的家族成员同意也至少需要几十年的时间。在此期间，公司在法律意义上将一直处于爱马仕家族成员的控制之下。

直到2014年，这两大奢侈品集团间的股权官司总算告一段落。在巴黎商业法院的建议下，贝尔纳·阿尔诺同意交出集团持有的23%的爱马仕集团股权，价值约64亿欧元，并承诺至少未来五年内不会再收购爱马仕集团的股份。这部分交出的股权会在其股东与机构投资者间做重新分配，分配后，贝尔纳·阿尔诺控股的阿尔诺集团将持有爱马仕集团8.5%的股权。而路威酩轩集团旗下最大的控股集团迪奥集团也把手中的爱马仕集团股票对股东进行再分配。

在爱马仕家族的共同治理下，爱马仕集团股权被分割成一个俄罗斯套娃式的、由六家控股公司组成的集团，具有巧妙的双层管理结构：一层更侧重于所有权，Emile Hermès SARL这个以家族祖先命名的实体由家族成员组成，负责决定预算、批准贷款以及行使否决权。另一层爱马仕国际（Hermès International），则负责公司日常管理以及跟外部展开合作（在其11名董事会成员中，非家族成员目前占据了4个席位）。此后，爱马仕股权结构变得更加复杂，虽未具体对外公布，但始终保持家族监控型的公司治理模式。

事实上，非家族成员管理者很少在没有家族成员参与的情况下制定策略或品牌决策。很多家族成员在公司担任多种职位，因此对多个产品类别拥有主导权。以前任高管的话语表述即是，"如果会议桌上有三到五个人，其中的家族成员说了'是'，谁会说'不'呢？没有人有足够的权势来提出反驳。"这也就是路威酩轩集团始终不能成功收购爱马仕集团的重要原因之一。

收购Gucci和Hermès失败是路威酩轩集团三十多年收购史中为数不多的失败案例，但是失败并没有使之气馁，其收购奢侈品品牌的步伐仍在继续，陆续收购了Dior（2017）、Rimowa、Patou（2018）等品牌，2019年又完成或宣布对Fenty、Belmond、Tiffany，以及Stella McCartney少数股权的收购，使阿尔诺商业帝国的版图不断扩大。

成功收购Gucci的开云集团也在短短十余年间以Gucci为核心，甚至不惜精简旗下的品牌架构，打造了足以媲美路威酩轩集团的奢侈品王国。即使开云与路威酩轩集团似乎水火不相容，两个集团依然在2017年联手起草了《劳动关系与模特健康保障章程》，致力于推动奢侈品行业的劳动保护和可持续发展。而Hermès依旧屹立于奢侈品世界的顶端，凭借秉持"真、善、美"的哲学和保持独立的决心，续写着自己的传奇故事。

附录 A

世界著名拍卖行

A.1　苏富比拍卖行
A.2　佳士得拍卖行
A.3　德国纳高拍卖行
A.4　英国大维德拍卖行
A.5　菲利普斯拍卖行
A.6　中国保利
A.7　中国嘉德

当全球奢侈品品牌无论在欧洲市场还是中国市场或多或少遇到了发展瓶颈时，奢侈品拍卖行却逐渐火爆起来。很多消费者对奢侈品并没有失去好感，只是他们未发现新的购买和收藏途径。更有时尚达人说，奢侈品与拍卖行是天生一对。

Hermès、Tiffany、Bottega Veneta、Chanel、Louis Vuitton、Dior、Patek Philippe、Parmigiani、Ferrari 等奢侈品品牌都曾在著名的拍卖行抛头露脸，其中最著名的拍品之一是 2015 年香港佳士得拍卖会上以 22.29 万美元天价成交的 Hermès 紫红色亮面鳄鱼皮 Birkin 包，刷新拍卖史上手提包的最高价成交纪录；还有一次著名的成交拍品是在 2015 年菲利普斯首场香港名表拍卖会上的 Patek Phillipe Ref. 3450 万年历白金腕表，1 553 000 美元的最终拍价刷新了亚洲拍卖会单表成交价纪录；此外，2015 年纽约苏富比拍卖会上，一位收藏家拍下了 Ferrari 290 MM 赛车，成交价达到了惊人的 2 805 万美元……拍卖行成了鉴定奢侈品及其品牌价值的最好场所之一，奢侈品品牌与世界著名拍卖行的关系紧密相连。

拍卖（auction）是一种以公开竞价的形式，将特定的物品或财产权利转让给最高应价者的买卖方式。随着人类社会的发展，拍卖业逐渐形成。17、18 世纪的近代欧洲见证了人类历史中拍卖业的一座高峰，具体表现为拍卖法规逐渐完善、拍卖市场初步形成、拍卖机构大量出现。

在这一时期，一些目前在世界上享有盛名的拍卖行相继问世，其中包括当今两大巨头拍卖行——苏富比和佳士得。此后，伴随经济社会不断进步，越来越多的拍卖行纷纷涌现，且广泛分布于欧美、中国等全球各地。下文将详细介绍世界七大著名拍卖行：苏富比、佳士得、德国纳高、英国大维德、菲利普斯、中国保利和中国嘉德。

A.1 苏富比拍卖行

苏富比（Sotheby's）是全球历史最悠久、规模最大的拍卖行之一。它于1744年3月诞生在英国伦敦的"科芬园"（Covent Garden），起源于一位叫塞缪尔·贝克（Samuel Baker）的书商在科芬园一处果菜花卉市场举办了一场持续十天的书籍拍卖会。在这十天中，数百本珍贵书籍易主，总成交额达876英镑。这是拍卖作为一种行业最初在世界上出现的情形，也是苏富比在历史中的首次亮相。

1778年，塞缪尔·贝克的外甥约翰·苏富比（John Sotheby）成为这家拍卖行的合伙人，并使拍卖行的业务更上层楼。苏富比家族独特的拍卖技巧，使得这家拍卖行声誉日隆。1843年，一位德国记者曾经描述了约翰·苏富比的儿子——山姆·李·苏富比（Sam Lee Sotheby）主持一场书籍拍卖会时的现场情景："每当苏富比举起珍贵的文件或书籍，台下就一阵交头接耳的骚动。兴奋之情随着拍卖会进行而起伏，只有在拍卖官司落槌的那一刹那，才有瞬间的寂静。"于是，"苏富比"成了这家拍卖行的金字招牌（见图A-1）。虽然苏富比家族与拍卖行的关系止于1863年，但其名称却保留至今，成为公司资产的一部分。

如今，苏富比全球办事处遍布40个国家。同时，塞缪尔·贝克的书商背景使苏富比一直以印刷品和手稿的拍卖为世人称道。苏富比也是全球唯一拥有英国文学研究专家的拍卖公司，每年举行两次英国文学作品的专拍，由五位专家主理。从成交额来看，苏富比在2005年的书籍及手稿总成交额高达7 900万美元，奠定公司在书籍和手稿国际拍卖市场的领导地位。2010年，苏富比的总成交额达48亿美元，创造了历史最好成绩。

苏富比主要拍卖中心设在美国纽约及英国伦敦，并定期在世界九个主要艺术中心举行拍卖，包括中国香港、法国、意大利及瑞士等地。苏富比控股公司（Sotheby's Holdings Inc.）已于纽约证券交易所上市，代号为BID。

图 A-1

苏富比在亚洲地区的办事处包括中国、日本、新加坡、印度尼西亚、泰国、马来西亚及菲律宾,并于中国香港及北京定期举行艺术拍卖。

苏富比的知名拍例包括第一本活版印刷《圣经》、首版美国《独立宣言》、温莎公爵夫人珠宝以及"粉红之星"钻石。

1. 第一本活版印刷《圣经》

1884年,苏富比拍卖了世界历史上第一本活版印刷的《圣经》,底价1 200英镑。经过几轮叫价,该书最终以3 900英镑成交,创下了当时单本书籍成交的最高纪录(见图A-2)。

图 A-2

2. 首版美国《独立宣言》

美国《独立宣言》1776年印刷的第1版在苏富比拍卖,最终以800万美元高价成交(见图A-3)。据信,目前在全美国仅有25份原版文件得以保存。

图 A-3

3. 温莎公爵夫人珠宝

1987年,苏富比拍卖行在瑞士日内瓦举行了举世瞩目的"温莎公爵夫人珠宝拍卖会"。306件拍品拍出了5000万美元的总成交额,不单创下了单一收藏家的珠宝藏品拍卖纪录(见图A-4),更刷新了拍卖出席人数纪录:超过1 000人出席了拍卖会,并有上千人从纽约通过卫星同时参与拍卖。

图 A-4　温莎公爵夫人珠宝拍品:Cartier猎豹胸针、Cartier围兜项链、Cartier火烈鸟钻石胸针

4. 粉红之星

2017 年，在中国香港苏富比春季拍卖会上，全球最大的粉色钻石"粉红之星"（The Pink Star）以 7 120 万美元（约合 4.9 亿人民币）的惊人价格成交，刷新了全球钻石拍卖成交额纪录。这颗"粉红之星"钻石的重量达到了 59.6 克拉，纯净度非常高，1999 年出产于南非，经过两年的设计和切割才最终成型（见图 A-5）。

图 A-5

A.2 佳士得拍卖行

1766 年，詹姆士·佳士得（James Christie）在伦敦创立佳士得拍卖行（Christie's），成为世界上历史最悠久的艺术品拍卖行之一。

佳士得拍卖行开张不久，即于 1766 年 12 月 5 日筹备举行了首次拍卖，引起英国公众的注意。在此后的两百多年中，佳士得公司好事不断，生意也越做越大。1797 年，英国著名画家贺加斯的《婚礼风俗》油画在佳士得进行拍卖，最终成交价 1 050 英镑。这是佳士得第一件突破 1 000 英镑的拍卖品。

1876 年，英国著名风景画和肖像画家庚斯博罗（1727—1788）的《特文肖公爵夫人像》由佳士得公司拍卖，成为首件拍卖出 1 万英镑的艺术品。此后名家油画的身价大增。

1882 年，佳士得在伦敦汉密尔顿宫举办为期 17 天的拍卖会，其中有 11 幅油画被国立美术馆看中，以总计 397 562 英镑的价格成交。从此，佳士得在整个欧洲名声大噪。

1970 年，西班牙画家委拉斯凯兹（1599—1660）的《朱安·德·帕勒加像》在佳士得以231万英镑的价格成交,成为拍卖史上第一件打破100万英镑纪录的艺术品。

在公司扩张方面,1968年起佳士得开始注意拓展国外业务,当年在日内瓦设立其第一个国外办事处,专营珠宝业务。1977年又在美国纽约设立办事处,并举办拍卖会,大获成功。1979年在纽约又设立一个新的办事处,名为"东佳士得"。

佳士得设立的办事处分布于全球约90个主要城市。佳士得在伦敦的主拍卖场位于圣詹姆斯,从1823年起就开始使用。设在伦敦的第二个拍卖场位于南肯辛顿。这个拍卖场开放于1975年并主要负责中部市场。目前佳士得的拍卖机构遍及全球各国及地区,包括中国大陆、法国、瑞士、荷兰、奥地利、阿根廷、德国、意大利、韩国、西班牙、日本、美国、澳大利亚、新加坡、泰国、以色列、阿联酋及墨西哥(见图A-6)。

图 A-6

2013年,佳士得拍卖行成为首家获准在中国大陆独立开展拍卖业务的国际拍卖行。佳士得拍卖行于2013年9月26日在中国上海举行首场拍卖会,42件高档拍卖品将在中国登场,市场估值高达1 600多万美元。这42件拍卖品包括来自巴黎的钻石镶嵌珠宝首饰、来自当代亚洲艺术家的雕塑作品、毕加索和沃霍尔等大画家的画作,以及包括法国波尔多市玛尔戈村红葡萄酒在内的诸多名酒。

佳士得的知名拍例包括莱昂纳多·达·芬奇的《救世主》、巴布罗·毕加索的《阿尔及尔的女人(O版)》、亚美迪欧·莫迪利安尼的《侧卧的裸女》、法兰西斯·培根《卢西安·弗洛伊德三习作》，以及阿尔伯托·贾克梅蒂的《指示者》。

1.《救世主》

2017 年 11 月 15 日，莱昂纳多·达·芬奇著名画作《救世主》于佳士得进行拍卖（见图 A-7）。拍卖现场座无虚席，所有人的目光都聚焦于这幅旷世奇作上。这件万众瞩目的作品以 7 000 万美元的价格起拍，整个拍卖过程扣人心弦、高潮迭起。在经过漫长的近 20 分钟的激烈角逐后，《救世主》最终以 4 亿美元落槌，最终成交价高达 4.5 亿美元（约合 35 亿港元）。它不仅成为拍卖史上成交价最高的艺术品，也同时打破了达·芬奇作品的拍卖纪录以及任何古典大师作品的拍卖纪录。

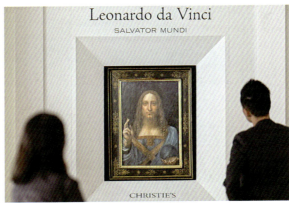

图 A-7

2.《阿尔及尔的女人（O 版）》

2015 年 5 月 11 日，毕加索画作《阿尔及尔的女人（O 版）》在佳士得纽约名为"回顾往昔"的专场拍卖会上亮相（见图 A-8）。作品以 1 亿美元起拍，竞购方先后举牌超过 30 次。在经过 11 分 30 秒的角逐后，该作品最终以 1.79 亿美元成交，创下当时拍卖史上最贵作品的纪录。

3.《侧卧的裸女》

亚美迪欧·莫迪利安尼（Amedeo Modigliani）的代表作《侧卧的裸女》（*Nu couché*）是描绘女性裸体油画中名气最大且最受仰慕的作品之一，曾有艺术评论家称其为"裸体中的极致"。从许多方面看,这幅画作都标志着莫迪利安尼短暂而悲惨的艺术生涯的巅峰。

图 A-8

2015 年 11 月 9 日,在佳士得纽约"画家与缪斯"拍卖会上,来自中国的藏家刘益谦以超过 1.7 亿美元的高价将这幅作品收入囊中,刷新了莫迪利安尼作品最高成交价纪录。

4.《卢西安·弗洛伊德三习作》

英国艺术家法兰西斯·培根(Francis Bacon)在其 1969 年的作品《卢西安·弗洛伊德三习作》(*Three Studies of Lucian Freud*)中,生动地描绘了他的朋友:同是画家的卢西安·弗洛伊德(Lucian Freud)。以象征着阳光的鲜黄色为背景色的这幅三联画作尺幅宏大、震撼人心,艺术家的每一笔仿佛都散发出勃勃生机。三幅画以三个不同角度描绘弗洛伊德坐在椅上的样子,标志着两人之间的紧密联系(见图 A-9)。

2013 年 11 月 12 日,《卢西安·弗洛伊德三习作》作为绝对的主角,于佳士得拍卖会上领衔登场。现场和电话叫价此起彼落,不久就超越当时由爱德华·蒙克(Edvard Munch)的《呐喊》(*The Scream*)所保持的近 1.2 亿美元的拍卖纪录,最终在全场掌声中以 1.42 亿美元成交。

图 A-9

5.《指示者》

在 2015 年 5 月 11 日举行的佳士得纽约"回顾往昔"的专场拍卖会上，当毕加索的《阿尔及尔的女人（O 版）》成为当时拍卖史上最贵的作品时，另一件来自瑞士艺术家阿尔伯托·贾克梅蒂（Alberto Giacometti）的雕塑代表作《指示者》（*L'homme au doigt*）同样被一位私人藏家以 1.41 亿美元购得，成为迄今为止拍卖价格最高的雕塑作品，并打破了该艺术家的拍卖纪录（见图 A-10）。

A.3 德国纳高拍卖行

德国纳高拍卖行（Nagel）创建于 1922 年，总部设于德国经济重镇斯图加特，现已发展为欧洲最著名的拍卖行之一，每年定期推出亚洲艺术、欧洲古董艺术、现代艺术、地毯与民俗艺术拍卖会。纳高在欧洲与佳士得、苏富比等拍卖公司齐名。公司创办人福瑞茨·纳高（Fritz Nagel）及接班人哥特·纳高（Gert K. Nagel）都曾荣获德意志联邦共和国颁发的文化贡献勋章。

1978 年，罗宾·斯特劳勃（Robin Straub）加入德国纳高，并于 1990 年买下了纳高拍卖行，成

图 A-10

为德国纳高的新一任掌门人。

德国纳高先后在德国莱比锡、以色列海法、比利时布鲁塞尔、意大利维罗纳、奥地利维也纳、日本东京及中国香港和北京设立分部和代表处。

德国纳高的中国知名拍例包括"的星号"沉船出水文物和2004年中国艺术品拍卖会。

1. "的星号"沉船出水文物

2000年11月,纳高因拍卖沉船"的星号"(Tek Sing)上的35万件中国瓷器而闻名于世,数十万件出水文物百分之百成交。这次拍卖会是人类有史以来最大规模的拍卖会,其创下的拍卖史纪录被载入吉尼斯世界纪录。

"的星号"帆船长约55米,宽约15米,载重量上千吨,是清代少有的巨型三桅远洋帆船。1822年,"的星号"从厦门港出发,驶向荷兰殖民地爪哇岛的巴达维亚(今雅加达)。船舱内载有大量贵重货物,包括由中国、日本、英国、瑞典和法国富商订购的大量瓷器。具体器物包括茶具、托盘、水杯、化妆盒、水瓶、汤匙、油灯等。

所有的拍品中,有元青花、明青花以及清代早期的青花瓷,横跨五个世纪。虽然经过了百年的深海洗礼,但仍明亮动人。这是有史以来第一次这么多中国瓷器的集中亮相,着实让各地的古董商以及收藏家们眼前一亮(见图A-11)。正是这场拍卖会使纳高真正在全球范围内扬名。

图 A-11

2. 2004年中国艺术品拍卖会

2004年5月21日至22日,纳高拍卖公司在德国斯图加特举行了一场中国艺术品拍卖会，拍品有上千件中国明清艺术珍品，包括瓷器、佛像、宣德炉，还有齐白石等当代名家书画。公司拍卖前，曾携带 50 件中国艺术珍品到北京预展，于 4 月 16 日至 18 日在北京国际俱乐部饭店举办"中国古美术品展览会"。纳高成为首家在欧洲拍卖而在中国预展的欧洲拍卖公司。

A.4　英国大维德拍卖行

英国大维德（David's）是国际著名的拍卖行，成立于 1952 年，在英国大维德中国艺术基金会的全额资助下建立于伦敦。英国大维德拍卖有限公司是由英国政府批准，以经营中国、西方国家文物艺术品为主的综合性拍卖公司。拍品汇集了来自全球各地的珍罕艺术品、名表、珠宝首饰、汽车和名酒等精品。每年定期举办春季、秋季大型拍卖会及特别专场。

成立之初，公司只拍卖大维德基金会自己的藏品，后期顺应时代发展，2014 年进驻中国，在上海设立拍卖会场联络处，以配合亚洲业务发展的需要。上海的办事处以服务中国、日本、印度、韩国、印度尼西亚及新加坡的客户为主。

英国大维德自创立以来，始终秉持"真乃居先，诚为业本"的从业精神，连续被英国拍卖行业协会评为"英国规范诚信与业绩优秀拍卖企业"及"世界拍卖企业 10 强"，被英国政府授予"社会责任建设先进企业""英国重点服务业企业"等称号，并被世界多家权威媒体授予"最具文化底蕴""最具品牌价值"的拍卖企业。

成立之初，大维德拍卖依托于基金会内世界级艺术珍藏赢得广泛关注。馆内以中国陶瓷尤为突出，涵盖近千年历史，被华人学者认为是世界最佳陶瓷珍藏。

大维德的中国瓷器收藏将近 1 700 件，时代自晋至清，被誉为是除北京故宫博物院以外最丰富的收藏（见图 A-12）。作为家庭富裕的外国人，要搜奇猎艳地收集东方古董并不难，难得的是大维德与众不同。其收藏眼光最接近中国皇家品位，也接近于当今国内收藏界行家的精品标准。其懂得北宋汝窑的珍稀，识得乾隆题诗的含义，专喜收藏有铭文纪年的文物，还曾把明代曹昭的《格古要论》全部翻译成英文。

图 A-12

在所有大维德的馆藏中,最珍贵且最具有传奇色彩的藏品,当属元至正十一年(1351)的青花龙凤纹象耳瓶(见图 A-13)。

图 A-13

1927年,大维德收藏到了被认为是中国陶瓷史上最重要的瓷瓶,后来被海外收藏界称为"大维德花瓶"(David Vales)。当时他只收了一只,八年后才买到了另一只,使之复合成双。这一对青花龙凤纹象耳瓶腹部瘦长,纹饰自上往下共分九层,依次为缠枝菊花、蕉叶、云凤、缠枝莲花、云龙纹、海涛纹两层、缠枝牡丹以及杂宝莲瓣。正是这一对瓷瓶引发了后续考古学者对元青花的研究。

A.5 菲利普斯拍卖行

英国菲利普斯拍卖行（Phillips）的创始人哈里·菲利普斯（Harry Phillips）出自佳士得先生门下，1796年自立门户。虽然作为英国第三大拍卖行，但菲利普斯自成立以来都远远落后于苏富比和佳士得，根本没有相提并论的资格，直到1999年11月被路威酩轩集团掌门人阿尔诺出资7 000万英镑买下。阿尔诺利用两大拍卖行丑闻缠身的机会，给菲利普斯投入巨资。菲利普斯主攻印象派作品、现当代艺术品和家具拍卖，目前全力和苏富比、佳士得在法国市场竞争，并以此为中心辐射比利时、瑞士和德国（见图A-14）。

图 A-14

菲利普斯的中国知名拍例包括Patek Philippe Ref. 3450腕表和李燕生的《无心之境》。

1. Patek Philippe Ref.3450腕表

2015年12月1日，菲利普斯在中国香港四季酒店举办首场香港名表拍卖会。此次拍卖汇集多款世界上最珍贵的时计，最终总成交额高达15 189 578美元。其中一枚Patek Philippe Ref. 3450万年历白金腕表拍出1 553 000美元，一举刷新亚洲拍卖会单表成交价记录。这枚腕表产于1985年，配备月相盈亏和闰年显示功能，并拥有原始凭证和表盒,非常罕见且具有重要意义(见图 A-15)。

2.《无心之境》

2016 年,李燕生作品《无心之境》在菲利普斯拍卖行以 1 200 万元人民币成交,刷新艺术家作品个人纪录。

李燕生是继徐悲鸿先生之后,又一位倡导并强调国画改革、融入西画技法的艺术大师。他大胆地将西方绘画的光影效果、立体质感、丰富色彩通过水彩融合到国画创作之中,缔造了通明与厚重、柔润与沉着、光泽与层次并存的中国画。他将世界美术事业推向了一个前所未有的巅峰,开创了新天地。

图 A-15

A.6 中国保利

北京保利国际拍卖有限公司是保利集团直属子公司,于 2005 年 7 月 1 日正式成立。所举办拍卖会汇集近现代、当代画坛大家、名家力作千余件;"中国近代书画"专场推出齐白石、吴昌硕、徐悲鸿、林风眠、李可染、黄胄、吴冠中以及京津派、海派、新金陵画派等专题;"中国当代书画"专场展现当代画家的精品力作;"中国油画"专场涵盖了百余年中国油画发展史上各流派代表画家的作品,颜文梁、林风眠、关良、赵无极、吴冠中、罗中立、杨飞云、陈逸飞等中国名家名作也成为收藏家追捧的精品之作;2011 年 10 月 13 日,北京保利国际拍卖有限公司"现当代艺术陶瓷"推出在北京人民大会堂荣获中国陶瓷设计艺术大师的易武的精品力作,受到广大收藏家的极力赞赏和追捧。

2005 年 11 月,北京保利国际拍卖有限公司在北京举办首届大型拍卖会。徐悲鸿、吴昌硕、林风眠、李可染、吴冠中等诸多中国画坛领军人物的宏幅巨制皆名列其中。吴冠中《鹦鹉天堂》以 3 025 万元的成交价创造了其作品的最高成交纪录;黄胄的巨幅作品《丰收图》以 1 595 万元成交,从而使黄胄跻身作品超千万的画家行列。首场拍卖所取得的 5.6 亿元的成交额,也使北京保利一举跻身于国内顶级拍卖企业之列。

2006 年 6 月举办的春季拍卖会上保利取得了 4.18 亿元的成交总额,《中国油画》

专场以 1.45 亿元的成交额，创造了国内油画专场成交的最高纪录。2006 年 11 月，北京保利秋季拍卖会加大了以油画为主的现当代艺术品的比重，取得 3.19 亿元的成绩。三个油画专场取得 1.88 亿元的成交额，其中刘小东的《三峡新移民》以 2 200 万的成交额打破了中国当代艺术品的世界纪录，靳尚谊、詹建俊、冷军等十余位现当代画家也在保利 2006 年秋季拍卖中创造了个人作品的成交纪录。北京保利被评选为 2006 年中国最具影响力的拍卖公司。2007 年 6 月春季拍卖会上，北京保利取得了总成交额 6.3 亿元的战绩。其中"现当代艺术夜场"65 件拍品的成交额达 2.49 亿元，每件 400 万元的平均成交额创造了国内单场拍卖平均成交额最高纪录。吴冠中的扛鼎力作《交河故城》以 4 070 万元创造了吴老作品的新高，并刷新了中国内地油画作品成交价的最高纪录。石冲的《今日景观》及毛焰的《记忆或舞蹈的黑玫瑰》，也创造了画家作品新的成交纪录。《漓江胜境图》以 1 518 万元的价格创造了李可染同题材境内拍卖最高价。古董珍玩和古籍善本专场也都圆满落槌。

2008 年 5 月 12 日，四川发生 8 级强震，举国同悲。保利联系百余位著名当代艺术家，组织了"情系灾区　倾情奉献"中国现当代艺术家为地震灾区捐献作品义拍专场。该专场在 5 月 28 日开槌的 2008 春季拍卖会上，成交率达 100%，共筹集善款 8 472 万元，其中张晓刚捐赠的《父亲和女儿》募得 1 254.4 万元，善款全部用于灾区震后重建工作。此次春拍共成交 9.01 亿元，再创保利大型拍卖会新高。现当代艺术部分，王怀庆《四合》、赵无极《1.12.81》、力钧《1998.08.30》均突破千万元大关。黄胄代表作《洪荒风雪》以 918.4 万元成交，拔得近现代书画部分头筹。徐悲鸿存世画鹅最精之作《四鹅图》以 672 万元成交。

2009 年保利春拍成交近 6 亿元，蝉联国内拍卖企业成交额榜首。中国艺术品夜场 120 件拍品共斩获 3.64 亿元，其中比利时著名藏家尤伦斯夫妇提供的 18 件拍品总成交 1.7 亿元，宋徽宗《写生珍禽图》以 6 171.2 万元拍出，陈逸飞《踱步》以 4 043.2 万元易手。"八帝翰墨——有邻馆旧藏清朝历代帝王书法"专题 15 件作品全部成交，共拍得 2 489.76 万元，其中康熙御笔《清慎勤》匾额以 655.2 万元成交。近现代书画板块徐悲鸿《春之歌》以 1 013.6 万元拔得头筹。

2010 春拍中以总成交额超过人民币 33 亿元，刷新了中国艺术品单季拍卖成交额的世界纪录，在全球中国艺术品市场遥遥领先。古代书画、近现代书画、古董珍玩、现当代艺术各门类高价拍品层出不穷,屡屡打破各类成交纪录。黄庭坚《砥柱铭》以 4.368 亿元刷新中国艺术品世界纪录,元代王蒙《秋山萧寺图》以 1.366 4 亿元成交,清代钱维城《雁荡图》以 1.299 2 亿元易手。

2011 年北京保利国际拍卖有限公司以全年成交额 121 亿元再度名列全国第一;11 年时间,近 700 亿元总成交额、第一只中国拍卖行业概念股,连续 17 次蝉联内地艺术品成交额榜首。2016 年,保利更是联姻"娱乐教父",与娱乐公司华谊合作,落户上海成立保利华谊(上海)拍卖公司。2016 年 12 月,保利华谊举行了首届艺术品拍卖会,最终以累计成交额 8.37 亿元收槌,正式进军上海艺术市场。上海也将成为保利继香港等地后又一拍卖战略性布局重地。

中国保利的知名拍例例子包括徐悲鸿的《天马六骏》、黄庭坚的《砥柱铭》卷、吴彬的《十八应真图卷》。

1.《天马六骏》

在保利 2018 春拍中,徐悲鸿博物馆级作品《天马六骏》(见图 A-16)以 6 800 万元起拍,以超过 100 万的竞价阶梯交替上升,很快来到 7 800 万的落槌价,被 8305 号买家竞得,按 15% 的佣金计,最终以 8 970 万元成交。徐悲鸿曾经创作了三个版本的"群马"或是"天马",而这是唯一一件民间收藏的巨幅徐悲鸿天马系列精品,此前从未出现在公开交易场合中。

图 A-16

2.《砥柱铭》卷

在 2010 年保利春拍，中国艺术品拍卖成交价的世界纪录首次在国内诞生——北宋黄庭坚书法作品《砥柱铭》卷（见图 A-17）以 3.9 亿元落槌，加上 12% 的佣金，总成交价达到了 4.368 亿元。

图　A-17

黄庭坚《砥柱铭》卷以 8 000 万元起拍，最开始竞拍价以百万元的幅度上升，在快速突破 1 亿元之后，竞拍价开始以 200 万～500 万元上升，在 1.6 亿元之后，竞价开始以千万元为单位，并迅速上升到 3 亿元。此后，竞争在拍卖会场左侧两个场外电话委托席之间展开，竞价从千万元也回到了 500 万元一次，最后竞得《砥柱铭》的委托者以两个 1 000 万的升幅结束竞价，落槌价定格在 3.9 亿元。

《砥柱铭》卷作于 1095 年前后，长达 8.24 米，计 82 行，共 407 字。作品经王厚之、贾似道、项元汴等收藏，长期流传于中国民间，20 世纪上半叶从广东流往日本，为日本有邻馆收藏，直到数年前，为中国台湾藏家购得，这是首次出现在拍卖场中。

3.《十八应真图卷》

2009 年 11 月，北京保利夜场诞生了新的国内艺术品天价：《十八应真图卷》（见图 A-18）以 1.69 亿元成交。

《十八应真图卷》为明代工部主事吴彬所绘，为传统佛教画题材，曾被乾隆皇帝题词称赞"别开生面"。此前由比利时收藏家尤伦斯夫妇藏有。著录于《秘殿珠林续编》，引首为乾隆题"游艺神通"四楷书,卷中钤乾隆诸玺并行书题跋。吴彬作品传世稀少,入清内府并著录在《石渠宝笈》《秘殿珠林》中共18件,得乾隆亲题者仅此一件。

图 A-18

A.7 中国嘉德

中国嘉德成立于1993年5月,是以经营中国文物艺术品为主的综合性拍卖公司,总部设于北京。中国嘉德每年定期举办春季、秋季大型拍卖会,以及四期"嘉德四季"拍卖会。公司设有香港、台湾、上海、天津、日本办事处及北美办事处。

1994年3月27日,嘉德举办了第一次拍卖会,首场拍卖的成交额是1 423万元。

拍卖会落下了被舆论界称为"当时国内最具影响力的第一槌",那场春拍更被认为是"中国拍卖业开始进入现代拍卖市场的标志",引起整个社会甚至世界的反响(见图A-19)。它向外界发出了一个信号,表明了中国古代艺术品和当代艺术品都可能通过正当销售途径进入市场,也为日后业内创办艺术品拍卖公司做了很好的铺垫。当时中央电视台影响力很大的《东方时空》节目进行了现场报道:嘉德这声槌响预示着纽约、伦敦、北京三足鼎立时代的到来。

图 A-19　嘉德拍卖师胡文榮落下的中国第一锤

2017年,被誉为"首都文化交流新地标"的嘉德艺术中心降重开幕。嘉德艺术中心位于北京最著名的王府井商业街和新文化运动发源地五四大街的交界处,融商业与文化于一体。从嘉德艺术中心的建立可以看出,嘉德不满足于只做拍卖行。嘉德的业务范围广泛,主要包括中国古代书画、中国近现代书画、中国当代书画、各类瓷器、工艺品、古籍善本、碑帖法书、邮品、钱币、铜镜、钟表、各类珠宝等。

嘉德所做的拍卖、各种文化活动、艺术出版,包括今后的艺术展览、艺术教育,将构成一个整体的产业链条。届时的嘉德将发展为一个覆盖面完整的大文化运营范畴,从单一的拍卖模式走向一个集团化、全面多元的战略发展方向。

中国嘉德的知名拍例包括齐白石的《松柏高立图·篆书四言联》、王羲之的《平安帖》、张大千的《爱痕湖》。

1.《松柏高立图·篆书四言联》

2011年5月22日晚,中国嘉德2011春拍首次推出的古代及近现代书画联合夜场"大观——中国书画珍品之夜"在北京举槌,该夜场总成交额超过10亿元人民币。其中,最受瞩目的拍品——齐白石最大尺幅作品《松柏高立图·篆书四言联》(见图A-20)以8 800万元起拍后,经过逾半小时、近50次激烈竞价,最终一位场内买家以4.255亿元人民币将其收入囊中,创下中国近现代书画新纪录。

图 A-20

《松柏高立图·篆书四言联》创作于1946年,堪称齐白石书画之绝品。齐白石首席杰作《松柏高立图·篆书四言联》为历年公私所见齐白石绘画及书法尺寸最大的一幅,画作纵266厘米,横100厘米,所匹配的篆书"人生长寿,天下太平"对联,单幅纵264.5厘米,横65.8厘米。画面气势宏伟,有松柏围英之喻。与之匹配的篆书四言联浑厚自然、端庄大气,表达了对国家民族和平发展的美好祈望,对人间幸福、天下太平的美好祝愿。

2.《平安帖》

2010年11月20日,王羲之草书作品《平安帖》(见图A-21)在北京举行的中国嘉德2010秋季拍卖会"秋光万华——清代宫廷艺术集粹"上拍卖。绢本墨迹草书《平安帖》最终以3.08亿人民币的高价成

图 A-21

交，被刘益谦竞得。它刷新了中国书法拍卖中单字价格最高的纪录，这幅书法只有41个字，折算下来平均每个字值750万元。

《平安帖》是王羲之的书法精品力作，曾被乾隆帝盛誉可以媲美"三希堂"的瑰宝，堪称顶级藏品。《平安帖》最早见于《宣和书谱》著录，共4行，总计41字。

3.《爱痕湖》

2010年5月17日晚，在中国嘉德2010春拍近现代书画"借古开今——张大千、黄宾虹、吴湖帆及同时代画家"专场上，张大千晚年巨幅绢画《爱痕湖》现身（见图A-22）。

图 A-22

作为第1125号拍品，《爱痕湖》于当晚11点半左右上拍。当拍卖师报出900万元起价后，即有数位场内和电话委托买家迅速加价，众多场内藏家甚至起立关注叫价情况，场内数次响起掌声。加价至4 000万元时，另一位买家直接出价5 000万元。随后加价至7 100万元时，还有新买家进入。最终经过二十余分钟紧张争夺，作品由一位电话委托买家以1.008亿元人民币将此名作拍走。

《爱痕湖》是中国著名国画大师张大千1968年创作的巨幅绢画泼彩。该绢画描绘的是远眺瑞士亚琛湖所见，抽象的墨与彩"泼"出的山如海浪般汹涌于画面，清晰、谨饬的房舍静处于"波涛"间的画面。这是张大千化用西方抽象派艺术与中国传统文人艺术的水乳交融之作，也是以现代的语言对北宋雄伟山水的现代性翻译，不仅是张大千艺术臻于化境的象征，也是中国传统艺术最成功的"现代性突围"。

索引[一]

A

A. Lange & Söhne 1845年诞生于德国，主营钟表（20、112、259）

Acqua di Parma 1916年诞生于意大利，主营香水（22、162、164）

Alexander McQueen 1992年诞生于英国，主营服装（27、105、201）

Alfred Dunhill 1893年诞生于英国，主营时装、皮具（21、133、136、223、253、254）

Anya Hindemarch 1993年诞生于英国，主营皮具（98）

Ardbeg 1815年诞生于苏格兰，主营威士忌（20）

Asprey 1781年诞生于英国，主营珠宝（18）

Aston Martin 1913年诞生于英国，主营汽车（22、162、234、244、257、258、273、274、276、369、370、374）

Audemars Piguet 1875年诞生于瑞士，主营钟表（21、84、95、132、259、364）

Audi 1932年诞生于德国，主营汽车（24、241、242、244）

Azzedine Alaïa 1983年诞生于法国，主营服装（26、47、104）

B

Baccarat 1824年诞生于法国，主营水晶制品（201）

Balenciaga 1919年诞生于法国，主营服装、皮具（24、40、105、201、280、396、397）

Bally 1851年诞生于瑞士，主营鞋履（20、136、364）

Bang & Olufsen 1925年诞生于丹麦，主营音响（24、276）

Barbour 1894年诞生于英国，主营服装（21）

Baume & Mercier 1830年诞生于瑞士，主营钟表（20）

Bentley 1919年诞生于英国，主营汽车（24、111、112）

Berluti 1895年诞生于法国，主营鞋履（21、131、234）

Blancpain 1735年诞生于瑞士，主营钟表（17、63、83-86、234、244、259、261、262、312）

Bottega Veneta 1966年诞生于意大利，主营皮具（26、77、105、162、195、269、270、276、280、285、286、306、307、320、364）

Boucheron 1858年诞生于法国，主营珠宝（21、105、364）

[一] 不少奢侈品品牌涵盖业务较广或延伸产品很多，此处仅列举其初创时／主营的品类。另，括号中的数字为品牌所出现页码。

Breguet 1775年诞生于瑞士，主营钟表（18、84、85、259、261）

Brioni 1945年诞生于意大利，主营服装（25）

Brunello Cucinelli 1978年诞生于意大利，主营服装（26、231-233）

Buccellati 1919年诞生于意大利，主营珠宝（24、98、364）

Bugatti 1909年诞生于意大利，主营汽车（22、63、86、234、244）

Bulgari 1884年诞生于意大利，主营珠宝、钟表（21、63、88、98、104、167、170-173、187、188、190、192、193、312、364、382、383、403-405）

Bulthaup 1949年诞生于德国，主营家具（113、162）

Burberry 1856年诞生于英国，主营服装、皮具（20、29、87、97、98、104、111、112、132、136、144、149-152、163、179、183、187、188、212、244、254、279-281、285、307、308、314、315、331-333、340、356、363、364、407、450-453）

C

Calvin Klein 1968年诞生于美国，主营服装（103、201、282、283、302）

Cartier 1847年诞生于法国，主营珠宝、钟表（20、33、88、99、104、110、111、132、133、144、149、162、187、188、190、234、255、276、312、364、384、385、419、478）

Celine 1945年诞生于法国，主营服装、皮具（25、152、280、281、328、336、337、416）

Chanel 1913年诞生于法国，主营服装、皮具、香水（5-8、22、33、35、40、47、63、78、79、94、98、104、133、134、144、146、162、164、165、180、181、187、188、195、201、203、220、227、234、268、269、276、279、311、313、356、362、364、371-373、375、381、382、435-437）

Château Cheval Blanc 1852年诞生于法国，主营葡萄酒（20、167、177、178）

Chaumet 1780年诞生于法国，主营珠宝（18、313、364）

Chivas 1801年诞生于苏格兰，主营威士忌（20）

Chloé 1952年诞生于法国，主营服装、皮具（6、25、277）

Chopard 1860年诞生于瑞士，主营钟表、珠宝（21、259、364）

Christian Lacroix 1987年诞生于法国，主营服装（27、244、287、288）

Christopher Kane 2006年诞生于英国，主营服装（27、329）

Coach 1941年诞生于美国，主营皮具（99、102、283）

Comme des Garçons 1973年诞生于日本，主营服装（26、57、277、326、327）

D

Damiani 1924年诞生于意大利，主营珠宝（24、364、369、370）

De Beers 1888年诞生于英国，主营珠宝（21）

Delvaux 1829年诞生于比利时，主营皮具（20、366）

Dior 1946年诞生于法国，主营服装、皮具（25、39、47、63、78-80、98-100、127、144、151、162、164、165、178、180、201、220、276、278-281、289-294、311、319、355-359、363、364、378、379、390）

Dolce & Gabbana 1985年诞生于意大利，主营服装、皮具（27、48、50、78、80、104、163、187、188、276、286、331、397-400、453-455）

Donna Karan 1984年诞生于美国，主营服装（27、104、150）

E

Elie Saab 1982年诞生于黎巴嫩，主营婚纱（26、47、131）

Emilio Pucci　1948 年诞生于意大利，主营服装（25）

Ermenegildo Zegna　1910 年诞生于意大利，主营服装（22、50、312、314-316、364）

Etro　1968 年诞生于意大利，主营服装（364）

Evian　1789 年诞生于法国，主营饮用水（18）

F

Fendi　1925 年诞生于意大利，主营服装、皮具（6、24、49、174、175、178、364）

Ferrari　1947 年诞生于意大利，主营汽车（25、62、63、87、107、108、144、162、167、187、188、196）

Four Seasons　1961 年诞生于加拿大，主营酒店（26）

Franck Muller　1983 年诞生于瑞士，主营钟表（26、260）

Fred　1936 年诞生于法国，主营珠宝（24）

G

Gaggenau　1683 年诞生于德国，主营家电（17、63、112-116、162、276、369、371）

Garrard　1735 年诞生于英国，主营珠宝（17）

Giambattista Valli　2004 年诞生于意大利，主营服装（27、47）

Giorgio Armani　1975 年诞生于意大利，主营服装（26、47、48、50、62、98、162、167-170、178、185、223-225、227、276、315、316、320、323、324、331、364、437-441）

Girard-Perregaux　1791 年诞生于瑞士，主营钟表（18、63、259）

Givenchy　1952 年诞生于法国，主营服装（25、47、63、109、152、164、165、210、220、244、245-249、340、355、364、374）

Glashütte Original　1845 年诞生于德国，主营钟表（20、85、276）

Glenmorangie　1893 年诞生于苏格兰，主营威士忌（21）

Goyard　1853 年诞生于法国，主营皮具（20、237-239）

Graff　1960 年诞生于英国，主营珠宝（26、102、119、121-122、162）

Gucci　1921 年诞生于意大利，主营服装、皮具（24、48、58、77、87、98、99、103-105、133、137、144、146、147、149、150、162、178、181、182、187、188、201、221、244、249-251、253、276、302、308、313-315、320、324、325、331、336、364、387-389、424、468-472）

Guerlain　1828 年诞生于法国，主营香水与化妆品（20、162、164、178、364）

H

Harley Davidson　1903 年诞生于美国，主营摩托车（22、109、144、211、365）

Harry Winston　1932 年诞生于美国，主营珠宝（24、85）

Hästens　1852 年诞生于瑞典，主营睡床（20、271）

Hemmerle　1893 年诞生于德国，主营珠宝（21）

Hennessy　1765 年诞生于爱尔兰，主营白兰地酒（18、35、144）

Hermès　1837 年诞生于法国，主营皮具（20、33、36、37、39、62、77、86、88、95、100、109、110、136、144、146、149、162、179、182、193、196、201、214-216、220、227、237、244、264、265、276-278、303、304、311、318、331、333、334、341-345、356、362、363、365、366、369、383、384、389、407、427-435、468-472）

Hublot　1980 年诞生于瑞士，主营钟表（63）

Hugo Boss　1923 年诞生于德国，主营服装、皮具（24、144、302、314、406、458-460）

I

InterContinental　1777 年诞生于英国，主营酒店（18）

索　引　499

Issey Miyake　1970年诞生于日本，主营皮具（467、468）
IWC　1868年诞生于瑞士，主营钟表（21、259、364）

J

Jaeger-LeCoultre　1833年诞生于瑞士，主营钟表（20、84、259、273、274、364）
Jaguar　1922年诞生于英国，主营汽车（24）
Jaquet Droz　1738年诞生于瑞士，主营钟表（18、85）
Jean Paul Gaultier　1975年诞生于法国，主营服装（26、47）
JeanRichard　1681年诞生于瑞士，主营钟表（17）
Jimmy Choo　1996年诞生于英国，主营鞋履（27、98、192-195、212、213、302）
John Lobb　1849诞生于英国，主营鞋履（20）

K

Koenigsegg　1994年诞生于瑞典，主营汽车（27）
Krug　1843年诞生于法国，主营香槟（20）
Kutchinsky　1893年诞生于英国，主营珠宝（21）

L

La mer　1946年诞生于美国，主营化妆品（162、340）
La Prairie　1978年诞生于瑞士，主营化妆品（162）
Lamborghini　1963年诞生于意大利，主营汽车（26、63、162）
Lancel　1876年诞生于法国，主营皮具（21、136）
Land Rover　1904年诞生于英国，主营汽车（22、144）
Leica Camera　1913年诞生于德国，主营相机（22、63、113）
Léon Hatot　1905年诞生于法国，主营珠宝、腕表（22）

Leviev　2006年诞生于英国，主营珠宝（27、102）
Loewe　1846年诞生于西班牙，主营皮具（20、33）
Longines　1899年诞生于瑞士，主营钟表（21、276）
Loro Piana　1924年诞生于意大利，主营服装（349-352）
Lotus　1952年诞生于英国，主营汽车（25）
Louis Vuitton　1854年诞生于法国，主营服装、皮具（6、20、29、33、35-38、62、63、77、87、88、95、97、98、100、103、107、111、112、132、133、136、144、146、147、149、162、178、187、188、195、201、238、265-267、276、297、298、311、314、331、362、364、366、380、381、386、387、389）

M

Maison Margiela　1988年诞生于法国，主营服装（47、302）
Marc Jacobs　1984年诞生于美国，主营服装（27、163、287）
Maserati　1914年诞生于意大利，主营汽车（22）
MaxMara　1951年诞生于意大利，主营服装（25、277、316）
McLaren　1966年诞生于英国，主营汽车（26）
MCM　1976年诞生于德国，主营皮具（98）
Mercedes-Benz　1871年诞生于德国，主营汽车（105、106、241、242、390）
Mercier　1858年诞生于法国，主营香槟（21）
Michael Kors　1981年诞生于美国，主营皮具（99、195、302、313-315、320）
Miele　1899年诞生于德国，主营家电（21）
Mikimoto　1893年诞生于日本，主营珠宝（21）
Missoni　1951年诞生于意大利，主营服装（25、49）
Miu Miu　1993年诞生于意大利，主营服装、皮具（27、302）
Moët & Chandon　1743年诞生于法国，主营

香槟（18、144）

Moncler　1952 年诞生于法国，主营服装（251-253、284）

Montblanc　1906 年诞生于德国，主营文具、钟表（22、104、256、257、276、313、364、365）

Moschino　1983 年诞生于意大利，主营服装（26、356）

Mouawad　1908 年诞生于黎巴嫩，主营珠宝（22）

Moussaieff　1850 年诞生于英国，主营珠宝（20）

Moynat　1849 年诞生于法国，主营皮具（20、366）

Mugler　1974 年诞生于法国，主营香水、服装（26、164、165）

Mulberry　1970 年诞生于英国，主营服装（26、202、287）

N

Neil Barrett　1999 年诞生于意大利，主营服装（27）

Nicholas Kirkwood　2005 年诞生于英国，主营鞋履（27）

Nina Ricci　1932 年诞生于意大利，主营服装、香水（164、165）

O

Officine Panerai　1860 年诞生于意大利，主营钟表（21、259、364）

Omega　1848 年诞生于瑞士，主营钟表（20、276、364）

P

Pagani　1982 年诞生于意大利，主营汽车（26）

Parmigiani　1996 年诞生于瑞士，主营钟表（63）

Patek Philippe　1838 年诞生于瑞士，主营钟表（20、99、104、162、259-261、276、363、365、366、487、488）

Peninsula　1928 年诞生于中国香港，主营酒店（24）

Perrier　1863 年诞生于法国，主营饮用水（21）

Piaget　1874 年诞生于瑞士，主营珠宝、钟表（21、87、98、259、364）

Pomellato　1967 年诞生于意大利，主营珠宝（26）

Porsche　1931 年诞生于德国，主营汽车（24、112、144、149、167）

Prada　1913 年诞生于意大利，主营服装、皮具（22、33、40、48、50、87、99、103、104、133、144、162、173、174、179、180、201、202、213、214、255、256、276、304、305、321-323、325、326、331、364、369、370、377、378、385、386、407、443、444）

Puiforcat　1820 年诞生于法国，主营银器（20）

R

Ralph Lauren　1968 年诞生于美国，主营服装（26、103、144、164、186、187、275、302、463、464）

Rene Caovilla　1938 年诞生于意大利，主营鞋履（201）

Richard Mille　2001 年诞生于瑞士，主营钟表（27、260、279）

Rimowa　1898 年诞生于德国，主营旅行箱（21、277、280、281）

Ritz-Carlton　1927 年诞生于美国，主营酒店（24）

Roberto Cavalli　1970 年诞生于意大利，主营服装（26、184、185、203）

Roger Dubuis　1995 年诞生于瑞士，主营钟表（27）

Roger Vivier　1907 年诞生于法国，主营鞋履（105、374）

Rolex　1905 年诞生于瑞士，主营钟表（22、259）

Rolls-Royce　1906 年诞生于英国，主营汽车（22、162、276）

Ruinart　1729 年诞生于法国，主营香槟（17）

S

Saint Laurent / Yves Saint Laurent 1962 年诞生于法国，主营服装（26、40、77、104、105、137、164、165、277、327、340、364、375、376）

Salvatore Ferragamo 1927 年诞生于意大利，主营鞋履、皮具（24、36-39、98、167、177、210、300、369、407、444-447）

San Pellegrino 1899 年诞生于意大利，主营饮用水（21）

Sergio Rossi 1966 年诞生于意大利，主营鞋履（26）

Shelby 1999 年诞生于美国，主营汽车（27）

Spyker 1898 年诞生于荷兰，主营汽车（21）

Stella McCartney 2001 年诞生于英国，主营服装（27、302、308、340）

T

TAG Heuer 1860 年诞生于瑞士，主营钟表（21、99、259）

Thom Browne 2006 年诞生于美国，主营服装（27）

Tiffany 1837 年诞生于美国，主营珠宝（20、88、144、167、183、184、187-191、356、364、376、377、405、406、455-458）

Tod's 1970 年诞生于意大利，主营服装、鞋履（14、26、36、50、98、105、276、364、407、441-443）

Tory Burch 2004 年诞生于美国，主营皮具（314、466、467）

U

Ulysse Nardin 1846 年诞生于瑞士，钟表品牌（20、259）

V

Vacheron Constantin 1755 年诞生于瑞士，主营钟表（18、77、84、134、162、259、276）

Valentino 1960 年诞生于意大利，主营服装（26、47、49、201、364、379、389、447-450）

Van Cleef & Arpels 1906 年诞生于法国，主营珠宝、钟表（22、88、270、271、276、356）

Versace 1978 年诞生于意大利，主营服装（26、47、48、104、176、177、187、188、320）

Vertu 1998 年诞生于英国，主营手机（236、244）

Veuve Clicquot 1772 年诞生于法国，主营香槟（18）

Victoria Backham 2006 年诞生于英国，主营服装（328、329）

Villeroy & Boch 1836 年诞生于德国，主营卫浴（20、267）

Vispring 1901 年诞生于英国，主营睡床（22、271-273）

Vivienne Westwood 1971 年诞生于英国，主营服装（26、186、286、287、355）

Voss 2001 年诞生于挪威，主营饮用水（27）

Z

Zenith 1865 年诞生于瑞士，主营钟表（21、84、99、259）

其他

上海滩 1994 年诞生于中国香港，主营服装（27）

「上下」 2008 年诞生于中国，主营服装（27、237）

参考文献

[1] 陈晨. 16 至 18 世纪法国奢侈品消费的发展及其对法国经济文化的影响 [J]. 西北大学学报（哲学社会科学版），1989（3）：44-51.

[2] 谌飞龙，龚艳萍. 中国品牌发展格局分布及其内在产业协调性分析——基于 Interbrand 和 BrandZ 品牌价值榜的比较 [J]. 兰州学刊，2014（7）：156-163.

[3] 崔鸣. 高端奢侈品零售企业客户关系管理的创新策略研究 [J]. 经营管理者，2014（3）：48-49.

[4] 龚艳萍，谌飞龙. 品牌价值评估的理论演进与实践探索 [J]. 求索，2014（3）：24-30.

[5] 顾小萌. 一秒钟教你看懂时尚这回事——全球四大时装周的"原罪"[J]. 世界博览，2014（7）：42-45.

[6] 郭筱君. 从品牌文化看奢侈品的溢价效应 [J]. 市场营销导刊，2006（5）：62-65.

[7] 胡纹，孙远赫，李志立. 度假酒店中的感官体验设计 [J]. 西部人居环境学刊，2013（6）：41-45.

[8] 华红琴，翁定军. 社会地位、生活境遇与焦虑 [J]. 社会，2013，33（1）：136-160.

[9] 黄仁宇. 万历十五年（增订本）[M]. 北京：中华书局，2007.

[10] 凯瑟琳·科维希，崔金霞. 妇女和禁奢法令 [J]. 艺术设计研究，2013（4）：10-19.

[11] 克里斯蒂安·布朗卡特. 纪江红，徐碧茗，译. 奢侈：爱马仕总裁回忆录 [M]. 桂林：广西师范大学出版社，2014.

[12] 李东阳. 浅析奢侈品中艺术性 [J]. 艺术科技，2016，29（2）：232-234.

[13] 李飞，贺曦鸣，胡赛全，等. 奢侈品品牌的形成和成长机理——基于欧洲 150 年以上历史顶级奢侈品品牌的多案例研究 [J]. 南开管理评论，2015，18（6）：48-60.

[14] 李飞，马燕. 中国能打造出世界级奢侈品品牌吗 [J]. 清华管理评论，2017（1）：40-47.

[15] 李杰. 品牌审美与管理 [M]. 北京：机械工业出版社，2014.

[16] 李杰. 企业发展战略 [M]. 北京：北京交通大学出版社，2009.

[17] 李杰. 奢侈品品牌管理：方法与实践 [M]. 北京：北京大学出版社，2010.

[18] 李杰，孙立本. 论审美水准与社会地位不对称带来焦虑的问题研究 [J]. 上海管理科学，40（4）：72-78.

[19] 李杰，滕斌圣. 企业战略 [M]. 北京：机械工业出版社，2016.

[20] 连维平. 浅谈服装设计的创新 [J]. 现代职业教育，2016（35）：17-18.

[21] 刘建湖，紫石. 中国早期奢侈品及其原始形态的历史略考（中）[J]. 商业时代，2011（8）：

139-141.

[22] 刘学军. 留住老客户——对 VIP 客户维系的探索与实践［J］. 中国电信业，2010（5）：62-64.

[23] 陆学艺. 当代中国社会阶层研究报告［M］. 北京：社会科学文献出版社，2000.

[24] 陆业龙，李勇. 宋代社会的奢侈享乐之风——兼谈宋代词体流行的原因［J］. 船山学刊，2006（1）：52-55.

[25] 米尔顿·科特勒，赵莹. 奢侈品、时尚品和潮流品［J］. 二十一世纪商业评论，2008（2）：86-87.

[26] 匿名. GUCCI：一部风云跌宕的时装史［J］. 中国眼镜科技杂志，2016（6）：56-65.

[27] 欧磊. 明代中后期奢侈风气差异特征论［J］. 安阳工学院学报，2006（5）：101-105.

[28] 彭凯平. 吾心可鉴：澎湃的福流［M］. 北京：清华大学出版社，2016.

[29] 钱丽娜. 打造世界级奢侈品品牌七要素［J］. 商学院，2011（6）：84-86.

[30] 乔纳斯·霍夫曼，伊万·科斯特－马尼埃雷. 钱峰，译. 奢侈品到底应该怎样做［M］. 北京：东方出版社，2014.

[31] 三浦展. 马奈，译. 第四消费时代［M］. 北京：东方出版社，2014.

[32] 山下英子. 吴倩，译. 断舍离［M］. 南宁：广西科学技术出版社，2013.

[33] 沈蕾. 实现奢侈品品牌溢价［J］. 纺织科学研究，2012（9）：134-136.

[34] 石灵慧. 名牌学·V1［M］. 台北：蓝莱姆艺科有限公司，2015.

[35] 王成荣. 品牌价值论［M］. 北京：中国人民大学出版社，2008.

[36] 翁冰莹. 审美趣味的演绎与变迁——兼论布尔迪厄对康德美学的反思与超越［J］. 厦门大学学报（哲学社会科学版），2015（3）：67-74.

[37] 吴兴杰. 华为式创新与海尔式创新——两条道路考验中国制造［J］. 企业管理，2018：1-8.

[38] 熊兴平. 蝴蝶效应与市场营销——寻找引发销售风暴的那只蝴蝶［J］. 农药市场信息，2008（23）：38-39.

[39] 徐滨. 中世纪真的黑暗吗［J］. 历史教学，2007（2）：55-61.

[40] 杨东念. 梁雨晨，译. 品牌传播战略［M］. 北京：科学出版社，2013.

[41] 杨森. 论时尚文化的当代审美提升［J］. 徐州工程学院学报（社会科学版），2007，22（11）：68-71.

[42] 张单美. 浅谈服装设计的创新性［J］. 黑龙江纺织，2016（2）：17-18.

[43] 张新安. 中国人的面子观与炫耀性奢侈品消费行为［J］. 营销科学学报，2018，8（1）：76-94.

[44] 张孜异. 奢侈品价差之谜［J］. 中国外资，2011（7）：46-47.

[45] 赵强，王确. "物"的崛起：晚明社会的生活转型［J］. 史林，2013（5）：68-77.

[46] 朱恒源，杨斌. 战略平衡［M］. 北京：机械工业出版社，2018.

[47] Aaker, D. A. (1991). *Managing Brand Equity.* New York: Free Press, 1991.

[48] Achabou, M. A., & Dekhili, S.. (2013). Luxury and sustainable development: is there a match?. *Journal of Business Research*, 66(10), 1896-1903.

[49] Ahrendts, A. (2013). Burberry's CEO on turning an aging british icon into a global luxury brand. *Harvard Business Review*, January-February, 1-5.

[50] Ailawadi, K. L., Lehmann, D. R., & Neslin, S. A. (2003). Revenue premium as an outcome measure of brand equity. *Journal of Marketing*, 67(4), 1-17.

[51] Alvarez, J. B., & Preble, M. (2013). Creating a luxury experience at value retail. *Harvard Business Cases*. 9-513-009.

[52] Amabile, T.M. (1983). The social psychology of creativity: A componential conceptualization.

Journal of Personality and Social Psychology, 45(2), 357-376.

[53] Amabile, T.M. (1996). *Creativity in Context*. Boulder, CO:Westview.

[54] Amaldoss, W., & Jain, S. (2005). Pricing of conspicuous goods: A competitive analysis of social effects. *Journal of Marketing Research*, 42(1), 30-42.

[55] Anand, B., Carpenter, E. & Jayanti, S. (2005). Oscar de la Renta. *Harvard Business Cases*. 9-704-490.

[56] Arrigo, E. (2012). Fashion, luxury and design: Store brand management and global cities identity. *Social Science Electronic Publishing*, 1, 55-67.

[57] Barron, F., & Harrington, D.M. (1981). Creativity, intelligence, and personality. *Annual Review of Psychology,* 32, 439-476.

[58] Belk, R.W., Bahn, K.D., & Mayer, R.N. (1982). Developmental recognition of consumption symbolism. *Journal of Consumer Research*, 9(1), 4-17.

[59] Below, L. B. (2015). Luxury branding below the radar. *Harvard Business Review*, September, 2-3.

[60] Berger, J., & Ward, M. (2010). Subtle signals of inconspicuous consumption. *Journal of Consumer Research*, 37(4), 555-569.

[61] Bertelli, P. (2012). Prada's CEO on staying independent in a consolidating industry. *Harvard Business Review*, 90(9), 39-43.

[62] Berthon, P., Pitt, L., Parent, M., & Berthon, J. P. (2009). Aesthetics and ephemerality: observing and preserving the luxury brand. *California Management Review*, 52(1), 45-66.

[63] Bian, Q., & Forsythe, S. . (2012). Purchase intention for luxury brands: a cross cultural comparison. *Journal of Business Research*, 65(10), 1443-1451.

[64] Biennewies, C., & Gromer, M. (2012). Creativity and innovation at work: The role of work characteristics and personal initiative. *Psicothema*, 24(1), 100-105.

[65] Bohnsack, R., Pinkse, J., & Kolk, A. (2014). Business models for sustainable technologies: exploring business model evolution in the case of electric vehicles. *Research Policy*, 43(2), 284-300.

[66] Bourdieu, P. (1984). Distinction: a social critique of the judgment of taste. *Journal of Experimental Social Psychology*, 1-56.

[67] Bourdieu, P. (1987). The historical genesis of a pure aesthetic. *Journal of Aesthetics & Art Criticism*, 46(3), 201.

[68] Bourdieu, P. (1989). Social space and symbolic power. *Sociological Theory*, 7(1), 14-25.

[69] Brun, A., & Castelli, C. (2008). Supply chain strategy in the fashion industry: developing a portfolio model depending on product, retail channel and brand. *International Journal of Production Economics*, 116(2), 169-181.

[70] Castelli, C. M., & Sianesi, A. (2015). Supply chain strategy for companies in the luxury-fashion market. *International Journal of Retail & Distribution Management*, 43(10/11), 940-966.

[71] Caniato, F., Caridi, M., Castelli, C., & Golini, R. (2011). Supply chain management in the luxury industry: a first classification of companies and their strategies. *International Journal of Production Economics*, 133(2), 622-633.

[72] Caniato, F., Moretto, A., & Caridi, M. (2013). Dynamic capabilities for fashion-luxury supply chain innovation. *International Journal of Retail & Distribution Management*, 41(11/12), 940-960.

[73] Casidy Mulyanegara, R., & Tsarenko, Y. . (2009). Predicting brand preferences: an examination of the predictive power of consumer personality and values in the australian fashion market. *Journal of Fashion Marketing & Management*, 13(13), 358-371.

[74] Cătălin, M.C., & Andreea, P. (2014). Brands as a mean of consumer self-expression and desired

personal lifestyle. *Procedia-Social and Behavioral Sciences*, 109(2), 103-107.

[75] Cavender, R.C., & Kincade, D.H. . (2014). Leveraging designer creativity for impact in luxury brand management: An in-depth case study of designers in the Louis Vuitton Möet Hennessy (LVMH) brand portfolio. *Global Fashion Brands: Style, Luxury & History*, 1(1), 199-214.

[76] Charles, K.K., Hurst, E., & Roussanov, N. (2009). Conspicuous consumption and race. *Quarterly Journal of Economics,* 124(2), 425-467.

[77] Chandon, J. L., Laurent, G., & Valette-Florence, P. (2016). Pursuing the concept of luxury: Introduction to the JBR, Special Issue on Luxury Marketing from Tradition to Innovation. *Journal of Business Research*, 69(1), 299-303.

[78] Cervellon, Marie-Cécile, & Shammas, L. . (2013). The value of sustainable luxury in mature markets. *Journal of Corporate Citizenship*, 2013(52), 90-101(12).

[79] Chen, A., Peng, N., & Hung, K. (2015). The effects of luxury restaurant environments on diners' emotions and loyalty. *International Journal of Contemporary Hospitality Management*, 27(2), 236-260.

[80] Chen, J., & Kim, S. (2013). A comparison of chinese consumers' intentions to purchase luxury fashion brands for self-use and for gifts. *Journal of International Consumer Marketing*, 25(1), 29-44.

[81] Chevalier, M., & Mazzalovo, G. (2012). *Luxury Brand Management: A World of Privilege*, Second Edition.

[82] Cirella, S., & Shani, A.B. (2012). A process model of collaborative management research: The study of collective creativity in the luxury industry. *Systemic Practice & Action Research*, 25(3), 281-300.

[83] Crane, D. (1997). Globalization, organizational size, and innovation in the French luxury fashion industry: *Production of culture theory revisited. Poetics*, 24(6), 393-414.

[84] De Barnier, V., Falcy, V., & Valette-Florence, P. (2012). Do consumers perceive three levels of luxury? A comparison of accessible, intermediate and inaccessible luxury brands. *Journal of Brand Management*, 19(7), 623-636.

[85] Dev, C. S., Schulze, H., Granoff, J., Keller, K. L., & Frampton, J. (2008). The corporate brand: help or hindrance?. *Harvard Business Review*. February: 1-9.

[86] Dickie, George (1997). Art Circle: A Theory of Art. Chicago Spectrum Press.

[87] Diehl, H.W., Shpot, M.A., & Prudnikov, P.V. (2013). The impact of status seeking on consumers' word of mouth and product preference: A comparison between luxury hospitality services and luxury goods. *Journal of Hospitality & Tourism Research*, 41(25), 7927-7942.

[88] Dion, D., & Arnould, E. . (2011). Retail luxury strategy: assembling charisma through art and magic. *Journal of Retailing*, 87(4), 502-520.

[89] Drèze, X., & Nunes, J. C. (2009). Feeling Superior: The Impact of Loyalty Program Structure on Consumers' Perceptions of Status. *Journal of Consumer Research*, 35(6), 890-905.

[90] Dubois, B. & Duquesne, P. (1993). The market for luxury goods: Income versus culture. *European Journal of Marketing*, 27 (1): 35-44.

[91] Dubois, B., & Laurent, G. (1994). Attitudes toward the concept of luxury: An exploratory analysis. *Asia Pacific Advances in Consumer Research,* 273-278.

[92] Dubois, B., & Laurent, G. (1996). The functions of luxury: A situational approach to excursionism. *Advances in Consumer Research*, 23, 470-477.

[93] Dubois, B., & Laurent, C. G. (2005). Consumer segments based on attitudes toward luxury: empirical evidence from twenty countries. *Marketing Letters*, 16(2), 115-128.

[94] Duesenberry, J. S. (1949). Income, saving and the theory of consumer behavior. *Review of*

Economics & Statistics, 33(3), 111.

[95] Eckhardt, G. M., Belk, R. W., & Wilson, J. A. J. (2015). The rise of inconspicuous consumption. *Journal of Marketing Management*, 31(7-8), 807-826.

[96] Fairbank, J K, & Goldman, M. (2006). China: A New History (2nd Revised & Enlarged Edition), Boston: Belknap Press.

[97] Ferasso, M., Fracasso, E. M., & Pinheiro, I. A. (2017). Strategies of innovation in an ancient business: cases of the fountain pen industry. *International Journal of Economics & Business Research*, 37(10), 2233-2243.

[98] Ferraro, R., Kirmani, A., & Matherly, T. . (2013). Look at me! look at me! conspicuous brand usage, self-brand connection, and dilution. *Journal of Marketing Research*, 50(4), 477-488.

[99] Fionda A M & Moore C M. (2009). The anatomy of the luxury fashion brand. *Journal of Brand Management*, 16(5-6), 347-363.

[100] Fussell, P. (1983). Class: A Guide Through The American Status System. Simon & Schuster.

[101] Gay, P. (1993). *The cultivation of hatred: The Bourgeoise experience.* New York: W. W. Norton & Company.

[102] Geiger-Oneto, S., Gelb, B.D., Walker, D., & Hess, J.D. (2013). "Buying status" by choosing or rejecting luxury brands and their counterfeits. *Journal of the Academy of Marketing Science*, 41(3), 357-372.

[103] George, J., Zhou, J. (2007). Dual tuning in a supportive context: Joint contributions of positive mood, negative mood, and supervisory behaviors to employee creativity. *The Academy of Management Journal*, 50(3), 605-622.

[104] Gerli, F., & Bonesso, S. (2011). The role of emotional intelligence on innovation: The case of Italian luxury footwear district. Social Science Electronic Publishing, 167-171.

[105] Gutsatz, M., & Auguste, G. (2013). Luxury Talent Management: Leading and Managing a Luxury Brand. Palgrave Macmillan.

[106] Han, Y. J., Nunes, J. C., & Drèze, X. (2010). Signaling status with luxury goods: The role of brand prominence. *Journal of Marketing*, 74(4), 1547-7185.

[107] Heine, K. (2012) Die Identität von Luxusmarken, In: WISU-Das Wirtschaftsstudium, 12/12: 1605-1611.

[108] Hunt, A. (1999). Anxiety and social explanation: some anxieties about anxiety. *J SOC HIST*, 32(3), 509-529.

[109] Hoffmann, J., & Hoffmann, B. (2012). The Pier Framework of Luxury Innovation: Luxury Strategy in Action. Palgrave Macmillan UK.

[110] Iglesias, O., Hung, Kuang - peng, Huiling Chen, A., Peng, N., Hackley, C., & Amy Tiwsakul, R., et al. (2011). Antecedents of luxury brand purchase intention. *Journal of Product & Brand Management*, 20(6), 457-467.

[111] Ijaouane, V., & Kapferer, J. N. . (2012). Developing luxury brands within luxury groups-synergies without dilution?. *Marketing Review St Gallen*, 29(1), 24-29.

[112] Jacoby, J., & Kyner, D. B. (1973). Brand loyalty vs. repeat purchasing behavior. *Journal of Marketing Research*, 10(1), 1-9.

[113] Jiang, M., Gao, D., Huang, R., Dewall, C. N., & Zhou, X.. (2014). The devil wears Prada: Advertisements of luxury brands evoke feelings of social exclusion. *Asian Journal of Social Psychology*, 17(4): 245-254.

[114] Joël Berger. (2017). Are luxury brand labels and "green" labels costly signals of social status? an

[115] extended replication. *PLoS ONE*, 12(2), e0170216.

[115] Joy, A., Sherry, J. F., Venkatesh, A., Wang, J., & Chan, R. . (2012). Fast fashion, sustainability, and the ethical appeal of luxury brands. *Fashion Theory: The Journal of Dress, Body & Culture*, 16(3), 273-296.

[116] Kapferer, J. N. (1997). Managing luxury brands. *Journal of Brand Management,* 4(4), 251-260.

[117] Kapferer, J. N. (2010). All that glitters is not green: The challenge of sustainable luxury. *European Business Review*, 6, 40-45.

[118] Kapferer, J. N. (2012). Abundant rarity: the key to luxury growth. *Business Horizons,* 55(5), 453-462.

[119] Kapferer, J. N. (2014). The artification of luxury: from artisans to artists. *Business Horizons*, 57(3), 371-380.

[120] Kapferer, J. N., & Bastien, V. (2009). The Luxury Strategy: Break the Rules of Marketing to Build Luxury Brands. Kogan Page; 2 edition.

[121] Kapferer, J. N., & Michaut-Denizeau, A. . (2014). Is luxury compatible with sustainability? luxury consumers' viewpoint. *Journal of Brand Management*, 21(1), 1-22.

[122] Kapferer, J. N., & Valette-Florence, P. (2016). Beyond rarity: the paths of luxury desire. how luxury brands grow yet remain desirable. *Journal of Product & Brand Management*, 25(2), 120-133.

[123] Kastanakis, M.N., & Balabanis, G. (2015). Conceptualizing Independent and Interdependent Effects on Luxury Consumption. Proceedings of the 2010 Academy of Marketing Science (AMS) Annual Conference. *Springer International Publishing.*

[124] Kauppinen-Räisänen, H., Björk, P., Lönnström, A., & Jauffret, M.N. (2018). How consumers' need for uniqueness, self-monitoring, and social identity affect their choices when luxury brands visually shout versus whisper. *Journal of Business Research*, 84, 72-81.

[125] Keller, K. L. (1993). Conceptualizing, measuring, and managing customer-based brand equity, *Journal of Marketing*, 57(1), 1-22.

[126] Khalili, A. (2016). Linking transformational leadership, creativity, innovation, and innovation-supportive climate. *Management Decision*, 54(9), 2277-2293.

[127] Kim, D. H., & Jang, S. C. (2014). Motivational drivers for status consumption: A study of generation y consumers. *International Journal of Hospitality Management*, 38, 39-47.

[128] Kim, J. E., Lloyd, S., & Cervellon, M-C. (2015). Narrative-transportation storylines in luxury brand advertising: motivating consumer engagement. *Journal of Business Research,* 69(1), 304-313.

[129] Kim, S., Park, G., Lee, Y., & Choi, S. (2016). Customer emotions and their triggers in luxury retail: understanding the effects of customer emotions before and after entering a luxury shop. *Journal of Business Research*, 69(12), 5809-5818.

[130] Koschate-Fischer, N., Diamantopoulos, A., & Oldenkotte, K. . (2012). Are consumers really willing to pay more for a favorable country image? a study of country-of-origin effects on willingness to pay. *Journal of International Marketing*, 20(20), 19-41.

[131] Kramer, L. (2010). How french innovators are putting the "social" back in social networking. *Harvard Business Review*, October: 1-4.

[132] Leibenstein, H. (1966). Allocative efficiency vs. "x-efficiency". *American Economic Review*, 56(3), 392-415.

[133] Levy, S. J. (1959). Symbols for Sale. *Harvard Business Review,* 33 (March-April), 117-24.

[134] Li, G., Li, G., & Kambele, Z. . (2012). Luxury fashion brand consumers in China: perceived

value, fashion lifestyle, and willingness to pay. *Journal of Business Research*, 65(10), 1516-1522.

[135] Macchion, L., Danese, P., & Vinelli, A. (2015). Redefining supply network strategies to face changing environments. a study from the fashion and luxury industry. *Operations Management Research*, 8(1-2), 15-31.

[136] Mandel, N., Petrova, P. K., & Cialdini, R. B. . (2006). Images of success and the preference for luxury brands. *Journal of Consumer Psychology*, 16(1), 57-69.

[137] Mankiw, N. G. Principles of Economics (8th Edition). Boston: Cengage Learning, 2017.

[138] Marcone, M.R. (2015). Creativity-decision processes: The case of Italian luxury fashion. *Journal of Global Fashion Marketing*, 6(1), 60-74.

[139] Mason, R. (1984). Conspicuous consumption: A literature review. *European Journal of Marketing*, 18(3), 26-39.

[140] Mazzalovo, & Gérald. (2008). Luxury brand management. John Wiley & Sons (Asia).

[141] McNeil, P., & Riello, G. (2016). Luxury: A Rich History. Oxford University Press.

[142] Moore, C. M., & Birtwistle, G. (2004). The burberry business model: creating an international luxury fashion brand. *International Journal of Retail & Distribution Management*, 32(8), 412-422.

[143] Nave, G., Nadler, A., Dubois, D., Zava, D., Camerer, C., & Plassmann, H. (2018). Single-dose testosterone administration increases men's preference for status goods. *Nature Communications*, 9(1), 2433.

[144] Nueno, Jose L. & John A. Quelch. (1998). The mass marketing of luxury. *Business Horizons*, 41 (6): 61-68.

[145] Nunes, J. C., Drèze, X., & Han, Y. J. . (2011). Conspicuous consumption in a recession: toning it down or turning it up?. *Journal of Consumer Psychology*, 21(2), 199-205.

[146] O'Cass, A., & Mcewen, H. . (2004). Exploring consumer status and conspicuous consumption. *Journal of Consumer Behaviour*, 4(1), 25-39.

[147] Okonkwo, U. (2007). What's in a name? The history of luxury fashion branding. Luxury Fashion Branding. Palgrave Macmillan UK.

[148] Parguel, Béatrice, Delécolle, Thierry, & Valetteflorence, P. . (2016). How price display influences consumer luxury perceptions. *Journal of Business Research*, 69(1), 341-348.

[149] Pedraza, M., & Bonabeau, E. (2006). What is luxury without variety?. *Harvard Business Review*, 84(4): 21-22.

[150] Piron, F. (2000). Consumers' perceptions of the country-of-origin effect on purchasing intentions of (in)conspicuous products. *Journal of Consumer Marketing*, 17(4), 308-321.

[151] Phau, I. & Prendergast G. (2000). Consuming luxury brands: The relevance of the rarity principle. *Journal of Brand Management*, 8 (2): 122-138.

[152] Pozharliev, R., Verbeke, W.J.M.I., Van Strien, J.W., & Bagozzi, R.P. (2015). Merely Being with You Increases My Attention to Luxury Products: Using EEG to Understand Consumers' Emotional Experience with Luxury Branded Products. *Journal of Marketing Research*, 52(4), 546-558.

[153] Rayna, T., & Striukova, L. (2009). Luxury without guilt: service innovation in the all-inclusive hotel industry. *Service Business*, 3(4), 359-372.

[154] Reddy, M., & Terblanche, N. (2005). How not to extend your luxury brand. *Harvard Business Review*, 83(12): 20, 24.

[155] Review, M. S. M. (2006). The twelve different ways for companies to innovate. *MIT Sloan Management Review*. 74-81.

[156] Roberts, J., & Armitage, J. (2017). Luxury fashion and creativity: change or continuity?. Luxury Fashion Retail Management. *Technology Innovation Management Review*, 5(7), 41-49.

[157] Rogers E M. (2003). *Diffusion of Innovations*, 5th edition, New York: Free Press.

[158] Roux, E., Tafani, E., & Vigneron, F. (2017). Values associated with luxury brand consumption and the role of gender. *Journal of Business Research*, 71, 102-113.

[159] Shalley, C.E., & Oldham, G.R. 1997. Competition and creative performance: Effects of competitor presence and visibility. *Creativity Research Journal*, 10, 337-345.

[160] Shipilov, A., & Godart, F. (2015). Luxury's talent factories. *Harvard Business Review*. June: 2-8.

[161] Silverstein, M. J., & Fiske, N. (2003). Luxury for the masses. *Harvard Business Review*, 81(4), 1-11.

[162] Shukla, P., Singh, J., & Banerjee, M. . (2015). They are not all same: variations in Asian consumers' value perceptions of luxury brands. *Marketing Letters*, 26(3), 265-278.

[163] Taylor, M., & Finley, D. . (2009). Strategic human resource management in U.S. luxury resorts—a case study. *Journal of Human Resources in Hospitality & Tourism*, 8(1), 82-95.

[164] Tsai, S. (2005). Impact of personal orientation on luxury-brand purchase value. *International Journal of Market Research*, 47(1), 429-454.

[165] Tynan, C., Mckechnie, S., & Chhuon, C. (2010). Co-creating value for luxury brands. *Journal of Business Research*, 63(11), 1156-1163.

[166] Veblen, T. (1953). The theory of the leisure class : an economic study of institutions. *The Modern Library*, 8 (3) :369-374.

[167] Vickers, J., & Renand, F. (2003). The marketing of luxury goods: An exploratory study-Three conceptual dimensions. *Marketing Review*, 3(4), 459-478.

[168] Vigneron, F., & Johnson, L. (2004). Measuring perceptions of brand luxury. *Journal of Brand Management*, 11(6), 484-506.

[169] Vigneron, F., Johnson, L. W., & Mt, M. (1999). A review and a conceptual framework of prestige-seeking consumer behavior. *Academy of Marketing Science Review*, 1: 1-15.

[170] Wang, Y., & Griskevicius, V. (2014). Conspicuous consumption, relationships, and rivals: women's luxury products as signals to other women. *Journal of Consumer Research*, 40(5), 834-854.

[171] Wetlaufer, S., & Arnault, B. (2001). The perfect paradox of star brands: An interview with Bernard Arnault of LVMH. *Harvard Business Review*. October: 116-123.

[172] Wiedmann, K. P., Hennigs, N., & Siebels, A. (2007). Measuring consumers' luxury value perception: a cross-cultural framework. *Academy of Marketing Science Review*, 11(7): 1-21.

[173] Wiedmann, K. P., Hennigs, N., & Siebels, A. . (2009). Value-based segmentation of luxury consumption behavior. *Psychology and Marketing*, 26(7), 625-651.

[174] Wilcox, K., Kim, H. M., & Sen, S. (2009). Why do consumers buy counterfeit luxury brands?. *Journal of Marketing Research*, 46(2), 247-259.

[175] Wong, K. K. (2010). Vertu: Nokia's luxury mobile phone for the urban rich. Ivey School Publishing, 9B11A040.

[176] Zhan, L., & He, Y. (2012). Understanding luxury consumption in China: consumer perceptions of best-known brands. *Journal of Business Research*, 65(10), 1452-1460.

[177] Zheng, J. H., Chiu, C. H., & Choi, T. M. . (2012). Optimal advertising and pricing strategies for luxury fashion brands with social influences. *IEEE Transactions on Systems Man and Cybernetics-Part A Systems and Humans*, 42(4), 827-837.

后记：新冠病毒疫情对全球奢侈品行业的影响

2020 年 2 月 5 日　纽约

经过又一个十年在奢侈品行业的潜心探索和实践积累、沉淀，我完成了继 2010 年北京大学出版社《奢侈品品牌管理——方法与实践》之后这一新的著作。读者们可以从书中系统性地了解当今全球奢侈品公司的创新历程以及与之共生的商业生态系统的最新状况，也可以看到我的感悟与思考。

就在本书即将下厂付印之际，我们的祖国遭受了新型冠状病毒的爆发式侵害。在庚子年来临前后短暂的几周内，主要基于中国感染者数量增加、多个国家都出现疫情两个事实，世界卫生组织将新冠病毒疫情列为"国际关注的突发公共卫生事件"。这对蓬勃发展 40 年的中国经济，人们过往的生活方式，乃至一体化的世界经济都会带来深远的影响——我以"天将降大任"的积极心态看待目前的一切。

全球奢侈品行业也毫无例外地受到影响。各大奢侈品集团和公司在纷纷援手、共同抗击新冠病毒疫情的同时，也积极应对一系列的挑战，诸如中国和全球市场联动的奢侈品集团资本市场波动，中国市场消费者购买方式的突然改变、价值观追求改变而可能引发的消费结构变化，以及随之加速的奢侈品公司数字化转型，可持续发展战略的进一步彰显……作为长期从事奢侈品行业的研究者，我对全球奢侈品行业可能由此受到的长、短期影响以及后续发展趋势做了一个探索性分析。未来奢侈品行业发展必然遵循一条重要规律——坚定不移地实施可持续发展战略；遵循中国先哲倡导的"天人合一"，处理好"利己"和"利他"，企业和雇员之间高度依存互信而和谐发展。

白衣天使相继奔赴疫情一线,冒着生命危险,焚膏继晷为国家抗疫奋力搏击。作为高等教育工作者、行业规律探索者,同样需要在当下这样一个特殊时期,竭力为国家做一些力所能及的贡献。下文是我配合母校上海交通大学行业研究院,与其他行业19位教授一道,对各自所从事行业所做的分析,希望可以触发有关部门、组织和企业新的思考,有所启示。

我们透过纷繁杂乱的现象,探求事件的本质,并非止步于洞察其规律,只在国际顶级期刊上发表论文,而应知行合一,更高质量地服务于社区、城市和国家,乃至人类——行胜于言。

前事不忘,后事之师。祝福我的祖国繁荣昌盛!

新型冠状病毒疫情(以下简称"新冠疫情")于2020年1月31日被世界卫生组织列入"国际关注的突发公共卫生事件",这个消息给奢侈品与时尚行业带来了重大冲击。与此同时,皮具与时装、高端化妆品与香水、奢侈品零售商等奢侈品行业各细分领域都在伸出援手,共同抗击新冠疫情,但它们自身也面临着一系列"蝴蝶效应"引发的巨大挑战和机遇。

1. 疫情对奢侈品市场的影响

2019年,全球奢侈品市场销售额预计增长4%,其中,中国奢侈品市场销售额预计增长26%。中国消费者对全球个人奢侈品市场持续性增长的贡献率可达90%,占据全球个人奢侈品消费总额约35%[1]。从近十年来中国消费者与中国市场的卓越表现可见,中国在世界奢侈品市场中起到了不可替代的作用(见图1[2])。

然而,疫情在全球多国爆发几乎让所有奢侈品公司都撞上了"黑天鹅",最直观的数据反映在资本市场上。疫情发生后,全球最大的奢侈品集团路威酩轩集团股价从2020年1月17日最高点每股439.05欧元一路跌至2月4日开盘每股400.00欧元,市值蒸发近200亿欧元,也使集团总裁贝尔纳·阿尔诺失去了全球首富的宝座;在这个时间段内,开云集团也从每股610.20欧元跌至555.00欧元;历峰集团从每股80.94

---

[1] Bain,Altagamma,2019年全球奢侈品行业研究报告(秋季版)。
[2] 作者研究团队根据Bain,Altagamma和Statista的公开数据整理而成(按固定汇率计算)。

瑞士法郎最低下探至 70.64 瑞士法郎；一贯稳健的爱马仕集团股价也遭遇了波动，从每股 725.60 欧元最低下探至 676.60 欧元；其他奢侈品公司同样面临了不同程度的股价下跌。

图 1　2000 年以来全球奢侈品市场规模、中国籍消费者消费额及中国内地奢侈品消费额变化图

虽然股价趋势正在好转，如贝尔纳·阿尔诺在 1 月 28 日财报会议上所持的谨慎乐观态度——"第一反应是：不要恐慌，让我们冷静地分析形势……如果疫情在两个月内得到控制，问题则不大"[一]，但证券分析师们对 2020 年全球各地的奢侈品零售环境仍持较悲观的意见[二]。股价整体下滑的主要原因是疫情一定会影响春节期间奢侈品的销售业绩。短短半月，奢侈品零售迅速变天，这让市场分析师们始料未及。此次疫情可能让中国消费者在 2020 年第一季度的奢侈品消费减少 20%，让路威酩轩集团 2020 财年的收益减少 3%[三]。同时，本次疫情的影响可以部分参考 2003 年非典对中国重疫区

[一] Ladymax，2020-2-3.
[二] 道琼斯分析师 Pierre Brian，2020-1-27.
[三] 瑞银预计数据，2020-1.

消费的抑制：奢侈品销售下降了约40%[①]。

一直把Louis Vuitton视为劲敌的Gucci在中国的下沉战略也将受到影响，开云集团旗下5个奢侈品品牌原计划在上海、大连、昆明、武汉、沈阳和无锡6座城市新开设14家门店，但开店布局计划无奈地被暂时搁置。

结合日本消费税上调和中国香港零售环境持续恶化等大环境的影响，可以预见，新冠病毒疫情致短期内销售急速下降的负面作用将很快反映在各奢侈品公司2020年第一和第二季度的财报中。但从长期来看，由于奢侈品品牌强调原产地效应，该疫情对奢侈品行业及其产业链的冲击不致造成系统性的破坏。

基于作者研究团队在全球范围内的经验判断，中国奢侈品市场及消费将不迟于2021年10月恢复如初，此后逐渐走强（见图2）。恢复时间能否提前取决于现阶段疫情的防控结果。

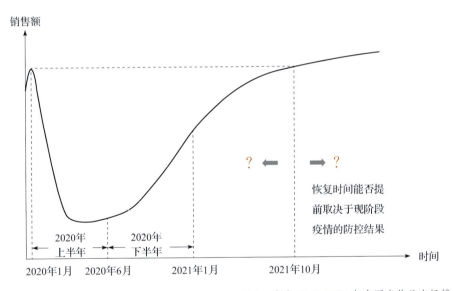

图2　李杰2020~2021年中国奢侈品市场销售预测

2. 疫情影响中国消费者的生活方式

春节期间，绝大多数中国民众取消了出游与出门消费计划，购物（尤其是奢侈品消费）欲望显著低迷。

---

① 微信公众号#时尚商业快讯#，2020-1.

随着关税下调，全球价差收窄，近两年来，中国消费者越来越习惯在本土购买奢侈品，Gucci、Chaumet、Valentino等主要奢侈品品牌也加大了开店力度。2019年，全球奢侈品市场整体销售额预计达1.3万亿欧元，其中，核心的个人奢侈品市场销售额预计增长4%，达2810亿欧元①。但如今，在疫情最严重的武汉，以及北京、上海、广州、深圳四大城市，春节期间顶级购物中心与奢侈品旗舰店人流同比2019年下滑了80%左右②。与此同时，泰国、新加坡、美国、澳大利亚、韩国、日本、马来西亚、法国、越南、加拿大和德国等都出现了确诊病例。

疫情期间，中国消费者将会优先考虑使用在线购物平台购买奢侈品，或推迟购物计划。此刻，中国消费者对疫情的思考和出行的减少使消费结构更趋于理性化，更合理地支配现金流，减少炫耀性消费倾向。在短期内，不少中国奢侈品消费者将转而关注生命健康，投资于医疗保险、健身、护肤品等领域。

3. 疫情推动奢侈品公司数字化快速发展

鉴于线下实体零售暂时搁浅，天猫、京东、寺库以及各大社交网络平台等在新冠病毒疫情时期成为奢侈品公司与中国消费者继续保持互动的重要端口。对数字化销售平台而言，鉴于前期线上批发渠道的折扣战所引发的价格波动，更多奢侈品公司开始选择缩小线上批发比例，转向直营授权或自营电商，从而更好地控制分销。疫情期间，奢侈品公司将更坚决地参与这样的渠道管理方式。

2020年1月17日，路威酩轩集团旗下奢侈品品牌Kenzo正式登陆天猫，Kenzo的入驻意味着路威酩轩集团旗下的五大核心部门（葡萄酒及烈酒、时装及皮具、香水及化妆品、钟表及珠宝、精品零售店）都已布局天猫。同一时期，历峰集团旗下核心珠宝品牌Cartier携经典产品登陆天猫③。1月30日，英国奢侈品电商平台Farfetch火速与腾讯联手④，共同打造奢侈品电商新生态。2019年年初至今，超过50个奢侈品品牌在电商平台上布局官方旗舰店，其中不乏Chanel、Bottega Veneta、Valentino等主流奢侈品品牌。疫情将进一步推动相对保守的奢侈品行业与互联网紧密融合。

---

① Bain，Altagamma，2019年全球奢侈品行业研究报告（秋季版）。
② 微信公众号#时尚商业快讯#，2020-1。
③ 阿里巴巴集团官方，2020-1。
④ Farfetch与腾讯集团官方，2020-1-30。

成熟的奢侈品公司开始打磨自身数字化和电商运营能力。在疫情期间，为了与闭门在家的中国消费者进行良好沟通，迎合鼠年春节的氛围，Hermès、Louis Vuitton、Gucci 联合迪士尼、斯沃琪集团旗下高端腕表品牌，以及轻奢品牌 MCM、Longchamp 等，在微信朋友圈广告、微信小程序上定向开启了新春红包活动和新春购物广告。再以路威酩轩集团旗下品牌为例，除天猫平台外，Louis Vuitton 官方在小红书账号、潮流生活方式"毒 App"上加大投资，把官方微博、微信账号交由"GQ 实验室"数字化平台管理；Dior 美妆也在小红书平台上发力。

密集的投放和大流量的曝光在短期内的确为各大奢侈品品牌创造了效益，但过于依赖电商与数字平台并非长久之计。奢侈品电商平台必须开始思考，未来它们可以为奢侈品品牌提供哪些真正的价值。

4. 疫情彰显奢侈品公司的公益事业和可持续发展

疫情当前，各大奢侈品集团和公司进行了友好的公益捐赠工作，比如路威酩轩集团捐赠 1600 万元人民币，用于缓解武汉的医疗物资短缺；历峰集团向武汉捐资 1000 万元人民币，表示愿与中国人民及所有受病毒影响的人群一同协力抗击并战胜疫情；开云集团向受灾较严重的湖北省捐赠 750 万元人民币，用于疫情一线的预防控制工作；雅诗兰黛集团、欧莱雅集团、PVH 集团、Tapestry 集团、Capri 集团、施华洛世奇集团、周大福集团、Hugo Boss 等也相继捐款数百万元用于抗疫[1]。

此举彰显了奢侈品公司自 2013 年"孟加拉国制衣厂事故"启动的环保与可持续发展计划，开云集团、爱马仕集团、Prada、Burberry、Salvatore Ferragamo、Vivienne Westwood、Stella McCartney 等均已成为该计划的先行者，例如 Gucci、Hugo Boss、Stella McCartney 等承诺不再制作或出售天然皮草制品，在 2016 年成立了"人造皮草协会"。在行业发展的分水岭，奢侈品公司通过此举传递了良好的品牌形象，将可持续发展纳入公司商业生态系统，确保长远发展的商业机会。

5. 反思与启迪

此次疫情或可以视为大自然对人类肆意捕食野生动物做出的惩罚。若人类再不懂

---

[1] 各集团、品牌官网公告。

得敬畏生命、尊重自然，生命或将以更残忍的方式被剥夺，甚至会催生更严重的经济与社会问题。中国先哲始终提倡"天人合一"，即指引人类热爱生命，领会所有生命的语言，与大自然和谐共存。因此，无论是营利性企业还是非营利组织，履行商业伦理与社会责任都是必须完成的本职工作。

可持续发展始终是大势所趋，这也将成为奢侈品行业良性发展的主流。奢侈品公司一直强调可持续发展，重视自然环境，尊重人权，社会上有很多积极的力量在推动执行，因此，它们走在了行业可持续发展的前列。尽管此次疫情给全球奢侈品市场带来了不小的冲击，中国市场销售随之短期内出现断崖式下跌，但长期来看，奢侈品行业仍将平稳上升发展。尤其在经历生命可能失去的威胁之后，人们对生命更加珍惜而百倍珍爱自己、珍爱家庭，从而更加愿意消费像奢侈品那般精致的物品。奢侈品行业应当关注此次疫情造成的电商对中国消费者价值观重塑后的消费趋向变化，并投入更多精力重新研究中国市场可操作的自营和可合作的第三方电商平台，完成新一轮的战略调整与布局。

对企业管理者而言，企业也必须重新思考企业与雇员之间的和谐关系，领悟商业世界"利他、利己与互利互惠"相融的本质，将"大家"与"个人"真正统一，逐渐消除两极对立，全面科学地发展。

在瞬息万变的外部环境下，即使是相对稳健的奢侈品行业也经历着波折与困境，一些行业和企业更难免会陷入泥沼。在未来渡过疫情难关后，企业如何继续在充满挑战的中国市场中探索出各自的可持续发展方向才是未来之路——行业发展必将更加聚焦绿色环保与国家安全、民生安全、生物与生态安全、社会安全和文化安全等。这才是中国各个行业最需要谨慎思考和用正确行动解决的问题。